天体建築論

レオニドフとソ連邦の紙上建築時代

本田晃子
Honda Akiko

東京大学出版会

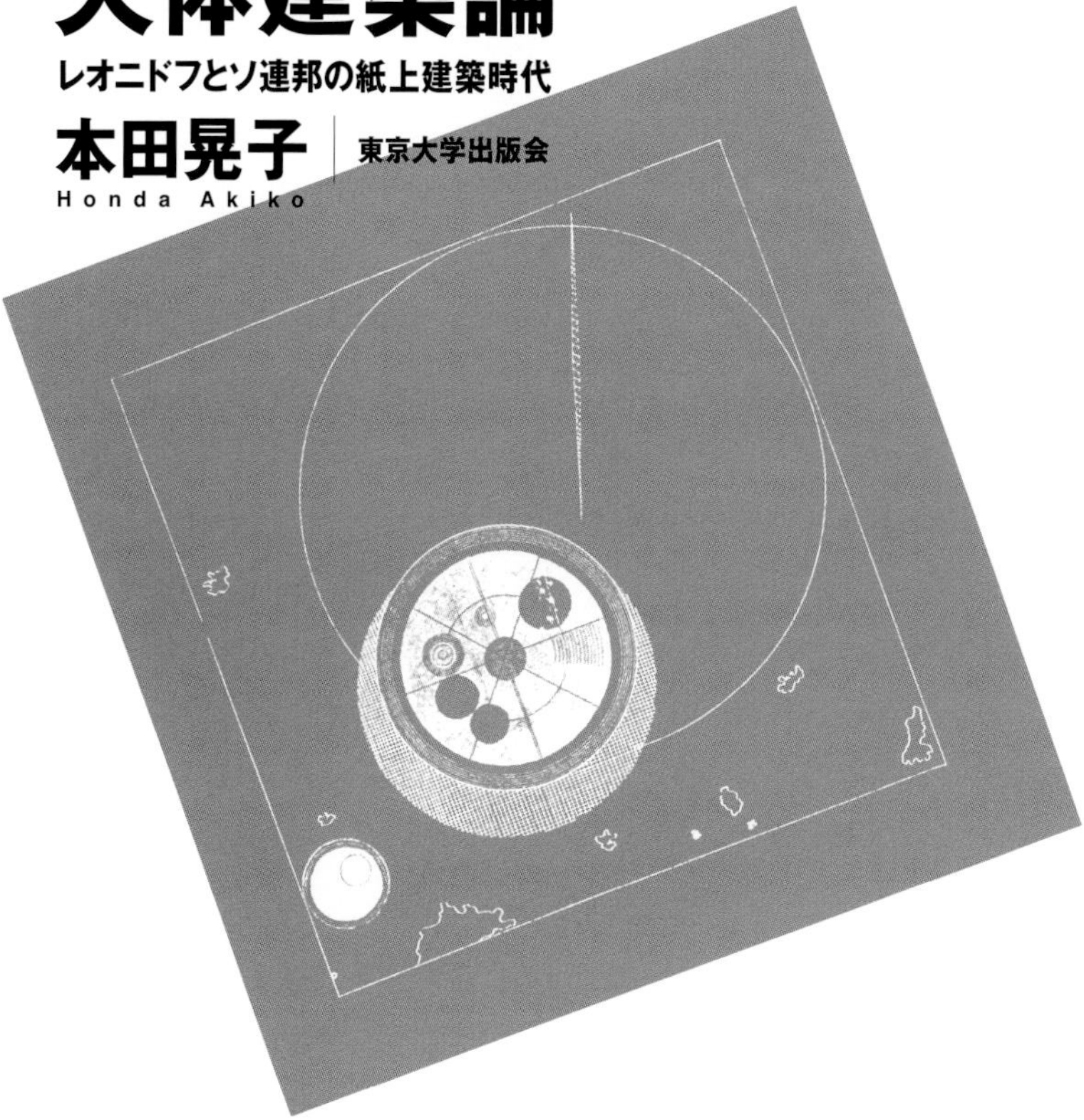

ASTROARCHITECTURE
Ivan Leonidov and Unrealized Architectural Projects
in the USSR between 1920s-1950s.
Akiko Honda
University of Tokyo Press, 2014
ISBN 978-4-13-066854-5

口絵1（図4-32, 本文181頁）

重工業ビル案，彩色された平面図，パラフィン紙・インク・顔料・グアッシュ，50.0×100.0 cm，ロシア国立建築博物館（MA）所蔵，Pla 3722.

▶口絵2（図4-34, 本文183頁）
重工業ビル案，仰瞰のパースペクティヴ，紙・インク・水彩，
166.0×50.0 cm，ロシア国立建築博物館（MA）所蔵，
Pla 3725.

▲口絵3（図4-36, 本文184頁）
第3タワーからのレーニン廟の眺望，紙・鉛筆・パステル，
58.0×37.0 cm，ロシア国立建築博物館（MA）所蔵，
Pla 4475.

口絵4（図5-20，本文236頁）
レオニドフによるクリューチキ・プロジェクト案（1936年），住宅のファサード，紙・インク・水彩，
71.0×61.0 cm，ロシア国立建築博物館（MA）所蔵，Pla 4151.

口絵5-1（図5-24-1, 本文241頁）
レオニドフによるクリミア南岸開発計画案，海岸東部の立面図，ベニヤ板・顔料・テンペラ・ニス・銀泥，40.0×203.0 cm，ロシア国立建築博物館（MA）所蔵，PIV-1155.

口絵5-2（図5-24-2, 本文241頁）
レオニドフによるクリミア南岸開発計画案，海岸東部の立面図（部分）.

口絵6-2（図5-25-2, 本文242頁）
レオニドフによるクリミア南岸開発計画案，多角形のモニュメント部分.

口絵6-1（図5-25-1，本文242頁）
レオニドフによるクリミア南岸開発計画案，海岸西部の立面図，ベニヤ板・顔料・テンペラ・ニス，40.0×203.0cm，ロシア国立建築博物館（MA）所蔵，PIV-1156.

口絵6-3（図5-25-3，本文242頁）
レオニドフによるクリミア南岸開発計画案，ピラミッド部分.

口絵7（図5-26, 本文243頁）
レオニドフによるクリミア南岸開発計画案，ダルサン丘周辺の平面図，
木・下地・テンペラ，49.5×49.5 cm，*Andrei Gozak and Andrei Leonidov, Ivan Leonidov: The Complete Works* (New York: Rizzoli, 1988).

口絵8（図5-29，本文250頁）
レオニドフによる大アルテク計画，公園の中のピオネール宮殿，
ベニヤ板にカンバス地・下塗・テンペラ・顔料・銀泥，49.8×49.5cm，
ロシア国立建築博物館（MA）所蔵，PIV-1159.

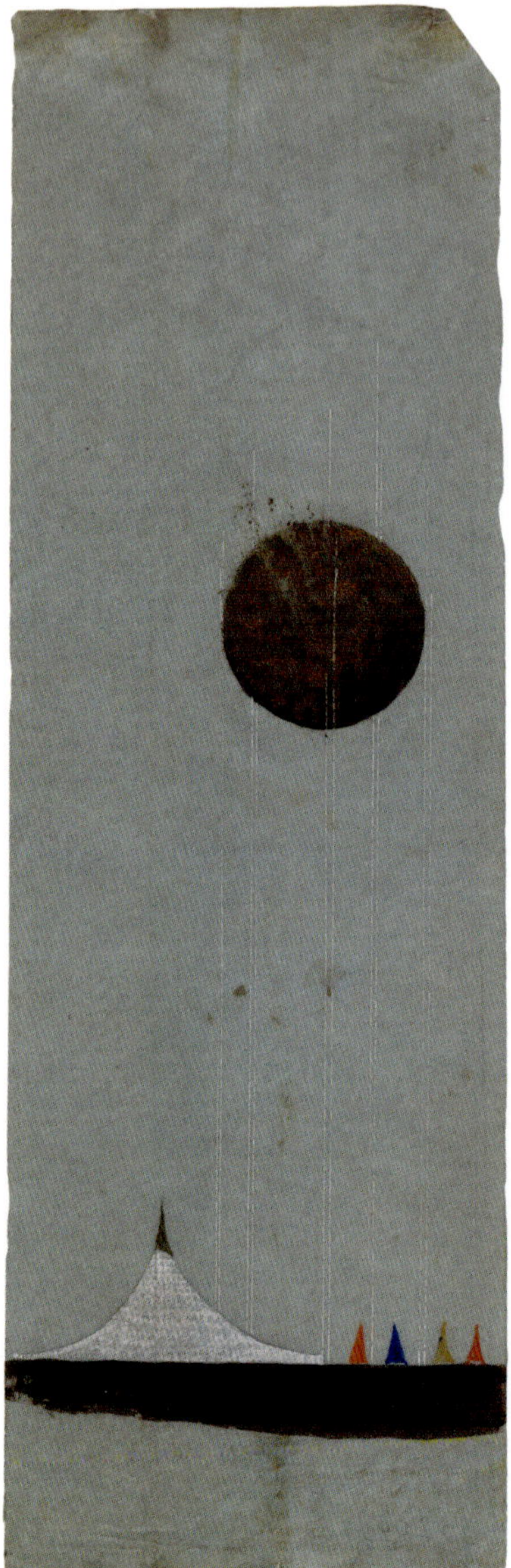

口絵10（図6-23, 本文289頁）
レオニドフによる≪太陽の都≫，金色の球体と柱，
トレーシングペーパー・鉛筆・水彩・顔料・銅粉，
32.3×10.8 cm，ロシア国立建築博物館（MA）
所蔵，КПоф 5475/185.

口絵9（図6-21, 本文287頁）
レオニドフによる≪太陽の都≫，
オベリスク状のタワー，紙・鉛筆・水彩・顔料・銅粉，
42.0×15.2 cm，ロシア国立建築博物館（MA）
所蔵，КПоф 5475/186.

口絵11（図6-24, **本文291頁**）
レオニドフによる戦勝記念モニュメント案（1957–58年），ベニヤ板・テンペラ・顔料・ブロンズ，50.0×27.0 cm，ロシア国立建築博物館（MA）所蔵，PIV-1166.

口絵12（図6-25，本文291頁）

レオニドフによるスプートニクの記念碑（1957–58年），ベニヤ板・テンペラ・顔料・ニス，42.4×65.7 cm，ロシア国立建築博物館（MA）所蔵，PIV-1164．

口絵13（図6-26, 本文293頁）
レオニドフによる≪太陽の都≫,
巨大な人物像と球体建築，紙・鉛筆・
水彩・顔料・銅粉，20.3×8.4 cm,
ロシア国立建築博物館（MA）所蔵,
КПоф 5475/574.

口絵14（図6-27, 本文293頁）
レオニドフによるペレコープの英雄の記念碑（1941年），紙・鉛筆．インク・金泥．銀泥・水彩，94.5×96.5cm，ロシア国立建築博物館（MA）所蔵，Pla 5691/3.

口絵15（図6-28, 本文295頁）
レオニドフによる農村のクラブ案（1950–54年），紙・グアッシュ・顔料・銅粉・水彩・鉛筆，15.2×29.7cm，ロシア国立建築博物館（MA）所蔵，KПоф 5475/23.

序

紙上建築、ないしペーパー・アーキテクチャーとは何か。紙の上に建つ建築、それは〝建築〟という概念そのものに反する建築である。紙上建築の目的は、建築——建てること——ではない。一八世紀のイタリア人建築家ピラネージが描いた理想化された古代ローマや、フランス革命期の幻視的建築家たちによる巨大な幾何学建築などが示すように、ヨーロッパ文化の伝統における紙上建築の使命とは、大地の上に確固として建てられたもの、つまり現実の都市や社会に対する、オルタナティヴとしての空間‐共同体像を描き出すことにあった。まさにこの点で、ペーパー・アーキテクチャーと設計図とは、同じ紙の上に描かれた建築物でありながら、決定的に異なる。場合によっては一部の失敗に終わった、あるいは空想的な設計図とも境界を接するが、紙上建築は〝建てられたもの〟の設計図に変わることで、その本質的な力、すなわち眼前の社会ないし共同体とは別の可能性を提示する力を失ってしまうのである。

しかしながら、もし紙上建築の批評の対象である〝建てられたもの〟の堅牢さが揺らぎ、それが拠って立つ（建つ）はずの大地そのものが、自明の場所ではなくなってしまったならば。ロシア革命とは、まさにこのような〝大地の逆立ち〟として経験された。ボリシェヴィキの指導者たちは、眼前の現実よりも建設されるべき理想、すなわち紙上に描かれた未来の社会主義世界に基づいて考え行動することを、人びとに訴えたのである。まさしくここにおいて、設計図と紙上建築の境界は不分明になっていく。それまで〝建てられたもの〟、すなわち既存の社会に対する他者あるいは周縁であった紙上建築が、一躍ソ連邦という新たな共同体の設計図として、社会の中心に出現したのである。

従来のソヴィエト建築史研究は、一九二〇年代から五〇年代にかけてのソ連邦において、建築家・非建築家を問わず広く制作されたおよそ実現不可能な紙上建築／設計図を、革命を契機としたユートピア的想像力の高揚や、スターリニズムの巨大建築志向の産物とみなしてきた。しかし筆者は、前述のような観点に基づき、この時期における大量の紙上建築の出現を、単なる二次的・付帯的な現象ではなく、ソ連邦という新たな共同体の形成プロセスと不可分のものとしてとらえたいと考える。このような前提の下に、共同体建設において紙上建築という表現形式が果たした役割を問うことこそが、本書の最大の目的である。

そしてこの巨大なテーマに取り組むにあたっての指針としたいのが、ソヴィエト・ロシアの紙上建築時代を生きた、さらに言えば、この時代の建築精神を最も先鋭に体現した紙上建築家のひとり、イワン・レオニドフ（一九〇二―五九年）である。一九二七年にまさに新星のごとくロシア建築界に現れた彼は、部分的な設計を除いては、実現された作品をほぼもたなかった。にもかかわらず、建築雑誌に掲載されたドローイングや模型写真などを通じて彼の名は広く知られ、ソ連邦におけるモダニズム建築運動の代表者として記憶されることになった。そのような意味で、まさしくレオニドフこそ、ソヴィエト・ロシアの紙上建築時代を代表するペーパー・アーキテクトであったといえる。

ただしこのようなレオニドフの半生を論じるにあたって、問題も少なからず存在する。レオニドフの描き出した建築イメージは、いまだにレム・コールハースをはじめ世界中の建築家に影響を与え続けているが、その一方で彼の作品に関するまとまった先行研究は少なく、作品論に関しては皆無といってよい状態にある。二〇一〇年に出版されたばかりのセリム・ハン＝マゴメドフによる『イワン・レオニドフ――アヴァンギャルドの偶像』（*Хан-Магомедов С. О.* **Кумиры авангарда. Иван Леонидов.** М., Издательский проект фонда «Русский авангард», 2010）も、情報の羅列に終始するものであって、作品自体に深く切り込むものではない。ロシア・アヴァンギャルドを代表する建築家とみなされながら、なぜこれほどまでにレオニドフ研究は立ち後れた状況にあるのか。

その主たる要因は、作品のオリジナルの大部分が失われており、またレオニドフ自身が自らの作品の解説をほとんど残さなかった点に求められよう。レオニドフは元来寡黙な人物であったが、アヴァンギャルドへの圧力の強まる一九三〇年代以降は、政治的にも沈黙を強いられた。とりわけ彼の晩年の作品に関しては、制作環境すら詳らかではない。このような状態でレオニドフの作品を読み解くことは、確かに無謀であるといえるかもしれない。だが、だからといってレオニドフの作品の魅力が減退するわけではないし、そこにはやはり語られねばならないものがあるのである。

このようなレオニドフの創作をめぐる情報の極端な不足を踏まえたうえで、本書では彼をめぐるソヴィエト建築界の動き、さらには建築以外のジャンルにも視野を広げながら、まずは時代の文化状況の見取り図を作成する。そしてこの見取り図の中で、レオニドフの作品がどのような位置を占め、他の建築作品に対していかなる偏差を有していたのかを明らかにしていく。このような作業を通して、レオニドフの創作の履歴と、ソヴィエト・ロシアの紙上建築時代を、相互補完的に読解していくことを目指したいと考える。

さらにもうひとつの困難が、これまでレオニドフにつきまとってきた、非現実的な機械のユートピアを追い求めた夢想家というイメージである。

実は、このような評価は一九三〇年代以降の反レオニドフ主義キャンペーンによってもたらされたもので、決して正確ではない。確かにレオニドフ自身、自らの非常にコンセプチュアルな建築計画を指して、すぐにでも建築可能だと主張しつつ、しかし「いかにして」建設するのかは全く説明しないという矛盾した態度を見せ、それが余計に彼の評価への混乱を招いた部分もあった。しかし筆者は、レオニドフの創作の現場とは、決して通常の意味での建築に限定されたものではなかったと考える。じっさい彼が二〇年代の構成主義時代に一貫して訴え続けたのが、新しく建てる前提として、「いかにして世界を新しく見るか」ということだった。彼の作品は、写真や映画などの新たな視覚メディアを通して対象を新しい目で眺め、ひいては見知った都市や土地そのものを未知の天体のように新たに捉えなおそうとする、いわば天体建築というべきものだったのである。

また公式の建築界を追放された晩年、彼は発表する当てもなく《太陽の都》をはじめとする、数々の幻想的な都市計画のスケッチを描き出していった。これらの作品は、しばしば失意の建築家による退行的な夢想とみなされてきた。だがこのような評価も、正しくはない。太陽の都とは、一九三五年に採択されたモスクワ再開発計画、通称ゲンプランによって出現した、スターリンの首都の別名に他ならない。すなわちレオニドフは、自身の周囲に建設されつつある都市と同じ名を自らの作品に用いながら、いや、まさしく同じ名を用いることで、スターリンの太陽の都とは異なる、もうひとつの対抗的な《太陽の都》モスクワを描き出そうとしていたと考えられるのである。

最後に本書の構成を簡単に説明しておきたい。

本書前半部となる第1章から第3章では、レオニドフの構成主義時代の作品について論じる。その際議論の中心としたいのが、レオニドフおよびロシア・アヴァンギャルド建築とマスメディアの関係である。

西欧のモダニズム建築とマスメディアの関係については、一九六〇年に出版されたレイナー・バンハムによる『第一機械時代の理論とデザイン』(Reyner Banham, *Theory and Design in the First Machine Age*, London: Architectural Press, 1960) を皮切りに、ビアトリス・コロミナの『私性と公共性——マスメディアとしての近代建築』(Beatriz Colomina, *Privacy and Publicity: Modern Architecture as Mass Media*, Cambridge and Mass.: MIT Press, 1994. 邦題は『マスメディアとしての近代建築——アドルフ・ロースとル・コルビュジエ』) まで、既に数多くの議論が存在している。けれども残念ながら、写真、映画、雑誌といった新しいメディアがソヴィエト建築にもたらした影響については、これまでほとんど論じられてはこなかった。したがって本書の前半部分では、レオニドフが新しい視覚装置や新しいメディアからいかなる影響を受け、またとりわけ建築雑誌やその誌面デザインと関わる中で、自らのスタイルをいかに確立していったのかを解明していく。

本書の後半部となる第4章から第6章では、ロシア建築文化の全体主義化の過程において紙上建築が果たした役割を、同時期のレオニドフの創作活動の変転と対照しつつ考察する。

レオニドフの活動した一九三〇年代から五〇年代という時期を扱うにあたって無視できないのが、アヴァンギャルドと全体主義（社会主義リアリズム）の連続性という問題である。既に両文化の関係に関しては、ウラジーミル・パペールヌィによる『文化2』（*Паперный В.* Культура Два. Нью-Йорк, «Ардис», 1985）やボリス・グロイスによる『全体芸術作品スターリン』（Boris Groys, *Gesamtkunstwerk Stalin*, München: Hanser, 1988）、イーゴリ・ゴロムシトクによる『全体主義芸術』（*Голомшток И.* Тоталитарное искусство. М., Галарт, 1994）など特筆すべき先行研究が存在する。さらに近年のスターリニズムに対するロシア国内における関心の高まりとともに、スターリン期に計画・建設された建築についての研究も盛んになりつつある。特に現在その牽引役を果たしているのが『建築家スターリン』（*Хмельницкий Д.* Зодчий Сталин. М., Новое литературное обозрение, 2007）、『スターリンの建築——心理と様式』（*Хмельницкий Д.* Архитектура Сталина. Психология и стиль. М., Прогресс-Традиция, 2007）などの著作を立て続けに発表しているドミトリー・フメリニツキーである。ハン＝マゴメドフらを中心とする既存の建築史研究では、アヴァンギャルドから社会主義リアリズムへの移行の原因を、プロレタリア系組織からの攻撃や党からの文化統制のみならず、構成主義・合理主義運動自体の内的失速に求める説明が行われてきた。このようないわば自然発生的な移行論に対して、フメリニツキーはまさに彼の著作の表題が示すように、この移行が指導者スターリンと党によってもたらされた、完全に人為的なものであったと主張する。

本書もフメリニツキーのこれらの刺激的な著作に多くを負っている。ただし、このような新しい視座に問題がないというわけではない。特にフメリニツキー自身が、著作の中ではアヴァンギャルドの理論や実践にはほとんど触れないまま一九三〇年代以降の作品や建築コンペを扱っているため、二〇年代の左派建築活動との関係性が一面的な断絶として片付けられ、グロイスの指摘するような、両者間における連続性の問題が見えてこないという難点がある。本書の後半部では、これら先行研究によるアヴァンギャルド・社会主義リアリズム比較論を下敷きとしつつも、レオニドフの創作の履歴を詳細にたどることによって、アプリオリには分割・接続しえない両文化の関係を、具体的な個人の創作の軌跡の中に見ていく。そして最終的には、スターリンの太陽の都＝新モスクワとレオニドフの《太陽の都》という二つの天体建築が、いかなる地点で交差しまた対立することになったのかを浮かび上がらせていきたいと考える。

天体建築論――レオニドフとソ連邦の紙上建築時代・目次

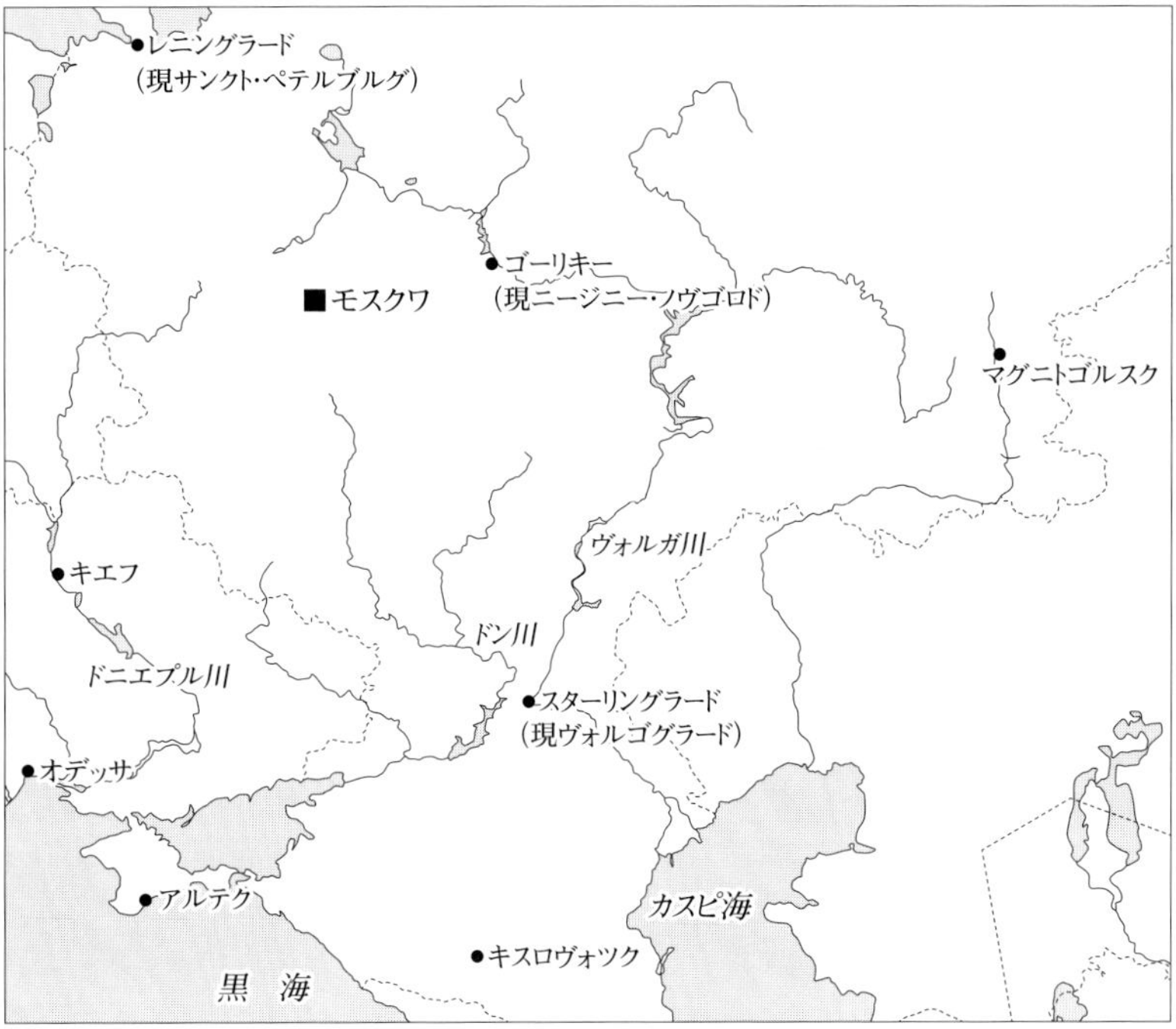
レニングラード
(現サンクト・ペテルブルグ)
ゴーリキー
(現ニージニー・ノヴゴロド)
モスクワ
マグニトゴルスク
ヴォルガ川
キエフ
ドン川
ドニエプル川
スターリングラード
(現ヴォルゴグラード)
オデッサ
アルテク
カスピ海
キスロヴォツク
黒　海

ロシア北西部地域地図

組織・機関名等略称一覧

アル（АРУ　建築家－アーバニスト協会）
アスノヴァ（АСНОВА　新建築家協会）
アフル（АХРР　革命ロシア芸術家協会）
ヴァノ（ВАНО　全連邦科学的建築技術同盟）
ヴォギ（ВОГИ　全連邦土木技術者協会）
ヴォプラ（ВОПРА　全ロシア・プロレタリア建築家同盟）
ヴフテマス（ВХУТЕМАС　国立高等芸術技術工房）
ヴフテイン（ВХТЕИН　国立高等芸術技術大学）
ギンフク（ГИНХУК　国立文化研究所）
ゲンプラン（Генплан　モスクワ総計画）
インフク（ИНХУК　芸術文化研究所）
レフ（Леф　芸術左翼戦線）
マオ（МАО　モスクワ建築協会）
オブマス（Обмас　左派工房）
オサ（ОСА　現代建築家協会）
ロサ（РОСА　ロシア現代建築家協会）
サッス（САСС　社会主義建設の建築セクター）
スヴォマス（СВОМАС　自由芸術工房）
ストロイコム（Стройком　ロシア建設委員会）

凡例

・引用文中の強調、括弧などの使用は、断りがない限りすべて原文のものである。ただし、引用文中の省略箇所は（…）で示している。

・ロシア語文献からの引用に際しては、イタリックで著者姓と名（・父称）のイニシャルを記し、続けて書名、刊行地、出版元、刊行年、頁数を記している。なお書籍掲載論文・雑誌掲載論文からの引用の場合は、ダブルスラッシュ後に書名を記している。

・本文中での図版指示に際しては、［ ］の中に図版番号を記している。

第1章　重力圏からの離脱
——レーニン（図書館学）研究所設計案

一九二〇年代のソヴィエト・ロシアでは、建築家・非建築家を問わず多くの人びとによって膨大な量の建築プランが生み出され、そのほとんどが実現されることなく終わった。中でも一九二〇年代中盤から建築の合理化を掲げて急速に建築界を席巻したロシア版モダニズム、構成主義建築運動では、この運動の推進力となった大部分の建築作品が紙上の計画に終始している。一九二七年に構成主義の後半期を代表する建築家として登場したレオニドフもまた、とりわけ恵まれた制作環境にあった二〇年代後半の多産な時期を、紙上の建築家として過ごした。

もちろん、内戦後の政治的・経済的混乱が、建設プロジェクト全般を低迷させたのは確かだ。だがなぜ、建築の合理化を唱道したレオニドフら構成主義者たちのプランの大多数が、実現されずに終わったのだろうか。そこには彼らの建築思想の根幹に関わる、より本質的な問題があったのではなかったか。

他方、二〇世紀初頭の建築写真や建築雑誌といったマスメディアの出現は、建築をめぐる新たな創造と受容のあり方を生み出したと考えられる。たとえば一九世紀後半から、建築物は写真によってその固有の土地から切り離され、新聞・雑誌などのマスメディア上において大量複製されるようになった。所与の場所を訪れなくとも、新たに出現したこれらのメディアを通して、人びとは建築についての情報やイメージを手に入れることができるようになったので

図 1-1
レオニドフによるレーニン（図書館学）研究所案の模型（1927 年），Современная архитектура. 1927. № 4–5.

ある。このようなメディアとしての建築をめぐる状況の変化も、〝建築〟という概念そのものに影響を与えたのではなかったか。

以上のような観点に基づき、本章では一九二七年に発表されたレオニドフの卒業制作であり、かつまた彼の名をモダニズム建築家として一躍知らしめることになった、レーニン（図書館学）研究所建築設計案[1-1]を取り上げる。この作品の土壌となったのは、革命後組織された高等芸術教育機関ヴフテマス（ВХУТЕМАС 国立高等芸術技術工房）や研究機関インフク（ИНХУК 芸術文化研究所）において二〇年代前半に繰り広げられた芸術と工業生産の関係をめぐる議論だった。これらの議論、わけても機械の運動をモデルとする生産主義－構成主義のメソッドは、レオニドフの建築思想の骨格を形成することになった。しかしその一方で、レオニドフのレーニン研究所案の魅力と新しさは、これらの言説には完全に回収し尽くされない点に存していた。

では、一体何が彼の創作をこのようにユニークな存在たらしめたのか。本章ではまずこれらの教育・研究機関における、いわゆる「芸術から生活へ」の動きと連動した構成主義建築運動の誕生に注目し、主に教師という立場からレオニドフの建築思想の形成に強い影響を与えた、アレクサンドル・ヴェスニン、モイセイ・ギンズブルグら構成主義の指導者たちの建築理論を検証する。そしてそれをもとに、彼ら先行世代に対してレオニドフの作品がいかなる新しい射程を有していたのかを浮き彫りにしていく。

1　レオニドフと構成主義建築運動

イワン・イリイチ・レオニドフは、一九〇二年、トヴェリ県スタリツキー郡の農民の家庭に生まれた。幼少時より村の聖像画家の下に弟子入りするなど、彼が最初に才能を示したのは絵画の分野だった。しかしレオニドフが聖像画家の道へと進むことはなく、家計を助けるためであろう、一〇代前半のうちにペトログラード（現サンクト・ペテルブルグ）の造船工場で働き始める。だが十月革命は、レオニドフの人生にも決定的な転機をもたらした。レオニドフはペトログラードでの仕事を辞めると故郷のヴァビノ村に戻り、村の執行委員会の書記として活動を開始する。一方で、画家の道へと進むことを真剣に考えるようになったのもこの時期だった。一九二〇年、レオニドフは新しく組織されたトヴェリの美術学校スヴォマス（CBOMAC 自由芸術工房）へ入学、そこで才能を認められ、翌年には設立されたばかりのモスクワのヴフテマスへと派遣される。

革命直後に設立された高等芸術教育機関、自由国立芸術工房（CГXM）[1]が職人頭によって指導される旧態然とした徒弟制をそのまま残していたのに対して、一九二〇年九月にこの工房を統合・改組して設立されたヴフテマスでは、より現代的な教育制度が採用され、当時左派芸術家として活動していた芸術家たちが教師として働いていた。同校は建築・絵画・彫刻・冶金・木工・陶芸・テキスタイル・ポリグラフの八つの学科を有しており、レオニドフがヴフテマス入学時に所属していたのは、当初の希望通り絵画科だった。だが基礎課程において学ぶうちに、彼は建築科への転進を決意する。

一体何が彼の絵画から建築への転進を促したのだろうか。ひとつには、このとき既に同基礎課程の色彩の授業を担当していた、後の構成主義建築運動の代表者、建築家アレクサンドル・ヴェスニンとの出会いが大きく影響したものと思われる。[2] だが、おそらく一層重要な契機となったのは、この時期ヴフテマスの学生やインフクに所属する芸術家（何人かはヴフテマスで教壇に立っていた）たちの間で共有されていた、芸術と生産をめぐる議論であっただろう。

一九二〇年代初頭には、左派芸術家たちによるルネサンス以来の再現芸術の否定と解体の試みは既に終了しており、芸術実験から生活実践への移行が宣言されていた。その中でも当時インフクを中心に活動していた生産主義‐構成主義理論家オシップ・ブリークやボリス・アルヴァートフらは、さらに先へと進むことを主張していた。すなわち、芸術作品の制作から生活用品の生産への移行、そして生産の現場への芸術家の直接的な参加である。[3] 彼らは労働や工場生産を単に芸術の主題として扱うのではなく、また、この点は特に強調しておかねばならないが、芸術家が単にプロダクト・デザイナーに変ずるのでもなく、芸術家が直接生産の過程に携わり、それを指導すべきだと考えていた。構成主義とは人間と事物を正しく組織化するためのメソッドである、と唱えるアルヴァートフにとって、眼前の具体的な問題の解決にのみ専心する技術者とは異なり、詩人や画家は、生産プロセスをより俯瞰的な観点から合理的に組織化する、「芸術的技術者（художественный инженер）[4]」となりうる存在だったからである。この新しい組織者ないし構成者のイニシアチブにより、はじめて芸術と技術の総合が実現され、芸術は、「イリュージョンの領域から真の生活の変革の領域へ[5]」参入可能になるというのが、彼の主張だった。

さらにアルヴァートフは、芸術と工業の最終的な融合による、個別の事物の生産物のデザインを超えた、人びとの新しい生活様態の包括的建設、すなわち「生(活)建設（жизнестроительство）[6]」という概念を打ち出す。そこでは「芸術的技術者」は、合理化された大量生産のシステムをモデルに、人びとの生（活）全体を組織し構築する者となる。つまりブリークやアルヴァートフら生産主義者は、個々の製品の合理的デザインから労働形態の合理的組織化、最終的には社会全体の合理的組織化までを、一元的なベクトルの上で思考しようとしていたのである。

したがって彼ら生産主義－構成主義者の理想とする「芸術家＝技術者」とは、単なるプロダクト・デザイナーに終始するものではなく、社会形態そのものの構成者をも含意していた。芸術家のように創造的に、しかし同時に技術者のように合理的に世界を設計する、デミウルゴスとしての構成者。言うまでもなく、建築家ほどこの理想にぴたりと当てはまる職能はなかった。元来芸術と技術の両領域にまたがり、さらにはこの時期に新しい共同体の設計・建設と象徴的に結びつけられたことによって、建築こそが芸術家の進むべき道として示されたのである。二〇年代初頭における「芸術から生活へ」の移行、とりわけイーゼル絵画から建築への進路変更は、したがってレオニドフ個人に限った現象というよりも、当時の文化的文脈の変化を反映したものであったといえる。

このような生産主義－構成主義の中から一九二三年に誕生したのが、アレクサンドルとその兄ヴィクトルのヴェスニン兄弟による労働宮殿プロジェクト案（[2-7-1][2-7-2]参照）だった。彼らのプロジェクト案の詳細な分析については続く第2章に譲るが、このクラブは巨大な工場を思わせる外観を有し、「宮殿」という名がもつ従来のイメージを劇的に打ち壊した。ブリークやアルヴァートフが新しい共同体のモデルとして提示した工場、それはまさに文字通りの形で具現化されたのである。「工場こそが労働者の宮殿であり、ひいては新しい社会のモデルである」――ヴェスニン兄弟の労働宮殿案は自らの姿を通してこう宣言することにより、生産主義－構成主義建築理論のマニフェストとなった。

このように公共施設や労働者クラブといった生産活動とは直接関係のない施設を、工場との明確な、ほとんど単純と言ってもいいアナロジーにおいて設計することは、一九三〇年代になると構成主義のマシニズムとして非難の的になっていく。しかしこの時には、まさにこのデザインの扇動的なまでの明快さが、レオニドフら新しい生のありようそのものの建設を目指す若者たちから、共感を勝ちえることになった。このコンペをきっかけに彼らヴフテマスの建築科の学生たちは、建築科の教師としてアレクサンドル・ヴェスニンを招聘する活動を開始し、その結果、アレクサンドルは一九二四年九月より、晴れて建築科の教授に就任するのである。レオニドフもまた、アレクサンドル・ヴェスニンが建築科内にスタジオを開設して間もなく、彼の下に移動した。

　労働宮殿案を皮切りに、ヴェスニン兄弟によって生み出された一連の新しい工場＝建築は、ヴフテマスの建築科の学生たちのみならず、モイセイ・ギンズブルグが建築史・建築理論などの授業を通して学生たちに新しい建築思想を紹介していたモスクワ土木技術者大学（МИГИ）[7]の建築学科や、アレクサンドルの兄ヴィクトル・ヴェスニンが教鞭を執っていたモスクワ技術大学（МВТУ）[8]の学生からも支持を集めた。その結果、一九二五年の年末にはこれらの三つの教育機関およびインフクの構成主義者が一堂に会し、新しい建築理念を共有する建築家団体、現代建築家協会——オサ（OCA, Объединение современных архитекторов）[9]が発足することになった。

　さて、アレクサンドル、ヴィクトルのヴェスニン兄弟が実践的な面でオサをリードしたのに対して、構成主義を理論的な面で支えたのが、ギンズブルグだった。また彼は、レオニドフがまだ学生のうちからその才能に目を留め、作品の発表を全面的に支援し、度重なる批判を受けてレオニドフが建築家としての地位をほとんど失ってからも、彼を庇護し続けた人物である。これまでのレオニドフ研究には、レオニドフの建築デザインに対するギンズブルグの影響について立ち入って論じたものはないが、一九二〇年代中盤のこの時期、多くの構成主義建築家にとってそうであったように、レオニドフにとってもギンズブルグの建築理論は、創作上最も重要な指針であったと考えられる。中でもギンズブルグの運動の概念は、レオニドフなりの解釈の屈折を経つつ、レオニドフの構成主義建築思想の核へと結実していった。

ではそのギンズブルグの運動理論とは、いかなるものであったのだろうか。一九二四年に出版された著書『様式と時代』の中で、ギンズブルグの理論は生産主義-構成主義へと大きく旋回した。そしてこの転換の主軸となったのが運動、とりわけ生産機械の志向性をもった運動という概念だった。彼によれば、生産機械には可動的でない部分、つまり何らかの生産プロセスに関わることなくただ存在しているだけの部分はありえない。あらゆる動的パーツが完全に調和し、協働する生産機械——それこそが目指すべき建築、さらには来たるべき共同体のモデルとみなされたのである。

そしてこれらの機械のダイナミズムの対極を成すものとされたのが、装飾だった。装飾はそれ自体としては具体的な機能を有さず、運動しないがゆえに、構造に対して必然性を欠く存在と定義された[10]。さらにギンズブルグによれば、新しい建築様式の形成期には構造的な要素が建築全体を牽引するのに対して、衰退期になると構造には直接関わらない、スタティックな装飾的要素が勝っていく[11]。

留意しておきたいのが、この生産=運動理論においては、運動が生産という明確な志向性を有するものとして理解されている点である。生産という目的をもった運動こそが、構造とその合理性を支える根拠とされたのである。しかし『様式と時代』の最終部で、ギンズブルグは突然奇妙な飛躍を行う。彼は唐突に、各種のメカニズムの中でも最も理想的な運動機械とは、自動車（奇しくもロシア語では、機械を表す言葉「マシーナ（машина）」は、自動車も意味する）や飛行機といった乗り物であるという結論に達する。それまで展開してきた生産機械論に対して、なぜ彼は直接生産とは結び付かない自動車を、理想的モデルとみなすことになったのか。

ギンズブルグを惹きつけたもの、それは自動車のメカニズムの有する、運動の目標が常にメカニズムそれ自体の外部に置かれ続けるという性格だった[12]。このような運動の不均衡（アシンメトリー）と到達すべき目的の外在化は、当然ながら不充足による不断の緊張を生み出す。しかしギンズブルグは、この不充足によってもたらされる「緊張、強度、そして明確に表現された方向性」[13]にこそ、個々の生産機械のみならず、共同体をも含めた全人民を組織化する半永久的な原動力が存すると考えた。言い換えれば、個別・具体的な事物の生産を超えた、むしろ逆にそれらを正当化する根拠となるようなより包括的な目標が、この自動車モデルには見出されているのである。だが興味深いことに――そしてこの点こそギンズブルグの構成主義建築理論を単純な機能主義から分かつ点でもあるのだが――、その重要性の強調とは裏腹に、この運動の最終的な目的について、彼は明確な定義を留保し続けるのである。

この後ギンズブルグの運動の理論は、空間内での人間や物の移動を分析した「動線図（график движения）」や、事物の合理的・経済的空間配置を示す「配置図（схема оборудования）」[14]といった具体的な設計メソッド、さらには自動車による移動を前提とした線状都市構想へと反映されていく。しかし他方では、「運動の前方に置かれた理想的目標」は定義されることなく空白のまま残され、そこへの到達は常に先送りされ続けた。逆説的ではあるが、この最終目的地の曖昧さ、あるいはそこへの到達不可能性が、個々の具体的な建築の合理化の動因となり続けていたのである。そしてギンズブルグにとってのレオニドフとは、以降で見ていくように、構成主義の掲げる合理性と、それが包含する不合理の領域の、まさに境界線上に位置する存在だった。

ところで、このような構成主義の機能性・合理性の中心に残された空白は、ある種の不可知論を呼び寄せる危険をも孕んでいた。ギンズブルグの機械＝自動車モデルにおいて定義されずに残された最終的な目標は、見方によっては、構成主義からスターリン建築への移行のひとつの回転軸となったと考えることもできるだろう。たとえば現代ロシアの批評家ボリス・グロイスは、構成主義の機能論の中核に残されたこのような空白を後に独占することになったのが、あらゆる創造的活動のテロス（最終目的）を掌握する存在として出現した指導者スターリンだったと主張する。[15]詳しくは第4章で論じるが、社会主義リアリズムと呼ばれる全体主義的様式の形成過程においては、いわば建築家たちはこの最終的な目標の不可知性ゆえに、自身の専門的判断や創作上の信条に基づいてではなく、それを独占する指導者や党の指示に盲目的に従って設計するしかない状態へと追いやられていくのである。

当時まだ学生であったレオニドフは、ヴェスニン兄弟の労働宮殿計画案をはじめとする工場＝建築モデルや、ギンズブルグの機械（自動車）＝建築論の強い影響下に、当初の絵画ではなく建築への道を選択したと考えられる。しかしながら彼が実際に描き出した建築物のイメージには、工場‐生産という主題はごく微弱にしか認められず、またギンズブルグの強い志向性を有した運動の概念は、むしろ無志向的なダイナミズムに置き換えられることになった。同じ構成主義の陣営の中で、一体なぜ、このような相違が生じることになったのだろうか。この問いに答える上での最初の手がかりとなるのが、レオニドフのレーニン（図書館学）研究所計画案である。以下ではこのレーニン研究所案を中心に、彼とこれらアヴァンギャルド建築の第一世代との差異を明らかにしていく。

2　運動の建築化

レオニドフの建築家としての活動は、ヴフテマス在学中から始まる。一九二五年のオープン・コンペ《農民のための住居》案で初の入賞を果たした後も、イワノヴォ・ヴォズネセンスクの国立繊維トラストの労働者・職員向け住宅コンペ（一九二五年）、ミンスクの大学設計コンペ（一九二六年）などに出品、受賞している。中でも初期レオニドフ作品の特徴が顕著に現われだすのが、二六年にプレ卒業制作として提出されたイズヴェスチヤ印刷所の設計案[1-2]と、五〇〇人および一〇〇〇人向け労働者クラブのコンペティションに出品、購入された作品[1-3]だ。とりわけイズヴェスチヤ案では、アンテナや飛行船の係留索を思わせるモチーフにはヴェスニン兄弟からの、建築物の量塊を運動へと解消するかのようなダイナミックな表現にはギンズブルグからの影響が窺える一方で、繊細かつ極度に単純化された輪郭線や、具体的な奥行きや質量を感じさせない平面性など、彼固有のスタイルの萌芽も認めることができる。

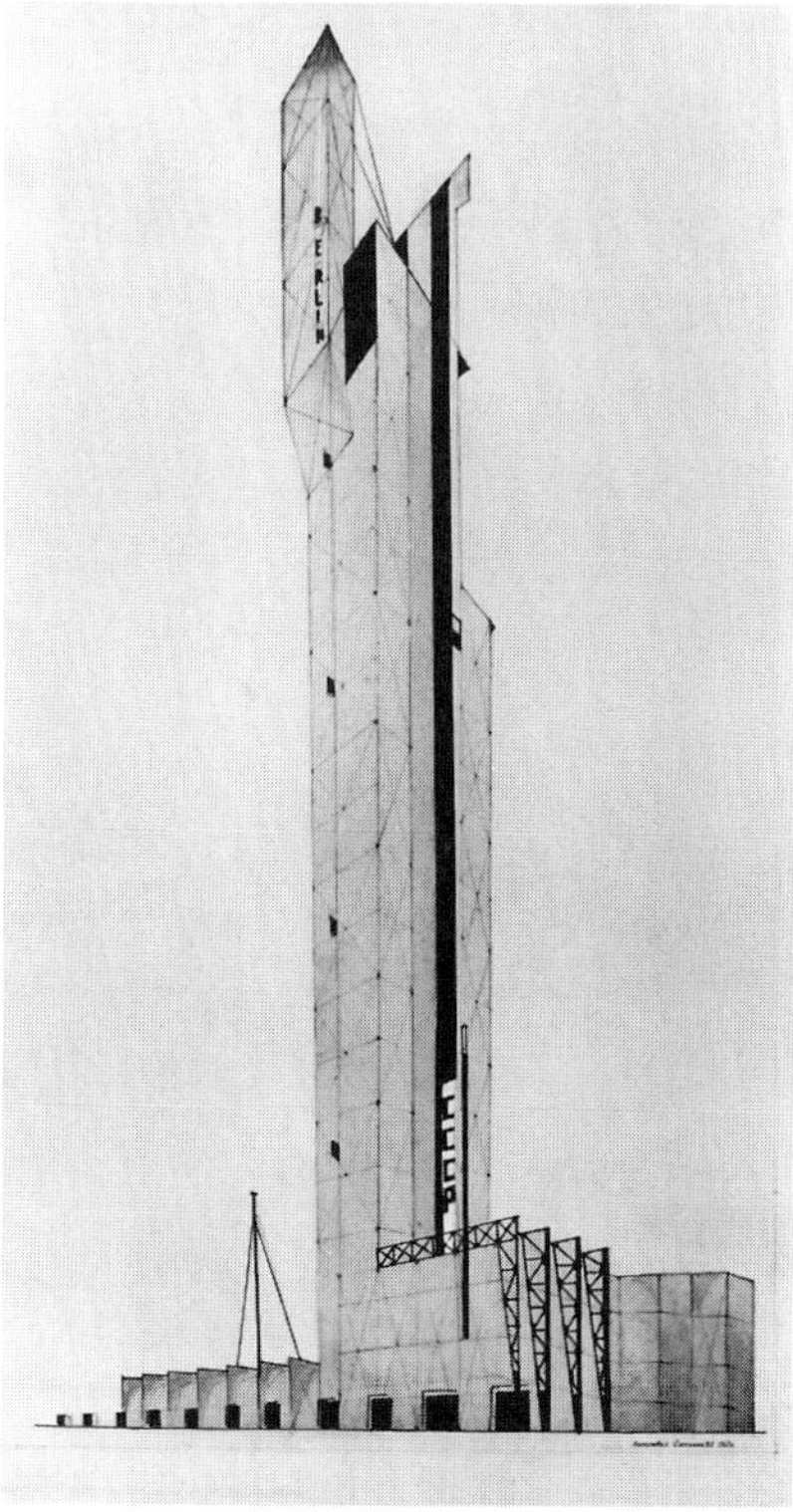

図 1-2
レオニドフによるイズヴェスチヤ印刷所設計案（1926 年），Современная архитектура. 1926. № 3.

図 1-3
レオニドフによる 1000 人向け労働者クラブ案（1926 年），Современная архитектура. 1927. № 3.

これらの水平方向と垂直方向へ伸張していくデザインを総合する形で一九二七年に卒業制作として発表されたのが、問題となるレーニン研究所である。構想の土台となったのは、レーニンに関する記録の収集保管を目的とした、モスクワのレーニン丘（現雀が丘）を敷地とする文化施設の計画だった。レオニドフはこのプロジェクトを、「最高の技術力によって、現代の生活の要求に応えること」[16]という目標の下、高層棟と低層棟、そしてガラスの球体の三つの形態からなる、機械化された複合体へと翻案していく。

レオニドフのレーニン研究所設計案の模型写真と設計図は、オサの機関誌である『現代建築』[17]に、五ページという異例のスペースを割いて紹介された。ここには編集長ギンズブルグの意図が働いていたと見られる。というのも、直前の記事において、ギンズブルグは構成主義運動のこれまでと将来の展望を論じながら、アレクサンドル・ヴェスニンに続く構成主義の次世代建築家として、レオニドフを紹介しているのである。

レーニン研究所の紹介の最初のページには、レオニドフ自身の手による、彼のドローイングと同様一切の無駄を省いた、ほとんどコンセプチュアルと言ってもいいだろう、次のような説明が添えられた。

> 機械化。
>
> 図書館。書籍の受け渡しと書庫への返却は、水平・垂直のコンベヤー・システムによって行われる。貸出申し込みは自動化されており、書籍目録用ホールから請求された本は、コンベヤー・システムを通して閲覧室へと配送される。
>
> 教室。吊り下げ式の仕切り壁によってセクター単位に区切られた球形の教室は、その容量を必要に応じて調節することができる。全体では四〇〇〇人を収容可能であり、より少ない人数に対しては、セクター単位ごとに球を逐次分割することができる。

内部に設置されたブラインド式のスクリーン装置によって、球はプラネタリウム——科学的・光学的劇場——にもなる。

球体は、集団デモンストレーションの際には観客席としても機能する。半分が開閉式になっており、もう半分に壁と客席が導入される。教室への昇降はコンベヤー化されたエレベーターによって行われる。複数の研究室は、電話、ラジオ、無線映像伝達装置といった設備によって、教室や閲覧室と連結される。

またこのような設備を利用し、研究所のすべての研究者集団は、同時にひとつの作業を行うことができる。

モスクワとの交通は、高架式道路の中央部の飛行場から発着する、空中トラムによって実現される。世界との通信は、強力なラジオ・ステーションによって実現される。

素材。

ガラス、金属、鉄筋コンクリート(18)。

彼の計画では、主軸となるタワー部分は、一五〇〇万冊を収蔵可能な巨大な蔵書保管庫と五つの閲覧室に、またその足元で三方向に伸びる低層棟部分は、閲覧室や小教室に割り当てられていた。そしてこのデザインの中で最も目をひく、地表から浮かび上がったガラスの球体は、多目的ホールとして利用されることになっていた。接地点の少なさと支柱の欠如という構造上の不安定さを補うために、球体部分はワイヤーによって地面に固定される予定であった(19)。

彼の解説の中でまず注目されるのが、この建築‐機械の構造を貫く様々な運動である。ベルトコンベヤーによる水平・垂直の運動、エレベーターによる上下運動、球体のメイン・ホール内を分割する壁の運動、プラネタリウムのスクリーンの運動、このホール自体の開閉運動、さらには施設内での通信や外部への情報の伝達、施設内の飛行場とモスクワの中心部を繋ぐ交通も、これらの運動に加えられるだろう。レオニドフのレーニン研究所とは、機械化された圧倒的なスケールの運動によって構成される建築、言うなれば運動そのものの建築化なのだ。

またこのようなダイナミックな構造に呼応するかのように、ドローイングにおいても、建築物としての説得的なマッスや重さは全く表現されていない。球体部分とタワーは、ヴォリュームの最大値としての球と最小値としての針という鮮やかなコントラストをなすが、物質としての質量を感じさせないという点では共通している。アンドレイ・ゴザックは、レーニン研究所の低層棟と高層棟の構造を、ユークリッド幾何学における空間軸として読み取り、交差する軸線がフレーム・アウトで描き出されることによって、運動の遠心性が表現されていると指摘している。(20) ここからは、建築とはあらかじめ与えられた空間内にただ存在するものではなく、空間そのものを新たに構築するものであるべきだという、レオニドフの建築信条が見て取れよう。

そしてレオニドフのダイナミックな構造の中でもとりわけ検討を要するのが、地上にワイヤーでもって係留された気球を思わせる、ガラスの球体である。球というユートピア的な完全性、全一性を象徴するモチーフの建築設計への応用は、フランス革命時におけるブレ、ルドゥー、ルクーらによる紙上建築作品が先鞭となり、一九〇〇年のパリ万国博における直径五〇メートルあまりの天球儀[1-4]によって、はじめて物理的に実現された。ここでもエッフェル塔と球が、やはりヴォリュームの最大値・最小値という対照関係に置かれていることは興味深い。また、球という形状が天体と結び付けられている点にも留意したい。レオニドフの研究所のガラスのホールは、ブラインド状のスクリーンでガラス面を覆うことにより、天球儀ではなくプラネタリウムとして機能することが見込まれていた。ホールの形態も、構成主義建築家ミハイル・バルシチとミハイル・シニャフスキーによってデザインされたプラネタリウム[1-5-1][1-5-2]を、直接参照していた可能性が高い。レオニドフは、レーニン研究所以降もプラネタリウムを連想させるフォルムを用いてクラブや公共建築などを多数デザインしていくが、プラネタリウムというメディアを通して地上に天上の光景を再現しようとする彼の志向が、ここには既に認められる。ミクロコスモス（建築）とマクロコス

図 1-4
1900 年パリ万博における天球儀，http:/www.flickr.com/photos/brooklyn_museum/2486026643/sizes/o/in/photostream/

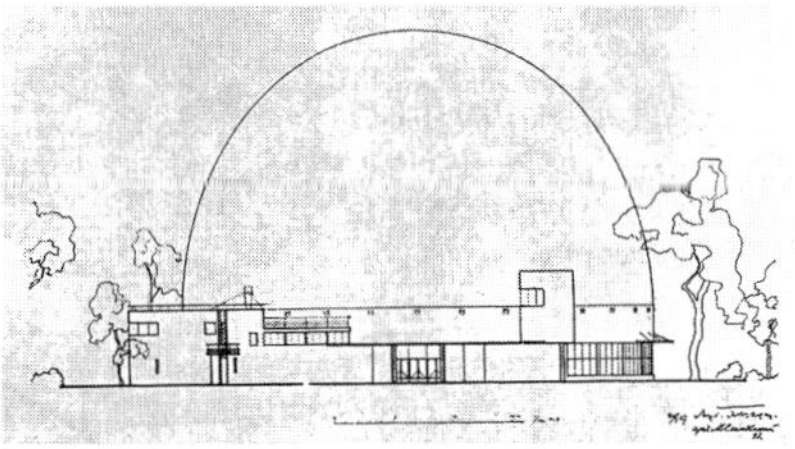

図 1-5-1
バルシチとシニャフスキーによるモスクワのプラネタリウム計画案（1927 年）立面図，Современная архитектура. 1927. № 3.

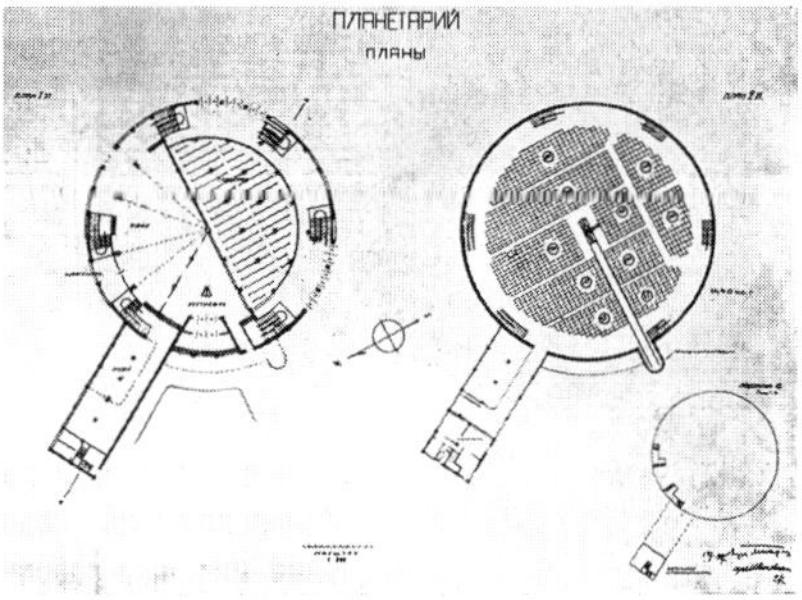

図 1-5-2
バルシチとシニャフスキーによるモスクワのプラネタリウム計画案（1927 年）平面図，Современная архитектура. 1927. № 3.

モス（それを包含する世界）が反転・照応するレオニドフ独自の天体－建築観は、このレーニン研究所に始まるのである。

とはいえ、一般的な機能主義の観点からすれば、このような球体建築は決して正当化しえないものであったはずだ。プラネタリウムや多目的ホールとしての機能だけを考えるならば、バルシチ・シニャフスキー案のように半球形で十分なのであって、地上に浮かび上がった球などという、構造上非常に不安定な、しかもおよそ実現困難な形状を選択する必要はない。実際、レオニドフの作品の中でも完全な球形が用いられたのは、晩年の作品を除けば、このレーニン研究所が唯一の例である。ガラスという素材の利用も、映画館やプラネタリウムというこの施設の機能から、あるいは当時のソヴィエト・ロシアにおけるガラスの生産水準から判断すれば、非現実的なものであった。このような制約を無視してまで、なぜそれはガラスの球である必要があったのか。ここからは、単純な機能論を超えた、象徴的な意味を読み取るべきではないか。

球という形態の特質は、分化した空間をひとつの量塊へと還元する点にある。加えて、透明なガラスの壁面は、室内とファサードの断絶という問題を完全に無意味化する。もはやここには、部分と全体の差異や、内部構造と外部形態との齟齬は存在しない。構造（コンストルクツィヤ）と形態（フォルム）は、即自的な一致を見るのである。そのような意味において、ガラスの大ホールとは自らをのみ指し示す純粋記号、シニフィアンとシニフィエの即自的一致の体現であったといえるであろう。たとえば八束はじめは、レオニドフのこのガラスの球体をアヴァンギャルドの純粋言語の最たるものとみなしている[21]。また、末梢器官へ分化する以前の全一性を具えた球の形象に、高橋康也は言語の至福の状態、堕罪以前の言葉（ロゴス）と物のユートピア的な完全なる一致の痕跡、ないし神話的始原の状態の回復への意志を指摘している[22]。形態と意味内容の完全なる一致というロシア・アヴァンギャルド芸術運動全体を貫く問題に、レオニドフはこのガラスの球体を通じて回答しようとしていたのではなかったか。

さらにこの球体建築の、柱すらもたず、ガラスとワイヤーのみからなる構造は、中世以降の建設技術の向上とともに進展してきた、建築の軽量化の極北を示してもいる。それは技術革新の果てに、今まさに重量から解放され、大地から離脱しようとしている建築の姿に映りはしまいか。しかしまさにこの反・大地という点において、同時代の美術史家ハンス・ゼードルマイヤーのような人物にとっては、球体建築とは忌むべきものであった。ゼードルマイヤーは球形の構造を「大地からの解放を求める傾向[23]」の表れであるとして、次のように批判した。

いったい球形というものは、非建築的であるというよりも実際反建築的な形式である。(…)大地をその基盤として認めるようなものが構築的なのである。多くのゴシックやバロックの教会堂のように、空中に浮かんでいるような印象を与える建築のような場合でも、大地は、そこへ降りて来る足場としてあるいは浮かびながらかかわりをもつ潜在的な足場として認められているのである。球形は、こうした大地を否定することとなる[24]。

彼の目には、この種の設計はいわば大地＝地球をその外部から相対的に眺めたものとして、大地すなわち故郷の忘却として映ったのである。対してレオニドフのガラスの球体建築は、ゼードルマイヤーが述べるところの大地との関係を意識的に否定する、より正確を期せば、旧来の大地と建築の関係を根本的に更新することを目指す建築だった。通常の高層建築のように大地から上空へと伸長するのではなく、大地と一点でしか接することのない、しかも上下左右といった区別をもたない球体建築は、地上の慣習的な、人間的スケールに基づいた空間概念そのものを解体するのである。

さらに、ギンズブルグが建築のモデルとして自動車およびその水平運動を前提としていたとすれば、レオニドフのホールは、むしろ浮遊する気球の上昇運動を喚起するものであったといえるだろう。ギンズブルグが掲げる明確な志向性を有した運動に対し、レオニドフのガラスの球からは、ヘリウム・ガスを充填された気球が自然と大地を離れて上昇していくように、そのような強烈な志向性は感じられない。むしろそれが示すのは、大地の束縛からの自由、重量からの解放である。

このように生産への志向をもたない球体のモチーフに対して、レーニン研究所の他の部分、たとえば高層棟部分の電化された図書の貸借システム（特に工場のシンボル語彙の最たるものであるベルトコンベヤー）などには、工場生産とのアナロジーに基づく運動＝構造を認めることができる。だが、この垂直に伸びるタワーを蔵書保管庫としての機能から正当化することも、やはり難しいと言わざるをえない。レオニドフのレーニン研究所のダイナミックな構造は、実のところ機能性や目的には、必ずしも結びつけられてはいないのである。しかし機能によって方向付けられた運動でないならば、何がこの運動を動機付けるのか。むしろダイナミズムそれ自体こそが、この動的構造を決定していたのではなかったか。水平方向・垂直方向に進捗する運動や球の浮上する運動、それらこそがこの研究所の構造の目的であって、図書館や研究所としての機能は、この運動から事後的に見出されたものなのである。

このように考えるならば、レーニン研究所の有する運動性は、無目的的な（あるいは自己目的的な）ダイナミズムとするべきであろう。とりわけガラスの球は、まさにそれが半球ではなく球体という構造であるが故に、地上に定立することができず地表に浮上しているのであって、いわばその上方への運動は何らの機能によってではなく、己の形態そのものに由来している。無目的的ダイナミズムによって構成された建築——それはヴェスニン兄弟やギンズブルグらの生産主義‐構成主義に則った建築よりも、むしろ第3章で論じるマレーヴィチらの無対象建築、すなわち目的という重力（引力）すらからも解放された建築に近い。後述するように、レオニドフははるか上空から、最終的には大気圏外から建築とその足場である大地を相対化しつつ眺めること＝建てることの必要性を説いた建築家のひとりであった。そのような意味で、レーニン研究所案は大地の明証性や不動性、天上‐地上の不可逆性といった、建築がアプリオリに依拠してきた土台そのものを疑問に付す建築だったのである。

3 『現代建築』誌とレオニドフ

建築と写真

レオニドフの手によるレーニン研究所の模型は、ヴフテマスの校舎の一角で開催された第一回現代建築展[25]に展示された。さらに同年の『現代建築』誌第四―五号には、一一九ページから一二四ページにかけて、模型写真やデザイン画など数点が、先に引用した、彼自身による素っ気ないほど簡潔な解説を添えて掲載された[1-6]。同号の表紙[1-7]にも彼の模型写真の一部が利用されたが、これは『現代建築』誌の他の号の表紙がタイポグラフィのみの非常にミニマルなデザインであったことを鑑みれば、特例的な措置といえた。そして、実現された作品をほぼもたず、ギンズブルグのような理論家でもなかったレオニドフは、実にこのわずか数枚のドローイングと模型写真からなるイメージを通して、〝ロシア構成主義の星〟として国外にまで広く認知されていったのである。逆にいえば、『現代建築』誌なしに、ほぼ実作をもたない紙上建築家が世間に知られることはなかっただろう。またレオニドフの一九二〇年代の作品のオリジナルはおおむね失われているが、現代のわれわれがそれらについて知ることができるのも、この『現代建築』誌の誌面を通してなのである。

近代建築とマスメディア、とりわけ写真やそれを掲載した建築雑誌との密接な関係は、もちろんレオニドフに限られた現象ではない。二〇年代はヨーロッパ全体を見渡しても、モダニズム建築と出版の蜜月期だった。たとえばヴァルター・グロピウスとアドルフ・マイヤーのファーグス工場（一九一一―一三年）が近代建築運動の嚆矢として高い評価を受けたことを、レイナー・バンハムは「写真という偶然[26]」によるところが大きかったとしている。バウハウスで

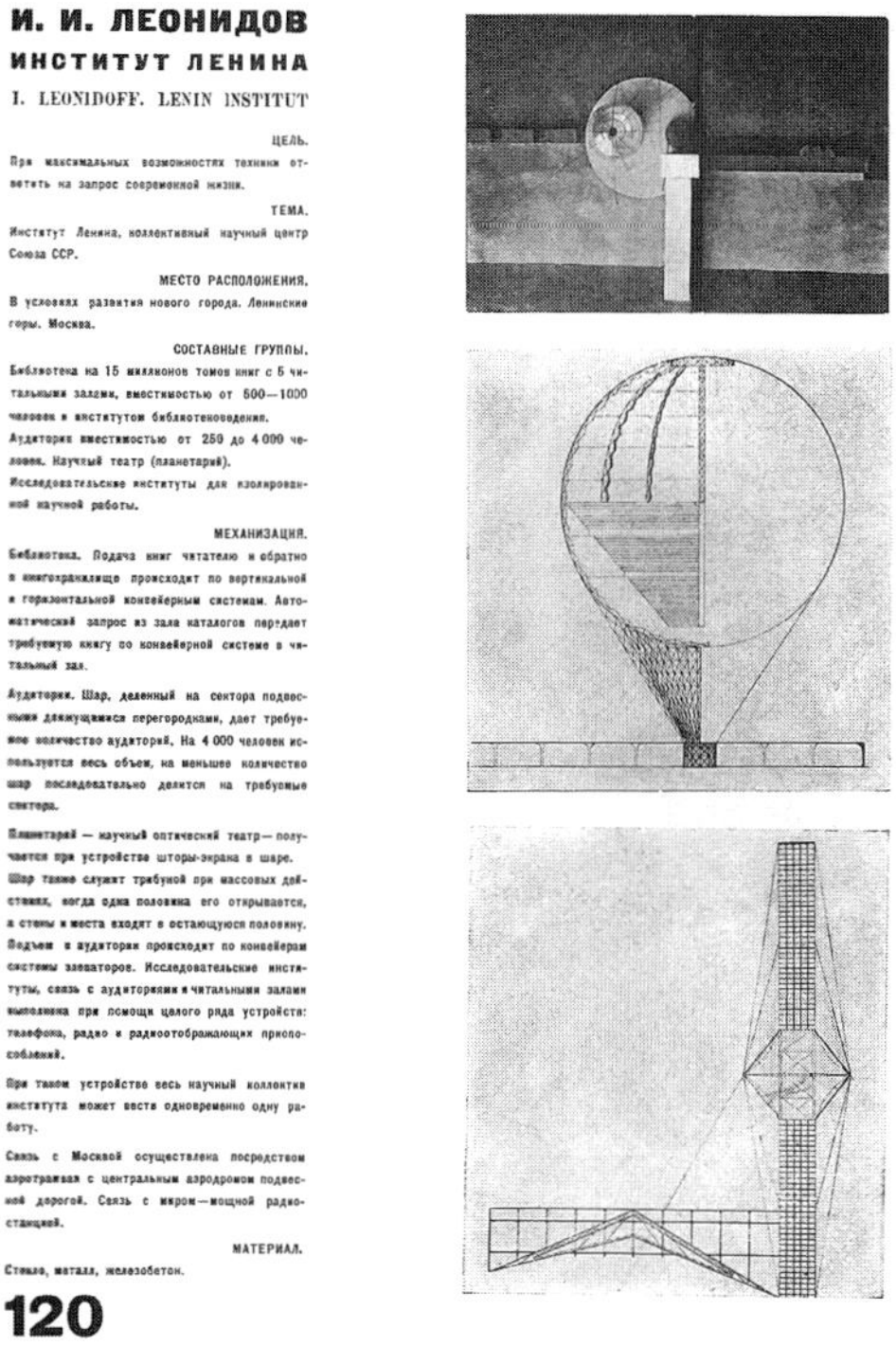

И. И. ЛЕОНИДОВ

ИНСТИТУТ ЛЕНИНА

I. LEONIDOFF. LENIN INSTITUT

ЦЕЛЬ.

При максимальных возможностях техники ответить на запрос современной жизни.

ТЕМА.

Институт Ленина, коллективный научный центр Союза ССР.

МЕСТО РАСПОЛОЖЕНИЯ.

В условиях развития нового города. Ленинские горы. Москва.

СОСТАВНЫЕ ГРУППЫ.

Библиотека на 15 миллионов томов книг с 5 читальными залами, вместимостью от 500—1000 человек и институтом библиотековедения.

Аудитории вместимостью от 250 до 4 000 человек. Научный театр (планетарий).

Исследовательские институты для изолированной научной работы.

МЕХАНИЗАЦИЯ.

Библиотека. Подача книг читателю и обратно в книгохранилище происходит по вертикальной и горизонтальной конвейерным системам. Автоматический запрос из зала каталогов передает требуемую книгу по конвейерной системе в читальный зал.

Аудитории. Шар, деленный на сектора подвесными движущимися перегородками, дает требуемое количество аудиторий. На 4 000 человек используется весь объем, на меньшее количество шар последовательно делится на требуемые сектора.

Планетарий — научный оптический театр — получается при устройстве шторы-экрана в шаре. Шар также служит трибуной при массовых действиях, когда одна половина его открывается, а стены и места входят в остающуюся половину. Подъем в аудитории происходит по конвейерам системы элеваторов. Исследовательские институты, связь с аудиториями и читальными залами выполнена при помощи целого ряда устройств: телефона, радио и радиоотображающих приспособлений.

При таком устройстве весь научный коллектив института может вести одновременно одну работу.

Связь с Москвой осуществлена посредством аэротрамвая с центральным аэродромом подвесной дорогой. Связь с миром — мощной радиостанцией.

МАТЕРИАЛ.

Стекло, металл, железобетон.

120

図 1-6
『現代建築』誌 1927 年第 4-5 号におけるレーニン研究所の紹介.

図 1-7
『現代建築』誌 1927 年第 4-5 号表紙（部分）.

は、モホリ＝ナジがバウハウス叢書シリーズ、とりわけ『素材から建築へ』の中で、建築写真のみならず誌面デザイン全体を通した建築雑誌というメディアの表現可能性を追究していた。またイタリア未来派のペーパー・アーキテクト、アントニオ・サンテリアの名は、『デ・スティル』に掲載された彼の設計図の写真を通してアルプス以北でも知られるようになった[27]。

ビアトリス・コロミナはこのような同時代的現象に注目しつつ、モダニズム建築はその当初よりマスメディア的――非場所的な性格を有していたと述べる。

> 二〇世紀の文化を決定するようになったのは、実際のところ、新しいコミュニケーションのシステム、すなわちマスメディアであり、ここが近代建築の生産された真の場所なのであって、そして直接的に関わっているものなのである。(…)バンハムは産業建築が〝直接的な〟経験によってではなく、(ただ写真を介してのみ)建築家に知られ、近代運動のイコンとなったという事実に言及していたが、こうした建築家の作品もまた、つねに写真や印刷物を通して知られるようになっていった。このことは建築の生産の現場が変わったことを示していよう。つまり、それは建設された現場だけに位置しているのではなく、むしろますます建築出版や展覧会、雑誌の非物質的な場所に移行したという変化である。逆説的なことに、これらは建物そのものに比べれば二義的なものだと思われているが、多くの点で建物そのものよりも永続的なのである。建築史に場所を占めることは、単に歴史家や批評家によってだけでなく、こうしたメディアを編集する建築家自身によってデザインされた、歴史的空間によっても可能となろう[28]。

コロミナの述べる建築の「生産の現場の変化」にいちはやく対応した建築家のひとりが、他でもないレオニドフだった。彼女の言葉にあるように、レオニドフはまさしく建築雑誌によって知られ、オリジナルの失われた後も複製されたイメージを通して、建築史に場所を占めることになったのである。

けれども、グロピウスやル・コルビュジエら多くのモダニストが、建設された自作品の写真の掲載を通して建築雑誌という紙面／誌面に関わったのに対して、作品を実現する機会をもたず、紙上／誌上こそが唯一の作品発表の場であったレオニドフのようなペーパー・アーキテクトの場合は、コロミナが述べるよりもより直接的かつラディカルな形で、このメディアの性質に依拠していた（あるいはせざるをえなかった）。とりわけ雑誌『現代建築』の誌面デザインと、レオニドフの模型写真も含めた作品の掲載方法、さらには建築物のデザインそのものの間に見られる共鳴関係は、以下で論ずるように、建築のマスメディア化の最も先鋭な例であったと考えられる。

この時期のロシアにおける建築雑誌での写真の利用には、大別して二種類の実験的アプローチが存在した。第一に挙げられるのは、建築物のドローイングと風景写真の合成に代表される試みである。これは、建築家が思い描く主観的な建築のイメージを、非人称的かつ客観的な機械の眼によって切り取られた景観に挿入することを意味する。ソヴィエト建築史家セリム・ハン゠マゴメドフは、このタイプのフォト・モンタージュの狙いを、異質なイメージの同化にあったとしている。すなわち、実際の景観を用いることによるシミュレーション効果はもちろん、背景が見慣れた街並みであることによって、新しい建築物のデザインのよりスムーズな受容が可能になると期待されたのである。(29)

第二に挙げられるのが、主として写真家から建築へ行われたアプローチである。ハン゠マゴメドフの異質なものの同化のプロセスとは反対に、構成主義を代表する写真家兼デザイナーのアレクサンドル・ロトチェンコをはじめとする人びとは、遠近感を極端に強調するカメラ固有の俯瞰や仰瞰の構図を恣意的に用いることで、新しい建築物を新しい機械の眼でもって、旧弊な絵画的アングルにとらわれることなく見ることを提案した[1-8]。映画監督ジガ・ヴェルトフの、「私はキノ・グラース（カメラ・アイ――本田）であり、建築家である」(30)という言葉は、機械の眼を通して

〝見ること〟がそのまま新しく〝建てること〟でもあるような関係を簡潔に示している。当然ながらこのような写真的アングルを用いた異化効果は、新しい理念に基づいて建設された建築物を、人びとが自動的に既知の文脈へと回収し、無意識的かつ受身的に消費することを許さない。それは機械の眼によって示される新しい世界への眼差しを、鑑賞者が自覚的になぞることを要請する。言い換えれば、そこでは鑑賞者はまさに新しい方法で〝見ること〟によって、新しい世界の建設に意識的・能動的に参加することになるのである。

レオニドフの設計の手法はまさにこの〝新しく見ること＝新しく建てること〟から発するものであった。すなわちそれは、既存の建築物をカメラ・アイによって新しく見ることから、カメラの視点に立脚しつつ新しい建築物をイメージすること、さらにはカメラ・アイと自らの眼を同化させながら設計することへと発展していったのである。実際に彼のドローイングの中には、ロトチェンコの写真をそのままなぞったような俯瞰や仰瞰（ラクルス）の構図[1-9]が多く認められる。

しかしレオニドフの模型写真やドローイングは、設計図としての読解が困難になるほどまで異化されることが少なからずあった。その結果、読者はこれらのイメージを読み解くために、より能動的に新たなコードを探し求めざるをえなくなる。そしてこの読解の過程で非常に重要な役割を演じることになるのが、彼のドローイングにしばしば姿を現す、航空機のモチーフである。

ロシア・アヴァンギャルド芸術において飛行機という発明が新たに開拓した展望については第3章で詳述するが、ここではとりわけレオニドフの建築デザインに特徴的な、真上からの超鳥瞰的な構図と飛行機からの視点の関連に注目したい。彼は航空機や航空工学に関する造詣が深く[31]、作品中においてもしばしば飛行機や飛行船が建築物の背景に姿を現す。たとえば先ほど見たドローイング[1-9]中にも、研究所の上空を飛行する飛行機の小さなシルエットが描きこまれている。しかしながら、これらは単に彼の嗜好を示すモチーフだったわけではない。

ЭКСПОРТХЛЕБ

GEBÄUDE DER AKT. — GES. „EXPORTCHLEB“ UMGEBAUT VON ARCHITEKT S. J. TSCHERNYSCHOFF

димо было изменить режим нагрузки на фундамент. Для этой цели были сняты все лишние грузы с существующего здания.

Были разобраны пояс карниза над третьим этажом, кирпичные столбы, дымовые трубы, тяжелая кровля и прочее. На облегченном таким образом здании был поставлен железо-бетонный каркас, состоящий из двух ребристых перекрытий и ряда железо-бетонных форм равной конструкции, над которыми была возведена более легкая кровля со стропилами из досок.

Снятием весьма значительного количества груза и заменой его более легкими конструкциями — удалось не нарушить грузового баланса.

Заполнением каркаса для стен были приняты пустотелые камни с изоляции, т. е. толщиной стен в один камень с изоляцией их камышитом.

Подобное заполнение дало значительно меньший вес, высокий термический эффект и плюс 10% увеличения полезной площади (толщина стен 0,15 *с*).

В дальнейшем при переустройстве нижних этажей положение в смысле нагрузки улучшилось.

Были расширены все пролеты стен до максимума, сменены старые сгоревшие перекрытия тяжелой конструкции на более легкие с железными балками, что в целом значительно облегчило напряжение свай, забитых в слабый грунт бывшей реки Неглинки, которая проходит в коллекторе.

Экономичность всей постройки. Не взирая на срочность и сложность работ, постройка выразилась примерно в 275 руб. за 1° *сажень*.

図 1–8
『現代建築』誌 1927 年第 1 号に掲載されたロトチェンコの写真.

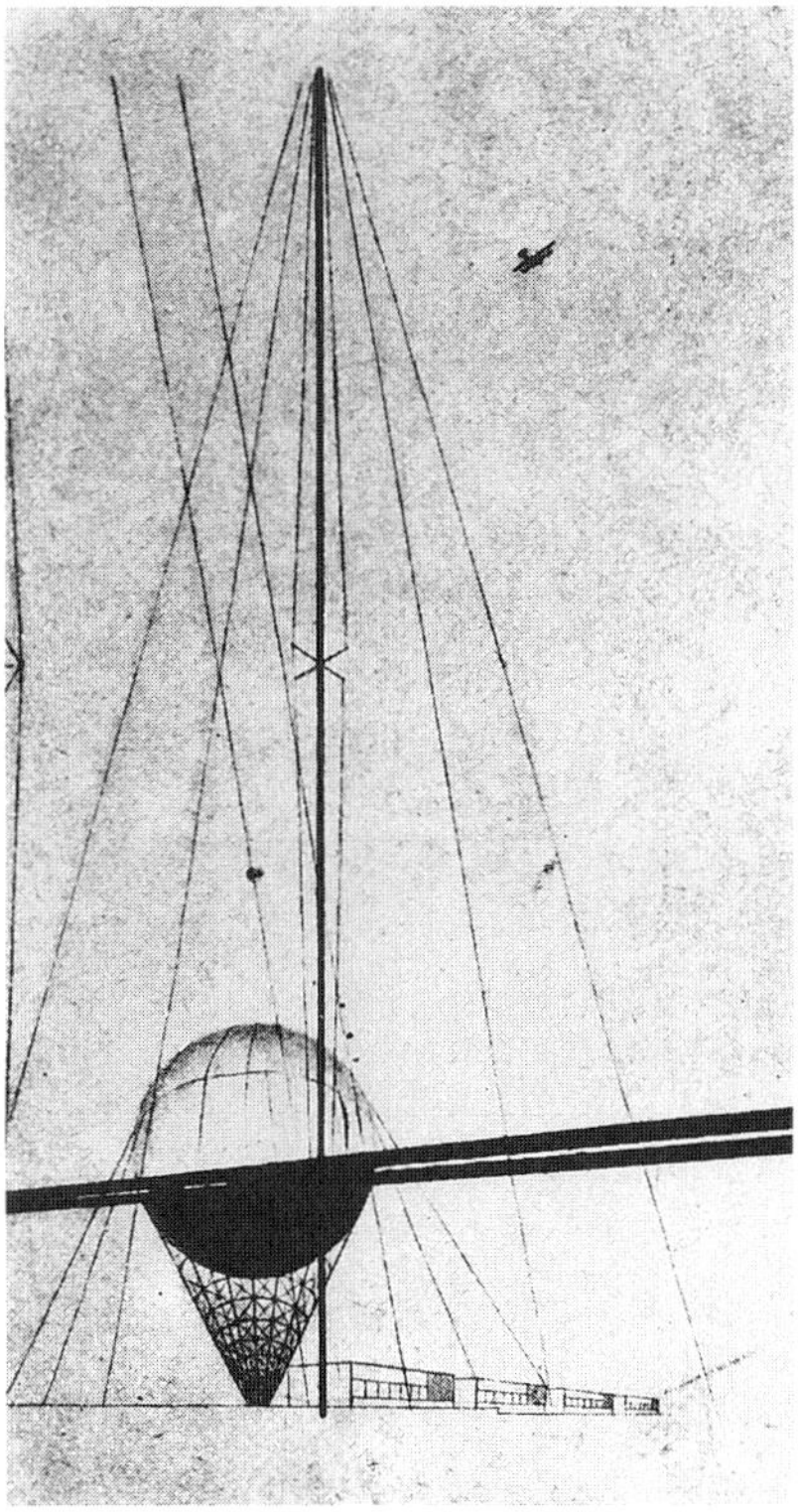

図 1–9
レーニン研究所と飛行機のシルエット，Современная архитектура. 1927. № 4–5.

『現代建築』誌に掲載されたレーニン研究所をめぐるイメージの中には、建物を真上から見下ろした平面図［1-10］がある。この極端に抽象化ないし簡略化された形態を、それのみから建築物の平面図と判断することは難しいだろう。けれどもこのイメージを、前ページのやはり真上の視点から撮影された模型写真［1-11］と比較することによって、われわれは［1-10］がはるか上空から眺められたレーニン研究所の姿であることに気づく。すなわちこれらの平面図は、航空写真のパースペクティヴを参照したものだったのだ。［1-9］に描きこまれた飛行機のシルエットは、このような上空からの眼差しを暗示していたのである。

五十嵐太郎は、建築の記譜法において航空写真が可能にした超鳥瞰的な視点――非中心的で脱文脈化された純粋な俯瞰――に言及し、「飛行する物体は視覚の中心を分裂させたのであり、カメラはどこからでも撮影可能な装置として遍在する視点をもたらしたのだ[32]」と述べている。このような視点の導入は、遠近法に代表される近代における視覚と表象の一体性の喪失の後に、断片化された世界を再び総合的に提示する試みとみなすことができるかもしれない。しかし、距離の感覚自体が無化されてしまうほどの遠点から眺められることによってそこに出現するのは、当然ながらわれわれが経験的に知っているものとは全く異質な、「見知らぬ自己[33]」と化した建築と大地の姿である。航空写真の視点を参照し、通常の視界を異化することによってレオニドフが読者に提示し、意識させようとしたのは、このような新たな建築や大地の姿、そしてそれを眺める新たな眼差しのありようそのものだったのではなかろうか。言い換えれば、これら航空機のモチーフは、いかなる視点から彼の建築物が眺められ理解されるべきかを示していたのである。

建築とエディトリアル・デザイン

もうひとつ、レオニドフの独自のデザイン、そして彼の建築思想の源泉となったのが、他でもない『現代建築』を

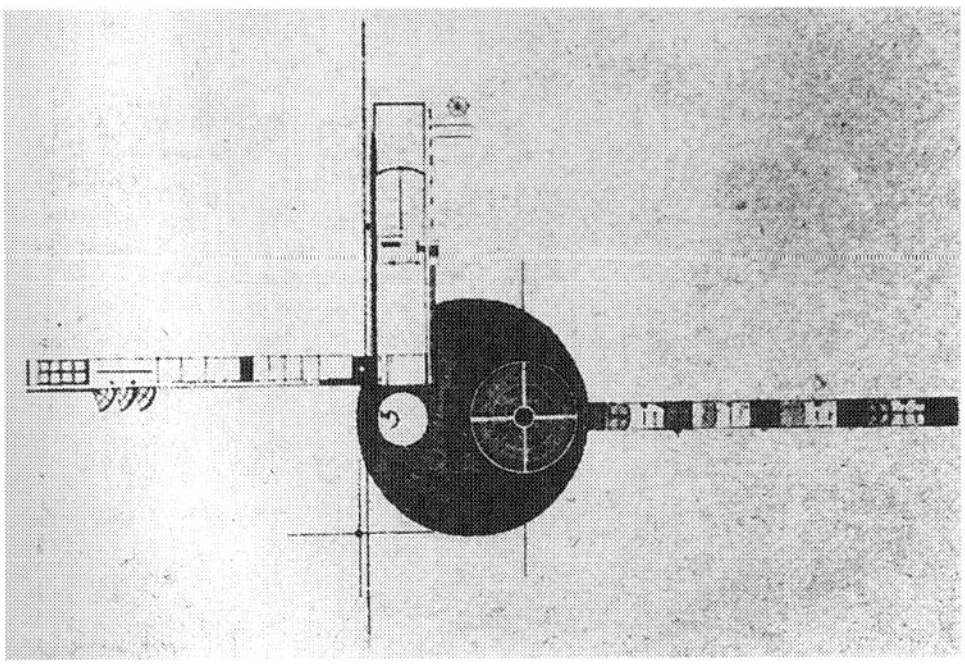

図 1-10
レーニン研究所の平面図，
Современная архитектура. 1927. № 4-5.

図 1-11
レーニン研究所の模型写真，
Современная архитектура. 1927. № 4-5.

はじめとする雑誌や書籍のデザインだった。レオニドフのみならず、彼の師であるアレクサンドル・ヴェスニンやギンズブルグをはじめ、構成主義の第一世代の建築家たちは編集や出版にも深く関わっていた。特にヴェスニンは、アレクセイ・ガンとともに初期構成主義のブック・デザインの先駆者としても知られている。(34) 構成主義建築の出発点となった一九二三—二四年には、ヴェスニンはフォントだけで構成されたマオ（MAO モスクワ建築協会）の機関誌『建築』の表紙[1-12]や、一転してフォントと写真の効果を多用したギンズブルグの著書『様式と時代』（この時点ではまだタイトルは『時代と様式』だった）の表紙[1-13]など、数多くの雑誌・書籍のデザインもこなしている。このような経緯を考えれば、構成主義者たちによる雑誌や書籍、ポスターなどのデザインが、伝統的な建築様式以上に若い建築家に影響を及ぼしたとしても、不自然ではないだろう。とりわけレオニドフの建築デザインは、同時期のブック・デザイン、そして何よりヴェスニンやロトチェンコ、ガンらによる『現代建築』の誌面レイアウトそのものと多くの共通点を有していた。

その一例としてまず挙げたいのが、レーニン研究所に見られる、直行する二本の軸線と円という構図である。同様の構図は、初期構成主義のデザインにも類例を多く認めることができる。アレクサンドル・ヴェスニンのデザインによる雑誌『労働組合運動』の表紙[1-14]では、雑誌のタイトル「労働組合運動（ПРОФЕССИОНАЛЬНОЕ ДВИЖЕНИЕ）」と背後のイラスト（輪転機だろうか？）が直角に交わっており、そこに歯車や車輪からなる円が加わっている。ニコライ・ゴルロフの著書『未来主義と革命』の表紙[1-15]では、二本の斜めの軸線を形作る「未来主義（ФУТУРИЗМ）」と「革命（РЕВОЛЮЦИЯ）」の文字列が、地球とおぼしき円の上で交差しており、レオニドフのレーニン研究所の構図との親近性が強く感じられる。

またレーニン研究所以降、レオニドフ作品において次第に重要性を増していくグリッド・パターンも、この時期のブック・デザインの一般的な手法であった。ロトチェンコのデザインによるフレドリック・テイラーの『労働の科学

図 1-12
アレクサンドル・ヴェスニンによる『建築』の表紙（1923 年）.

図 1-13
アレクサンドル・ヴェスニンによる『様式と時代』の表紙（1924 年）.

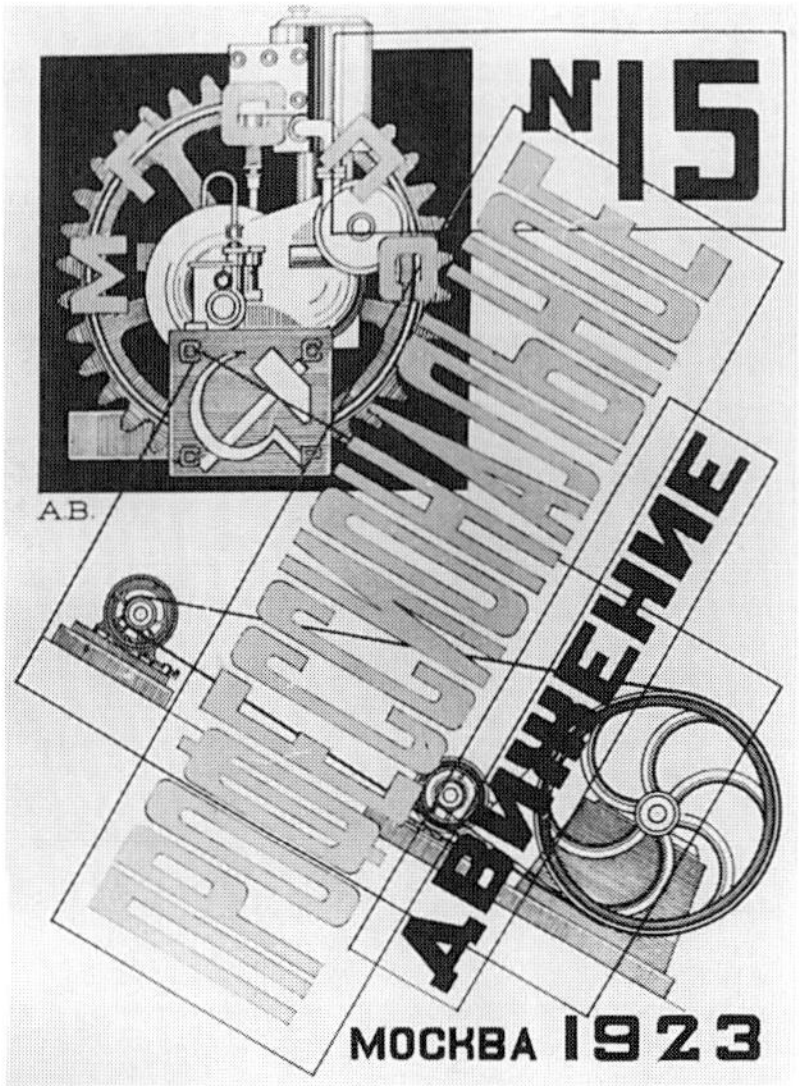

図 1-14
アレクサンドル・ヴェスニンによる
『労働組合運動』の表紙（1923 年）.

図 1-15
『未来主義と革命』の表紙（1924 年）.

的組織』の表紙［1-16］やザハール・ブィコフのデザインによる論文集『中央労働研究所』の表紙［1-17］では、グリッドの規則性が労働の合理的組織化の理念を体現している。特に後者では、グリッドがタイトルやそのドイツ語・フランス語への翻訳、出版地や出版年など、異なった情報を分割しつつ繫げ合わせる枠線としても機能していることに注目したい㉟。レオニドフも同様に、複数の異なった機能を有する施設やフィールドを分割／総合するため、グリッドという単位を用いていくことになる。

建築物をエレメンタルな形態へと還元するレオニドフの手法は、航空写真のみならず、このように幾何学的形態からなる構成主義デザインの手法に由来するものでもあった。そしてレオニドフと構成主義デザインの親和性を何より直接的に示すのが、『現代建築』誌上における、レオニドフの作品の紹介ページである。レオニドフのドローイングや模型写真などは、『現代建築』誌に掲載されるとその誌面のダイナミックなレイアウトに調和し、一個の建築作品であると同時に、誌面デザインの一部としても機能した。たとえば一九二七年の第四―五号のレーニン研究所案の紹介ページ［1-18］では、模型写真の傾きと彼の名（ЛЕОНИДОВ）の文字列の傾斜とが、続くページ［1-19］では奥へと伸張していくレーニン研究所の低層棟の傾きと、「第一回建築展（ПЕРВАЯ ВЫСТАВКА СОВРЕМЕННОЙ АРХИТЕКТУРЫ）一九二七」という文字列の角度とがほぼ一致しており、フォントの配置に関して特に注意が払われているのが分かる（このようなデザイン上の配慮は、『現代建築』誌の中でもかなりの特例だった）。誌面における大胆な余白の用い方も、レオニドフのドローイングにおける同様の空白の用い方、さらには広大な敷地に対して異様なまでに建坪率を低く抑える彼の設計手法そのものと合致していた。

そして最後に言及しておきたいのが、建築雑誌というメディアそのものの特性である。

前述のように、極度にデフォルメされたレオニドフの建築イメージは、複数の模型写真やドローイングを照らし合わせながら読み解かねばならないものであった。このような断片的なイメージを同一ないし複数の平面上に並置し、

図 1–16
ロトチェンコによる『労働の科学的組織』の表紙（1925 年）．

図 1–17
ブィコフによる『中央労働研究所』の表紙（1923 年）．

図 1-18
『現代建築』誌 1927 年第 4-5 号における レーニン研究所の紹介.

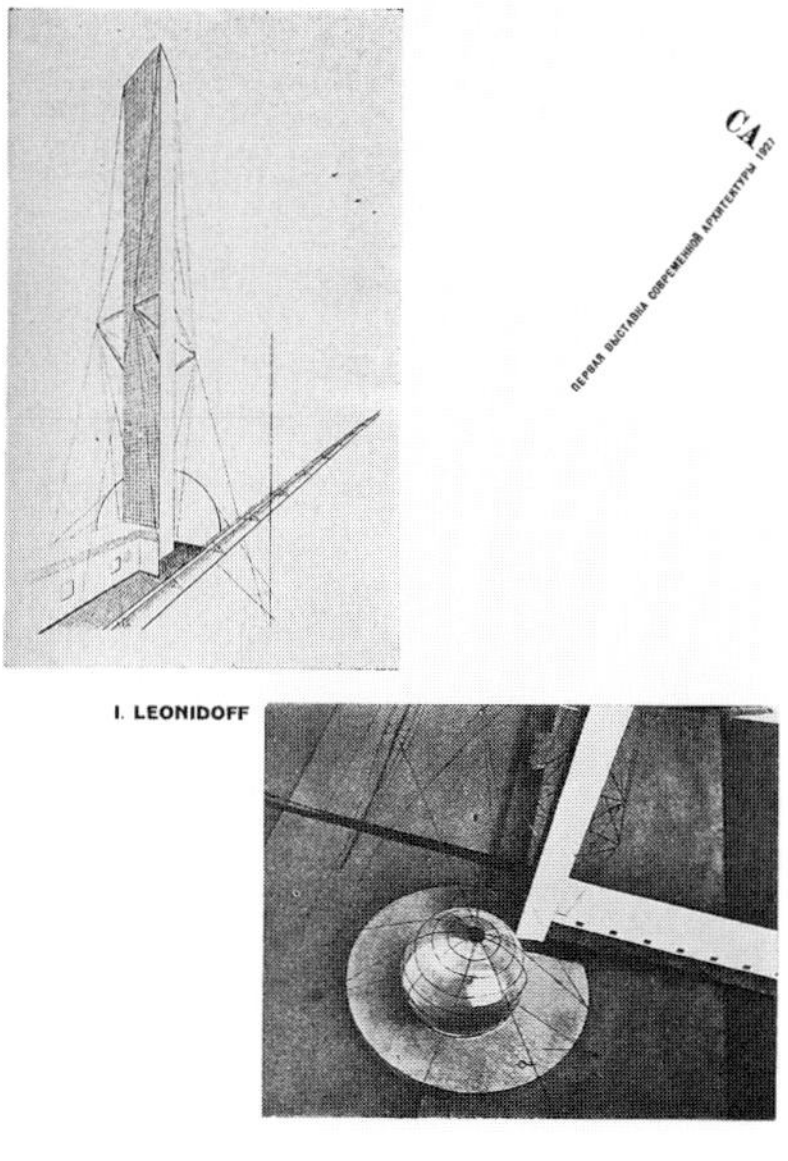

図 1-19
『現代建築』誌 1927 年第 4-5 号における レーニン研究所の紹介.

それらを比較したり重ね合わせたりして眺めることを可能にしたのが、他でもない建築雑誌というメディアだった。先述のコロミナは、建築雑誌の出現が、建築家＝編集者たちによる事後的な建築物のイメージの操作を可能にしたことを指摘しているが、この誌上という新しいメディアの上では、建築の受容をめぐる根本的な変化が起きているのである。ひとつの建築物に関わる複数のイメージ、すなわちドローイングや模型写真、実際に建設された建築物の写真といった複数のイメージが、そこでは文字通り同一平面上で混ぜ合わされることになった。これによって、設計図から建てられたものへという単線的なベクトルは、終わりを告げる。誌面上では複数の相互に等価な図像が同時的に生起し、時に相補的に、時に矛盾しながら、一個の建築物のイメージを組み立てていくのである。

しかし、わけても紙上建築家であるレオニドフにとっては、マスメディア上のこのような複数のイメージの組み立て作業そのものが、本質的な建設行為であったといえるのではないか。建築雑誌というメディアがあったからこそ、ドローイングや模型写真といった複数のイメージを相関的に読み解くことによって構成される建築、レーニン研究所が誕生しえたのである。そしてこのような建築雑誌というメディアの特性、つまり異なった複数のイメージを同一平面上に並列的に提示するという性格は、以降レオニドフの一貫した創作方法となっていく。

さらに付け加えるならば、『現代建築』誌の読者もまた、レオニドフによって示されたこれらのイメージを読み解くために、受動的に誌面を眺めるのではなく、様々なイメージを自ら能動的にモンタージュしていく必要があった。いわばそこでは、われわれはこれらの複数のイメージの相関関係の中から、それそのものとしては現前しない、ひとつの理念としての建築を組み立てるのである。レオニドフによって『現代建築』誌上に提示された新しい建築の姿とは、建築家＝編集者の操作によってだけではなく、誌上に展開されるこれらのドローイングや写真、さらにはフォント、キャプションなどを吟味する読者の、繰り返される編集＝建設行為を通じてはじめて立ち（建ち）上がるものだったのである。

＊＊＊

構成主義建築運動は、『現代建築』誌や現代建築展といった場を通じて、ソ連邦全土の若手建築家や建築家志望の学生たちの間へと急速に浸透していった。けれどもそれと同時に、構成主義の様式化もまた蔓延し始める。機能が形態を規定するという基本理念に反して、機能に則さない形態だけが独り歩きするようになったのである。このような現象は、若い世代の間にとどまるものではなかった。既に一定のキャリアを有していた建築家、たとえばプロレタリア・クラシカと呼ばれる折衷主義的な作風で知られるイリヤ・ゴロソフやイワン・フォミーン、あるいはアレクセイ・シチューセフのようなロシア民族建築の専門家までが、ヴェスニン風のデザインを自らの設計に取り入れるようになったことは、構成主義の空洞化に拍車を掛けた。

ギンズブルグはこのような様式化の危険に対する警告として、一九二七年の『現代建築』第四―五号誌上に構成主義建築運動の軌跡を回顧する論文「結果と展望」を発表し、そこで厳しい様式化批判を展開した。ギンズブルグによれば、構成主義とは「具体的な所与の問題を解決するためのメソッド」[36]なのであり、時間とともに古びていく様式を超えるものであるはずだった。それにもかかわらず、現行ではヴェスニンの作品を単に外面的に反復しただけの、具体的な問題の解決とは直接結びつかない建築形態、「新しいスタイルのクリシェ」[37]が、審美的に受容されてしまっていると彼は述べる。

ハン゠マゴメドフは、このようなギンズブルグの〝構成主義スタイル〟批判の問題点を指摘している。彼によれば、生産主義の強い影響下にあったギンズブルグは、構成主義建築の形態がもつ表現力を常に派生的なものとして捉え、それが有する、必ずしも機能性・合目的性という文脈には回収されない可能性を、積極的には認めなかった。[38]このようなハン゠マゴメドフの議論には、社会主義リアリズムの批評家たちがしばしば構成主義に対して行った、紋切り型の批判の影響が少なからず感じられる。だが、彼の批判は全くの見当違いともいえない。既に見てきたように、ヴェスニン兄弟の労働宮殿設計案では、その機能とは直接関係しない、むしろ機能性・合理性のシンボルとしての工場を象った形態こそが、視覚的プロパガンダとして機能した。形態はそれとして独立した機能を担っていたのである。構造から独立した、むしろそれに優越するこのような形態の象徴的機能に注目したのが、一九三〇年代に現れる一連のモニュメント＝建築に他ならない。そこでは建築物は、彫刻を制作するようにまず形態から決定されていくことになるのである（第4章参照）。

ギンズブルグの前述の論文におけるレオニドフのレーニン研究所の評価は、具体的な機能としての建築と、それら諸機能を超え出たところにあるとされる構成主義建築のテロスとの間の矛盾を、如実に示していた。彼はそこで、「われわれの共通の原理に基づきつつも、レオニドフの研究所は同時に伝統的な建築技法から離れ、かつこのような建築物が配置されるべき都市空間それ自体の再組織化をも促す空間的・建築的解決策を純粋に開拓するものである[39]」として、構成主義の様式化という行き詰まりを打開する若手建築家の作品を賞賛する。しかし続けて、「彼は〝明日のために働きながらも、今日建てる〟ということを忘れるべきではない[40]」と釘を刺し、当時のロシアの技術的・経済的状況を全く無視したファンタジー性、ユートピア性を非難することになったのである。けれどもこの矛盾は、ギンズブルグ自身が建築へと向かう運動の目標を到達不可能な地点に置いたように、もとより構成主義建築理論自体に内包されていたはずだ。

建築の機能とは何か、とりわけ建築が新しい共同体のメタファーとして語られるときに、そこに求められる真の目的、真の機能とはいかにあるべきか。生産主義‐構成主義者たちは、それを旧来の世界とは完全に断絶した、全く新しい生（活）のありよう、世界観を建設することであるとした。レオニドフのレーニン研究所案は、まさにこのような問いに応えるという意味で、合目的的な建築であったといえる。なぜならそれは、航空写真や構成主義デザインの幾何学の美学を参照することによって、実際の機能を離れ、建築を、ひいては世界を〝新しく見る＝新しく建てる〟方法それ自体を示すものであったからである。

機能性と合理性を第一に掲げる構成主義建築運動において、建築プランとは当然ながら空想的なものではなく、現実に建設可能でなければならなかった。しかし同時に、この時代の全く新しい建築＝共同体を建設するという建設への意志は、ギンズブルグ自身の自動車モデルが示すように、単に新しいものを建てるということには自足しえなかった。それは伝統的な建築理念と断絶し、さらには〝建てる〟という概念の自明性を根底から問い直すほどに絶対的に新しい建築へと向かったのである。レオニドフは、物理法則や経済的・技術的条件などから自由な、まさに紙上／誌上建築という方法によって、実現された建築からは抜け落ちてしまうこのラディカルな建築への意志を保持し続けようとした、例外的な建築家だった。そのような意味において、彼は構成主義の射程を合理主義や機能主義の枠を超えて拡大したが、同時にその理論的根拠を危険にさらすことにもなったのである。

（1）一九一八年九月、帝政時代から続くストロガノフ芸術工業学校（СХПУ）と絵画・彫刻・建築学校（УЖВЗ）がそれぞれ改組され、第一、第二自由国立芸術工房となった。同機関には入学資格などはなく、一六歳以上の希望者全員に門戸が開放された。*Хан-Магомедов* С. О. ВХУТЕМАС-ВХУТЕИН: Комплексная архитектурно-художественная школа, 1920–1930 гг. М., Знание, 1990. С. 6–45.; *Хан-Магомедов* С. О. Архитектура советского авангарда: Проблемы формообразования. Мастера и течения. Т. 1. М., Стройиздат, 1996. С. 376.; *Хан-Магомедов* С. О. ВХУТЕМАС. Т. 2. М., Издательство «Ладья», 2000. С. 7–9.

（2）ヴフテマスでは基礎課程はすべての学科で共通しており、空間・色彩・グラフィックの三科目が必修とされていた。当初左派芸術家たちがイニシアチブを握っていたのはこの基礎課程のみであり、したがって専門（上級）課程との断絶を克服することが彼らの課題となっていた。特に絵画・彫刻科では、左派芸術家らはアカデミックな旧守派が教鞭を執る芸術系学科の上級課程よりも、自分たちの影響力の強い建築学科または工業系の学科へ進級することを生徒たちに勧めていた。実際に一九二三―二四修学年度にはこれらの学生が建築科へ大量に流れ込み、後に設立されるヴェスニンの第四スタジオを核として構成主義建築運動を推進していくことになる。*Хан-Магомедов*, Архитектура советского авангарда. Т. 1. С. 374.

（3）Selim O. Khan-Magomedov, *Pioneers of Soviet Architecture: The Search for New Solutions in the 1920s and 1930s*（New York: Thames and Hudson, 1983）, pp. 69–70.

（4）*Арватов Б. И.* Искусство и классы. М., Госиздат, 1923. С. 85–87.

（5）Там же. С. 92–93.

（6）Там же. С. 104.

（7）一九二一年にモスクワ総合技術大学（МПИ）を前身として創設される。一九二〇年代前半にはヴフテマスとともにモスクワにおける高等建築教育の二大拠点となるが、専門的・技術的な面ではヴフテマスよりも高い水準にあったと言われる。一九二四年に最初の卒業者を出した後、モスクワ技術大学（МВТУ）と合併。*Иванова-Веэн Л. Е.* Пространство ВХУТЕМАСа. Архитектурные школы Москвы 1920–1930-х годов и их творческое наследие// От ВХУТЕМАСа к МАРХИ. 1920–1936: Архитектурные проекты из собрания Музея МАРХИ. М., А-Фонд, 2005. С. 10.

（8）帝国技術学校を母体として一九一八年に創設。電気技術、航空機械工学、建築－技術などの学科を擁した。一九二〇年代になるとレオニード・ヴェスニン（ヴェスニン兄弟の長男）、ヴィクトル・ヴェスニン（同次男）が教師として着任している。

（9）ちなみに長兄レオニード・ヴェスニンも建築家であり、三兄弟はしばしば連携して制作を行ったが、以下単に「ヴェスニン兄弟」と記述する場合には、アレクサンドルとヴィクトルのことを指すものとする。

（10）*Гинзбург М. Я.* Стиль и эпоха: проблемы современной архитектуры. М., Государственное издательство, 1924. С. 116. 邦訳は、モイセイ・ギンズブルグ『様式と時代』黒田辰男訳、一九三〇年、叢文閣、一五六頁。

（11）Там же. С. 116–117. 同右、一五八頁。

（12）Там же. С. 104. 同右、一四〇頁。

（13）Там же. С. 106. 同右、一四一頁。

(14) *Гинзбург М. Я.* Целевая установка в современной архитектуре// Современная архитектура. 1927. № 1. С. 4–10.

(15) Boris Groys, "The Birth of Socialist Realism from the Spirit of the Russian Avant-Garde," in Hans Günther ed., *The Culture of the Stalin Period* (London: The Macmillan Press, 1990), p. 135.

(16) *Леонидов И. И.* Институт Ленина// Современная архитектура. 1927. № 4–5. С. 120.

(17) 『現代建築（Современная архитектура）』は一九二六年から約五年間にわたり隔月発行され、オサの実質的な機関誌の役割を果たした。アレクサンドル・ヴェスニンとギンズブルグの責任編集で、編集長はギンズブルグが務め、エディトリアル・デザインはアレクセイ・ガンが担当し、ゲオルギー・ヴェックマン、ウラジーミル・ウラジミロフ、ミハイル・バルシチ、ニコライ・クラシルニコフ、ゲオルギー・オルロフ、ローマン・ヒーゲルなど若手の構成主義建築家たちも数多く参加していた。レオニドフ自身も、一九二八年の第一号から編集員に加わっている。またル・コルビュジエ、ヴァルター・グロピウス、ブルーノ・タウトら国外の建築家も、作品を発表するのみならず、編集にも関わっていた。ハン＝マゴメドフは『現代建築』について、「単に構成主義建築の機関誌であったのみならず、構成主義運動の三つの分野、すなわちアレクサンドル・ヴェスニンをリーダーとする建築、ガンをリーダーとするポリグラフ、ロトチェンコをリーダーとするデザインのそれぞれにおける実質的な到達点を反映していた」と評している。*Хан-Магомедов,* Архитектура советского авангарда. Т. 1. С. 407.

(18) *Леонидов,* Институт Ленина. С. 120.

(19) *Леонидов,* Институт Ленина. С. 119–124.; Andrei Gozak and Andrei Leonidov, *Ivan Leonidov: The Complete Works* (New York: Rizzoli, 1988), pp. 42–49.; Vieri Quilici and S. O. Khan-Magomedov, *Ivan Leonidov* (New York: Rizzoli, 1981), pp. 30–37.

(20) Andrei Gozak, "Ivan Leonidov: Artist, Dreamer & Poet," in *Ivan Leonidov: The Complete Works,* p. 9.

(21) 八束はじめ『批評としての建築――現代建築の読みかた』彰国社、一九八五年、三八―三九頁。

(22) 高橋康也『ノンセンス大全』晶文社、一九七七年、四九頁。

(23) ハンス・ゼードルマイヤー『中心の喪失――危機に立つ近代芸術』石川公一・阿部公正共訳、美術出版社、一九六五年、一二九頁。

(24) 同右、一二四―一二五頁。

（25）ギンズブルグらオサの首脳陣が中心となって企画し、一九二七年六月一八日から八月一五日にかけて開催された。モダニズム建築のみを集めた展覧会としては、ロシアでは初のものであった。展示は七つの部門（都市計画、住宅、公共建築、大小工場、工業施設、インテリア、新しい構造と新しい建築素材）から組織され、専門家だけではなく広く一般大衆に最新の建築理念とその成果を紹介することが念頭に置かれていた。またドイツ、フランス、オランダ、ポーランド、チェコスロヴァキア、ベルギー、スイスなどの外国からの出品もあった。なお、この展覧会の第一等はヴェスニン兄弟の労働宮殿案が、第二等はレオニドフのレーニン研究所案が受賞している。レオニドフのレーニン研究所の模型は、会期の中途から展示されたにもかかわらず、会場内の最も目立つ場所を与えられるという優遇を受けていた。この展覧会の模様は『現代建築』誌において特集されたほか、イズヴェスチヤをはじめ国内各紙においても報じられた。*Иванова-Веэн*, Пространство ВХУТЕМАСа. С. 15.; Из истории советской архитектуры 1926–1932 гг.: Документы и материалы. Творческие объединения.／Под отв. ред. К. Н. Афанасьева, под сос. В. Э. Хазановы М., «Наука», 1984. С. 76.

（26）レイナー・バンハム『第一機械時代の理論とデザイン』石原達二・増成隆士訳、鹿島出版会、一九七六年、九八頁。

（27）同右、二三二―二三三頁。

（28）Beatriz Colomina, *Privacy and Publicity: Modern Architecture as Mass Media* (Cambridge and Mass.: MIT Press, 1994), pp. 14–15. 邦訳は『マスメディアとしての近代建築――アドルフ・ロースとル・コルビュジエ』松畑強訳、鹿島出版会、一九九六年、二五―二六頁。

（29）*Хан-Магомедов*, Архитектура советского авангарда. Т. 1. С. 404.

（30）ジガ・ヴェルトフ「キノキ、革命」大石雅彦訳、『ロシア・アヴァンギャルド七　レフ――芸術左翼戦線』松原明・大石雅彦編、国書刊行会、一九九〇年、二六〇頁。

（31）Gozak, *Ivan Leonidov: The Complete Works*, p. 16.

（32）五十嵐太郎「視覚的無意識としての近代都市」、『10＋1』第七号、INAX出版、一九九六年、一六三頁。

（33）同右。

（34）*Хан-Магомедов* С. О. Александр Веснин и конструктивизм. М., Архитектура-С, 2007. С. 206–211.

（35）*Лаврентьев* А. Лаборатория конструктивизма: опыты графического моделирования. М., «Грантъ», 2000. С. 70.

(36) *Гинзбург М. Я.* Итоги и перспективы// Современная архитектура. 1927. № 4–5. С. 112.
(37) Там же. С. 114.
(38) *Хан-Магомедов*, Архитектура советского авангарда. Т. 1. С. 430–431.
(39) *Гинзбург*, Итоги и перспективы. С. 116.
(40) Там же.

第2章　建築と演劇の零度

――構成主義運動における労働者クラブ建築

二〇世紀初頭のロシアでは、革命と歩調を合わせるように、「演劇の十月」と呼ばれるラディカルな演劇の革新運動が始まる。そして一九二〇年代半ばより展開されたロシアにおける建築のモダニズムの直接的な起源のひとつは、間違いなくそこで出現した新しいタイプの演劇であった。

教育人民委員アナトーリー・ルナチャルスキーは、革命と演劇の関係、当時の演劇に付与された意味を、次のような言葉で表している。

革命は劇場に向かっていう、私にはあなたが必要だ、と。(…)私はあなたを必要とする。協力者として、探照灯として、助言者として。私はあなたの舞台の上に、私の友、そして敵たちを見ることを欲する。私はそれらについて自分自身の目で見ることを欲する。そして私はあなたのメソッドを通して、それらを学ぶことを欲する。(1)

このように革命直後のロシアにおいて、演劇は現実の影、あるいはそれを映し出す鏡ではなく、現実に建設されるべき社会のモデルを示す場として機能することが期待されていた。演劇と現実の関係は、いわばここにおいて逆転したのである。だが本書にとってとりわけ重要であるのは、これら新しいタイプの演劇が、構成主義の舞台美術やアマチュア演劇活動を介して、まさに文字通りの意味で新しい社会主義建築のありようを規定した点である。革新的な建築家たちの一部は、このような新しい演劇＝建築空間が、新しい集団的・社会主義的な共同体の基盤となると考え、当時の演劇の方法論に範をとった、ダイナミズム、反イリュージョニズム、反装飾、アジ・プロ性、自己言及的構造などの要素を自らの設計へと取り入れていった。また、閉ざされた空間ではなく都市の街路や広場を用いて行われた群衆劇は、建築物やそれを取り巻く都市環境、そこで営まれる生活までをも一個の舞台装置やスペクタクルとして眺めるような視点をもたらすことになった。

都市空間とそこにおける日常生活への演劇の流入は、革命直後からスターリニズム期を通して、祝祭的・演劇的なものと日常的なものの混交空間を作り出していったが、この両者の中継地点となったのが、プロレタリアートの文化形成の場として考案された、労働者クラブと呼ばれる一連の建築群である。レオニドフにとっても、彼の師でありオサ（OCA 現代建築家協会）のリーダーでもあったアレクサンドル・ヴェスニンにとっても、労働者クラブは彼らの構成主義時代の創作活動における、最も主要なテーマのひとつだった。そしてこの労働者クラブの最大の目的こそ、〝新しい人間〟の形成に他ならなかった。二〇世紀初頭、ボリシェヴィキの内部では、社会主義に根差した文化および祝祭儀礼や、工場労働における効率性を前提とした身体のディシプリンを通して、社会主義化・工業化された社会に相応しい思考・行動様式をもつプロレタリア集団を作り出す試みが多数現れた(2)。本章で扱うヴェスニン兄弟やレオニドフの建築思想も、このような意味での〝新しい人間〟の育成を前提としていた。

だが一方で、レオニドフとヴェスニン両者の労働者クラブに対するアプローチは、必ずしも一致していたわけではなかった。ヴェスニンが当時の実験演劇やアマチュア演劇活動を自らの設計の指針としていたのに対し、レオニドフは、革命演劇に託された新たな集団を創出するという目的をより効率的かつ純粋な形で実現できるのは、演劇それ自体ではなく、映画やラジオ、テレビを中心とするマスメディアであると考えた。レオニドフはこれらのマスメディアを、自らのクラブの中心に置くことになるのである。

そこで本章では、ヴェスニンとレオニドフの労働者クラブ案を取りあげ、演劇ないし映画といったメディアが、構成主義建築家たちのクラブ設計の中にどのように取り込まれていったのかを探る。そして彼らが各々のメディアに基づきつつ、労働者クラブに与えられた使命、すなわち、集団的・社会主義的な〝新しい人間〟の形成という問題にどのように取り組んでいったのかを検証していく。

1　演劇から建築へ

構成主義建築運動の母体オサにおいて主導的な役割を担ったヴェスニン兄弟、とりわけ三兄弟の末弟アレクサンドル・ヴェスニンは、構成主義建築家としての本格的な活動を開始する以前に、舞台美術家として演劇活動に深く関わるという経歴を有していた。ただし彼が舞台美術家として携わった舞台は、われわれが日常的に考えるそれとはかけ離れたものであった。そして他ならぬこの革命期の演劇の特殊な性格が、彼の労働宮殿他に見られる設計思想を形づくっていったのである。

アレクサンドルは二人の兄レオニード、ヴィクトルとともに古典的な建築教育を受けた後、しかし彼らとは異なり、プロフェッショナルとしての建築家への道に進む代わりに、革命当時盛んな活動を見せていた立体未来派や無対象主義などの絵画運動へと傾倒していった。そしてこれらの運動に参加していたアーティストたちが平面から空間へと歩を進めた時、彼もまた演劇という空間を目指した。

ヴェスニンの舞台美術家としての経歴は、一九一九年から翌二〇年にかけてまずマールイ劇場で始まる。しかし二一年、ルナチャルスキーの脚本による歌劇『オリバー・クロムウェル』の立体未来派風のデザインが「あまりにも過激すぎる」[3]ために不採用になると、彼はマールイ劇場を離れる。その直後の五月、今度はフセヴォロド・メイエルホリド演出、イワン・アクショーノフ脚本の下、第三回インターナショナルを記念したホドゥインカ原における群衆劇の美術に、ヴェスニンはリュボーフィ・ポポーワとともに参加する。「闘争と勝利」をテーマとしたこの群衆劇は、経済的な理由のために実際に開催されることはなかった。だが演劇的スペクタクルを劇場の閉鎖空間から解放し、広場へと導入するその先駆的試みは、以降のアヴァンギャルド演劇・建築双方を考察する上で、決して看過しえないものとなった。

群衆劇の特筆すべき点は、第一にその圧倒的な規模にある。この劇には二〇〇人の騎兵隊、二三〇〇人の赤軍兵、一六門の大砲、五機の航空機、装甲車、バイク、プロジェクター、軍楽団、そして無数の観客が参加することになっていた[4]。当初の構想では、これらの人員と物資を用いて、重々しく巨大な「資本主義の城砦」から、剝き出しの骨格によって構成された軽やかな「未来都市」へと、演劇的に演出された軍事パレードが行われる予定だった[2-1]。

このように、アレクサンドル・ヴェスニンの構成主義演劇の出発点となったのは、一般的な劇場の屋根や壁によって囲い込まれた空間ではなく、都市の広場や街路であり、また少数のプロの俳優たちの演技ではなく、膨大な数の名もなき兵士たち労働者たちによる、祝祭的集団行動だった。この種の群衆劇は、革命の翌年のメーデー、そして革命一周年祭に始まり、一九二〇年一一月、約六〇〇〇人の役者・労働者・赤軍兵士および三万五〇〇〇人の観客を動員した『冬宮襲撃』[2-2]において頂点を迎えた。

けれども群衆劇の重要性は、単にその巨大な規模にあったのではない。たとえば、「われわれが参集したいと思うのは、一堂に会して創造するため、つまり〈行為する〉ため[5]」である、というメイエルホリドの言葉が端的に示すように、そこでの人びとの身振りは、革命という出来事の再現（演技）ではなく、逆に革命をつくり出す即自的・創造

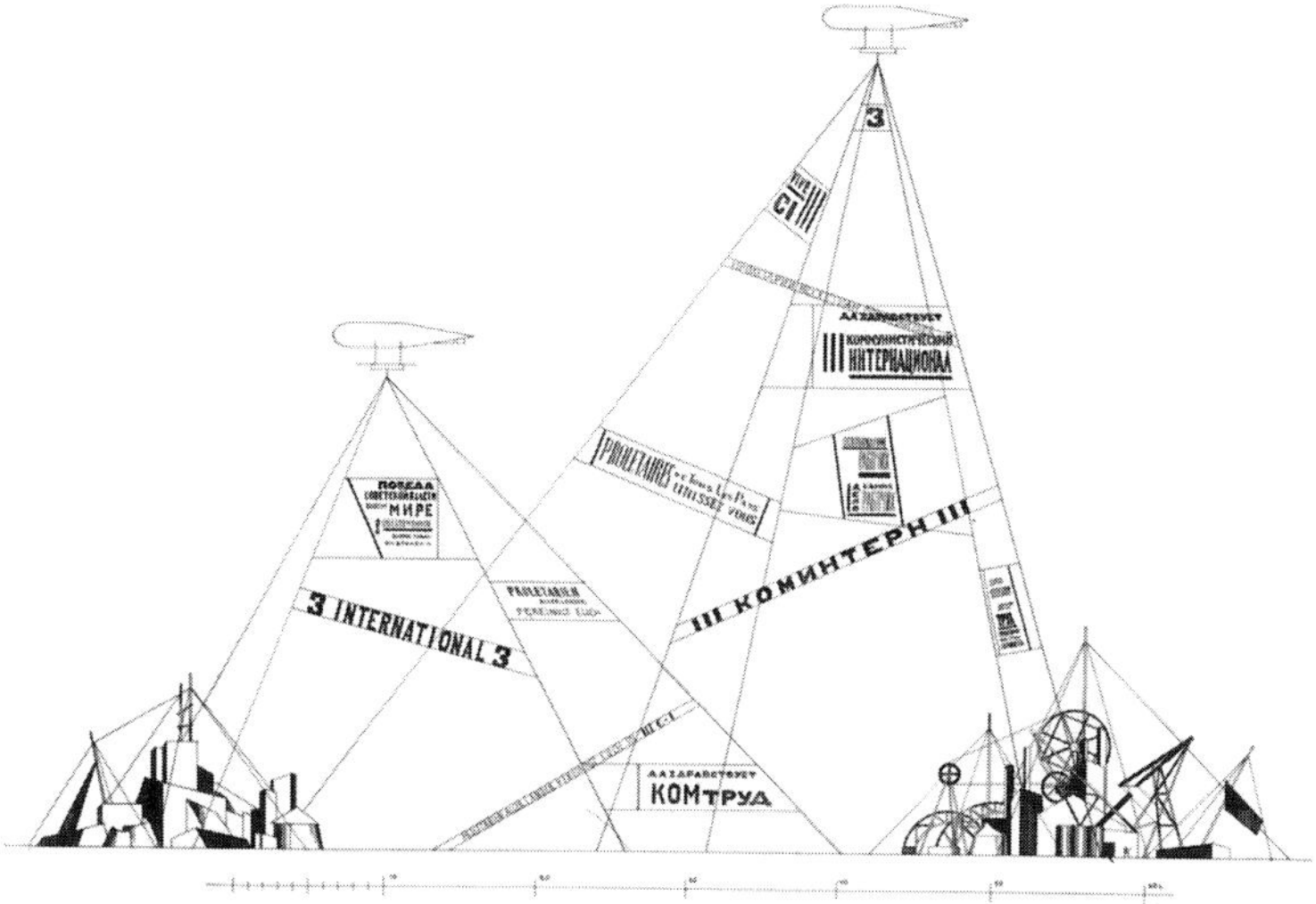

図 2-1
アレクサンドル・ヴェスニンとポポーワによる第 3 インターナショナルの舞台美術のデザイン画（1921 年），Christina Lodder, *Russian Constructivism*（New Haven and London: Yale University Press, 1983）.

図 2-2
『冬宮襲撃』（1920 年）の工場のセットを背景にした一場面，Vladimir Tolstoy, Irina Bibikova, Catherine Cook eds., *Street Art of the Revolution: Festivals and Celebrations in Russia 1918–33*（London: Thames and Hudson, 1990）.

的な行為として受け止められた。彼らの行為を通して、ごく少数の部隊によって遂行された現実の革命（冬宮襲撃）とは異なる、集団の意志と力の発現としての〝革命〟が、彼ら人民の身体や都市に受肉されると考えられたのである。

このような群衆劇に対する解釈は、たとえば演劇用語の変更にも反映された。しばしば「見世物（спектакль）」は「出演（выступление）」に、「俳優（актер）」は「行為者（исполнитель）」に、「演技（игра）」は「行為（действие）」に言い換えられた。[6] これらの用語の変更を通して目指されたもの、それはまさに現実（日常）と虚構（革命）の境界の解体に他ならなかった。群衆劇の舞台となった広場や街路では、観客は演技の訓練や特別な衣装、メイキャップといった準備もなしに、フットライトのような境界を越えることもなく、そのまま劇中の存在に変じることができた。そこではすべての観客は、潜在的にこの集団的創造行為の参加者でもあったのである。このような、都市の日常と演劇的虚構の境界を解体する群衆劇の性質は、アレクサンドル・ヴェスニンの労働者クラブや、演劇というメディアを否定したレオニドフのクラブ計画の中にも継承されていく。

しかし、一九二一年の新経済政策の開始とともに、経済的な側面を無視した大規模な祝祭劇自体は、次第に困難になっていった。その中でアレクサンドル・ヴェスニンらの活動の場所も、ナターリヤ・サッツが二一年に設立した子ども劇場や、演出家アレクサンドル・タイーロフの率いるカーメルヌィ劇場といった屋内劇場へと移行していく。ヴェスニンの、カーメルヌィ劇場での三作目の、そして最後の作品となったのが、チェスタトンの『木曜日と呼ばれた男』（一九二三年）だった。前作『フェードル』（一九二二年）[2-3]では脚本の性格上未だバロックと新古典主義、キュビズムの折衷的な面影のあった衣装や舞台美術に代わって、本作では伝統的な書き割りや背景幕は舞台上から完全に排され、構成主義の機械の美学が全面的に出現する。

中でも特筆すべきは、彼の建築家としての知識や技能を活かした、前舞台全体を占める大がかりな舞台装置である。そこでは劇中の資本主義大都市のダイナミズムを表現するため、リフトや階段による上下運動、大型の車輪による回転運動を可能にする、複雑で巨大なスケルトン構造が組み上げられた[2-4]。構成主義による舞台美術では既にポポーワの『堂々たるコキュ』（一九二二年）、ワルワーラ・ステパーノワの『タレールキンの死』（一九二二年）[2-5]などの作品が先行していたが、ヴェスニンの『木曜日と呼ばれた男』は、装置の規模や構造の複雑さの点で、建築的な空間により近づいているといえる。セリム・ハン＝マゴメドフは、ここに芸術における構成主義と建築における構成主義とを接続する、「剝き出しにされた骨格構造と空間のダイナミズムとを自己の内部で一致させる、動的メカニズム」[7]を見出している。

またこのような構成主義舞台は、食器や衣類といった日用品、あるいはポスターやパヴィリオン、街中のキオスクなど、これまでばらばらに制作され使用されてきた構成主義の作品を、一個の空間内に総合的に組織する試みでもあった。クリスティーナ・ロダーは、「環境全体に対応し、〝新たな生活様式〟の総合的実験を可能にする一種の創造的な冒険の舞台、それが劇場であった[8]」と述べる。構成主義の演劇空間は、まさしく新たな都市空間、新たな社会環境の箱庭として機能したのである。

しかし演劇による現実の先導は、長くは続かなかった。一九二三年、教育人民委員ルナチャルスキーはこれらの実験的な演劇に対して、「オストロフスキーへ戻れ！」と宣言する。現実が演劇によって示されるモデルに追いつき、劇場は再び現実を映し出す鏡に戻るよう要請されたのだ[9]。だが、舞台上のあるべき現実に追いついた現実とは、一体いかなるものであったのか。それこそまさしく、群衆劇や構成主義の舞台美術を通して現実の生活空間に定着し、人びとの日常的行為と見分けのつかなくなり始めた虚構だったのではなかったか。事実、この時期には既に構成主義の主要な舞台は、祝祭や劇場から実際の建築へ、そして都市とそこにおける生活そのものへと移動していた。以下で見ていくように、この一九二三年にモスクワでは労働宮殿コンペティションが開催され、そこに出品されたヴェスニン兄弟のプロジェクト案が先駆けとなって、建築における構成主義建築運動が本格的に開始される。群衆劇の際に都市

図 2-3
アレクサンドル・ヴェスニンの美術による『フェードル』（1922 年）， Konstantin Rudnitsky, *Russian and Soviet Theatre: Tradition and Avant-Garde*（London: Thames & Hudson, 2000）.

図 2-4
アレクサンドル・ヴェスニンの美術による『木曜日と呼ばれた男』の舞台模型（1923 年）， *Хан-Магомедов С. О.* Александр Веснин и конструктивизм. М., Архитектура-С, 2007.

図 2-5
ステパーノワの美術による『タレールキンの死』（1922 年）, Christina Lodder, *Russian Constructivism*（New Haven and London: Yale University Press, 1983）.

を覆った巨大な背景幕や、ダイナミックな舞台装置などによって示されていた新しい建築のイメージは、現実の人びとの生活の中に、その姿を現し始めたのである。

2　アマチュア演劇と労働者クラブ建築

一九二〇年代に出現した新しいタイプの社会主義建築は、大別して二つのカテゴリーからなっていた。その第一がいわゆるドム・コムーナと呼ばれる生活を共同化した集合住宅であり、第二が労働者クラブである。クラブは人民の家（дом）と呼ばれたり、特に規模が大きくなる場合は、労働宮殿のように宮殿（дворец）と呼ばれたりすることもあった。ドム・コムーナを居住環境全般の刷新を通した集団的人間の形成の試みであるとするならば、労働者クラブは労働の合間の「交流、休息、アマチュア創作活動の場」[10]、つまり余暇の管理を通した労働者の組織化の試みと位置付けることができる。

革命以前より、貴族やブルジョワ向けクラブとは別個に労働者のためのクラブも存在していたが、ソヴィエト政権下の最初の二年間には、党や各都市のソヴィエト、工場、労働組合、赤軍、プロレトクリト[11]などがスポンサーとなることによって、一挙に七〇〇〇以上の人民の家（クラブ）が組織された[12]。この時期に形成されたクラブには、主として次のようなタイプが存在していた。（一）ドム・コムーナなどの住居と結びついた家庭型、（二）工場など労働環境と結びついた工業型、（三）労働組合の福利厚生と結びついた余暇型、（四）地域や都市ソヴィエトなどに主導された地域型、である。これらの中でも特に四番目の形態が最も一般的であった[13]。

通常クラブ施設は、数百から数千人規模の会議場兼劇場、科学や芸術を学ぶための教室、図書室、セルフサービスの食堂、体育室や競技場、温室などから構成されており、政治集会や各種の自主的な教育・学習活動から単純なゲームまで多様な活動が行われた。だが、当初からクラブ活動の柱として考えられてきたもの――それが、演劇だった。[14]のみならず、この一般労働者を主体としたアマチュア演劇活動の意義は、逆にクラブという建築のありようそのものを規定していったのである。

しかしなぜ、アマチュア演劇がこのような重要性をもつようになったのか。革命から内戦期にかけてのソヴィエト・ロシアでは、無数のアマチュア演劇集団が発生したが、その中でも特にポピュラーであったのが、戦況や国際関係、国内の食糧事情など主な新聞記事の内容を風刺的に演出した〝生きた新聞〟(живая газета)[15]と、人びとに裁判劇を通して新しい道徳・倫理観を教育する〝アジ裁判〟(агитсуд)[16]の二つの形式だった。両者とも日々の事件や具体的な生活に密着した主題を扱うものであり、しばしば観客と俳優との間には即興的なやりとりが生まれ、特にアジ裁判では、観客も劇に参加してストーリーを左右した。

人びとに必要な情報を与えるだけでなく、同時に新たな価値基準や行動規範をも示しうるこれらの演劇の力に目を付けたのが、党や労働組合、プロレトクリトなどの組織だった。彼らはアマチュア劇団にクラブという場所を与えることで、競ってこれらの劇団を己の管理下に置こうとした。この時期の労働者クラブに対する期待は、エル・リシツキーの「人間を変質させるための作業場」[17]という呼称に典型的に示されている。いわば演劇訓練を通した〝新しい人間〟の形成は、工場で製品を加工する過程に見立てられていたのである。

当然ながら、工場(生産)を新しい共同体のモデルとして掲げていた生産主義 - 構成主義者たちの間でも、このようなクラブにおける演劇活動への関心は高かった。劇場とは人民の工場であるという理論を展開した構成主義者イワン・アクショーノフは、演劇そのものの意義を否定するより尖鋭な生産主義的傾向に対して、逆に生産の理論を援用することで演劇を擁護していった。[19]アクショーノフにとって、メイエルホリドの身体理論ビオメハニカやヴェスニンらの構成主義の舞台美術は、生産機械とのアナロジーに基づいて身体を把握し、機械＝舞台装置のリズムと人間の心身の同調を目指すものであった。したがってアクショーノフはこれらの演劇を、機械の運動と密接に結びついた新しい労働の現場において、労働者たちにどのように機械と関係し、どのように自分自身の身体を統御すべきかを教える方法と位置付けるのである[20]。アクショーノフと同じく、前章で言及した生産主義者ボリス・アルヴァートフも、ビオメハニカを「社会の価値ある一員となることを望む者が学ばねばならない」、「合理的な運動のエコノミー、人間の心理‐身体的法則」を教えるものであると考えた。彼はこの身体訓練を「劇場から生活への最初の実践的跳躍[21]」と定義する。このように生産主義‐構成主義の側からも、演劇教育とは生産現場や社会主義的生活様式の形成に直接関わるものととらえられていたのである[22]。

能動的な参加行為であり、演技者と観客の間の双方向的コミュニケーションによって成立するというアマチュア演劇の性質は、次第にクラブの建築空間をも規定していった。それは労働者のためのクラブが一九世紀までの劇場とは大きく異なった、あるいは劇場一般に鋭く対立するものであることを要求した。たとえばクラブ理論家ペトロフによれば、新しい演劇は、「舞台も舞台裏もなく、俳優と観客が演劇に熱中し、共にクラブの一員として時を過ごす時、人民のクラブにとっての確かな意義を有する」のであり、ゆえに「劇場のホールが始まるところで、クラブは終わる[23]」。また同時期のクラブ理論家ミハイル・ペトロフスキーは、労働者クラブの演劇活動には、俳優と観客、虚構と現実の物理的・象徴的な乖離を生み出す「舞台」は必要ないと主張した[24]。群衆劇に見出された、演劇と行為、役者と観客といった二分法の克服は、これらクラブのアマチュア劇にも引き継がれ、新たなクラブ空間を組織する上での条件となっていったのである。

けれどもクラブ理論家らによるこのような新たなクラブ空間の必要性の訴えに対して、建築家たちの側の認識は低かった。たとえばモスクワよりもアマチュア演劇活動の盛んであったペトログラードでは、これらアマチュア演劇活動の関係者の働きかけにより、一九一九年という早い時期に、労働者宮殿の設計コンペティションが開催された。コンペのプログラムでは、集会やアマチュアのパフォーマンスに用いるための三〇〇〇—四〇〇〇人が収容可能な大ホール兼劇場、三〇〇人が収容可能な小ホールなどが必要条件として挙げられていた[25]。しかしながらこのコンペで優勝したイワン・フォミーン率いるチームによる設計案[2-6-1][2-6-2]は、アナトール・コップの表現を借りれば、「過去の最悪の建築物からの不格好な借り物以上のものではなかった」[26]。結局フォミーン案は実現されなかったが、クラブ理論家と建築家の間の隔たりは、一九二三年にアレクサンドルとヴィクトルのヴェスニン兄弟の手による労働宮殿プロジェクト案[2-7-1][2-7-2]が出現するまで、埋められることはなかった[27]。

マオ(MAO モスクワ建築家協会)の主催により一九二二年に公示された労働宮殿コンペは、社会主義建築とはいかなるものであるべきか、建築化された革命とはいかなるものであるべきかを、はじめて直接建築家たちに問うものであった。それゆえに、当時新しい時代の建築を暗中模索していた建築家たちの状況を表すかのごとく、コンペに投稿された設計案のスタイルは多岐にわたっていた[28]。その中でもヴェスニン兄弟案は、ひときわ目立つ存在であったという[29]。彼らは、労働宮殿とは〝宮殿〟という「それ自体の豊かさという理念にふさわしい外観」でなければならないというコンペの綱領を、ほとんど挑発的なまでに大胆に読み替えた。その結果出現したのが、一切の装飾や古典的な建築語彙を取り去った、円筒形と矩形のフォルムであった。八〇〇〇人用の大ホール、二五〇〇人用の中ホール、五〇〇人用の小ホール、革命広場とオホートヌィ・リャット広場を繋ぐ巨大な通廊を含むこの彼らの〝宮殿〟の外観は、まさしく巨大な〝工場〟に他ならなかった。彼らはリシツキーや生産主義者たちによって工場生産との比喩で語られていたクラブを、文字通り新しい人間を製造する工場として設計したのである。このヴェスニン兄弟案は、優勝こそ逃したものの三等に入選し、その過激な偶像破壊的身振りによって多くの若手建築家たちを引き寄せることになったのは、前述の通りである[30]。

ヴェスニン兄弟の労働宮殿のデザインは、基本的には同時代の欧米のモダニズムの動向と歩みを一にしていた。一

図 2-6-1
フォミーン・チームによる労働者宮殿案（1919 年）ファサード，*Хазанова В. Э.* Клубная жизнь и архитектура клуба. 1917–1941. М., Жираф, 2000.

図 2-6-2
フォミーン・チームによる労働者宮殿案（1919 年）舞台，*Хазанова В. Э.* Клубная жизнь и архитектура клуба. 1917–1941. М., Жираф, 2000.

図 2-7-1
ヴェスニン兄弟による労働宮殿（1923 年），仰瞰のパースペクティヴ，Современная архитектура. 1927. № 4-5.

図 2-7-2
ヴェスニン兄弟による労働宮殿（1923 年），俯瞰のパースペクティヴ，Современная архитектура. 1927. № 4-5.

九二七年の『現代建築』誌第四―五号においてモイセイ・ギンズブルグが比較しているように[31]、彼らのアクソノメトリー（軸測投影図）やパースペクティヴは、一九二二年に開催されたシカゴ・トリビューン社屋の設計コンペにおけるヴァルター・グロピウスやマックス・タウトらの設計案[2-8-1][2-8-2]に類例を見出すことができる。しかしながら一方で、ヴェスニン兄弟とこれらの設計を分ける点となったのが、彼らのデザインの有する構成主義演劇との共通点だった。ヴェスニン兄弟自身は後年この設計案を評して、「平面図を描きながら、われわれは同時に断面、ファサード、パースペクティヴ、アクソノメトリーなどすべての容積－空間の構図を作り上げた。そのような方法が、集団のための宮殿の姿には必要だったのだ[32]」と述べている。わけても、特権的な定点をもたない、あらゆる場所からの対象への視線や、不断に動き回る集団的で動的な眼差しへの配慮には、アレクサンドル・ヴェスニンの群衆劇における経験を読み取ることができよう。

労働宮殿のファサードのデザイン[2-9]もまた、欧米のモダニズムには見られない点である。第三インターナショナルや『木曜日と呼ばれた男』の舞台装置のデザインと同じく、そこでは文字を用いた看板広告や、ラジオ放送のためのアンテナなどのモチーフが利用された。これらのディテールは、労働宮殿が単なる建築物ではない、それ自体がアジテーション広告やポスター、ラジオ放送、そして構成主義の舞台美術のように、人びとに文字や音声でもって直接訴えかけ語りかける装置でもあったことを示している。言い換えれば、ヴェスニン兄弟は労働宮殿案を通して、自ら情報を発信し大衆の視聴覚に直接働きかける、プロパガンダ装置としての労働者クラブの姿を提案したのである。

それ自体の姿を通してアピールするクラブというアイディアは、複数のクラブ理論家の間でも共有されていた。同様の観点からクラブ理論家フヴォイニクは、クラブのファサードは、己の構造や形態そのものを通してクラブという施設の理念や機能を表現する、「クラブのプロパガンダのための器官」として、あるいは「クラブ広告のための武器[33]」として機能するものでなければならないと主張していた。また前述のペトロフスキーも、クラブ建築そのものが「広

図 2-8-1
シカゴ・トリビューン社屋の設計コンペ（1922年），ヴァルター・グロピウスの設計案，Современная архитектура. 1927. № 4–5.

図 2-8-2
シカゴ・トリビューン社屋の設計コンペ（1922年），マックス・タウトの設計案，Современная архитектура. 1927. № 4–5.

告」として受容されるべきであり、中でもその「内装と外観とは、クラブにとって第一の、最も価値ある展示物である[34]」と考えていた。単に演劇活動の場であるだけではなく、それ自体がプロパガンダのための舞台装置ないし広告であるような建築――彼らのこのような理念を実現したのが、ヴェスニン兄弟による労働宮殿案だったのである。

ヴェスニン兄弟の労働宮殿プロジェクト案に触発され、一九二〇年代中盤には構成主義の建築理念に基づいた新しい労働者クラブが続々と実現されていった。オサの中からもヴォロトゥインツェワのような建築家兼クラブ理論家が出現し、イワノヴォ・ヴォズネセンスク、ロストフ・ナ・ドヌ、エカチェリノスラフなどにおけるクラブ設計では、かつて演劇活動家たちの後塵を拝していた建築家たちが、今度は逆にクラブ建設のイニシアチブをとるようになっていった。このような潮流の中、一九二〇年代中盤から後半にかけての短い間ではあるが、一部の左派建築家たちと、演劇の十月から誕生した新しい演劇グループは、相互に影響しつつ新たな建築－演劇空間を切り開いていった。そこで出現したのが、コンスタンチン・メーリニコフによる一連のクラブである。モスクワのストロミンカ通りに建設されたルサコフ・クラブ（一九二七年）[2-10-1][2-10-2]は、その中でも特に傑出した作品であった。

外へと張り出した片持ち梁が印象的な同クラブでは、街路に面したテラス階段部分がクラブ内部のホールと直接連結されてお

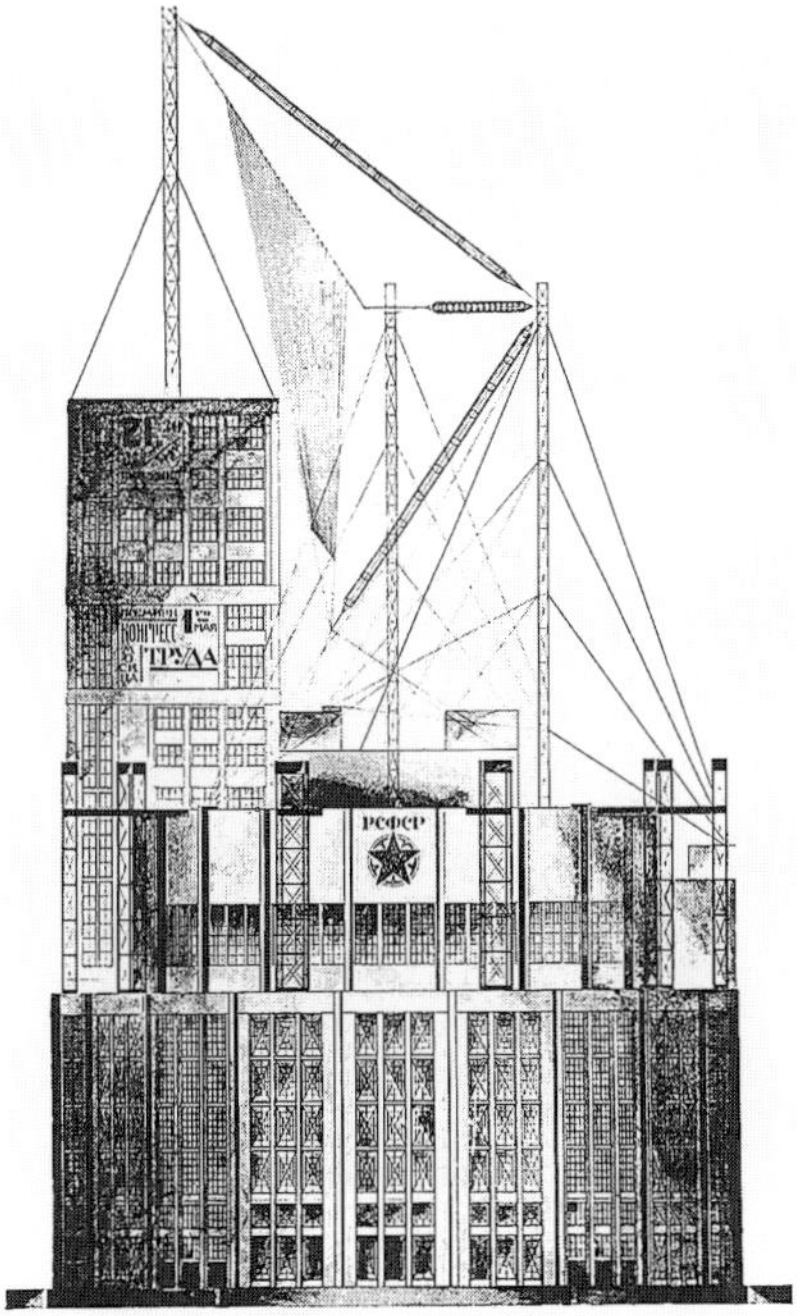

図 2-9
ヴェスニン兄弟による労働宮殿のファサード，Современная архитектура. 1927. № 4-5.

り、路上でのマス・デモンストレーションは、この通路によってクラブ内の舞台へ直接出入りすることができた。楽屋や舞台裏などの空間は設けられておらず、街路から客席の間の通路を通って舞台に入り、そこからまた退出するまで、集団の行動はすべて観客の目の前で展開されることになっていた。メーリニコフ自身は、オサやアスノヴァ（ACHOBA 新建築家協会）[35]など特定の建築家グループからは一定の距離を置いていたが、ここには人や物の動線の計算に基づいて空間を切り詰め、最も経済的な構造を実現するという、この時期ギンズブルグが取り組んでいた「動線図」「配置図」の方法論に近いものを認めることができる。またクラブ内部の六つのホールは、上演演目の性格や規模などによって仕切り壁を動かし、空間のサイズを自由に調節することができた。この可動壁を操作することで、ホール内で展開される集団の運動を分断したり統合したりすることも可能であった[36]。

メーリニコフ自身は自らのクラブの設計について、「私は、クラブのすべての活動は（…）大衆の眼前に完全に開かれた状態で行われるべきであるという原則を貫き通した。転換や停止、統合といったことを可能にするホールの、ほとんどホールのみのシステムによって、私はこの原理を実現したのである」[37]と述べている。廊下のような中間的な空間を一切廃し、街路とホールを直接接続した点、そしてクラブ空間全体を舞台装置と考え、そこに最大限の可変性・可動性を導入した点によって、彼のクラブはまさに内部と外部、建築と運動という本来相反するものの総合を実現したのだといえよう。

3　建築と演劇の零度

レオニドフによって一九二八年に発表された、二つのヴァリアントを有する新しい社会タイプのクラブのプロジェクト案[2-11-1][2-11-2][2-12]は、建築の質量の最小化と最大限の可動性という彼のテーマが、最も明確な形で示され

図 2-10-1
メーリニコフによるルサコフ・クラブ（1927年）竣工時の写真，Советская архитектура. 1933. № 2.

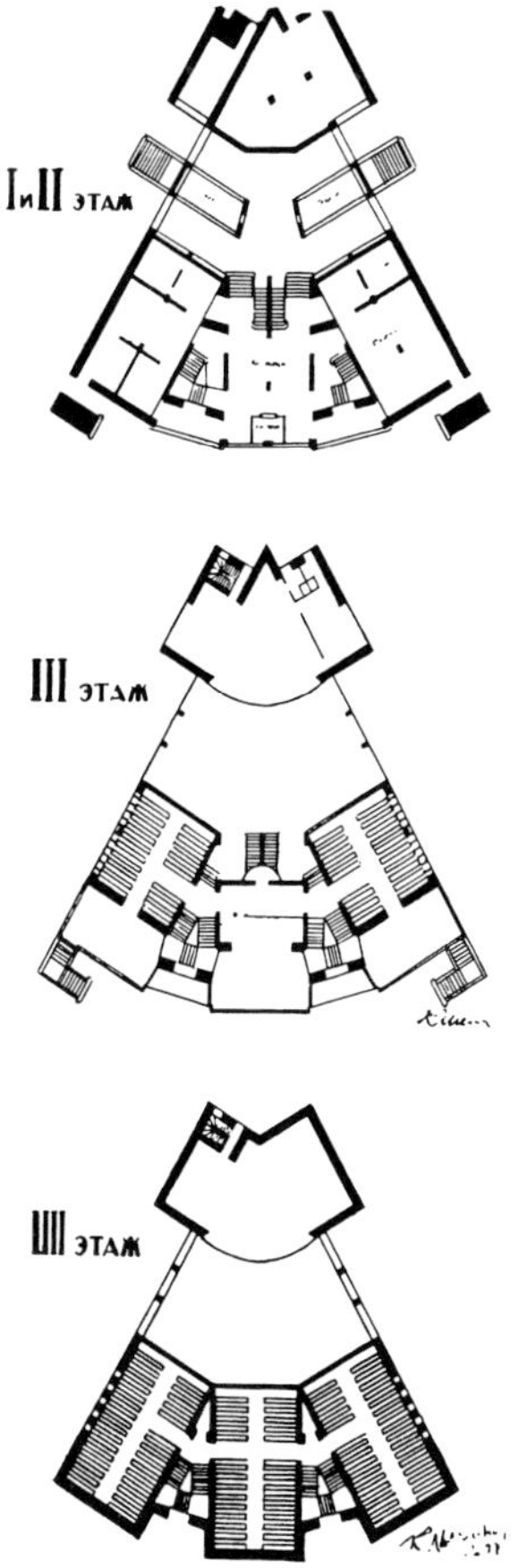

図 2-10-2
メーリニコフによるルサコフ・クラブ（1927年）平面図，Советская архитектура. 1933. № 2.

た作品である。このクラブの第一の狙いは、ヴェスニン兄弟の労働宮殿計画同様、〝新しい人間〟を作り出すことだった。しかしレオニドフのクラブ案は、ヴェスニン兄弟の工場のアナロジーとしてのクラブとは、構造や形態、機能の面で大きく異なっていた。さらには、これまで述べてきたようにアマチュア演劇活動こそが労働者クラブの主役であったにもかかわらず、レオニドフは演劇を労働者クラブの目的にはそぐわないものとして、自らの設計案から排除していく。ただしそれは、単なる演劇の否定を意味するものではなかった。というのも、レオニドフはプロレタリア集団をつくり出すという革命演劇の目的を、映画やラジオ、テレビといったマスメディアこそが引き継ぎ、よりラディカルな形で実現できると考えていたのである。

彼は『現代建築』誌上における、自らの新しい社会タイプのクラブ案の紹介に際して、このクラブの機能・目的を以下のように列挙する。

(1) 図書館
(2) 政治-啓蒙、社会-政治、ハイキング、スポーツ、新しいブィト（生活様式）などに関わるサークル
(3) 物理学（電気技術、機械等）、化学（航空化学）、映画-写真、工業生産、天文学、地理学、郷土文化学、動物学、植物学、発明、ラジオの各研究所(38)

またクラブ内で行われる集団的活動の内容として掲げられたのは、以下の項目である。

(1) 研究所の成果の広範な展示
(2) 講義

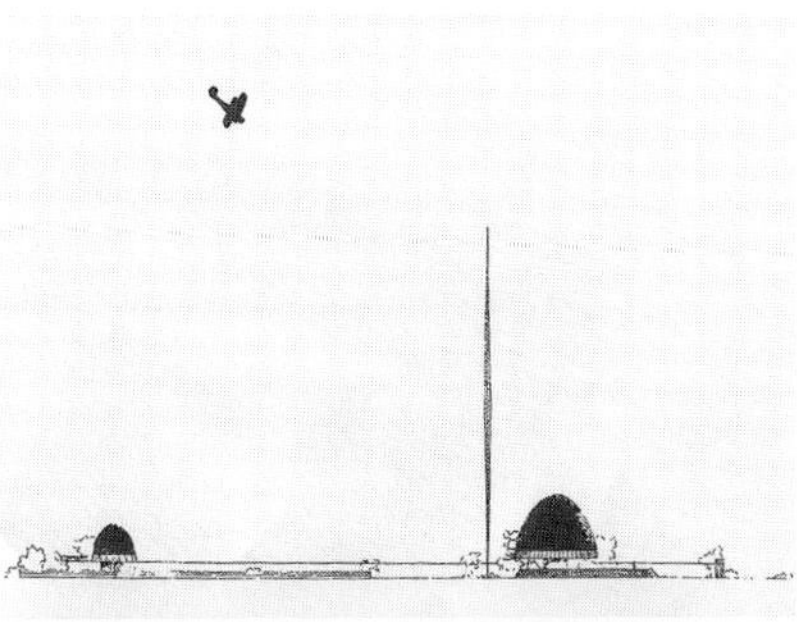

図 2-11-1
レオニドフによる新しい社会タイプのクラブのプロジェクト案（1928年），A 案立面図，Современная архитектура. 1929. № 3.

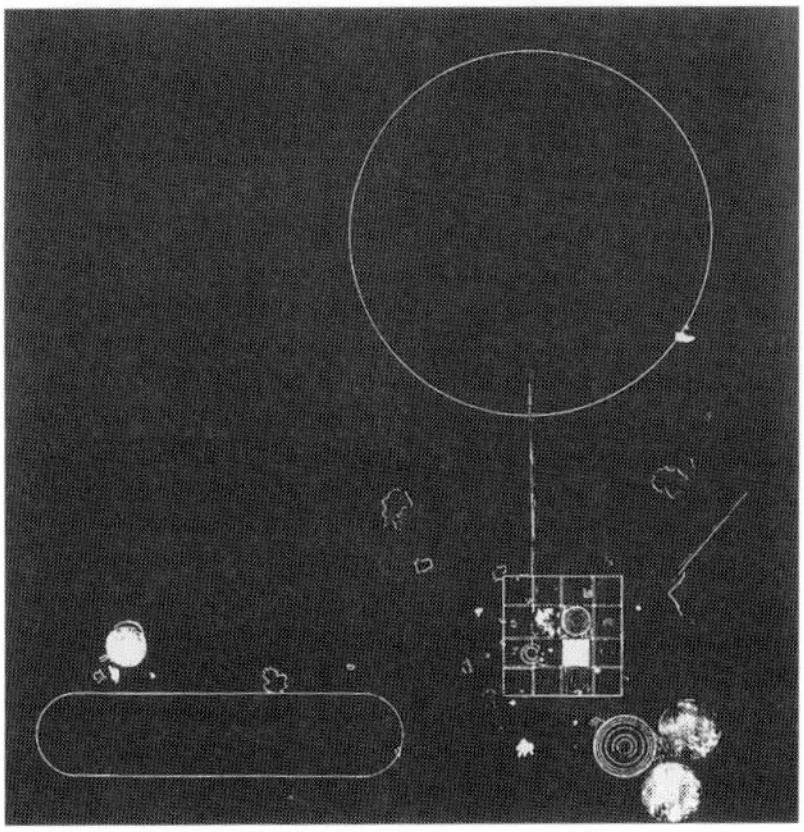

図 2-11-2
レオニドフによる新しい社会タイプのクラブのプロジェクト案（1928年），A 案平面図，Современная архитектура. 1929. № 3.

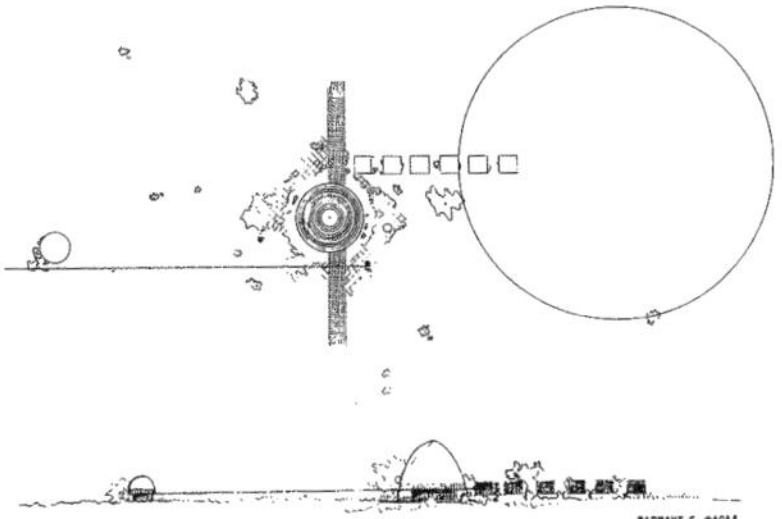

図 2-12
レオニドフによる新しい社会タイプのクラブのプロジェクト案（1928年），B 案平面図と立面図，Современная архитектура. 1929. № 3.

(3) スポーツ、運動・模擬戦闘
(4) 博物館に関する活動
(5) 郷土文化に関する活動
(6) 集会
(7) 社会-政治キャンペーン
(8) 展覧会
(9) ハイキング
(10) 生産競争
(11) ニュース映画（映画）
(12) プラネタリウム
(13) 行進[39]

興味深いことに、「演劇」という言葉はどこにも見あたらない。代わりに目を引くのが、学術的・専門的な研究機能である。これは彼が自身のクラブの目的を、「科学と実生活の諸要素の交流[40]」に置いていたことによる。また実際に彼の新しい社会タイプのクラブ案で施設の中心を占めたのは、ヴェスニン兄弟の労働宮殿やメーリニコフの一連のクラブにおけるような巨大なホールではなく、各種の研究室や展覧会場、スポーツ用競技場などを含む、ガラス・パネルによって温室化された二五〇〇平方メートルの広大な屋内広場だった。その周囲には講義や映画、プラネタリウム上映のための多目的ホール（七〇〇平方メートル）、図書館、研究室などが設置された。さらに周辺の広大なフィールドは、グライダーや気球、飛行機、モータースポーツなどのための広場、公園、競技場などに割り振られていた[41]。

A・B両案ともに共通しているのが、二本の直行する低層建築とその交点に位置する半球という配置である。球と半球という差はあるものの、これはレーニン研究所の構造とほぼ等しい。ドーム状になったことによって、このガラス建築のフォルムはミハイル・シニャフスキーとミハイル・バルシチのプラネタリウム（[1-5-1][1-5-2]参照）に一層近づいている。タワー部分は、A案では限界まで質量を削がれ、文字通り針のような形状になっているが、ラジオ放送のためのアンテナ兼飛行船の係留ポイントとして機能することが予定されていた。他方、新しい要素として両案に出現しているのが、巨大な円形のトラックである。特に[2-11]のように黒地に白線で描かれることによって、平面図や鳥瞰図上のクラブの姿は、あたかも宇宙空間を漂う天体やその軌道を表現しているかのように映る。プラネタリウムの内部の世界が、その外部へと反転されていると言ってもいいだろう。また飛行船の写真がモンタージュされたA案の模型[2-13]では、まるで天地が逆転し、立体で表現されたドームが空中に浮遊しているかのような視覚効果が生み出されている。

新しい社会タイプのクラブでも、レーニン研究所同様に、中心となる施設（屋内広場）はガラス・パネルによってその全面が覆われていた。注目すべきは、このようなレオニドフのガラス壁の用い方と、ヴェスニン兄弟のガラス建築との相違である。

ガラスの壁面は、ロシア・アヴァンギャルド建築においても、ファサードと構造の乖離という問題を解決するという点で、機能的な意味のみならず象徴的な意味でも重要な素材であった。とりわけ反装飾と構造の合理化を掲げた構成主義運動においては、鉄骨構造とガラス壁は、構造の純粋性とその明証性という理論上の両輪として働いた。このガラス壁の透明性を意識的に利用した最初期の作品のひとつを、われわれはヴェスニン兄弟のレニングラード・プラウダ社屋のプロジェクト案[2-14]に見ることができる。(42) このプロジェクト案の最大の特徴は、なんと言ってもその大胆なスケルトン構造にある。完全に剝き出しにされた構造からは、第三インターナショナルや『木曜日と呼ばれた

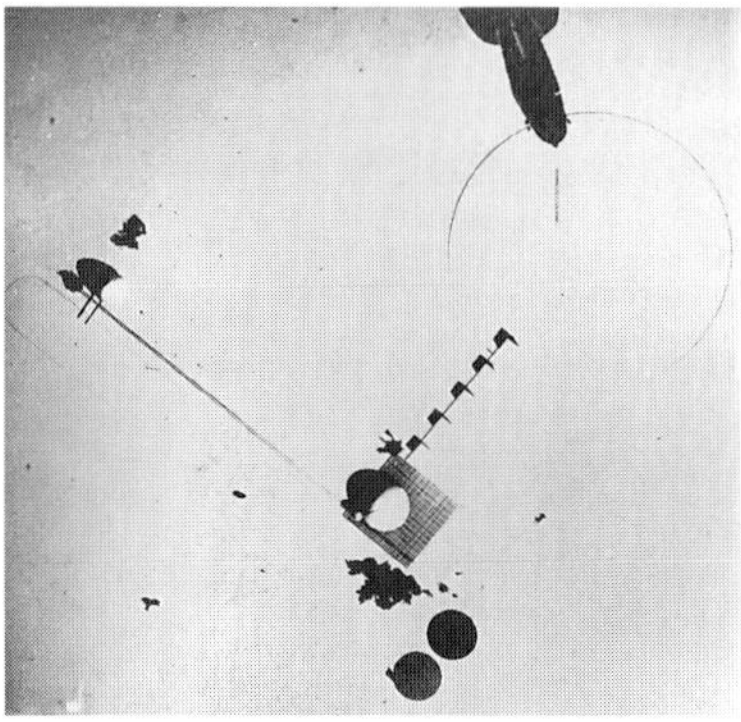

図 2-13
飛行船の写真がモンタージュされたA案の模型，Современная архитектура. 1929. № 3.

図 2-14
ヴェスニン兄弟によるレニングラード・プラウダ社屋のプロジェクト案（1924年），Современная архитектура. 1926. № 1.

男』のデザインとの直接的な繋がりが感じられよう。建物の壁面のガラス上には、スクリーンのように時刻や最新のニュースなどを投影することが想定されていたほか、建物内部での新聞編集の仕事の過程までも、この壁面の透明性により可視化され、一種のスペクタクルとして通りから見物できるようになっていた。その姿は、まさにショーウィンドウとしてのガラス建築と呼ぶに相応しい。

これと同様のアイディアをクラブ建築へ持ち込んだのが、クラブ理論家のフヴォイニクである。彼もまた、ガラス壁の透明性を利用し、クラブ内部で行われている活動を可視化することで、クラブ空間全体がクラブの広告ないしショーウィンドウとなるというアイディアを書き残している[43]。演劇活動のみならず、それを包含するクラブ内活動の総体が、一個のスペクタクル＝行為としてガラスのケース内に展示される、そのような状態を彼は理想としていたのである[44]。

しかしながら、レオニドフにとってのガラス建築の概念は、これら一連のショーウィンドウ建築の対極に位置していた。彼のクラブの中心に置かれた巨大な正方形のガラスの空間は、周囲の広大なフィールドを反復するかのような、平坦な水平の広がりとして出現している。ヴェスニン兄弟のガラスの広告塔、すなわち、周囲を行き交う人びとの視線を集めるために街路から持ち上げられ引き離された建築とは異なり、レオニドフのガラス建築は、まさにその平坦さによって周囲の環境とシームレスに繋がっていた。A・B両案の平面図では、不定型な輪郭線で表された樹木や直線軸で表された道路などがこの空間に直接侵入しており、さらに立面図では、ガラスの構造は大地と平行に走る直線にまで簡略化され、そこに一定の隔てられた空間が存在していることすら、ほとんど感じさせない。レオニドフのガラス建築は、そのような意味で都市の広場に近い。それは内外の運動を一切阻害しない、むしろ内外という区別すら無化するような、空気のように透明なガラスで被覆された空間なのである。彼自身の、「今日の技術の状況は、個人とその生活を周囲の環境から分離する壁ではなく、（…）最も広い可能性において、それを周囲の世界のダイナミズムに巻き込むガラス壁の建設を可能にした[45]」という発言は、まさにこのような建築＝広場を指すものとして理解されねばならない。

レオニドフにとってのガラス壁とは、内外を隔てる壁それ自体の克服であった。換言すれば、彼はガラスの透明性が透過性へと変容することを夢想していたのである。レーニン研究所の、物質としての重量を感じさせない、宙に浮かんだガラスのメイン・ホールを皮切りに、レオニドフはガラスを、物質の質量を否定する、いわば非物質的な物質として用いていく。より正確を期すならば、彼が自らの設計に用いたのは、われわれの見知ったガラスという物質ではなく、自己否定する物質という、象徴的な記号としてのガラスであったとすべきだろう。彼はこの象徴的素材によって、建築が不可避的に有する質量を無化し、内部と外部の境界を解体し、内外を貫通する自由な運動を可能にしようとしていた。彼にとってガラス壁とは、クラブ内活動（ここでは特に各種の学術研究）と都市（日常生活）との間の障壁を取り払うという新しい社会タイプのクラブの指針を、文字通り実現する素材だったのである。当然ながらこのようなユートピア的なガラス観は、素材の具体的な性質に建設の基本を置く構成主義の原則からすれば、驚くべき異端であるかのように映るだろう[46]。だが後述するレオニドフのコロンブス・モニュメント案では、実際にガラス壁は空気によって代替されることになるのである。

とりわけクラブ空間の内外を繋ぐ運動の解釈において、レオニドフのガラスのクラブは、先に取り上げたメーリニコフのルサコフ・クラブとも鮮やかな対照をなしている。すなわちメーリニコフは、壁を無化するのではなく可動化することによって空間のダイナミズムを実現し、また内外の境界を消滅させるのではなく出入り口とホールを直接結ぶことによって、内外の運動を可能な限りスムーズにすることを選んだ。メーリニコフのクラブでは、運動の概念を建築へと導入しながらも、〝建築〟の前提を破壊することなく、むしろ建築構造そのものを通して最大限のダイナミズムが実現されていたといえる。対してレオニドフは、紙上のプランゆえに可能な、物質の質量を否定するガラスという象徴的素材を用いて、壁という概念それ自体の解体を試みた。空間を囲い込み、周囲の環境から隔てるという、建築の最も本来的な機能を失った壁――レオニドフはこのような素材でもって、クラブ空間を周囲の都市の文脈から切り離すのではなく、周囲の都市の日常的な運動と同一平面上に置こうとしたのである。

さて、レオニドフは一九三〇年にもうひとつクラブ案を発表している。モスクワのプロレタリア地区のための文化宮殿プロジェクト案[2-15]がそれだ。同クラブは、モスクワ地区の金属工労働者組合が主催者となって旧シーモノフ修道院の跡地に計画され、当時のモスクワ市のクラブの中では最大規模のものになる予定であった。コンペのプログラムでは、あらゆる演劇活動の可能な五〇〇〇人規模の多目的大ホール、一〇〇〇人が収容可能な映画用ホール、スポーツ・体育用スペース、クラブ活動用のスペース、託児所、図書館、科学技術や博物学の学習・研究のためのラボ、食堂、自転車置き場の九つの機能があらかじめ指定されていた[47]。『モスクワ建設』誌に掲載されたアレクサンドル・カッラとワシリー・シンビルツェフのコンペ総評は、労働組合がはじめて直接クライアントとなったこのコンペを、「建築家団体やそれによって代表される流派が、はじめて自身の作品をプロレタリア団体の法廷に提出する」[48]機会と位置づけている。コンペへの参加は各建築家団体単位で行われ、オサやアスノヴァ、マオ、ヴォプラ（ВОПРА　全ロシア・プロレタリア建築家同盟）などモスクワおよびレニングラードの一二の建築家団体、両都市のヴフテインの学生チームがエントリーした。

一回目の競技の結果、これらのグループ中から否定されるべき二大傾向として大きく取り上げられ、批判の俎上に載せられたのが、古典主義と中世ロシア建築を折衷した「シーモノフ修道院の輪郭の復元[49]」を試みるかのようなマオの案と、オサを代表して参加していたレオニドフの案だった。とりわけレオニドフのプロジェクト案は、「プログラムを完全に無視した個人主義的な態度と、擁護しようのない不適当な実験主義[50]」という言葉でもって酷評された。しかもこの彼の案に見られる「建築物のイデオロギー的意義や感情に訴えかける力の弱さ[51]」は、単なるレオニドフ個人

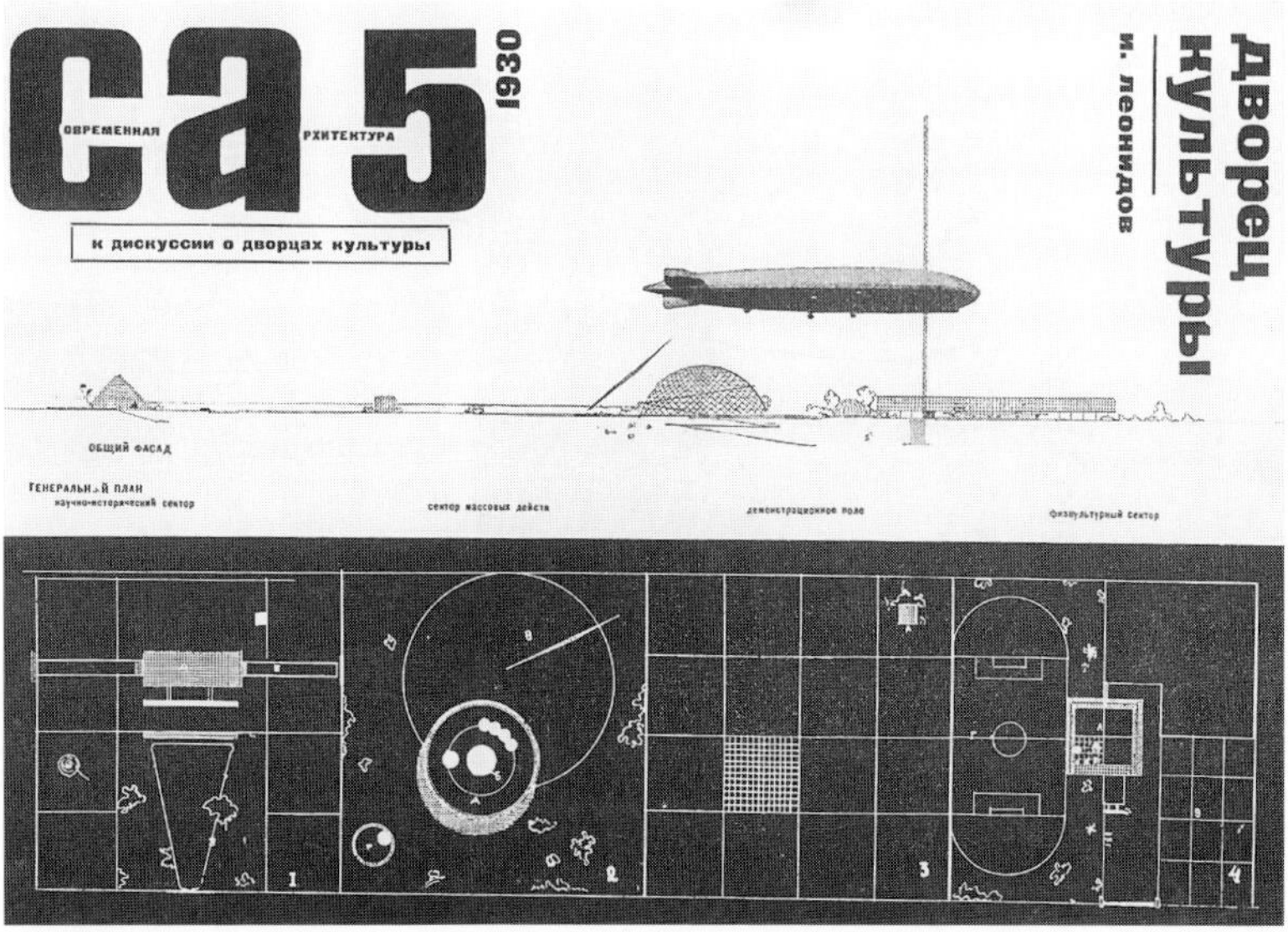

図 2-15
レオニドフによるモスクワのプロレタリア地区のための文化宮殿プロジェクト案（1930 年），Современная архитектура. 1930. № 5.

の創作上の欠陥では終わらなかった。既に第1章で見たように、構成主義の基本理念である合理性や機能性と明らかな矛盾を見せるレオニドフの作品は、彼を包含するオサという組織、あるいは構成主義という思想自体の問題へと結びつけられていったのである。

ではその問題のレオニドフ案とは、実際のところどのようなものであったのだろうか。

まず目を引くのは、クラブの巨大なフィールドを区切る四つのグリッドである。レーニン研究所案以来の直交する二本の直線は、ここでは反復されることでグリッドとなり、異なった機能を有するセクションを分割／接合する役割を果たしている。このグリッドによって作り出された四つの区画は、体育用セクション[2-16-1][2-16-2]、パレードなどのデモンストレーション用広場、集団行動のセクション[2-16-3][2-16-4]、科学と歴史のセクションに割り当てられており、各セクションには直方体、半球、立方体、四角錐（ピラミッド）という、いわば彼の幾何学形態のパレットを代表する四つの形態が配置されていた。

科学と歴史のセクションでは、中心に地階部分がピロティとなった長方形の低層建築が設置され、ここに各種のラボが配置された。またこの施設に隣接する、上空に垂直に伸びるポールには、飛行船の係留用マスト兼ラジオの放送塔としての機能が割り当てられていた。体育セクションでは、フットボールなどのコートの中心にガラスのピラミッド型建築が置かれており、内部にはクロークルームやジム、屋内プールに加え、人工のビーチまでもが構想されていた[52]。集団行動のセクションには、新しい社会タイプのクラブ同様、大小のガラスの半球のドームが設置された。天体の蝕を思わせる大きい方のドームは、三日月状の部分がホワイエになっており、円形のホール内の座席はすべて可動式で、場合によっては地下に格納することもできた。演壇（ホール内に見える複数の円）も、公転する惑星のように、ホールの円形の輪郭に沿って移動させることができた。なお、ここでもレオニドフはホールの目的を「社会‐政治行動、展示、デモンストレーション」[53]に指定しており、演劇という言葉は一切用いていない。

前述の新しい社会タイプのクラブも含め、レオニドフのこれらのクラブ案に共通する特徴とは、広大な敷地（両クラブ案とも、コンペにおいて提示された敷地の規模を完全に無視していた）に対する建蔽率の低さと、各施設の離散的な配置である。現代ロシアの建築史家エレーナ・シドリナは、これらのレオニドフのクラブ案の独創性を、「建築物の複合体が、社会的活動の組織化されたまとまりの局所的な凝結物のように描かれており、しかもこの各種の活動が、所与の建築物の内部に閉じこもることなく、広大な空間全体に広がっている」[54]点に指摘している。けれども一九三〇年当時には、文化宮殿のグリッドに基づいた個々の建築物の極端な分散化は、「機械的な配置によってナンセンスの域にまで達した」[55]として、マシニズムないし機械へのフェティシズムの名の下に非難を浴びせられた。『モスクワ建設』誌の総評は彼の案について、「設計者によって提示された〝チェス・ボード〟は、図面の視覚的印象を組織化しはするが、文化宮殿を組織化することはなかった」[56]と結論づけている。

しかし、レオニドフのクラブ案におけるこのような離散的なデザインは、新たな観点から再検討されるべき時が来

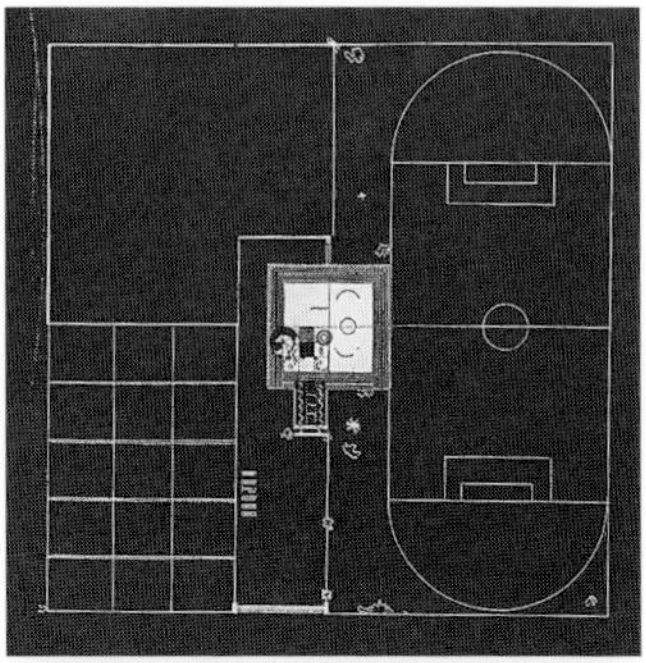

図 2-16-1
レオニドフによる文化宮殿プロジェクト案，体育用セクション部分の平面図，Современная архитектура. 1930. № 5.

図 2-16-2
レオニドフによる文化宮殿プロジェクト案，体育用セクション部分の立面図，Современная архитектура. 1930. № 5.

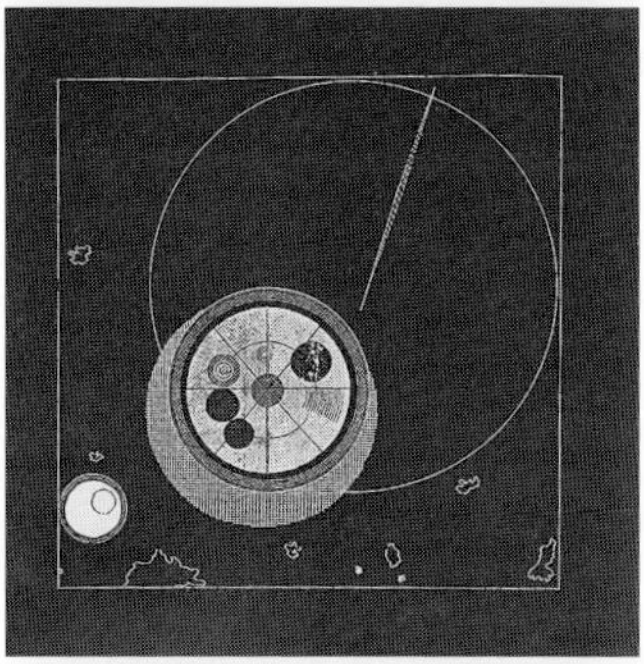

図 2-16-3
レオニドフによる文化宮殿プロジェクト案，集団行動用セクション部分の平面図，Современная архитектура. 1930. № 5.

図 2-16-4
レオニドフによる文化宮殿プロジェクト案，集団行動用セクション部分の立面図，Современная архитектура. 1930. № 5.

ているのではないだろうか。ここでいう新たな観点とは、建築をマス・コミュニケーションの不可視の網の目と結びつけるようなそれに他ならない。たとえばヴェスニン兄弟の労働宮殿案やレニングラード・プラウダ案は、シンボリックな水準を出るものではなかったにしても、ラジオや新聞といった、より近代的なマスメディアに関わっていたし、レオニドフのレーニン研究所案には、電話やラジオ、無線の映像伝達装置などによって施設内外と交信するというアイディアが盛り込まれていた。そして彼のこれらのクラブ案にも、マス・コミュニケーションの情報発信基地ないし情報の結節点としての機能が想定されていた。

半世紀後のメディア論者マルク・リースは、「交通システムとメディア・システムは、建築、それも虚の形態としての建築である[57]」と述べる。物理的実在としての建築に加えて、交通とマスメディアという不可視のダイナミクスとしての虚の建築、そしてこの両者に対して中間的な位置にある道路や広場などの半可視化された公共圏の三つの要素の理想的な関係こそが、二〇世紀の都市計画の核となると彼は主張するのである。いわばこのリースの議論を半世紀以上前に先取りする形でレオニドフのクラブ案を決定していたのが、これら不可視の、現実の空間に場を占めることのない建築、すなわち交通と情報のネットワークだった。それこそが、敷地内に分散したクラブの諸機能を繋ぎ合わせ、かつクラブでの活動を周囲の都市の諸活動とも結びつけると考えられていたのである。

たとえば、レオニドフや彼の僚友イグナチー・ミリニスは、クラブ内での授業の内容・質のばらつきや、受け入れ可能な人数の制約といったクラブ内活動の効率化の問題を考慮した結果、教育の機械化・自動化を提案した。そこで講師による建築のレクチャーという旧来の教授法に取って代わるものと目されたのが、「音声や画像を遠距離伝達する技術[58]」であった。これらの技術の成果によって、国内のあらゆるクラブの聴衆に、質の高い授業の内容を瞬時かつ同時に、そして均等に行き渡らせることができると彼らは考えたのである。レオニドフ自身も、「専門的・分析的な、あるいは集団的な活動の指導は、組織化された高等教育機関から、主としてラジオ、テレビ（長距離映像）、映画とい

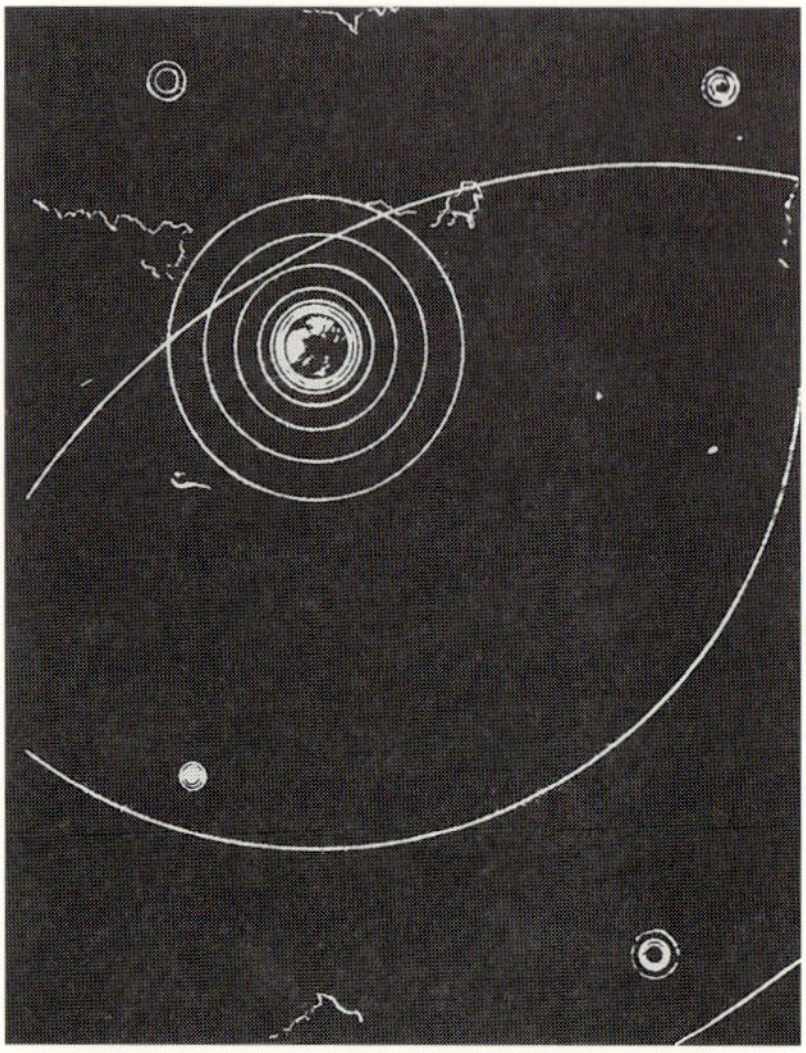

図 2–17
レオニドフによる文化組織の空間図,
Современная архитектура. 1929. № 3.

った手段によって行われなければならない。これらによって、経済的な面でも、最も広い層を参加させるという意味でも、質の高い指導が可能になるのである」[59]と述べ、教室ごとに教師やインストラクターを配した通常の教授方法を否定した。

さらにレオニドフは、このようなマス・コミュニケーション技術に基づいたプロレタリアの文化活動とは、「クラブの枠内に限定されるべきではない」[60]という発言を残している。彼のデビュー作となったレーニン研究所プロジェクト案以来一貫して、レオニドフにとっての社会主義建築とは、単にそこに人びとが集合する具体的な場というよりも、人びとの間の距離を半ば空想的なメディアによって解消し、また同時にこのメディアの網の目を通して、彼らを〝新しい人間〟の共同体へと組織する場であった。オサの第一回大会でレオニドフが発表した「文化組織の空間図」[2-17]と名付けられたタブローは、まさしくこのような観点から彼のマス・コミュニケーション建築ないし「虚の建築」の理念を表現していたと考えられる。一見恒星のようでもある小さな円を中心に、同心円状に広がっていく白線の輪。中にはごく小さな輪もあれば、フレーム・アウトしてしまうほど巨大なものもあるが、これらは複数の文化施設から発信され、波紋のように伝播していく情報を描き出したものに他ならない。

ハン＝マゴメドフはこのようなレオニドフのクラブの特色を、所属する職業集団や居住場所ではなく、興味関心によって結びついた集団のための文化拠点として考案されていた点に見出している[61]。さらに彼の言葉に付け加えるならば、そのようなクラブとは、生まれた土地や出身階級から解放された人びとが、自らの自由な意志により、マスメディアを介して一個の共同体を形成する場であったとすべきだろう。この具体的な場所に束縛されない、つまりは非場所的な共同体こそ、レオニドフにとっての新しいタイプの労働者クラブだったのである。ゆえに彼のクラブ理念は、前線や街路で活動していた流動的なアマチュア演劇活動を、クラブという建築空間に固定しようとした党やプロレトクリトの方針とは、およそ対照的なものだった。またそのような意味で、レオニドフの提示する、このマス・コミュニケーションの上にのみ成り立つ共同体に属する人びととは、土地を媒介に結びついた伝統的な社会関係から解放された、本質的にホームレス（бездомный）な存在であったといえよう。換言すれば、交通と情報のネットワークという非物質的なダイナミズムこそが、これらの人びとの唯一の家＝クラブとなるのである。

4　映画－工場としてのクラブ

一九二〇年代後半になると、クラブ利用者の要求の多角化とともにアマチュア演劇活動の重要性は後退していった[62]。だがレオニドフが演劇という形式を否定したのは、単に利用者のニーズに応えるものでなくなったからではなく、それがまさに直接的な、つまりは物理的な制約を課された場であるためだった。たとえばレオニドフはクラブにおける演劇と映画の意義を問われた際、次のように答えている。

私は、劇場はポジティヴな価値を有しているという考えに反対します。それは自らのプリミティヴな方法と技術ゆえに、文化的な役割を終えたのです。俳優を使わない、技術としての映画については、私はもちろん否定しませんが、それは構成主義の方法論によって制作されねばならないと考えます。ジガ・ヴェルトフの『カメラを持った男』のようなドキュメンタリー映画は、生活の皮相な社会的提示によって、ドキュメンタリー映画の価値を破壊するだけです[63]。

レオニドフはいかなる意図の下に、このような発言を行ったのだろうか。

このインタビュー記事が掲載された一九二九年の『現代建築』誌第三号で、レオニドフと彼の僚友ミリニスにより、演劇に代わるものとして提示されたのが、ラジオや映画、テレビといったマスメディアだった。たとえばミリニスは、「ラジオや音声映画、長距離映像伝達装置の助けによって、クラブの活動の成果を何百万ものクラブの教室に伝えること」の重要性を強調し、これらのマスメディアを、「クラブの真の目的達成においては本来効果的ではない、即興的な行為や演劇的な出し物に重点を置いた原始的な活動[64]」に対置した。ミリニスによれば、ラジオやテレビの特性、すなわち物理的隔たりとは無関係に、無数の人びとに同一の情報を同時に伝達できる性格は、演劇の偶有的で一回的な性格に優越する。まさにこれらマスメディアの情報伝達の集団的な形式こそが、新しい、集団化された人間を生み出すという「クラブの真の目的」に、演劇以上に合致するとみなされたのである。

これらマスメディアの中でも、とりわけ映画ないしテレビ（レオニドフの定義によれば、無線通信によって音声付きの映像を映し出す装置）といった媒体に対するレオニドフの解釈は、彼の設計思想の根幹と結びついていた。彼の映画に対する興味は、レーニン研究所案の発表直後から見て取ることができる。レオニドフは同卒業制作を完成させて間もない一九二七年の後半に、《映画工場》（ソフキノ映画撮影所）のコンペティションに参加していた。第一等にはセルゲイ・チェルヌィショフが当選したが、翌年の『現代建築』誌にはレオニドフのプラン[2-18]が大きく取り上げられた[65]。このプランもレーニン研究所のデザインを繰り返したものであり、交差する二本の直線軸と円という基本構造は変わっていない。ただしガラスの球は円形のトラックとなり、また高層タワーは姿を消し、全体はより平面的なものになっている。とりわけその形態を最大限抽象化した平面図[2-19]は、カジミール・マレーヴィチのスプレマチズム絵画の構図とほとんど見分けがつかない。

このプランの中でも特に興味深いのが、カメラの運動への建築家の最大限の配慮である。撮影所全体には、移動するショットを撮影するためのレール（各スタジオ間での物資の輸送にも利用される予定だった）の敷設が構想されていた。また上空からの俯瞰のショットを可能にするために、カメラを取り付けることのできるケーブルが、メイン・ビルディングの上部から敷地内のあらゆる場所へと張り巡らされることになっていた。ここからは、航空写真のような超身体的な高度や速度に基づく視点を、いかにレオニドフが重視していたかが窺える。

もうひとつ、映画と建築が非常にラディカルに相関することになった――とはいえ、こちらは映画の撮影ではなく、上映に関わっていた――作品が、南米のサント・ドミンゴを敷地として想定した、コロンブス・モニュメント計画案（一九二九年）[2-20]である。この作品は、コロンブスの業績を記念するモニュメントをテーマとした国際コンペへの出品を念頭に制作された。『現代建築』誌に掲載されたレオニドフ自身の解説によれば、同モニュメントはコロンブス個人を記念する場というよりも、「世界的な進歩の成果の濃縮器であり、冒険家の人生や彼の果たした役割、あるいは世界の歴史のダイナミズムについて広く知らしめるための場所[66]」として構想されていた。

同モニュメントを構成するのは、コロンブスの記念像を取り巻く港と空港、ラジオとテレビの放送塔、映画館、博物館、天文台、惑星間通信を研究するための施設の複合体である。なお、現地の熱帯気候を考慮に入れ、天気の良い日には博物館のガラスの壁面・屋根は取り払われ、人工的に作り出された気流がそれらの代わりを果たすことになっていた。前述したように、この空気と化した壁とは、レオニドフが理想とするガラスの最終的な姿、物質性を完全に失った壁に他ならない。

そしてこれらの施設の中でもとりわけ重要な意義を有していたのが、コロンブスの活動のみならず、時事ニュース

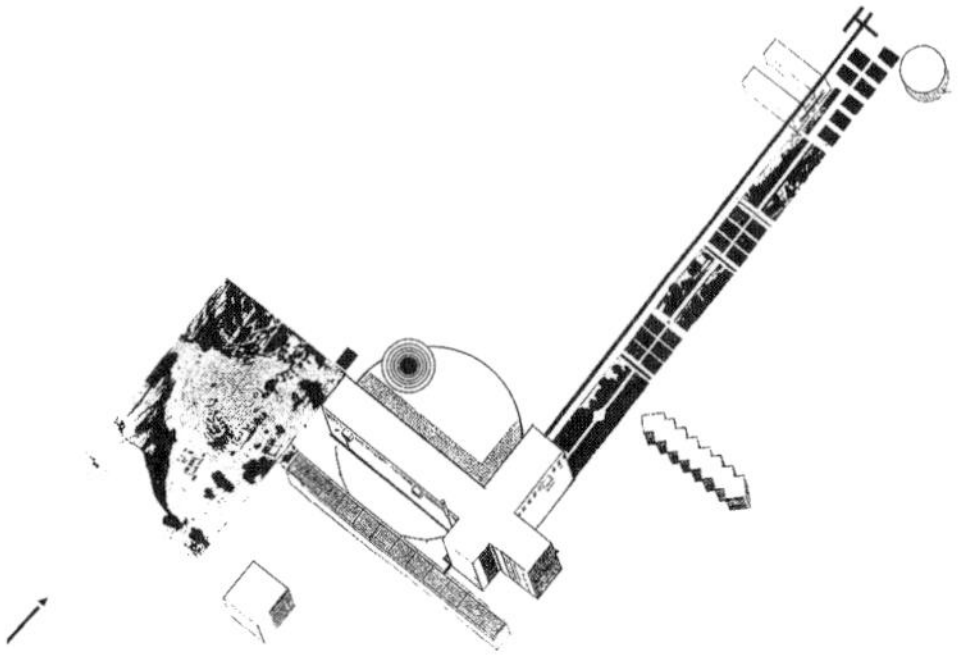

図 2-18
レオニドフによるソフキノ映画撮影所プラン（1927 年），Современная архитектура. 1928. № 1.

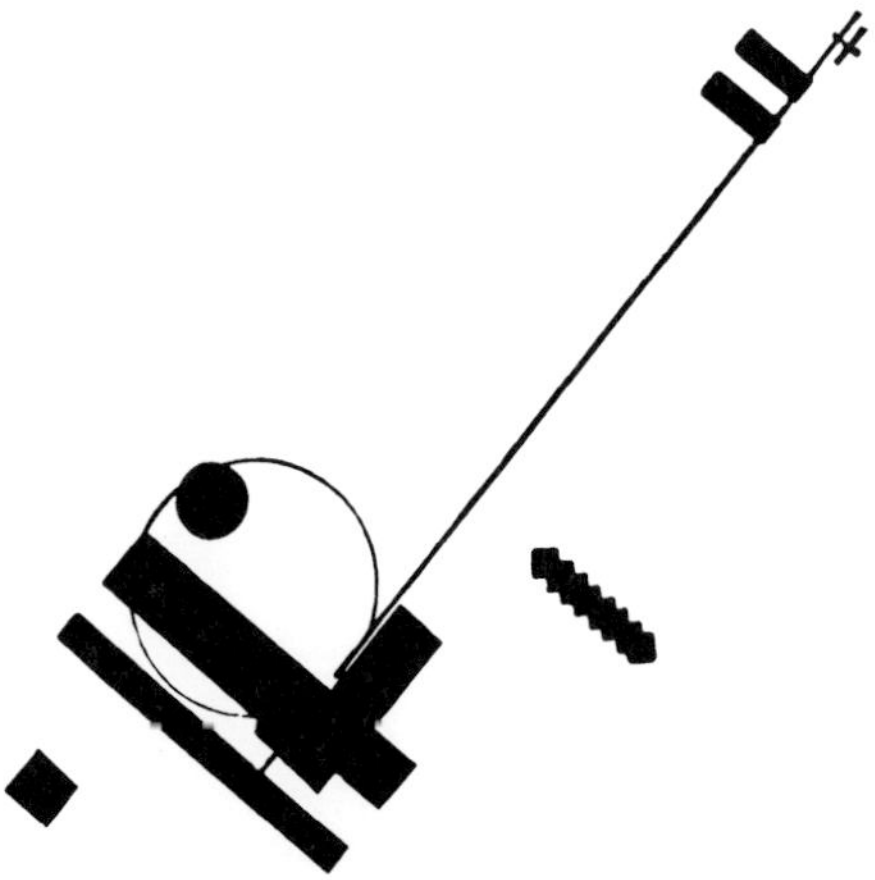

図 2-19
ソフキノ映画撮影所プランの抽象化された平面図，Современная архитектура. 1928. № 1.

や最新の科学・文化の動向を、全世界を覆う情報のネットワークによって伝達するための放送塔だった。レオニドフの計画によれば、この放送塔から発信された映像は、世界中の広場や博物館などに設置されたスクリーンに映し出されることになっていた。言うなれば、これはコロンブスのモニュメントの姿を借りた、全世界を覆うテレビ放映網の計画なのである。のみならず、コロンブス・モニュメント案は、文化組織の空間図[2-17]が天体の姿でもって比喩的に示していたものを、逐語的に実行しようとさえしていた。つまりこの施設には、これらの情報の網の目を間惑星的なネットワークにまで拡大する可能性が託されていたのである。

またもう一点この計画案で注目せねばならないのが、施設の中心に位置する、夜空へ映像を投影するシアターである。レオニドフは、現地の多湿な気候を利用し、水分を多く含んだ大気をスクリーンとして、いわば天然のドライヴ・イン・シアターのように、夜になるとそこへ映像を映し出すことを計画していた[2-21]。ここでは博物館部分同様に映画館という建築実体は失われ、スクリーンまでもが非物質化されて大気へと溶解している。夜空に投影されているのが飛行船の映像である点にも、注意を払う必要があるだろう。というのも、ここで飛行船というモチーフを選択することによって、レオニドフは映像と現実（の夜空）とを意図的に混交させようとしているかのように思われるからである。スクリーンではなく大気に直接映像が投影された場合、はたして観客はこの飛行船を虚像と見抜けるだろうか。この天然の映画館では、空間の内と外、映像と現実の境界は、文字通り解体されているのである。

以上見てきたように、レオニドフのクラブ案とアレクサンドル・ヴェスニンのクラブ案の相違は、まさしく両者の視点の相違に基づいていたといえる。すなわち、レオニドフのクラブ構想の基準となったのは、ヴェスニンにとってそうであったような、群衆劇の参加者の複数の身体とその運動に基づいた視点ではなく、機械のよりダイナミックな運動とそれに依拠したキノ・グラース（カメラ・アイ）の機械の眼だったのである。社会主義共同体を建設するために〝新しい人間〟を生産するという構成主義の理念は、レオニドフのクラブ案では、これらのメディアを通じて人び

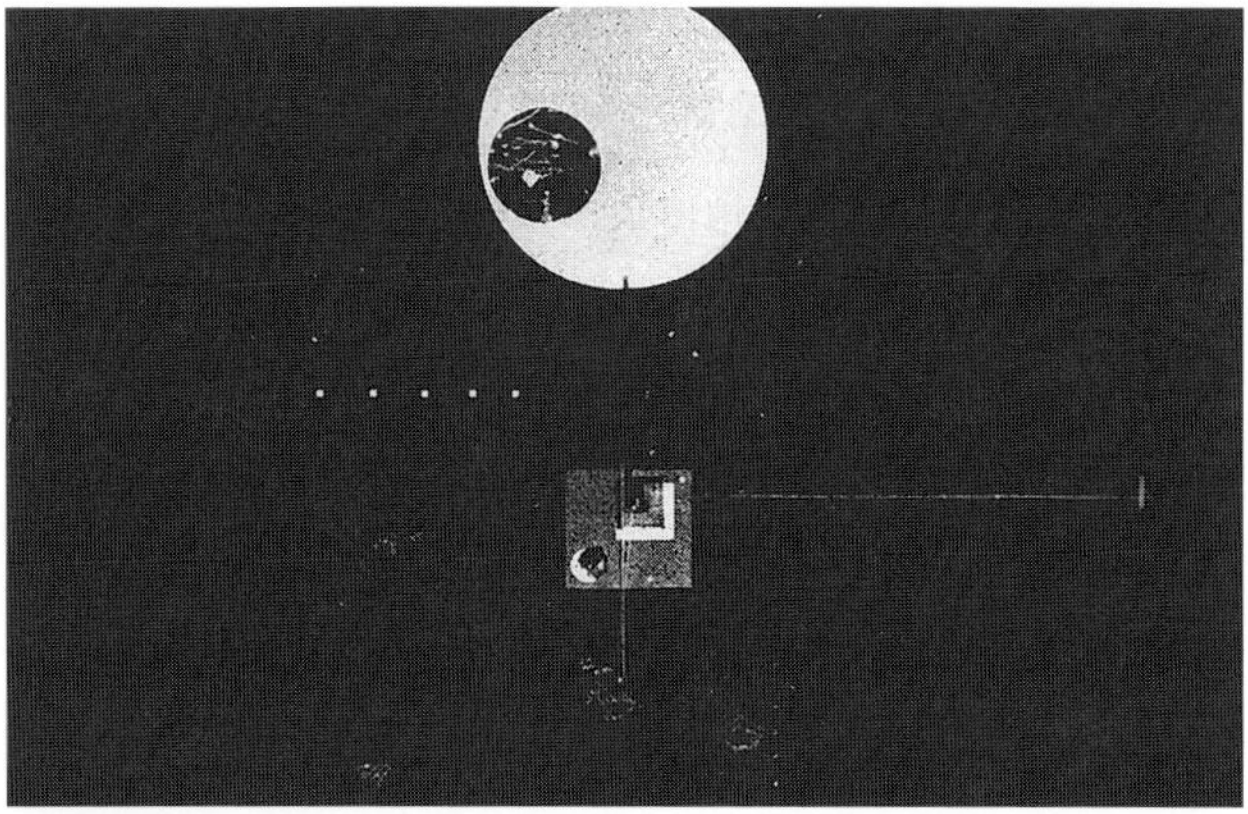

図 2-20
レオニドフによるコロンブス・モニュメント（1929 年）の模型写真，Современная архитектура. 1929. № 4.

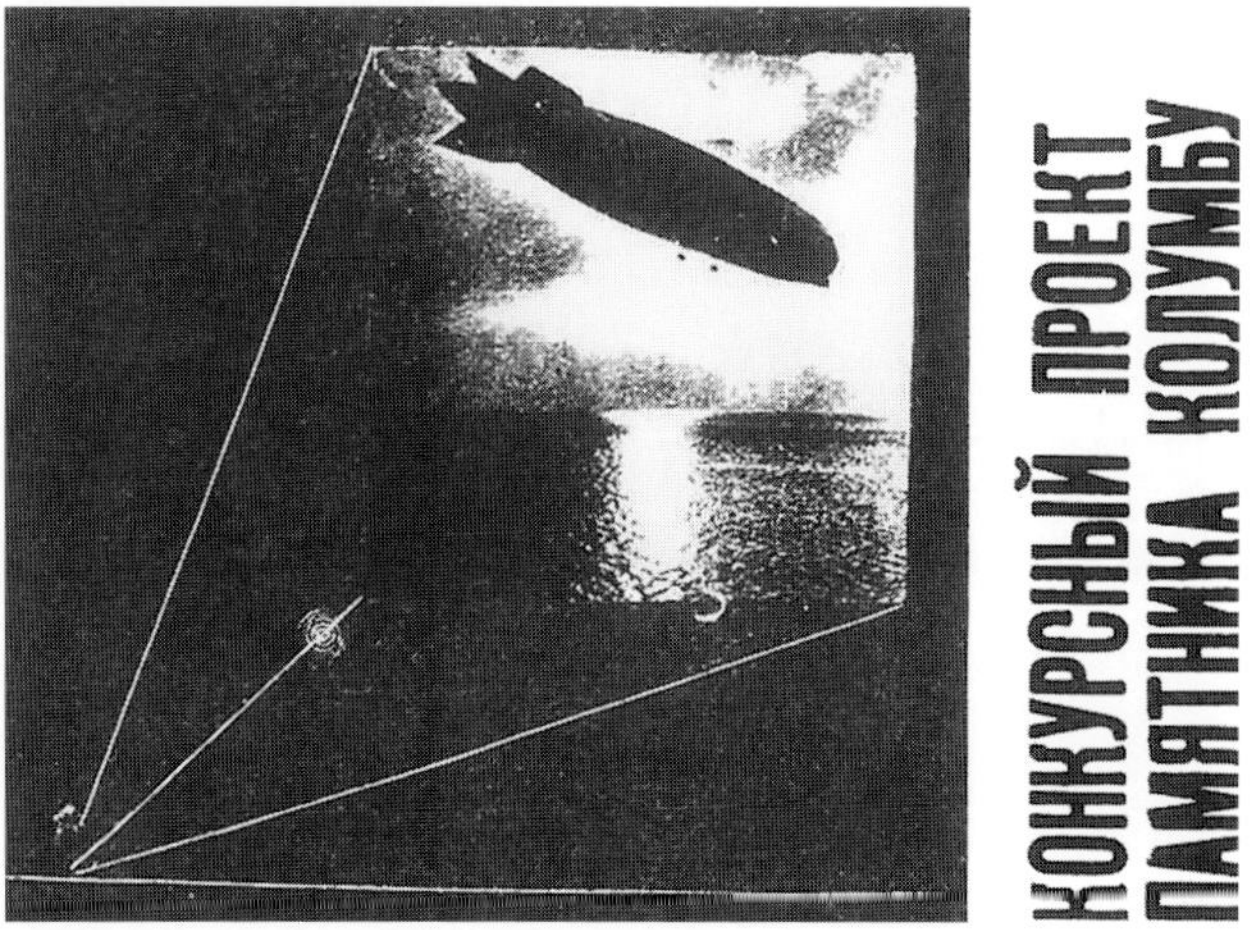

図 2-21
コロンブス・モニュメント案の夜空のスクリーン，Современная архитектура. 1929. № 4.

との心身を組織化する方向へと向けられていたのである。

しかしこのようなメディア技術を通じた組織化とは、実際のところどのように行われるべきものと想定されていたのだろうか。そのヒントとなるのが、レオニドフによって作成され、「労働者クラブを設計する際に参照すべきもの・すべきでないもの」と銘打たれた、二〇枚ほどのタブローだ。オリジナルは現存しておらず、われわれが確認することができるのは『現代建築』誌上に掲載された八枚のみだが、これらは集団化という目的における映像・映画というものの意義を読み解く上での、非常に重要な手がかりを示している。

まず、「上演したり建てたりしてはいけないもの」と題された二番目のタブロー[2-22]では、複数のクラブ（ちなみに右側中段の平面図は、メーリニコフの陶磁器工場のクラブ案である）とメイキャップした俳優の写真の上に、バツ印が描き込まれている。また九番目のタブロー[2-23]では、チュチュを身につけたバレリーナとハイヒールの上に、同様にバツ印が描かれている。これに対し、同じ九番目の表上で肯定的な要素として示されているのが、体操する男性の集団の姿や、跳躍した瞬間の女性の姿である。演劇やバレエといった娯楽・虚構ではなく、またハイヒールが象徴するような虚飾でもなく、体操という人びとの現実の身体の形成に関わる運動が、ここでは参照すべきモデルとして示されている。とりわけ素足に体操着で跳躍する女性の、様式化されないダイナミックな身体の動き、カメラの眼によって捕捉された宙に浮いた瞬間のポーズは、同じ膝を曲げた姿勢ながら、バレリーナのそれとは対照的である。

これらのイメージからは、虚構としての演劇、さらにはそのような演劇に基づいたクラブ建築までもが、徹底して否定されているのが分かる。しかしここで特に留意しておかねばならないのが、九番のタブローの体操する集団の写真に見られるような、斜め上方からの浮遊感のあるカメラの視点だ。全員が同じポーズをとり、さらにそれが鳥瞰的な視点から撮影されることによって、集合した人体は幾何学的なパターンを描き出している。このような上空からの撮影は、《映画工場》案の設計でレオニドフが重視していたポイントでもあった。また同じ肯定的イメージでも、これら男性の身体の集合の幾何学的パターンと、跳躍する（ここではカメラではなく対象の方が宙に浮いている）女性の単独の身体の不定型なポーズは、対比的な関係に置かれている。

同様に「人間は技術の元で働き、技術は人間の元で働く」と題されたタブロー［2-24］では、否定的な要素として拳銃を構える役者とそれを撮影するカメラが示され、それに対する肯定的な要素として、バイクに乗った集団や、トラクターによって耕された畑の幾何学的な模様が挙げられている。スターを中心とする娯楽（フィクション）映画に、現実の人びとの生活や労働と一体化した機械の使用が対比されているのは明らかだ。が、ここでも注目すべきは、斜め上方から眺めることで可視化された、人体とバイクの集合が描き出す一定のパターンや、耕地の幾何学的な模様である。このタブローで対比されているのは、技術の誤った・正しい利用というテーマのみならず、二つの異なった視点なのだ。

以上からレオニドフのマスメディアを利用したクラブ構想の目的を推測するならば、それは機械の眼によって／機械の眼を通して可能となった、現実の〝集団〟の認識とそのイメージの共有であったと考えられる。鳥瞰的な視点から眺めることで、われわれは生得的な眼では把握不可能な、われわれの日常の中の一定のリズムやパターンを発見することになる。言い換えれば、このような視点から眺められることではじめて、個々の人体の形象とは異なった集合的人体に特有の形態、〝集団〟のイメージが開示されるのである。

集団を〝集団〟として客観的に把握し、何らかのシンボルによって代理-表象されるのではないこの集団そのものの直接的なイメージを不特定多数の人びとと共有することは、革命以来、新しい集団の形成を目指す人びとにとって、最大の課題であり続けた。群衆劇では、一般の人びとがプロレタリア集団という役を演じることで、〝集団〟の概念がこれらの人びとに共有され、それによって彼らは現実のプロレタリア階級集団へと変容するのだと考えられていた。けれども実際の群衆劇では、そこに参加した行為者は、まさにこの集団の一員であることによって、〝集団〟の姿を

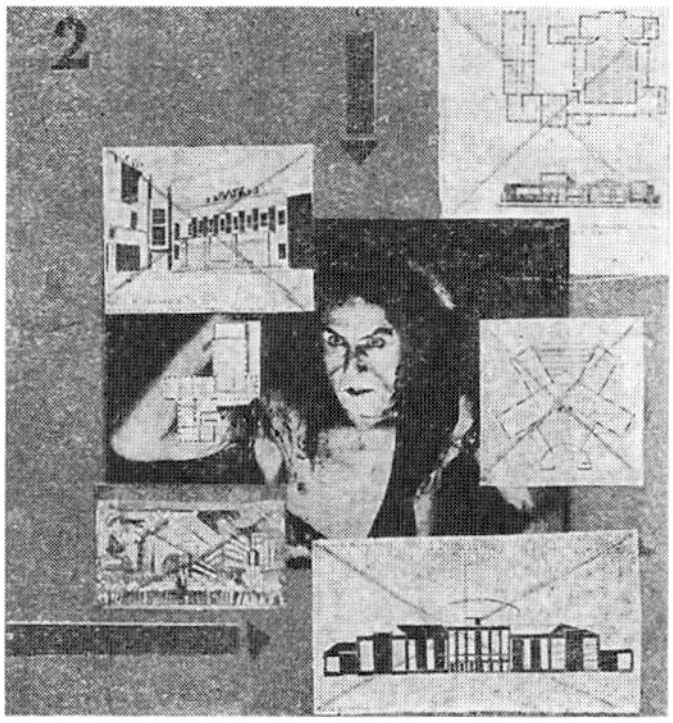

図 2-22
「労働者クラブを設計する際に参照すべきもの・すべきでないもの」シリーズより，タブロー No. 2「上演したり建てたりしてはいけないもの」，Современная архитектура. 1929. № 3.

図 2-23
「労働者クラブを設計する際に参照すべきもの・すべきでないもの」シリーズより，タブロー No. 9, Современная архитектура. 1929. № 3.

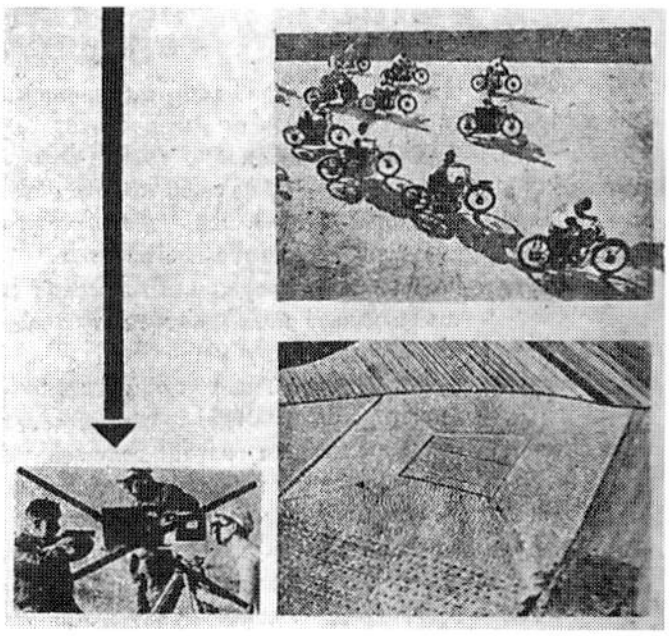

図 2-24
「労働者クラブを設計する際に参照すべきもの・すべきでないもの」シリーズより，「人間は技術の元で働き，技術は人間の元で働く」，Современная архитектура. 1929. № 3.

客観的に捉えることができなかった。現に初期の群衆劇では、演出家までもが群衆の中に身を置いていたために、外側から全体の運動を把握したり指示したりすることができず、劇全体が混乱に陥ることもあったという[67]。そこでレオニドフは、カメラの超人的な眼こそが、このような個々の眼の有限性を越えて集団を〝集団〟として捉え、人びとの眼前に具体的に示すことのできる、理想のメディアであると考えるに至ったのである。

集団のイメージが人びとによって共有されることを通じて、現実世界にも鏡像のように、この映像上の集団に対応する集団が出現する。このような観点から、スーザン・バック＝モースは共同体意識の形成において映画が果たした役割に注目している。彼女は集団的な欲望の生成装置としてのハリウッド映画に対して、エイゼンシテインやヴェルトフに代表される初期ソヴィエト映画を、組織化された集団的人民（ナロード）という主人公を通した、集団的力の仮想的な経験の場と規定する。そしてこれらの映画の担った意義について、次のように述べている。

観客は、認識器官としてのスクリーンの特質によって、この新しい集団的主人公の実在だけでなく、他の理念的実在物――つまり、革命的人民の団結、国際的連帯という理念、ソ連邦それ自体という理念――もまた見ることができるようになった。実際、ソヴィエトの経験が映画なしでも可能だったかどうかは疑問であり、レーニンがあらゆる芸術のなかで映画を「われわれにとって」もっとも重要だと言ったとき、彼は自分が予期した以上に正しかったことになる。革命的大衆というようなソヴィエトの集団的アイデンティティは、映画の世界によってしか理解されない現象だった[68]。

スクリーン上での集団的な力の経験を通じた、「集団的アイデンティティ」の共有。レオニドフは、固有の身体の限界を超え出ることのできない演劇によってではなく、マスメディアによって可能となったこのような集団イメージの共有こそが、人びとの内に集団としての自己像を形成し、より本質的な集団化を可能にすると考えたのではなかったか。集団という主題を集団的形式（マスメディア）によって伝達し、この主題に対応する集団を現実に作り出す――そのような意味で、彼のこれらの新しい社会タイプのクラブとは、〝新しい人間〟の集団を生産する、映画‐工場（кино-фабрика）であったといえるのである。

＊＊＊

レオニドフのクラブの青写真に描かれた世界では、もはや虚構によって来たるべき生活のモデルが示される必要はない。そこでは任意の場所に直接投影された「生活そのもの[69]」の映像が、人為的に作り出されたイメージに取って代わることになるからだ。同様に、プロであれ素人であれもはや俳優は必要とされず、特別な演劇空間も不要となる。彼のクラブ空間においては、投影されたイメージとしての人びとの姿を、周囲の現実の人びとが反復することによって、あるいはその逆によって、両者のあわいは限りなく曖昧になっていくだろう。レオニドフが自らのクラブ案を通して出現すると想定していた〝新しい人間〟とは、このようなマスメディア上の遍在するイメージとほとんど同一化した存在だったのではなかったか。そこでは、人びとはあたかもガラスの壁の向こうを眺めるように、これらの映像に自らの生活の続きを見出す。ここにおいて、レオニドフのスクリーンとガラス壁とは、完全に一致するのである。

レオニドフの考える、人びとの生を単に映し出すだけの映画は、反虚構、時間的・空間的制約を受けない普遍性と無限の反復可能性、役者と観客の区別の解消といった、かつて群衆劇やアマチュア演劇に託された理念を、おそらくより完璧に満たすものであった。しかし一方で、建築物や人びとの身体を、完全に可視化されたスクリーンへ還元してしまおうとするレオニドフの志向は、一面では極度に抑圧的な性格を帯びていたともいえるのではないか。彼の絶対的に平坦な建築世界は、物質やわれわれの肉体の有する固有性、不透明な厚みや重量といった、あまりにも多くのものをそこから締め出す。レーニン研究所案の時点において既に予見されていたことだが、彼の労働者クラブ案から読み取れるのは、マスメディア上の映像の無限の複製・反復可能性や均質性といった性質を、建築という装置を通して他ならぬその受容者たる人びとの身体に刻印し、彼らを複製されたイメージと同等な存在へ変換しようとする欲望だ。それは人びとの固有の身体の抹消と、ほとんど紙一重の関係にある。

レオニドフの計画案から排除された、スクリーン上の普遍的なイメージに回収し尽くされない、人間の身体が不可避的に伴う厚みや不透明性、不可視性、さらには可死性といった残余は、一体どこへと向かうのか。構成主義時代のレオニドフの作品が内包するこのような問題は、やがて彼がこれらの作品の拠り所としたマスメディアの平面、建築雑誌の誌面という場を追放されたとき、まさに紙上建築の〝紙〟ないし支持体のファクトゥーラ（テクスチャー）の厚み、そしてそれに対応する普遍化不可能な触覚の問題として、回帰することになるのである。

（1）*Луначарский А. В.* Статьи о театре и драматургии. М.-Л., «Искусство», 1938. С. 87.
（2）プロレタリア独自の文化の育成を目指したアレクサンドル・ボグダーノフらを指導者とするプロレトクリトや、テーラー主義・フォード主義のロシアへの導入を図ったアレクセイ・ガスチェフ、プラトン・ケルジェンツェフらの労働の科学的組織化運動などが代表的な例である（ちなみにこの二人はプロレトクリトにも属していた）。〝新しい人間〟に関する詳細な議論については、佐藤正則『ボリシェヴィズムと〈新しい人間〉——二〇世紀ロシアの宇宙進化論』水声社、二〇〇〇年を参照。
（3）*Чиняков А. Г.* Братья Веснины. М., Стройиздат, 1970. С. 61.
（4）Там же.

（5）　メイエルホリド「演劇の根源を目指して」『メイエルホリド・ベストセレクション』諫早勇一他訳、作品社、二〇〇一年、六〇頁。

（6）　Mally Lynn, *Revolutionary Acts: Amateur Theater and the Soviet State, 1917–1938*（Ithaca and London: Cornell University Press, 2000）, p. 54.

（7）　*Хан-Магомедов* С. О. Архитектура советского авангарда: Проблемы формообразования. Мастера и течения. Т. 1. М., Стройиздат, 1996. С. 361.

（8）　Christina Lodder, *Russian Constructivism*（New Haven and London: Yale University Press, 1983）, p. 174.

（9）　Konstantin Rudnitsky, *Russian and Soviet Theatre: Tradition and Avant-Garde*（London: Thames and Hudson, 2000）, p. 116.

（10）　*Хазанова В.* Клубная жизнь и архитектура клуба（1917–1932）. М., Российский институт искусствознания, 1994. С. 48.

（11）　一九二〇年代に展開された、プロレタリアのための新しい文化・芸術の創設を目的とするプロレタリア文化運動の中心的組織。一九一八年頃から全国的な展開を見せ、労働組合を中心に工場やクラブなどにおける労働者のための文化サークルの運営、『プロレタリア文化』をはじめとした機関誌の発行を通して、労働者の文化活動を促進した。最盛期には五〇万人近い構成員を擁していた。

（12）　Selim O. Khan-Magomedov, *Pioneers of Soviet Architecture: The Search for New Solutions in the 1920s and 1930s*（New York: Thames and Hudson, 1983）, p. 434.

（13）　*Ibid.*

（14）　*Ibid.*

（15）　Lynn, *Revolutionary Acts*, p. 41.

（16）　*Ibid.*, pp. 42–43, 63–65.

（17）　Anatole Kopp, *Town and Revolution: Soviet Architecture and City Planning 1917–1935*（New York: George Braziller, 1970）, p. 120.

（18）　*Чужак Н.* Искусство быта// Современная архитектура. 1927. № 1. С. 21–23.

（19）　Rudnitsky, *Russian and Soviet Theatre*, p. 90.

（20）　とはいえ現実には、当時のロシアにおける工業生産の現場では、全面的な機械化はむしろ立ち後れた状態にあり、スーザン・バック＝モースはまさにこの後進性によって「詩と生産技術は抗しがたく合一」し、大量生産を行う機械の運動を反復しようとする「シャーマン的な身振り」が生まれたのだとしている。Susan Buck-Morss, *Dreamworld and Catastrophe: The Passing of Mass Utopia in East and West* (Cambridge: The MIT Press, 2000), p. 105. 邦訳は『夢の世界とカタストロフィ――東西における大衆ユートピアの消滅』堀江則雄訳、岩波書店、二〇〇八年、一三七頁。

(21) *Арватов Б.* Театр как производство// О театре (Сб. статей). Тверь, 1922. С. 120.

(22) *Сидорина Е.* Русский конструктивизм: истоки, идеи, практика. М., «Винити», 1995. С. 81.

(23) *Петров А.* Народные клубы (рабочие и крестьянские). М., Издательство «Народный учитель», 1919. С. 69.

(24) *Петровский М. В.* Принципы и методы клубной работы. Опыт методологического руководства для работников гражданских и военных клубов. М., Государственное издательство, 1924. С. 34.

(25) Советское искусство за 15 лет: материалы и документация/ Под ред. И. Маца. М., ОГИЗ-ИЗОГИЗ, 1933. С. 40–44.

(26) Kopp, *Town and Revolution*, p. 120.

(27) 建築家－クラブ理論家アレクサンドル・カッラは、一九二〇年代のクラブ建築の主たる誤謬の原因を、建築家たちがそれを一九世紀の自然主義演劇のための劇場と同様に捉えていたことにあったと指摘した。このような〝誤り〟に対して、彼は「現代のクラブの劇場とは工場へ向かうものでなければならず、国家の工業化という理念のプロパガンダのための武器とならねばならない」と唱えた。たとえば、これまでの四―五幕ものの芝居とは異なり、新しい出し物は速いテンポで入れ替わるようになっており、これに対応するために建築空間も素早く転換可能な、機械化された構造をもたねばならないというのが、彼の主張であった。その一例として、彼は舞台の左右の奈落と大小道具の保管庫をベルトコンベヤーで繋ぎ、舞台装置の入れ替えを自動化する仕組みを提案している。彼のアイディアには、この時期の〝クラブ＝工場〟理念が非常に明確に現れているといえよう。*Карра А. Я.* Определение архитектуры театчасти клуба// Строительство Москвы. 1930. № 10. С. 19–23.

(28) Khan-Magomedov, *Pioneers of Soviet Architecture*, pp. 399–400.

(29) *Чиняков*, Братья Веснины. С. 78.

(30) コンペの審査員はイーゴリ・グラバーリ、イワン・ジョルトフスキー、フョードル・シェフチェリなど革命以前からのモスクワ建築界の重鎮が務め、優勝を獲得したのは古典主義を採用したノイ・トロツキーのプランだった。

(31) *Гинзбург М. Я.* Итоги и перспективы// Современная Архитектура. 1927. № 4–5. С. 110.

(32) *Веснины А. и В.* Творческие ответы// Архитектура СССР. 1935. № 4. С. 40.

(33) *Хвойник И. Е.* Внешнее оформление общественного быта. М., Долой неграмотность, 1927. С. 28.

(34) *Петровский,* Принципы и методы клубной работы. С. 41.

(35) 建築家ニコライ・ラドフスキーを中心に一九二一年に設立（翌年正式承認）された、ソ連邦最初のアヴァンギャルド建築家グループ。構成主義の功利的側面を批判し、より広い意味での空間造形の心理的効果を研究対象としていた。二八年には若手のヴィクトル・バリヒンとラドフスキーの間の確執によりグループは分裂、ラドフスキーは新たにアル（АРУ 建築家－アーバニスト協会）を立ち上げることになる。*Хан-Магомедов С. О.* Николай Ладовский（Пионеры советской архитектуры）. М., Знание, 1984.

(36) メーリニコフはこのほかにもスヴァボーダ（自由）、カウチュク、フルンゼ、ヴレヴェツニクの各クラブの建設を手掛け、一九二〇—三〇年代のクラブ建築の理論と実践に大きく貢献した。*Хан-Магомедов С.* Константин Мельников. М., Архитектура-С, 2006. С. 118–129.; リシャット・ムラギルディン『コンスタンティン・メーリニコフの建築 1920s–1930s』ギャラリー・間、二〇〇二年、四六—四八頁。

(37) *Хан-Магомедов,* Константин Мельников. С. 131.

(38) *Леонидов И.* Организация работы клуба нового социального типа// Современная архитектура. 1929. № 3. С. 106.

(39) Там же.

(40) Там же.

(41) Там же. С. 107.

(42) このコンペティションの敷地として想定されたのは、プーシキン広場に面したわずか六メートル×六メートルのスペースだった。ヴェスニン兄弟のプランでは、一階はキオスク、二階は読書室、三階はオフィス、四階と五階が編集室に充てられた。なおヴェスニン兄弟のこの案は、『現代建築』の編集長ギンズブルグの手によって、同誌の創刊号の巻頭に掲げられた。ギンズブルグは当時の最新の工法や素材、メディア技術に基づいて設計されたこの案を、単なる一個の孤立した建築物ではなく、新しい都市空間全体の構築に関わるものとみなしていた。*Гинзбург М.* Новые методы архитектурного мышления//

Современная архитектура. 1926. № 1. С. 1–4.

（43） *Хвойник,* Внешнее оформление общественного быта. С. 28.

（44） ちなみにこの透明な壁が生み出す非対称な（一方的な）視線の別の側面、すなわち窃視という要素に着目したのが、映画監督セルゲイ・エイゼンシテインである。彼はガラス壁を映画のスクリーンと重ね合わせながら、視線の暴力の横行するアンチ・ユートピア的世界を、脚本『ガラスの家』で描き出した。エイゼンシテインのガラスの共同住宅では、住人たちは最初はあたかも互いが見えていないかのように振る舞っている。だがトリックスター的存在によって〝見える〟ことが示されると、次第に「視力を回復」し、彼らはガラス越しに互いを眺め始める。しかしそれによって、人びとは目撃した密通現場を脅迫に利用したり、自殺する男の姿をショーのように鑑賞したり、見えることを自身の利益のために利用するようになる。視線を通じた搾取は次第にエスカレートしていき、その結果物語のクライマックスでは、ガラスの家は粉々に破壊されてしまう。なお、エイゼンシテインはパラマウント社との契約により、ハリウッドでこの映画の撮影を行うことを考えていたが、実現はされなかった。詳細は以下を参照。セルゲイ・エイゼンシュテイン『エイゼンシュテイン全集第二部　芸術と科学第六巻　星のかなたに』キネマ旬報社、一九八〇年、二九一―三〇九頁。

（45） *Леонидов,* Организация работы клуба нового социального типа. С. 107.

（46） しかしながら、レオニドフほど極端ではなくとも、このようなガラスの象徴化は、構成主義の内部でも少なからず見られた。たとえば『現代建築』誌の「現代建築におけるガラス」と題された記事では、ガラス壁は「不可欠な支えとしての壁という古い概念を根絶し、壁を必要に応じて隔離する膜へと変えた」と評され、特に工場やオフィスの全面的なガラス化が提唱された。潤沢な光や新鮮な空気を取り入れることを容易にする、最新の技術に基づいたガラスの壁は、「新しい社会主義的生活様式の物理的形態」とさえ呼ばれていた。Стекло в современной архитектуре// Современная архитектура. 1926. № 3. С. 64.

（47） *Карра А., Симбирцев В.* Форпост пролетарской культуры// Строительство Москвы. 1930. № 8–9. С 20.

（48） Там же.

（49） Там же. С. 21.

（50） Там же. С. 22.

(51) Там же.

(52) *Леонидов И.* Дворец культуры// Современная архитектура. 1930. № 5. С. 1–6.

(53) Там же. С. 3.

(54) *Сидорина*, Русский конструктивизм. С. 187.

(55) *Карра и Симбирцев*, Форпост пролетарской культуры. С. 22.

(56) Там же.

(57) マルク・リース「在不在 ここと自己」斉藤理訳、『10＋1』第一五号、ＩＮＡＸ出版、一九九八年、一二八頁。

(58) *Милинис И. Ф.* Проблема рабочего клуба// Современная архитектура. 1929. № 3. С. 112.

(59) *Леонидов*, Организация работы клуба нового социального типа. С. 106.

(60) Там же. С. 107.

(61) *Хан-Магомедов С. О.* Клубы Леонидова// Декоративное искусство СССР. 1967. № 11. С. 22.

(62) Khan-Magomedov, *Pioneers of Soviet Architecture*, p. 436.

(63) *Леонидов И.* Вопросы, заданные по докладу тов. Леонидова на 1 съезде ОСА, и ответы на них тов. Леонидова// Современная архитектура. 1929. № 3. С. 111.

(64) *Милинис*, Проблема рабочего клуба. С. 112.

(65) *Леонидов И.* Кинофабрика. Генеральная планировка// Современная архитектура. 1928. № 1. С. 5-8.

(66) *Леонидов И.* Конкурсный проект памятника Колумбу// Современная архитектура. 1929. № 4. С. 148.

(67) ペトロフ「群衆劇」武隈喜一訳、『ロシア・アヴァンギャルド二 テアトル――演劇の十月』浦雅春・武隈喜一・岩田貴編、国書刊行会、一九八八年、一七二―一八一頁。

(68) Buck-Morss, *Dreamworld and Catastrophe*, p. 147. バック＝モース『夢の世界とカタストロフィ』、一八六―一八七頁。

(69) *Милинис*, Организация работы клуба нового социального типа. С. 107.

第3章　無重力都市
——社会主義都市論争とマグニトゴルスク・プロジェクト

第一次五カ年計画を背景に、一九二〇年代末のごく短期間のうちにソヴィエト建築界を席巻したのが、社会主義都市（ソツゴロド）をめぐる論争だった。建築家のみならず多様な社会領域の人びとが参加した一連の社会主義都市計画は、その規模からすれば、紙上のユートピアの実験の臨界点であったと言っても過言ではない。

レオニドフにとっての社会主義都市マグニトゴルスク計画案も、彼の構成主義時代の創作活動の集大成というべき作品となった。前章で論じた彼の二つの労働者クラブがいわばそこから都市を変革する起点として位置づけられるともに、新しい都市の姿を一種のシネクドキとして体現したものであったとするならば、マグニトゴルスク・プロジェクト案はまさしく社会主義に基づいた新しい都市の全体像を示すものだった。

また他方では、「内なる新大陸」[1]として発見され、白紙の荒野の状態から一大工業都市へと成長したマグニトゴルスクは、同都市の建設に関する非常に詳細な検討を行ったステファン・コトキンの大著『磁石の山——文明化としてのスターリニズム』の表現を借りるならば、「社会主義の試金石」、すなわち計画経済や階級闘争の舞台として、何重もの象徴性を担っていた。[2] しかしその成長の過程は、レオニドフら建築家や都市プランナーらが描いた社会主義都市像からは、大きく乖離してもいた。

本章では、まずこのごく短期間に隆盛し、党によって失速させられることになった社会主義都市論争に焦点を当て、そこで展開された都市派・非都市派の都市モデルとは何だったのか、ひいては彼らが追求した社会主義都市＝共同体とはいかなるものであったのかを論じる。そしてこれらの議論を踏まえた上で、レオニドフのマグニトゴルスク・プロジェクト案とこれら両都市モデルとの相違を明らかにしていく。グリッド・パターンからなる都市を通して彼が建設しようとした理想的共同体とは、またその住人としての〝新しい人間〟とは、一体いかなるものであったのか。本章ではこれらの問いを探る中で、狭義の意味での建築家・構成主義者であることを超えて、新たな社会の設計者であろうとしたレオニドフの、最終的な天体建築の姿を描き出していく。

1　社会主義都市論争

第1章で既に述べたように、生産主義者－構成主義者たちは、芸術家は技術者としての視点を取り入れることによって、自然の混沌状態のままの世界を、工場のごとく合理的に再組織化するデミウルゴス（創造者）となりうると考えていた。この理念は、まさしく芸術と技術の両分野に関わる存在である建築家の姿において体現される。じっさいアヴァンギャルドの建築家たちは、歴史的にも先例のない、社会主義に基づいた都市の姿をデザインすることによって、文字通り新たな社会の設計者であろうとした。だが一方では、構成主義建築家間においても、未来の都市のあるべき姿については意見の相違が見られた。したがって議論を始めるにあたり、まずは彼らの社会主義都市像がいかなるものであったのかを検証しておきたい。

一九二八年に第一次五カ年計画が開始されると、重工業の集中的育成という国策に沿って、地下資源の生産地を拠点とした、ソツゴロド（соцгород 社会主義都市）の建設が連邦の最優先課題として浮上した。そしてそれと同時に、ゴスプランおよび中央執行委員会直属のコムアカデミーを中心に、一九世紀以来拡大の一途をたどる都市と農村の経済的・文化的格差の解消と、新しいブィト（быт 生活様式）の確立[3]に関する論争が開始された。ここにおいて、社会主義的な生活とは何かという問題が、都市という規模で問われることになったのである。

マルクスの田園生活への批判に則り、トロツキーは農村に対する都市の主導的な役割を説いた[4]。彼の『文学と革命』に見られるように、ボリシェヴィズムは基本的に都市志向であった。だがナロードニキの中には、人道的・倫理的見地から西欧型の大都市に反対する勢力が少なからず存在していた。やがて彼らは、資本主義的生産方法を終結することによって大都市もまた解消されるとするエンゲルスを論拠に[5]、ひとつの潮流を形成していく。旧スラヴ派の一部や農民派の詩人たちの間の西欧文化と近代型大都市、およびその〝堕落した生活〟への排外的嫌悪とも結びつきながら、彼らは大都市＝資本主義に対する反都市＝社会主義的（あるいは反西欧＝ロシア的）なオルタナティヴの建設を目指すようになるのである。

革命前後の時期にこのような両者の対立を止揚したのが、ユーリー・ラリンらによって大都市近郊に計画されたエベネザー・ハワードのレッチワース型田園都市であった。しかしこの改良主義的な田園都市は、一九二〇年代末の建築家たちの目には、既に資本主義生産体制に基づく時代遅れのモデルに映っていた。こうして集団的生活様式の確立と連動した、よりラディカルな都市の姿をめぐる議論が開始されたのである。

この論争の中心にいた当時の財務人民委員ニコライ・ミリューチンは、「新しいブィトとは、新しい労働と居住環境のもたらす自然な帰結、人びとの生活に必要なサーヴィスを公共化する様々な施設の適切な組織化の結果として生まれるものでなければならない[6]」という発言を残している。彼の言葉が端的に示すように、ブィトの確立とはまずはプロレタリアートの生活環境の物理的・物質的な水準での共同化、つまりは建築による空間の共同化を意味していた。この物理的基盤の上に、プロレタリアートの心身の集団化が可能になると考えられていたのである。しかし集団的プィトと一口に言っても、構成主義の内部ですら、その解釈にはばらつきがあった。そこでオサ指導部を二分して繰り広げられたのが、都市派（ヴェスニン兄弟）と非都市派（モイセイ・ギンズブルグ）の論争だった。

社会主義という新しい内容のための新しい器＝都市とは、いかにあるべきか。ソツゴロド論争の口火を切ったのは、経済学者で当時の最高国民経済評議会計画部長であったレオニード・サブソヴィチだった。社会主義の下に工業化・集団化していく農村と、交通・通信技術の発達がもたらした〝距離の克服〟によって拡散していく都市。彼はこの二つの対照的な社会動向を人為的に促進することによって、都市と農村の格差を解消することが可能になると考えていた。(7) そしてこのような両者の自然なプロセスの総合によって、農業と工業が調和的に連携した中小規模の都市アグロゴロド（агрогород）を作り出すことを主張し、都市派と呼ばれる陣営を築いた。彼らは旧来の都市と農村を、集団化と計画性という基本線に沿いつつ文字通り物理的に融合させることによって、そのどちらでもない新しい社会的・経済的・文化的共同空間を組織しようと試みたのである。(8)

ここで具体的な計画の一例を見てみたい。サブソヴィチの著書『社会主義都市』において提示された都市モデルは、成人二〇〇〇―三〇〇〇人を収容可能な四―五階建てのドム・コムーナ（共同食堂や保育所、クラブなど、従来の家庭の機能を代替する施設を併設した共同住宅）(9) を基本とした六万人規模の居住区から構成されており、バスや電車などの様々な交通手段により、緑地帯によって隔てられた農工場区域へ通勤することが想定されていた。(10) たとえば、一貫して都市派を支持していたヴェスニン兄弟の案［3-Ⅱ］では、成人用共同住居（［3-Ⅱ］の1の部分）、共同食堂などの各種のサーヴィス施設、図書館や各種のサークル活動のための文化施設（同、2の部分）、スポーツ用施設（同、3の部分）、成人棟と連結された保育所（同、4の部分）、就学年齢までの子どものための保育園（同、5の部分）などが配置されている。

これら都市派のソツゴロドと、それまでのソヴィエト・ロシアにおける都市計画の最大の相違のひとつが、家族の解体＝集団化という図式である。すなわちそれは、経済活動の最小単位を旧来の家庭から個人（成人）へと分解し、

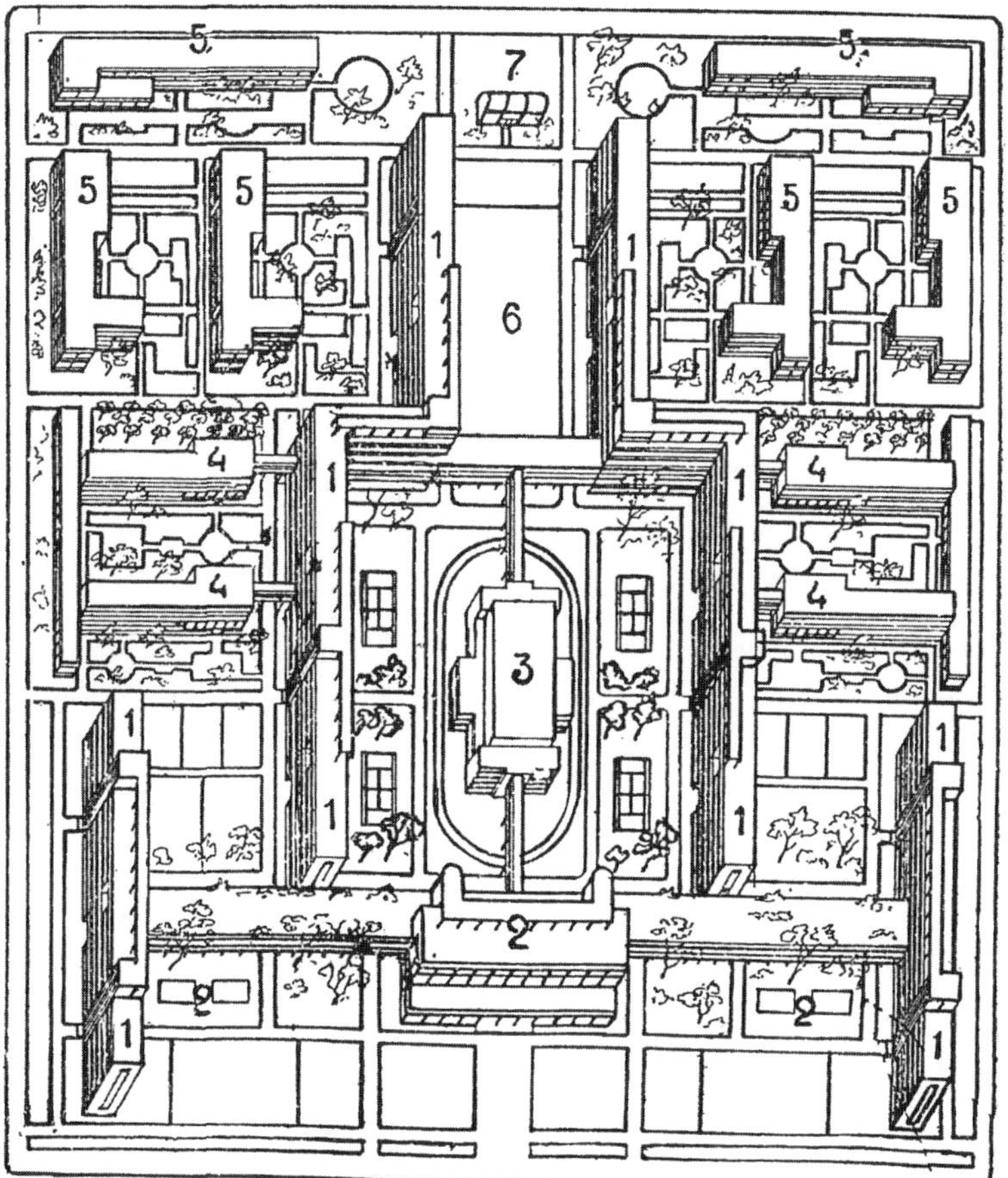

図 3-1
ヴェスニン兄弟によるスターリングラード計画案（1929 年），*Сабсович Л. М.* Социалистические города. М., Госиздат «Московский рабочий», 1930.

このミニマムとしての個人が直接マキシマムとしての社会へと連結されることを意味していた⑪。

それゆえ都市派のソツゴロドでは、前述のヴェスニン案に見られるような大人と子どもの生活スペースの分離をはじめ、人びとを年齢別にグルーピングし、物理的に住空間を区分すること、すべての住民に個室を配分すること（夫婦であっても別個に住むこと）の重要性が強調された⑫。サブソヴィチは、「個別の閉鎖的な家族の空間は、その孤立した生活とともに、労働者の共同体という〝集団化された家族〟によって取って代わられることになり、そこにはもはや孤立など介在する余地もなくなるのだ⑬」と述べている。このような傾向を最も極端に推し進めたひとりが、建築家ニコライ・クジミンであった。彼は労働以外の生活の場も、労働体制に準じた形で組織化すべきであると考えた。そして人びとの生産効率を最大限引き出すために、彼らの生活全般に関わる時間・空間を計画的に配分することを提案した。こうして一九二八年に発表された彼の論文の中では、睡眠や入浴などの時間も分単位で算出し、労働者は夫婦であっても男女ごとの集団で生活し（彼の構想の中では既に個室という概念も不要とされ、寝室は睡眠効率を損なわない限度の六人ごとに割り当てられた）、彼らの子どもたちも集団の中で育成されることが主張された⑭。

ソツゴロド論争に先立って、一九二五年頃から本格的に建設の開始されたドム・コムーナの問題点は、その前提であった家のもつ私的機能の社会化・公共化が、旧態依然とした周囲の都市環境と激しいギャップをきたし、この新しい住居を兵舎のような狭く貧しい箱としてしまうことにあった。サブソヴィチの基本プランに見られるのは、このドム・コムーナへの反省から、〝家〟の機能を都市全体でもって代替する意図に他ならない。それゆえに彼らの計画は、公共空間と私的空間の別の完全な解消という観点から、都市全体を編み上げるものになったのである。

他方ギンズブルグも、ストロイコム（**Стройком** ロシア建設委員会）を拠点に一九二〇年代半ばからドム・コムーナの研究や設計に携わっていただけに、旧来の都市とドム・コムーナの軋轢という問題を強く意識していた。だがそれにもかかわらず、彼の出した結論は、サブソヴィチらのそれとは大きく異なるものであった。ギンズブルグはそれまで追求してきたドム・コムーナという住形態を突如放棄し、それが象徴していた共同体像へのアンチテーゼを掲げることになるのである。

サブソヴィチの理論に対してとりわけ強硬な反論を行い、非都市派と呼ばれる陣営を築いたのが、ストロイコムとゴスプランの両方に携わっていた社会経済学者ミハイル・オヒトヴィチや財務人民委員のミリューチン、そしてギンズブルグら一部の構成主義建築家であった。彼らのラディカリズムは、全く別の方向へと向けられた。彼らは〝都市の歪み〟や〝都市と農村の格差〟の改善・解消ではなく、都市そのものの完全なる抹消を通して、問題の根本的な解決を図ろうとしたのである。オヒトヴィチは、サブソヴィチやチェルニャの主張する、交通と情報技術の発達が都市の過密を自然に解消し、農業の工業化が農村の過疎・孤立を緩和するという理論に対して、現実には資本の蓄積は人間や物資の都市への集中、農村部の過疎化を助長する傾向にあると反論した⑮。オヒトヴィチによると、エンゲルスが『反デューリング論』や『住宅問題』において目指したのは、両者の格差の是正ではなく都市そのものの解体であった。都市派はまさにこの点を看過しているというのが、彼の主張だった⑯。

それでは、オヒトヴィチの考える真の社会主義的共同体とはいかなるものであったのだろうか。オヒトヴィチはサブソヴィチ同様、新しい生活環境は社会主義的経済形態によって決定されるべきであると考えた。しかしながら経済活動の中で彼がサブソヴィチよりもさらに極端に、ほとんど絶対的なまでに重視したのが、〝流通〟という要素だった。オヒトヴィチによれば、現代社会における経済活動は、原料の産出から加工、販売、消費に至るまで、網（сеть）状に張りめぐらされた輸送・通信経路によって常に動的な状態に置かれている（あるいはそうなるべきである）。したがって、「来る時代の建築家の課題は、一個の建築物を設計することではなく、生産機能の社会的関係性の構造を、建築物という形式を用いて、ある総体として〝設計〟すること」⑰であると彼は考えた。住居から工場、企業、都市のレヴェルに至るまでのこれらの経済活動の関係性は、彼によれば「最大限の自由、軽量性、情報・通信の高速化の原則」[18]に則って形成されねばならない。さらに言えば、これらの要素はもはや「所与の場所へと固定されることはないかもしれない」[19]。なぜならば、これらの社会‐経済機能の複合体としての都市は、物理的な拠点や場所としてではなく、人びとの営為の流動的〝プロセス〟として現出するからである。オヒトヴィチは自身のモデルを、もしも敢えて都市という言葉を使用し続けるのであれば、アレクサンドル・ボグダーノフの地球に先駆けて共産化された火星を舞台とするSF小説のタイトルにちなんで、「コミュニズムの赤い星の都」[20]と呼ぶべきであろうとしている。

　オヒトヴィチがこのような新しい都市（あるいは非‐都市）の条件に適合した住空間として提案したのが、道路（流通）と一体化した住宅モデルだった。彼の考える住宅とは、機能・サイズともに最大限切り詰められた個人単位のシンプルな箱形の空間であり、相互に十分な間隔を保ちつつ、幹線道路沿いに均等に配置されることになっていた[21]。具体的には、彼はそれを設置や撤去が簡便であり、大量生産可能で安価なパーツからなる、レディ・メイドのプレファブとして想定していた[22]。都市派のドム・コムーナと同様に、これらの住宅においてもインテリアや家具は住居と一体化され、大量生産を前提に規格化されることになっていた。しかし前者がその導入によって工場生産の均質性や合理性を個々の労働者の生活空間にも浸透させることを企図していたのに対して、非都市派の個人空間の質素さは、第一に文字通りの意味で生活の軽量化（разгрузить）を目指し、さらには象徴的なレヴェルにおける、商品のフェティッシュという重力からの解放[23]を目指すものであった。それはまさに、大都市の賃借労働者に家屋の所有権を与えるというプルードン主義的な住宅問題の解決方法に対して、所有原理そのものを否定することでこの問題を根本的に解消しようとしたエンゲルスの理想、つまり「鳥の如くに自由なプロレタリアート」[24]像の、逐字的翻訳であった。

　彼らの住居プランの核となっていたのは、労働環境や社会的関係の変化（職場の異動や婚姻、出産など）への対応の柔軟性である。オヒトヴィチのモデル案では、年齢や性別によって住空間を固定したり集団化したりするのではなく、家族の形成をはじめとする住形態の選択は各人の判断に委ねられ、住居はそれに応じて容易に移動・変更可能であるべきだと考えられていた㉕。ストロイコムを後押ししていたミリューチンもまた、社会主義共同体において「もし家族というものが存在するとすれば、それは経済的な単位としてではなく、人びとの自由な集合として㉖」であろうと述べている。彼によれば、このような社会における住居とは、衣服のように自由に着脱でき、社会‐経済活動のダイナミズムを妨げるようなものであってはならなかった㉗。

物理的な集団化ではなく、交通・通信手段に依拠した、非物質的なネットワークに基づく共同体というオヒトヴィチの理想は、ギンズブルグの生産機械、とりわけ志向的な水平運動を行う自動車モデルに一致するものでもあった。じっさい、ギンズブルグは初対面のオヒトヴィチとのわずか一時間半ほどの会談の後に、それまでのドム・コムーナ案を捨て、非都市派に転進することを宣言したという㉘。このような経緯を経て、建築家の手によって非都市派の理念をはじめて具体的に示すものとなったのが、ギンズブルグとミハイル・バルシチの《緑の都市（Зеленый город）》計画だった。

彼らは一九三〇年初頭に『現代建築』誌上に発表されたその名も「緑の都市」という論文で、コルホーズや各種工場などを連結する幹線道路に沿って、その両脇にテラスハウス型の住宅が帯状に連なる線状都市プラン［3-2-1］［3-2-2］を提示した。一二平方メートルほどの面積をもった各コンパートメントは、道路から騒音や排気ガスの影響を被らない程度の間隔が保たれ、両隣の住居と接してはいるものの各戸ごとに玄関を備え、すべての成人に一戸が配分されることになっていた。また、幹線道路沿いには個人の自動車や公共交通機関用の駅が等間隔に設けられ、この駅から延びる歩道に沿って公共食堂、文化施設やスポーツ用競技場、居住区が順に配置されており、最寄りの駅から徒歩で一〇分程度移動するうちに、生活に必要なあらゆるサーヴィスが受けられるよう、アクセスの集約化・簡便化が図られていた㉙。

中でも興味深いのが、労働者住宅のプランニングである。線状に連なる住宅は二メートルほど地上から浮き上がっ

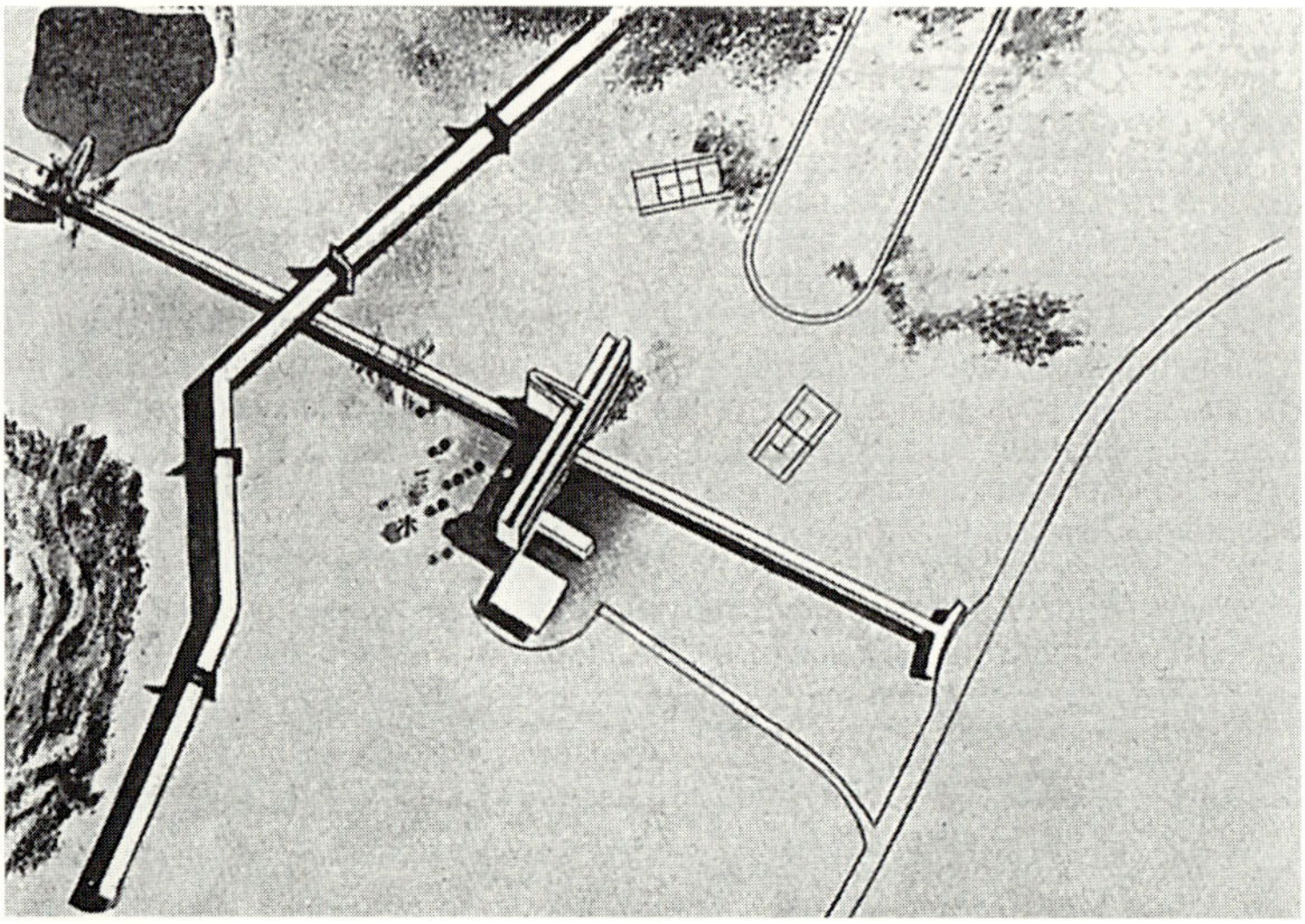

図 3-2-1
ギンズブルグとバルシチによる「緑の都市」(1930 年), 居住セクション, Современная архитектура. 1930. № 1-2.

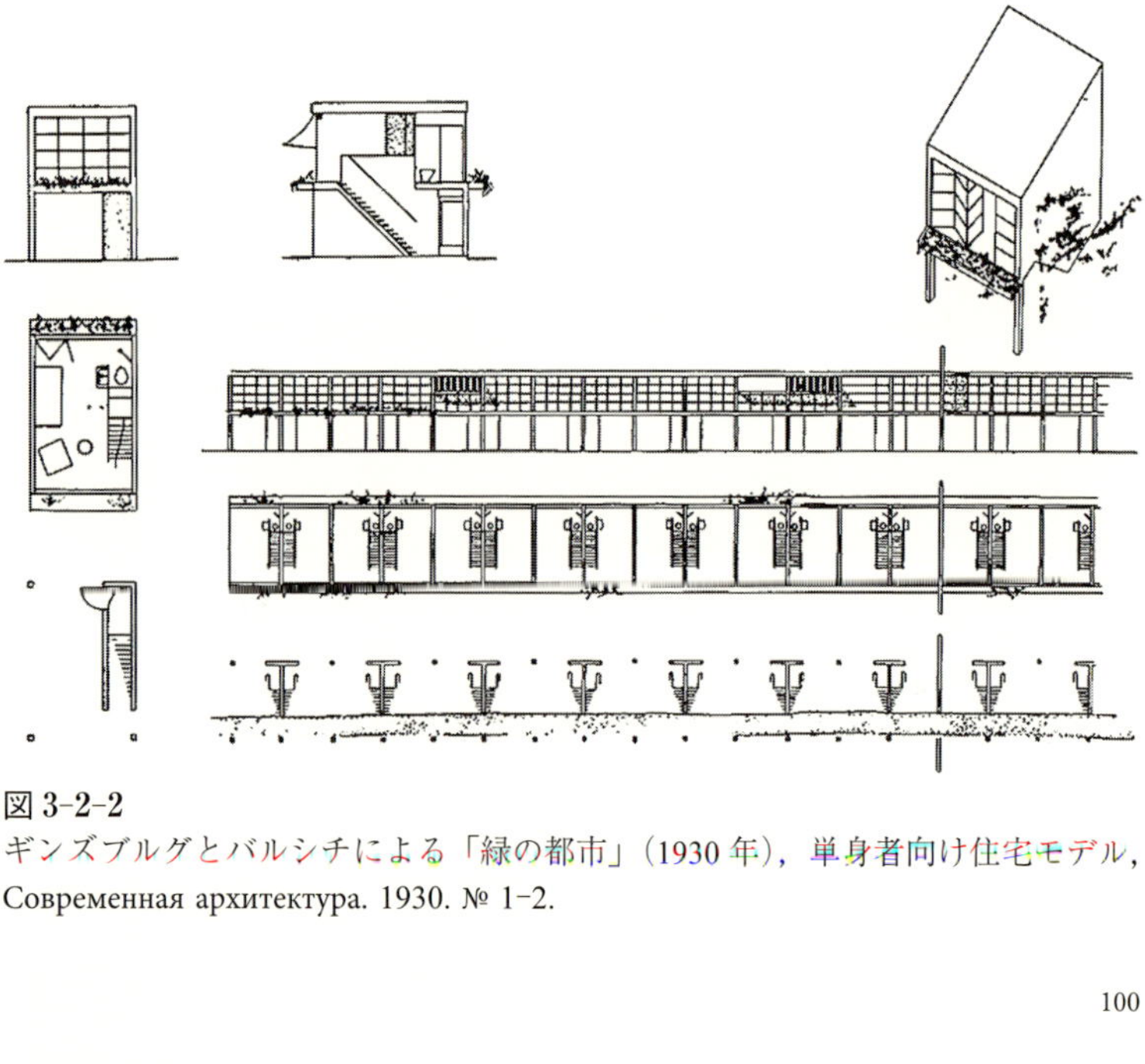

図 3-2-2
ギンズブルグとバルシチによる「緑の都市」(1930 年), 単身者向け住宅モデル, Современная архитектура. 1930. № 1-2.

た形で設計され、地階部分はテラス兼歩行者用通路として機能し、周囲の自然に直に触れられるよう配慮されていた。このようなピロティ（ル・コルビュジエのツェントロソユーズやレオニドフの文化宮殿案などにも用いられ、当時一種の流行の様相を呈していた）は、〝技術による重量の克服〟をこれ以上なく直接的に示すものだった。

　またレオニドフの一九二〇年代の作品とも共通する特徴であるが、ギンズブルグとバルシチのプランでも、各住居の東西の壁面は通風・採光を最大限確保し、日昇や日没を直接感じることができるよう、床から天井までガラス張りにされ、居室は囲い込まれた空間としての部屋ではなく「屋根のあるテラス」[30]であることが目指された。彼らの言葉によれば、そこでは「部屋はほとんど自身の〝部屋性〟（комнатная специфичность）というものを失い、単なる水平の広がりとなりつつ、自然へと溶解する」[31]。このように、彼らが理想としたのは、ガラスという皮膜を纏って自然の中を自由に移動する生活だった。このような非都市派の住宅モデルの起源を、当時訪ソしていたル・コルビュジエは、ルソーの高貴なる野蛮人の生活に見出していた[32]。だが、これまでのギンズブルグらのプランの分析から明らかなように、その根底にあったのは都会の知識人の反文明主義や農民の排外的感情ではなく、むしろ技術と自然の弁証法であり、テクノロジーと社会主義共同体の完全なる融合に対する、楽観的な確信であった。そしてこの道路（交通・流通）と手つかずの自然からなる（非）都市こそ、ギンズブルグの機械＝自動車モデルが最終的に行き着いた場所だった。彼は停滞の象徴であった旧来の都市を、間断なき運動の状態に置き換えようとした。すなわち、ロシア全土に道路という人工の動脈を通し、自動車という機械の血流をめぐらせることによって、生産という目的の下に絶え間なく新陳代謝を繰り返す、最大限活性化された自然と機械の複合体を実現しようとしたのである。

2　マグニトゴルスク・プロジェクト

さて、ヴェスニンを中心とする都市派とギンズブルグを中心とする非都市派にオサが分裂する中で発表されたレオニドフのマグニトゴルスク・プロジェクト案(33)は、一見移行型ドム・コムーナを採用したヴェスニン風の農工業都市とも、幹線道路を主軸としたギンズブルグ風の線状都市ともとれるものであった。しかし彼のプロジェクトの青写真は、本質的にこれらの都市像とは異なった位相にあったと考えられる。それではレオニドフの描いた都市＝共同体像とは、一体いかなるものであったのだろうか。

マグニトゴルスク都市計画は、天然資源の採掘拠点と生産拠点を一体化し、さらには住・労一致型の都市を建設するという、先例のない実験であった。一九二九年、ゴルストロイプロエクト（Горстройпроект　都市建設委員会）は同地に二五万人規模の都市の建設を決定し、翌年にはこの新工業都市のためのコンペティションが開催された。ソツゴロド論争の最盛期に開催されたこのコンペが、新しい都市理念を実際の計画へと具現化する絶好の機会とみなされたことは、言うまでもないだろう。ストロイコム・チームをはじめ一六のチーム（うち五つのチームは招待）がこのコンペに参加した。レオニドフは大学院卒業後ヴフテマスから改組したヴフテイン（ВХТЕИН　国立高等芸術技術大学）に残り、そこに自らのスタジオを構えていたが、自身の指導するヴフテインおよびモスクワ高等技術大学の学生たちとともに、同コンペに招待された。

一九三〇年の『現代建築』誌第三号の巻頭に置かれたマグニトゴルスク・プロジェクト特集では、「マグニトゴルスクの社会主義的住居についての解説」という表題で、このレオニドフ・チームのプロジェクト案が紹介された(34)[3-3]。その冒頭では、次のように彼らのソツゴロドの理念が表明されている。

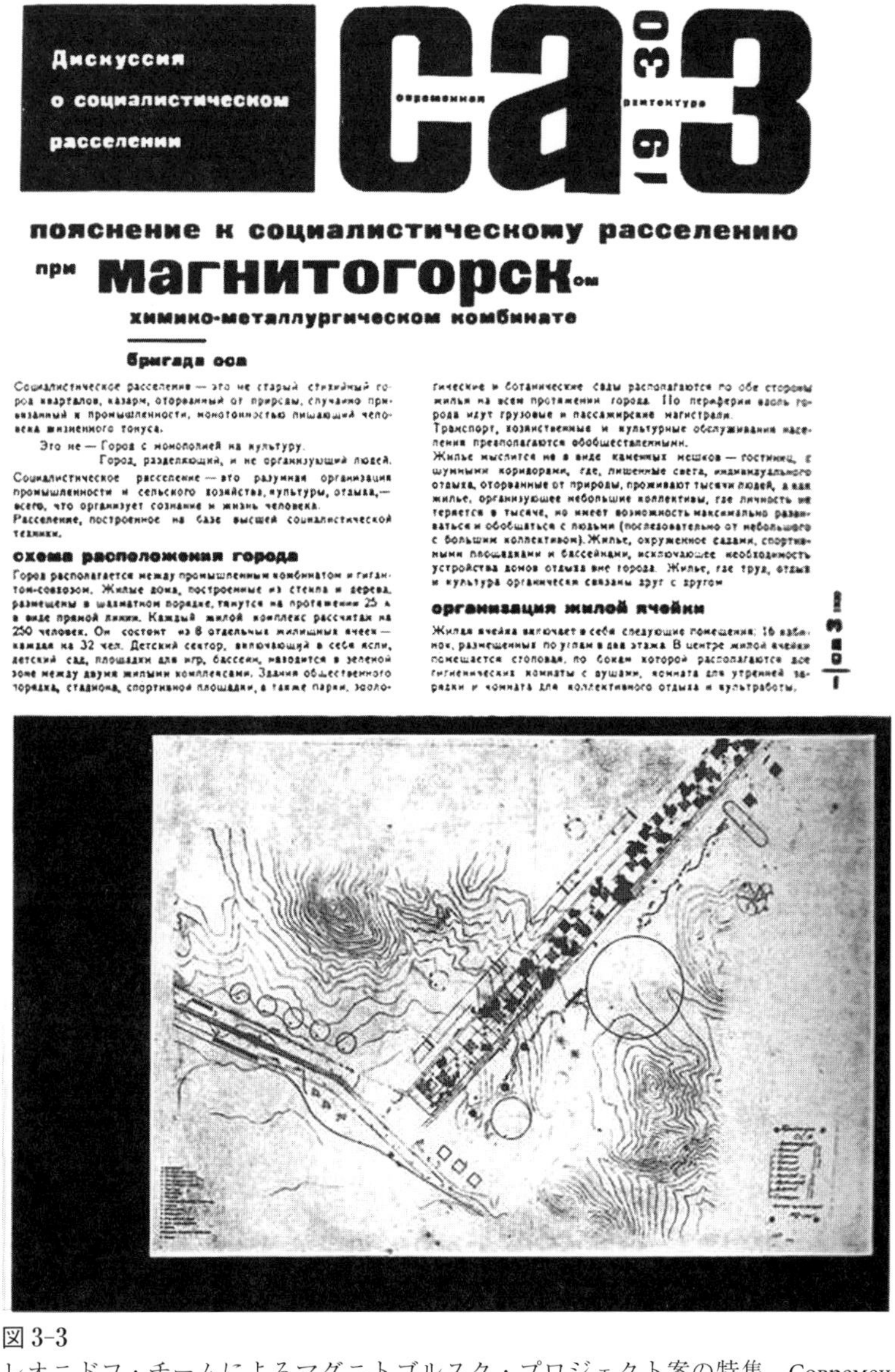

Дискуссия о социалистическом расселении

са 1930 3

современная архитектура

пояснение к социалистическому расселению при магнитогорск-ом химико-металлургическом комбинате

бригада оса

Социалистическое расселение — это не старый стихийный город кварталов, казарм, оторванный от природы, случайно привязанный к промышленности, монотонностью лишающий человека жизненного тонуса.

Это не — Город с монополией на культуру.

Город, разделяющий, и не организующий людей.

Социалистическое расселение — это разумная организация промышленности и сельского хозяйства, культуры, отдыха, — всего, что организует сознание и жизнь человека.

Расселение, построенное на базе высшей социалистической техники.

схема расположения города

Город располагается между промышленным комбинатом и гигантом-совхозом. Жилые дома, построенные из стекла и дерева, размещены в шахматном порядке, тянутся на протяжении 25 к в виде прямой линии. Каждый жилой комплекс рассчитан на 250 человек. Он состоит из 8 отдельных жилищных ячеек — каждая на 32 чел. Детский сектор, включающий в себе ясли, детский сад, площадки для игр, бассейн, находится в зеленой зоне между двумя жилыми комплексами. Здания общественного порядка, стадиона, спортивной площадки, а также парки, зоологические и ботанические сады располагаются по обе стороны жилья на всем протяжении города. По периферии вдоль города идут грузовые и пассажирские магистрали.

Транспорт, хозяйственные и культурные обслуживания населения предполагаются обобществленными.

Жилье мыслится не в виде каменных мешков — гостиниц, с шумными коридорами, где, лишенные света, индивидуального отдыха, оторванные от природы, проживают тысячи людей, а как жилье, организующее небольшие коллективы, где личность не теряется в тысяче, но имеет возможность максимально развиваться и обобщаться с людьми (последовательно от небольшого с большим коллективом). Жилье, окруженное садами, спортивными площадками и бассейнами, исключающее необходимость устройства домов отдыха вне города. Жилье, где труд, отдых и культура органически связаны друг с другом

организация жилой ячейки

Жилая ячейка включает в себя следующие помещения: 16 кабинок, размещенных по углам в два этажа. В центре жилой ячейки помещается столовая, по бокам которой располагаются все гигиенических комнаты с душами, комната для утренней зарядки и комната для коллективного отдыха и культработы.

са 3 1930

図 3–3
レオニドフ・チームによるマグニトゴルスク・プロジェクト案の特集，Современная архитектура. 1930. № 3.

社会主義的な住環境、それは、旧来の自然発生的な街区や兵舎のように貧相な建物からなる都市ではないし、自然から隔絶されたり、工場と不用意に近かったり、人びとの活力を奪う単調な外観であったりする都市でもない。

それは、――――文化が一部の人びとに独占された都市ではない。
ばらばらに分裂した、人びとを組織することのない都市ではない。

社会主義的な住環境、それは工業と農業、文化、レジャーといった人びとの意識と生活を組織するすべての要素の合理的な編成である。

社会主義的な住環境とは、最高度の社会主義的技術という地盤の上にこそ、打ち立てられるのである。(35)

ここからは、諸要素の合理的な組織化を目指すという以上の、とりたててユニークな主張は見られない。とりわけ、「〜ではない」という否定辞の連続からポジティヴな都市像を想像することは困難だ。ここでもレオニドフのドローイングの内容、さらには独特の表現方法に着目することで、彼のソツゴロド像に迫る必要があるだろう。

レオニドフ・チーム案の主軸となったのは、工場とソフホーズを繋ぐ幹線道路沿いに、約二五キロメートルにわたって展開される、チェスボードのような直線の帯状ゾーン[3-4]だった。このゾーンの中央の帯域を占める正方形の居住セクション内には、八つのユニットに三二名ずつ、計二五六人を収容可能なドム・コムーナ型集合住宅が配置された。居住セクションと居住セクションの間には、二本の高層ビルからなる行政サーヴィスのためのセクション、幼稚園や遊技場などを含む児童用セクションが、またこれらの主要な施設のある中央域を挟む形で、競技場、スポーツ施設、公園、動植物園などが配置されていた。(36) これら三×九＝二七のセクションが集合して形成する一区域内には、生活上必要な公共施設がすべて備わっており、ラジオと自動車の完全な普及という前提の下、全住人にこれらのサーヴィスへの均等なアクセスが保証されていた。この二七のセクションの集合が都市機能上の最小単位となり、この最小単位が幹線道路に沿って直線状に反復されることで、都市マグニトゴルスクは形成されていくのである。

このレオニドフ案のグリッドで分割／接合されるコンパクトな都市機能の配置は、サブソヴィチら都市派の中小規模都市の理念に近い。実際にレオニドフは住まいの単位を、クジミンの考えたような極端な集団化でも、オヒトヴィチのような極端な個別化でもなく、「個人の人格が数千もの集団の中に埋もれてしまうことのない、けれどもこの人格が最大限に発達可能で、他の人びととも交流できるような小規模の集団[37]」としている。

また人口増加に際しては、二七のグリッドの集合からなる都市機能の最小単位を繰り返し判を押すように道路沿いに建設することで、都市は過密状態に陥ることなく成長し続けることが可能であるとされていた[38]。現に『現代建築』誌に掲載された模型写真では、二七のセクションからなる一単位を真上から撮影した写真[3-5]が水平に繋ぎ合わされており、このグリッドの集合体の反復によって、都市の伸張していく様子が表現されている。

このような幹線道路を軸として成長する都市像は、一見非都市派のそれに近いようにも見える。ただし、オヒトヴィチとバルシチにウラジーミル・ウラジミロフ、ニコライ・ソコロフが加わって作成されたゴスプラン・チームのマグニトゴルスク案[3-6]では、幹線道路の形態に沿ってその周囲に住宅が分散的に展開されている[39]のに対し、レオニドフの帯状都市は既存の地形などを全く無視した非妥協的な直線であり、グリッドの秩序が所与の条件に優先している。一九二〇年代を通してレオニドフの設計思想がたどりついた先が、このグリッドのシステムに他ならなかった。

建築家レム・コールハースが著書『錯乱のニューヨーク』において論じているように、マンハッタンに典型的な近代計画都市のグリッド・パターンは、「現実に対する知的構成の優位[40]」を示すもの、すなわち既存の土地の諸条件に先立つものであった。また自然発生的な都市とは対照的に、それは自身の厳密な規則性に基づいて雑多な要素を均等に配置し、各要素間にヒエラルキー的な関係が生じるのを抑止する、絶対的に平等なフレームとしても機能した。さ

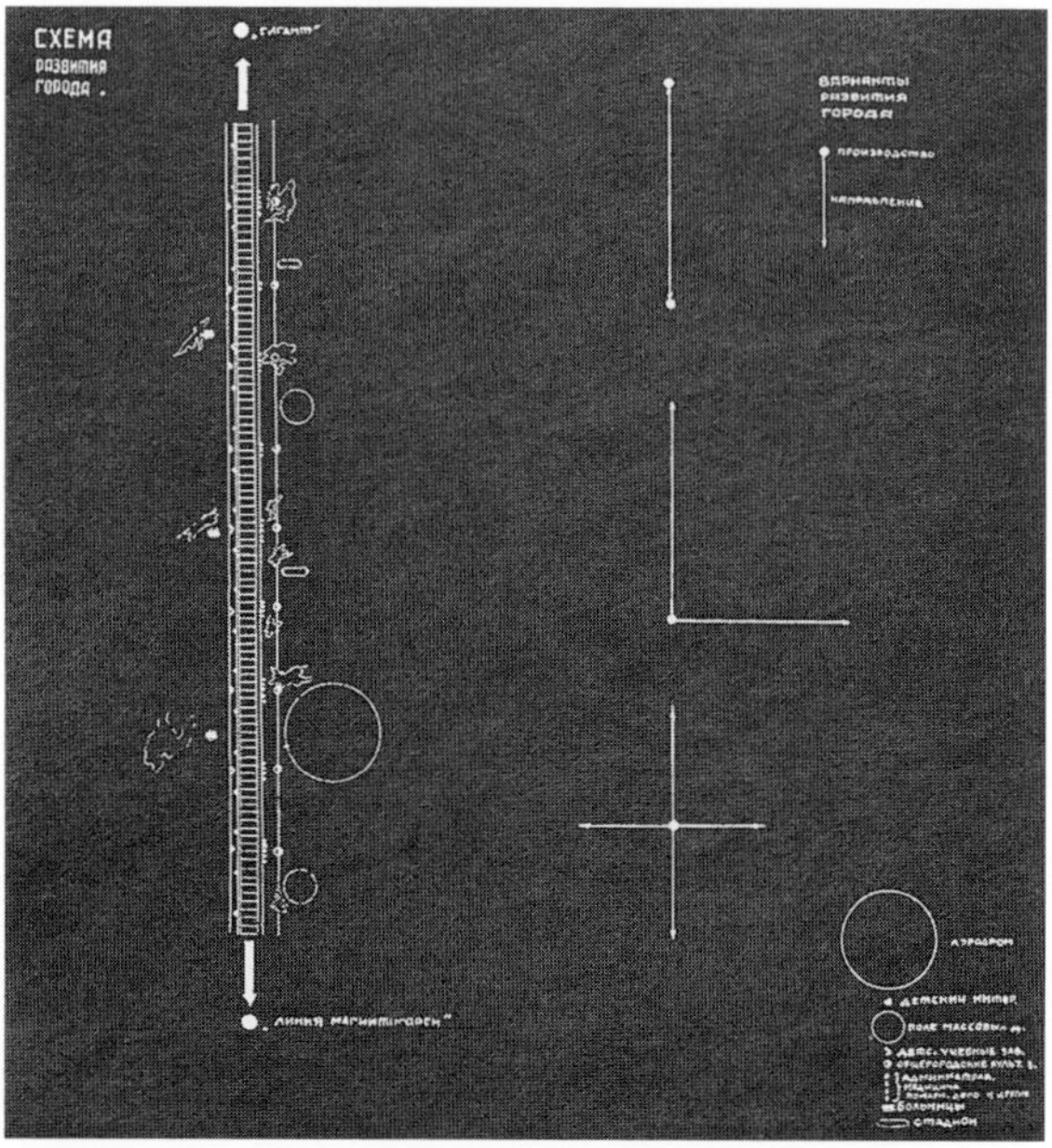

図 3-4
帯状のゾーン，Современная архитектура. 1930. № 3.

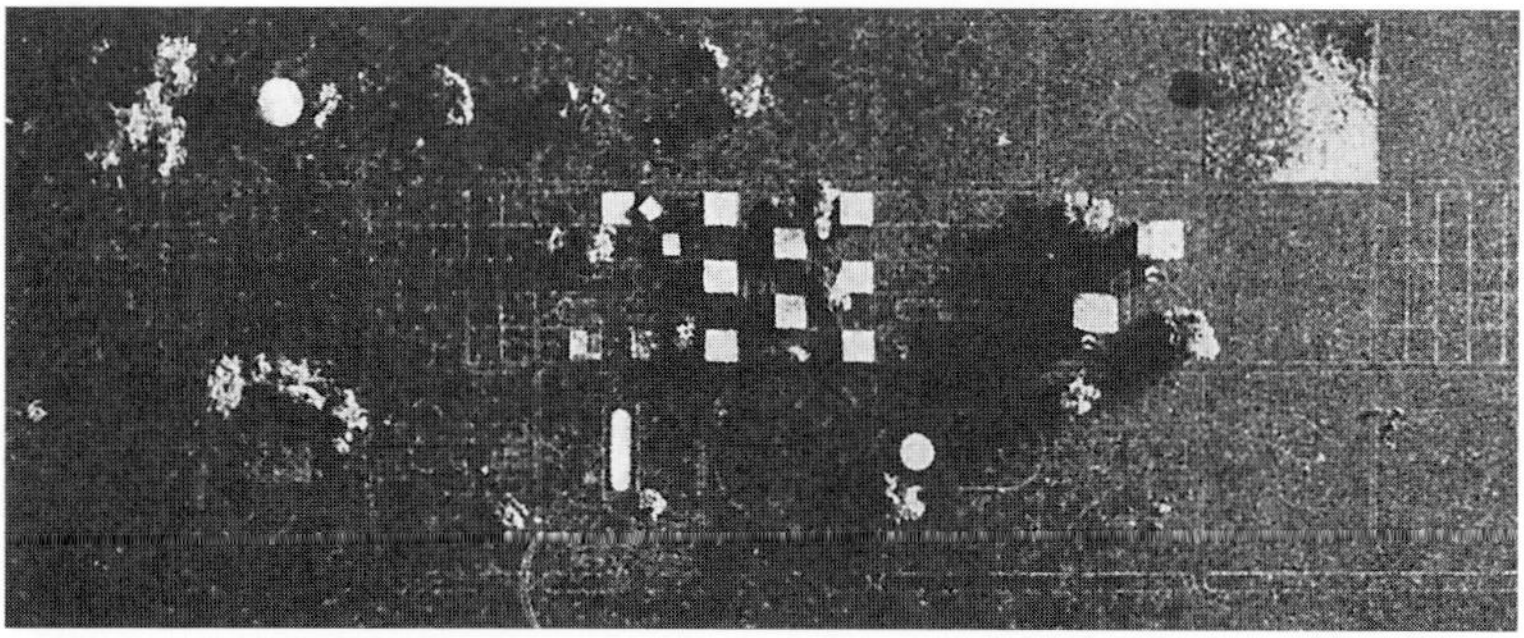

図 3-5
マグニトゴルスクの模型写真，3×9 のグリッドで構成される都市の最小単位，Современная архитектура. 1930. № 3.

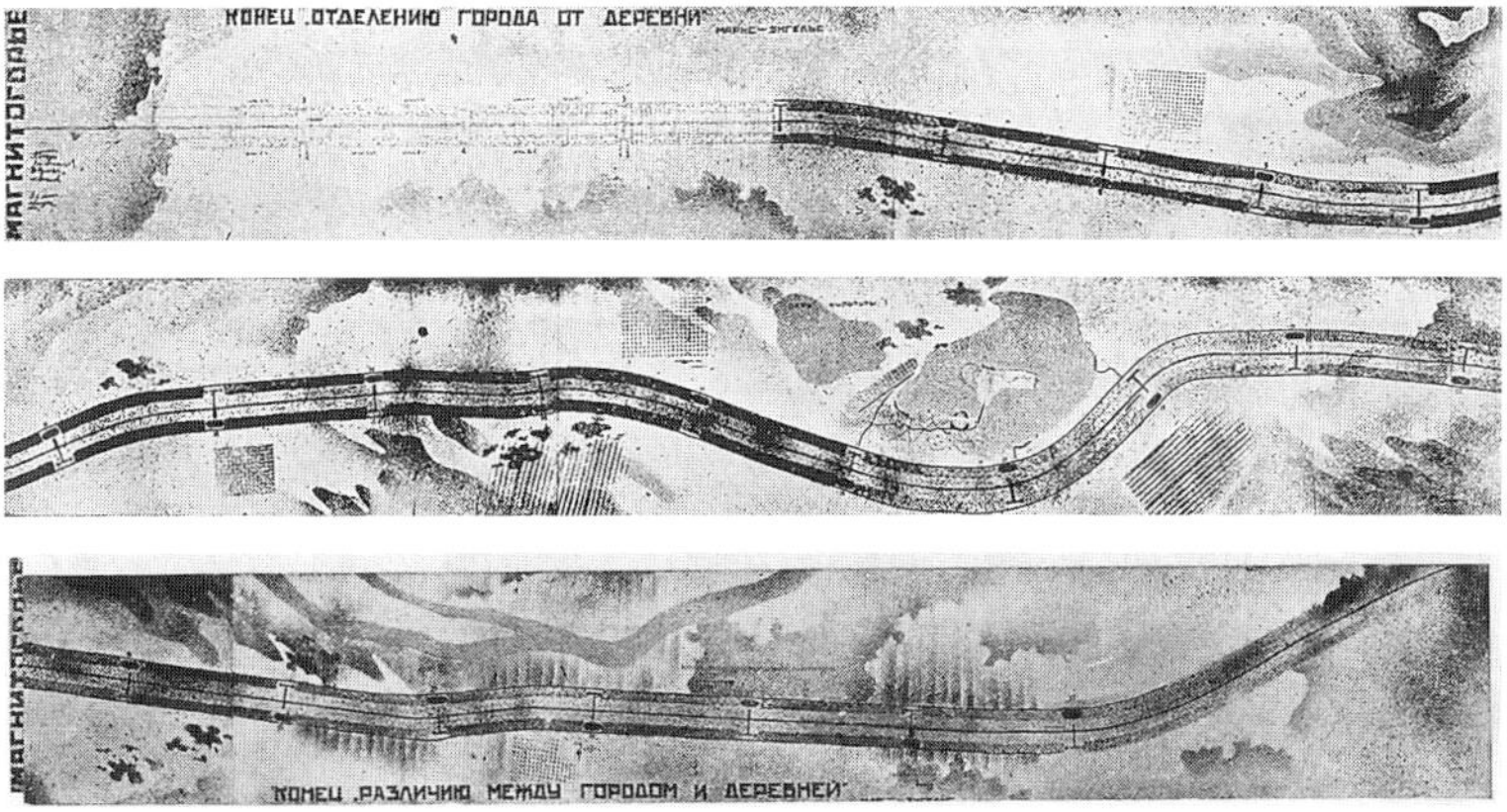

図 3-6
ゴスプラン・チーム（バルシチ，ウラジミロフ，ソコロフ）によるマグニトゴルスク・プロジェクト案，Современная архитектура. 1930. № 1-2.
『現代建築』誌には，3 ページにわたってこの幹線道路に沿って伸びる都市の全体図が掲載された.

らに付け加えるならば、近代資本主義の文脈においては、グリッド・パターンによる土地のマッピングは、市場という空間を流通する抽象的な単位への大地の変容を意味してもいた。

このような地理的・歴史的特性を捨象し抽象化するグリッドの超越性は、レオニドフのグリッド・パターンにも認めることができる。その萌芽は、レーニン研究所の上下左右に伸びる軸線の構造に既に現れていた。しかしこれら当初のデザインでは、円と直交する軸線は対等に相互を規定しあっていたのに対して、文化宮殿プロジェクト案の段階になると、円やその他の形態は正方形に包摂されていく。そしてマグニトゴルスク案では、このグリッドのリズムが都市全体を完全に覆い尽くすことになるのである。

交差する直線からグリッドへの漸次的移行の背後には、敷地の拡大や要求される機能の多様化・複雑化を読み取ることができよう。レオニドフがこれまで手がけてきたプロジェクトの中でも最大規模となるマグニトゴルスク案では、都市それ自体の輪郭から行政・サーヴィス機能に至るまでのあらゆる要素が、このグリッドに基づいて均等に分割／総合された。のみならず、かつて新しい社会タイプのクラブ案では、グリッドに覆われた広場には周囲の樹木や道路が自由に侵入していたが、マクグニトゴルスク案では居住区を挟みこむ緑地帯の林や小川のような自然までもが、その厳正な秩序に従っている。

けれどもグリッドの機能は、単に敷地を分割し、多様な都市機能を均等に配置するだけに留まるものではなかった。とりわけ留意したいのが、ドローイングにおいてもグリッドはいわば〝枠〟として機能していたということである。例として、居住セクションを描いた[3-7]を取り上げてみよう。ここでは、あるグリッド内の住居棟は平面図で描かれ、別のグリッド内では立面図で、さらに別のグリッド内では軸測投影で表現されている。グリッドで囲われた内部が、一個の独立したタブローとなっているのだ。このことからも分かるように、グリッドのマス目は、異なった視点からなる図像を並列的にモンタージュするための秩序としても働いているのである。一枚のドローイング上に並列されたこれらの複数のイメージを総合することによって、われわれはある対象を複数の視点から、多面的に把握することができる。これは、第1章で述べた、建築雑誌の誌面レイアウトの原理を思い起こさせよう。同一平面上に並べられた、異なる視点や表現形式に基づく複数のイメージを総合することで、そこに一個の建築像が立ち上がるという方法論は、ここではグリッドという枠組みによって実現されているのである。

グリッドという秩序の浸透は、しかしそれだけに留まらない。マグニトゴルスク案のドローイングでは、都市の区画のみならず、その内部に含まれる個別の施設の輪郭、外壁や内壁に至るまでもが黒のグリッドによって被覆されている[3-8]。これは、コールハースの述べるマンハッタンのグリッドが、その厳格な秩序とは裏腹に、囲い込まれた内部には全面的な自由を保障するものであったのとは、対照的である。レオニドフのグリッド都市では、グリッドは入れ子状にその内部へも留まることなく昂進していくのだ。美術史家のジョン・ミルナーは、何ものの再現でもない、それ自体のみを指し示すカジミール・マレーヴィチの無対象絵画《白地の上の黒の方形》[3-9]との連続性を引き合いに出しながら、レオニドフのドローイングではこれらの黒のグリッドが「空間、建築物、デザイン全体のプロポーションまでを規定している[41]」と指摘する。個々の建物の壁面から都市全体を分割するセクション、つまり最小単位から最大単位に至るまでのグリッドの使用――ここではグリッドのパターンが、その均一なリズムを通して、都市全体を組織しているのである。このグリッドの全面的な利用、というよりもむしろ濫用を、単にそれ固有の機能に基づいてのみ説明することは難しい。

そこでとりわけ興味深く思われるのが、このグリッドが黒地に白抜きという、通常の設計図からは考えられない形式で描かれている点である。レオニドフは新しい社会タイプのクラブ以来、このような地と図、ポジとネガを反転させたかのような独自のスタイルを用い始める。一体何が、このような表現を彼に促したのだろうか。そしてこの黒のグリッドと白の輪郭線は、彼のマグニトゴルスク案においていかなる意義を有していたのだろうか。

この問題に取り組むにあたって手がかりになると考えられるのが、一九一〇年代の実験絵画において、白と黒という色に付与された、象徴的な意味だ。白と黒は、共に絵画における再現的な表現の廃絶と深く関係していた。たとえば、アレクサンドル・ロトチェンコは自身の無対象絵画《黒のコンポジション》において、黒という色を色彩の死[42]と定義していた。一方大石雅彦によれば、マレーヴィチの無対象絵画における黒と白とは「なにものでもない色、無色[43]」、色相には含まれないいわば非‐色彩であり、色彩を成り立たせるための「潜勢的母胎[44]」、終わりにして始まりの色でもあった。さらにマレーヴィチにとっては、黒と白は明度の最小値と最大値、すなわち闇(夜)と光をも意味していた。このような無彩色の意味論は、彼が美術を担当した未来派オペラ『太陽の征服』の演出に、その端緒を見ることができる。

『太陽の征服』は、一九一三年にペテルブルグのルナパルク劇場において青年同盟の手によって上演され、未来派演劇の代表作として知られている。劇中ではザーウミ(超意味言語)やアロギズム(非合理主義)の技法が多用され、都市生活、中でも電話等の通信技術や航空工学などが礼賛された。本書の観点から特に重要であるのが、第二幕第五

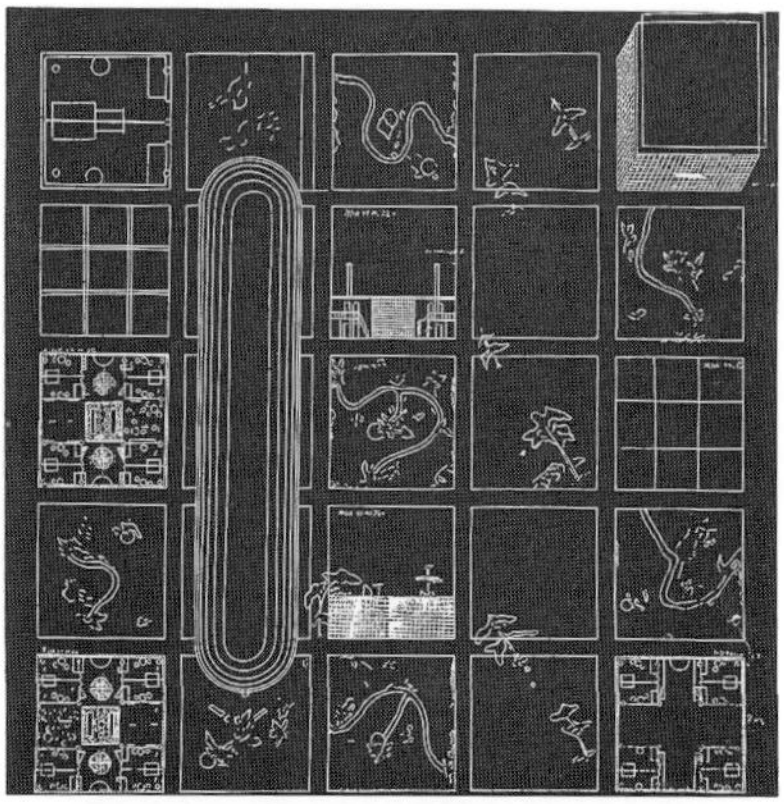

図 3-7
居住セクション，Современная архитектура. 1930. № 3.

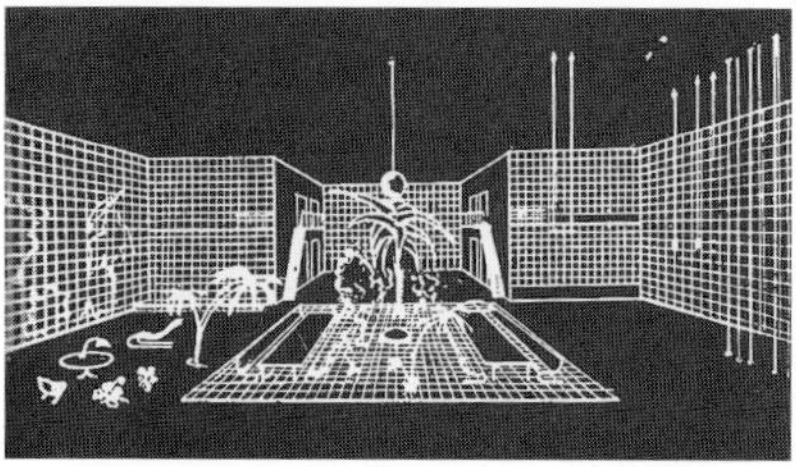

図 3-8
児童用セクション，Современная архитектура. 1930. № 3.

図 3-9
マレーヴィチによる《白地の上の黒の方形》（1915 年），カンバス・油彩，79. 5×79. 5 cm, Matthew Drutt, *Kazimir Malevich: Suprematism*（New York: Guggenheim Museum Publications, 2003）.

場の舞台幕のデザイン――対角線によって区切られ、半分が黒く塗りつぶされた四角形[3-10]――である。この四角形は、第四場における古い太陽への死の宣告に続く、中途まで進行した日蝕を表していた。黒＝闇によって半分まで覆われた太陽とは、アレクセイ・クルチョーヌィフの台本によれば、新しい世界を身ごもった頭蓋であり(45)、後年マレーヴィチは、この四角形こそを自身の無対象絵画の出発点と位置づけることになる。

次の第六場では、旧来のアポロン的あるいはユークリッド的理性の象徴たる太陽は飛行技術によって捕縛され、世界は闇に覆われる。しかしながら、そこで訪れる完全なる闇の世界（「第十国」）(46)は、単なるアポロン的世界に対するディオニュソス的混沌、あるいはカーニヴァル的な転倒世界を意味するものではない。この劇に底流するテーマは、他でもない「科学技術の勝利(47)」であった。理性を打ち破るのは、さらなる理性なのである。けれども注意せねばならないのは、この理性による理性の克服が、より合理的な世界の到来を意味するものではなかった、という点だ。マレーヴィチの弟子であったエル・リシツキーは、この闇の世界を虚数の相に一致する非合理空間であるとしている(48)。もう少し敷衍していえば、それは理性がその極点において己の内に見出す、不合理かつ不可視の領域を意味していたと考えられるのである。

四次元を表す立方体[3-11]によって表象されたこの闇の世界では、計量可能な時間も、上下左右といった空間秩序も、重力さえも失われることになる。リシツキーの表現によれば、「彼ら未来主義者たちは世界を混沌に変え、既存の価値を粉砕し」たのだ。しかし同時に、この破壊は新たな建設の過程でもあった。すなわち彼らはこの破壊を通して、「これまで目に見えなかった思いがけなくも新しい結びつきを明らかにしながら新しい総合を行い、それらの破片から新たな価値を築こうと欲した(49)」のである。このくだりは、後にマレーヴィチ自身によって提示される、無対象化のプロセスにおける、あらゆる色彩の黒への還元とパラレルな関係にあるといえるだろう。他ならぬこの黒から、何ものの再現でもない、それ自体としての形態が誕生する。もしこの闇を視覚の喪失である盲目に喩えるとするなら

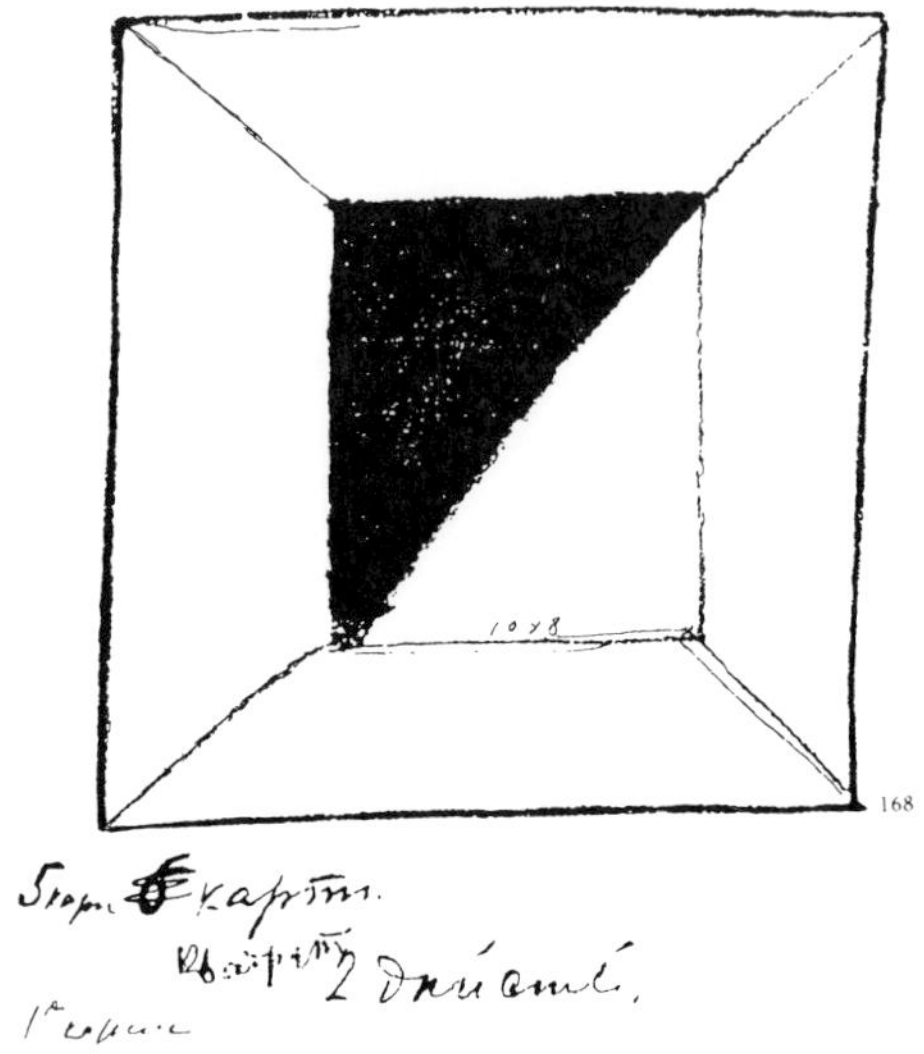

図 3-10
マレーヴィチによる『太陽の征服』，第 2 幕第 5 場の舞台幕（1913 年），紙・鉛筆，12.0×13.0 cm, Matthew Drutt, *Kazimir Malevich: Suprematism*（New York: Guggenheim Museum Publications, 2003）.

図 3-11
マレーヴィチによる『太陽の征服』，四次元を表す立方体，紙・鉛筆，12.0×13.0 cm, Matthew Drutt, *Kazimir Malevich: Suprematism*（New York: Guggenheim Museum Publications, 2003）.

ば、いわばこの闇による盲目を経ることで、逆説的に新しい視力が獲得されるのである。

レオニドフはマレーヴィチのスプレマチズムのコンポジションの重要性を指摘しており、自身が学生を指導するようになってからは、彼らにマレーヴィチの抽象的方法論によって建築を思考することの必要性を説いていた[50]。レオニドフがどの程度彼の理論に親しんでいたのかは不明だが、マグニトゴルスク案のドローイングに導入された黒のグリッドは、この無対象の黒の体系に位置付けることができるのではないだろうか。たとえば白の背景に都市の鳥瞰図が描かれたドローイング[3-3]では、都市の周囲には不定型な等高線によって現地の地形が描き込まれている。しかし背景が黒になると、マグニトゴルスクという土地の景観や固有の地形、諸特性を表すこれらの記号は完全に捨象され、画面にはグリッド・パターンからなる都市の姿だけが残る。世界は反転し、再現的なイメージや意味に覆われた世界の裏側に潜む、無が露わになるのだ。

こうしてみると、レオニドフの狙いとは、このように都市の前提となる敷地（背景）を黒＝闇へ還元することによって、マグニトゴルスクという場所そのものを新しい大地、コトキンの「内なる新大陸」へと根源的に変容させることにあったのではないかという気がしてくる。この黒による塗りつぶし、つまり無対象化-盲目化という段階を経て、人びとはそこに、建築家によって人工的に形成された、絶対的に新しいヴィジョンを見出す——すなわち、新しい方法で世界を見るための視力を手に入れるのである。マレーヴィチの黒がそうであったように、マグニトゴルスクの黒の背景とは、新しいヴィジョンのための母胎であると考えられるのではないか。

そしてこの黒の地、すなわち闇に覆われた大地の上に、新たな対象を描き出すのが白＝光の線である。マレーヴィチは『太陽の征服』の全幕にわたり照明用の譜面を用意し、舞台上の事物や人物を様々に照らし出すことによって背景からそれらを切り離し、彼のアロギズム絵画と同様の効果を生み出そうとしていた[51]。旧世界を飲み込む黒＝闇に対して、人工照明はこの全面的な破壊の後に築かれる新しい世界を照らし出す新たな光源、人工の太陽を示すものだったのである。

劇場の外でも、革命という古い太陽の殺害とそれによって訪れた闇の世界に対して、電気の光はしばしば新たな太陽として象徴化された。このような電気照明を新たな太陽やプロメテウスの火になぞらえる象徴化は、『太陽の征服』に限らず、この時期に広く見られた現象である。その最たる例が、「電化＋ソヴィエト＝共産主義」という公式によって、電気によってもたらされる光を共産主義の勝利に二重化した、レーニンのプロパガンダ戦略に他ならない。闇による盲目化、すなわち所与のトポグラフィーの捨象と、それを経ることで見出される、人工的な光によって構成された世界。この裏返しの世界は、しかし何かに似てはいないだろうか。暗闇の中に光を媒体として描き出されたそれは、明らかに映画の世界を想起させよう。

レオニドフ・チーム案のグリッド・パターンからなる都市は、バルシチら非都市派と同じく幹線道路を軸としながらも、後者の現実の道路に沿って複雑な輪郭を描く都市とは、およそ対照的だった。この相違は、両者が全く異なった理念に基づいて設計されたことを示している。すなわち、レオニドフは黒＝闇の背景によって既存の地形を消し去り、それを自由に形態を投影することのできる、平坦なスクリーンへと変質させようとしたのである。コロンブス・モニュメント案では夜空がスクリーンに見たてられていたが、ここでは彼は自身のドローイングの背景の地（文字通りのそれであるのみならず、マグニトゴルスクの大地でもある）を、映画のスクリーンに見立てていたのだ。ここでのグリッドとは、したがって大地のスクリーン化の原因であると同時に、このスクリーンに映し出される対象＝結果でもある。レオニドフはこのような試みによって、固有の場所（つまりは実際のマグニトゴルスク）に捕らわれることなく、スクリーン上に映し出されるイメージのような普遍化された社会主義都市の姿を描き出すことを目指していたのではなかったか。

同じことは、グリッド・パターンの反復構造にもいえる。それは理論上、マグニトゴルスクという一定の場所を越えて、この都市の無限の伸張を可能にするものであった。彼のグリッド都市は、したがって、おそらくそもそもからマグニトゴルスクという一定の場所に限定して計画されたものではなかっただろう。じっさいレオニドフがプロジェクト案の制作に際して、現地を訪れた形跡はない。細胞分裂のように無限に反復し自己増殖していくグリッド・システムは、ロシア全土へと適用可能なものとして、つまり潜在的にはロシアの大地全体を一枚の平坦なスクリーンへと変容させうるものとして想定されていたと考えられるのである。

しかしながら、このグリッド都市の成長とは、いわば細胞分裂による反復増殖であって、そこには新たな形態的発展の契機は一切存在しない。オヒトヴィチやギンズブルグは、住宅を生活用品と同じく大量生産可能にすることで、建築家を建設の現場から不要のものにしようとしたが、レオニドフの都市マグニトゴルスクも、それとは異なる意味で、やはり建築家を必要としない。それはいったん最初の三×九のセクションさえ配置してしまえば、グリッドの反復的性格によって自己増殖し続ける都市なのである。都市の構造を決定する主体は、もはや建築家ではなく、グリッドそのものになるのだ。

とはいえ、ここに来てふと首を傾げたくなる。レオニドフが己の都市計画の基本単位としてグリッド・パターンを選んだのだろうか。それともグリッドの秩序が、己の内に建築家を取り込んだのだろうか。レーニン研究所以来、レオニドフのデザインは、直交する線と円という非常に限られた、ほとんど貧しいと言ってもいいような基本的な形態素の反復から成り立っていた。既に述べたように、直交する軸線は当初は円やその他の形態と等しい関係に置かれていたが、次第に発達してグリッドを形成し、その中に他の形態を閉じ込めていった。そしてこのマグニトゴルスク計画に至っては、それまで個別にデザインされてきた高層オフィス・ビルや労働者クラブといった建築物までもが、このほとんど強迫的なグリッドの秩序の内に包含されている。果たしてこれ以降のレオニドフのデザインに、グリッドの超越的な秩序を打ち破る内発的・創造的な契機は、存在しえたのだろうか。一九三〇年代になると、このようなグリッド・パターンは、構成主義のマシニズムの代名詞としてプロレタリア系建築家たちから非難を浴び、断念させられることになる。だがそれとは別に、この反復するグリッドの都市は、レオニドフの創作のひとつの限界を示していたようにも思われるのである。

3　飛行士たちの都市

レオニドフが航空写真を自らの設計の最も重要な指針としていたことは既に第1章で指摘したが、この時代、彼に限らず多くの芸術家たちにとって航空機という視覚体験は、文字通り新しい視点から世界を眺める方途であった。それは同時期のモダニズム絵画の実験と結びつきながら、自然主義や遠近法といった既存の絵画の規範を乗りこえるひとつの契機となったのである。たとえばレオニドフのマグニトゴルスク案が制作されたのとほぼ同時期のイタリアでは、イタリア未来派による航空絵画運動が展開されていた。一九三一年にミラノで開催された未来派航空絵画・彫刻展において、この運動の代表者のひとりエンリコ・プランポリーニは、『地上的現実の境界を全面に超越[52]」するものとして、航空絵画の可能性を語っている。彼やジェラルド・ドットーリは、宇宙や空から眺めた地上の風景を、シュルレアリスムに接近したデフォルメされた姿で描き出した。

これらイタリア未来派の航空絵画の主題となったのは、テクノロジーやスピードの美学であり、画家自身が航空機に搭乗して得られた視覚経験や印象を描き出すケースも見られた。対して現代ロシアの美術史家エカテリーナ・ボブリンスカヤは、ロシアの同時期の前衛芸術における航空機を主題とした作品では、現実の飛行体験や最先端の科学技術への愛着、スピードへの憧憬よりも、「根源的な宇宙的本質」を描き出すことや、「大地からの完全なる解放[53]」に主眼が置かれていたと述べる。またオリガ・ブレーニナによれば、そこでは「万有引力の法則からの究極的な解放というだけでなく、（…）現実の飛行モデルからも自由な[54]」、つまりは物理学や航空工学の理論をも超える、超論理的な飛行が目指された。

二〇世紀初頭より、ロシアでは他の欧米諸国と同様、あるいはそれ以上に、空への強い憧れが見られた[55]。とりわけ前述のような飛行・浮遊という主題に対するロシア独自の表現の下地となったのが、一九世紀から続くロシア・コスミズムの文脈である。たとえばロシア・コスミズムの始祖のひとりであるニコライ・フョードロフ[56]は、大地＝重力からの解放を、人類の最終目的と定めていた。彼にとって大地の束縛からの自由とは、既存の世界、既存の秩序を逆しまにすること、とりもなおさず人間の死すべき定めからの解放を意味していた[57]。

そのフョードロフが著書『共同事業の哲学』によって説いたのが、疑似科学に基づく宇宙規模の理想的共同体の形成だった。彼の共同体像は、個人が全体に溶解することなく、その個別性を保ちながらも調和的集団を作り出すという、正教の理想的共同体ソボールノスチに根幹を置いていた。だが他方でそれは、科学技術による惑星全体の気候と重力の統御、宇宙への生活圏の拡大、父祖の復活と不死の実現を目指す、ＳＦめいた巨大プロジェクトでもあった。フョードロフは中でも人類の不死化と死者の復活の文脈において、重力を物理的法則であると同時に、人間を下方へ、大地への横臥状態へ、すなわち死へと導くエントロピーの象徴とみなした。それゆえ、彼にとって重力に逆らって大地に直立する建築とは、反エントロピーの最たるものであり、その中でも、単に重力に抗して建つのではなく、天上と地上を絶対的な二項対立として考える思考自体を解体する建築が、「コペルニクス的建築」あるいは「真の（リアルな）建築」と呼ばれた。

フョードロフの思想は革命後次第に禁忌になっていった。だが建築を通じた重力の克服というテーマは、たとえばマレーヴィチの『人間を重量から最大限に解放するものとしての建築』と銘打たれたマニフェスト的小論文や、レオニドフのレーニン研究所をドイツで紹介した『世界の新建築』誌（第一号、一九三〇年）上での、リシツキーによる基礎としての大地の否定および重力の制御の提唱などに、その類例を認めることができる。彼ら無対象主義者も重力の克服を芸術と技術の両分野にまたがる最終課題とみなしていたのである。

中でもマレーヴィチにとっては、重力の克服は、彼の無対象建築の思想と切り離せないものであった。マレーヴィチは一連のスプレマチズム絵画を完成させた後、当時の「芸術から生活へ」というスローガンに従って、プロダクト・デザイン、そして建築へと向かった。(58) しかし他のアーティストたちとは異なり、マレーヴィチが建築の、そして人間の生の最終的な目標として設定したのは、何よりもまず「重量からの解放」(59)、始原の無重力状態の回復であった。彼にとって物質の有する重量とは重力の現れであるとともに、「軽快であること、広々としていること、自由であること」(60)を妨げるあらゆる障害（科学や宗教、イデオロギーもこれに含まれる）のメタファーでもあった。だが重量の克服という目的そのものが一個の束縛する力となる以上、この目的へ向かう合理的・合目的的な方法は、畢竟、自縄自縛に陥らざるをえない。彼の理論に従えば、ただ無目的的（即自的）にのみ存在する無対象芸術のみが、この重量をまさにその無対象性・無目的性において解消することができるのである。

マレーヴィチによる無対象建築の構想は、絵画のスプレマチズムにおいて達成された成果を、本来実用的（目的的）である建築へと援用することによって、その実用性を空無化し、建築を無対象化＝脱重力化しようとする試みとして位置づけられよう。(61) そしてこの無目的的で無対象なスプレマチズムの形態をどのように構成（конструировать）すべきか追求するのが、マレーヴィチの考える建築家＝構成者の使命であった。(62) 何らかの目標や目的によって正当化されるのではない、一切の機能をもたない、純粋にそれ自体としてのみ存在する「盲目の建築」(63)、人間活動のテロスとしてのスプレマチズム建築は、建築家たちに彼らの作品を「地上（地球）に関してのみならず、全惑星的、全システム的なものとして眺め研究すること」(64)を要請する。すなわちそこでは、建築家はあたかも宇宙飛行士のように、無目的＝無対象＝無重力の空間に己の視点を置く。そして大地を不動の足場としてではなく、無重力＝無対象空間に浮かぶ一個の球体にまで相対化しながら、この新しい視点に基づいて新しい建築を創造するのである。

空中あるいは宇宙空間を漂う、目的もなく、方向もなく、論理もないヴィジョンは、マレーヴィチにとって無対象芸術の出発点でもあり、終着点でもあった。後年バウハウス叢書の一冊として出版された『無対象の世界』(一九二七年)では、「スプレマチズムを触発した現実」[3-12]として、航空機の写真や航空写真などが掲げられている。マレーヴィチがコスミックな建築について構想し始めるのは一九一八年頃からであるが、これらは二〇年代にアルヒテクトン[3-13-1][3-13-2]、プラニート[3-14]と呼ばれる疑似建築作品へと結実する。(65) また一九二七年頃から一九三〇年前後にかけて制作された衛星都市計画[3-15]と呼ばれる作品では、これらを応用した都市像が描き出された。制作された時期から見てもソツゴロド論争を意識して描かれたのは明らかで、おそらくこの都市計画はスプレマチストによるソツゴロド・モデルの提案であったと考えられる。一連の作品中では基本的に上空から地上を眺めた、航空写真を参照したとおぼしき構図が用いられ、画面中にはプラニートの姿を思わせるフォルムが描き込まれている。大石雅彦はこの都市全体を、プラニートの飛行場とみなしている。(66)

図 3-12
「スプレマチズムを触発した現実」，カジミール・マレーヴィチ『無対象の世界』五十殿利治訳，中央公論美術出版，1992 年.

構成主義建築家たちにとっても、マレーヴィチとはまた別の意味で、航空機は新しい建築の重要なモデルのひとつであった。たとえば『現代建築』誌一九二六年第三号では、巻頭に複葉機の写真が掲げられ、続いて建設技師コンスタンチン・アカーシェフによる「飛行機の形態とその設計方法(67)」という記事が掲載されている。機能が形態を決定し、なおかつその形態が美的に

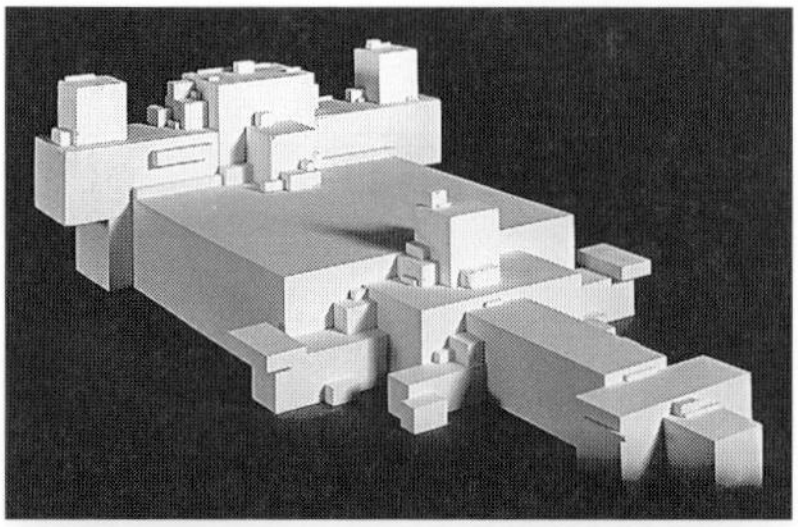

図 3-13-1
マレーヴィチによるアルヒテクトン《ベータ》(1926 年),石膏,27. 3×59. 5×99. 3 cm, Matthew Drutt, *Kazimir Malevich: Suprematism* (New York: Guggenheim Museum Publications, 2003).

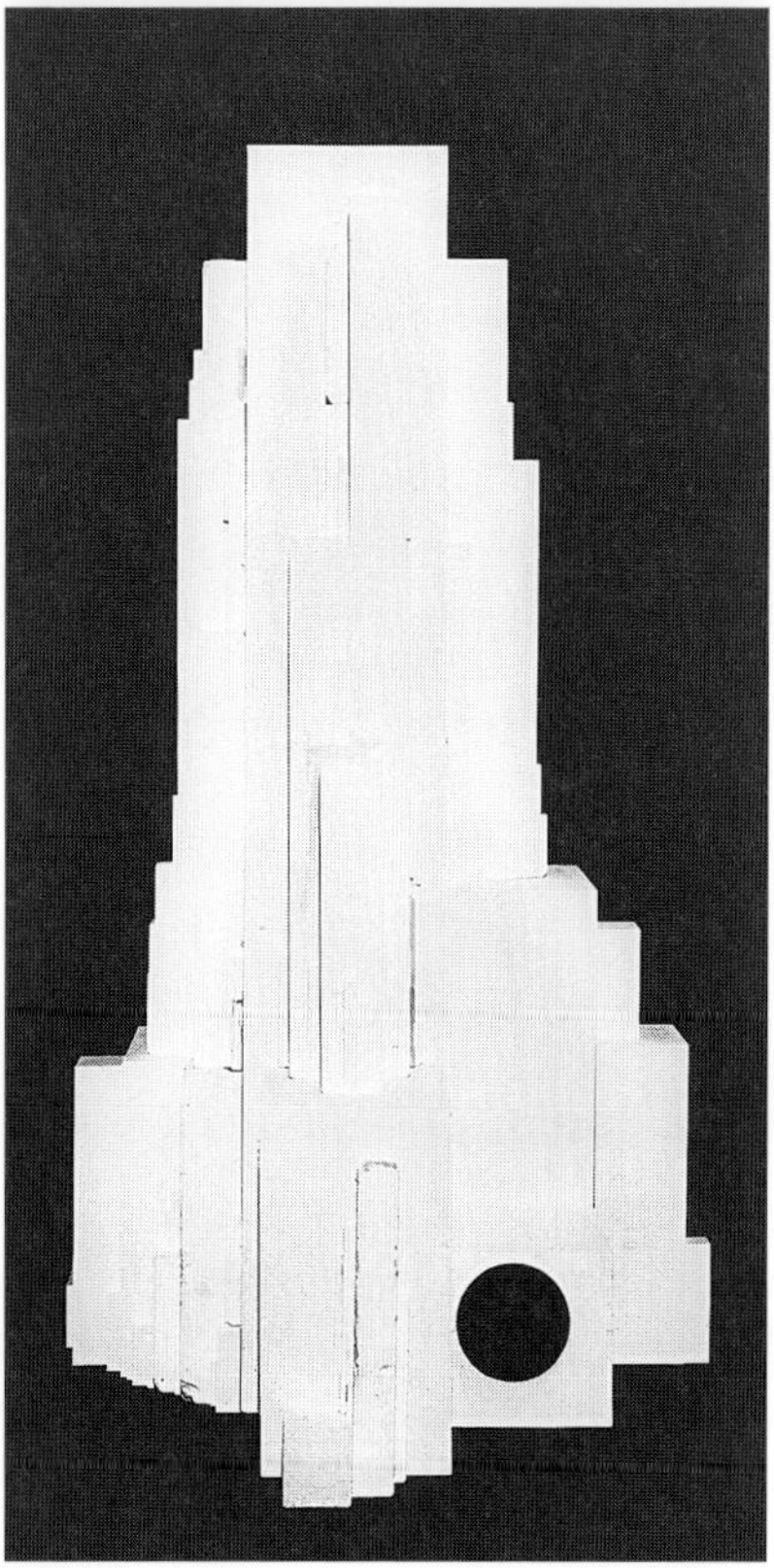

図 3-13-2
マレーヴィチによるアルヒテクトン《ゴータ》(1923 年),石膏,85. 2×48. 0×5. 08 cm, Matthew Drutt, *Kazimir Malevich: Suprematism* (New York: Guggenheim Museum Publications, 2003).

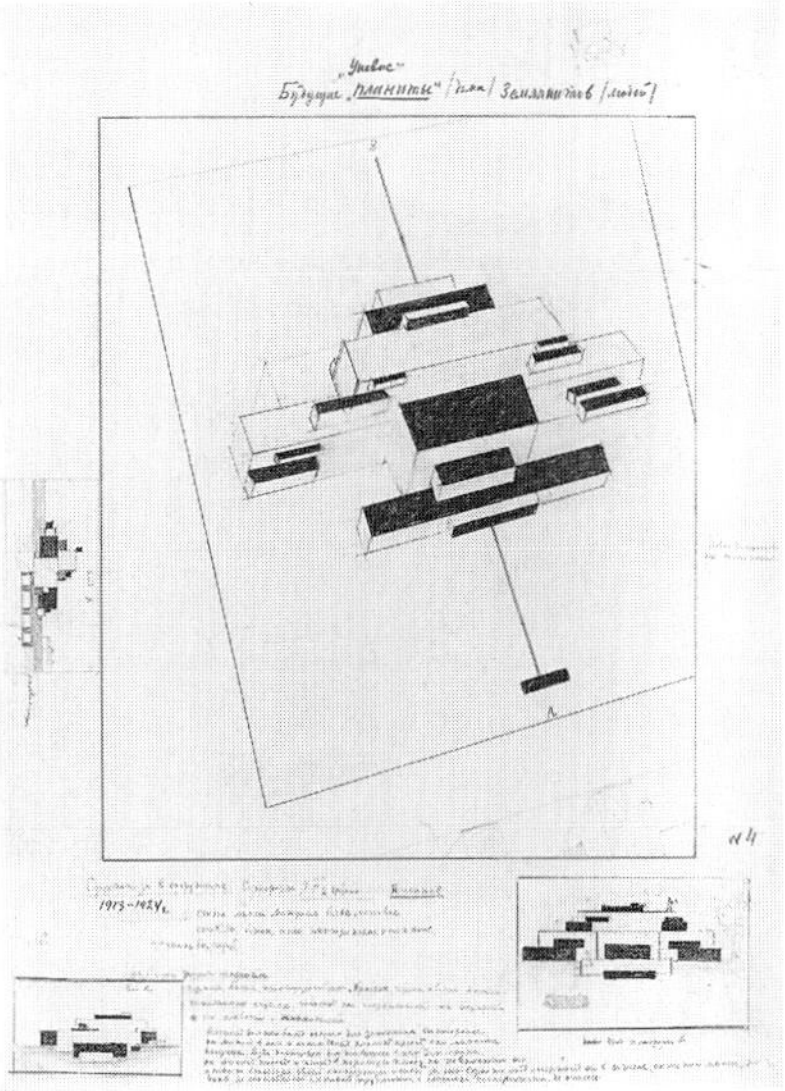

図 3-14
マレーヴィチによるプラニート（レニングラードのための未来のプラニート，あるいは飛行士のプラニート）(1923-24 年)，紙・鉛筆，44. 0×30. 8 cm, Matthew Drutt, *Kazimir Malevich: Suprematism*（New York: Guggenheim Museum Publications, 2003）.

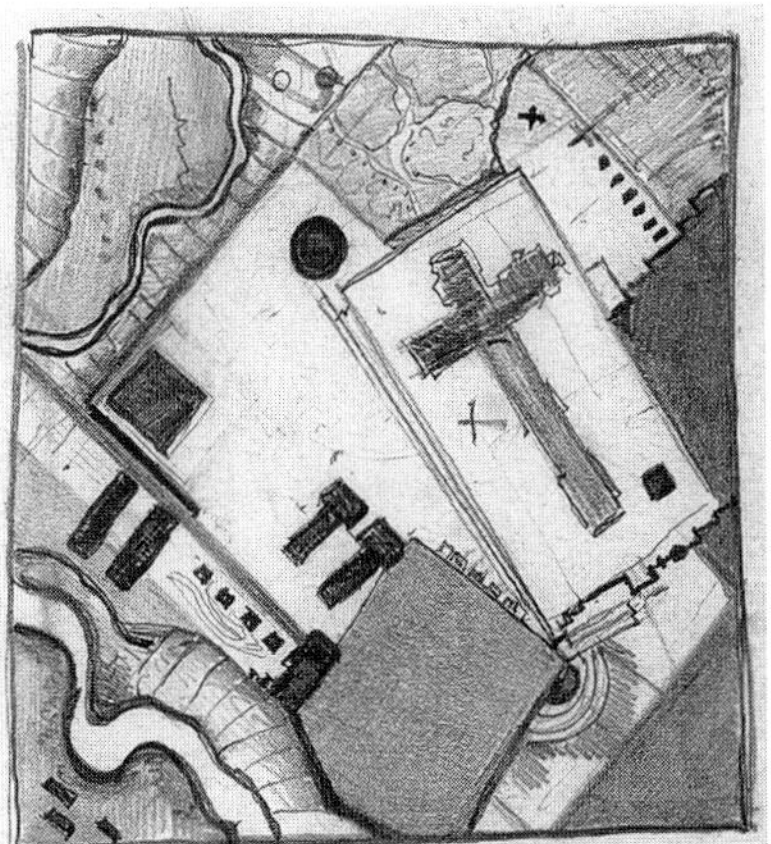

図 3-15
マレーヴィチによる衛星都市計画（1928年頃)，紙・鉛筆，20.0×17.8 cm, Matthew Drutt, *Kazimir Malevich: Suprematizm*（New York: Guggenheim Museum Publications, 2003）.

も優れている例として、航空機こそ構成主義建築家たちが学ぶべき手本とされたのである。構成主義の「構造＝運動＝軽さ」と、それを阻害する「装飾＝静止＝重さ」という二分法にとって、構造に関わらないデッド・ウェイト（мертвый груз）を最大限切り詰めた航空機とは、最もダイナミックな、活性化された（生きている）存在の象徴であった。

航空機の建築への応用の例としては、アントン・ラヴィンスキーによる《浮遊都市》（一九二三年）や、ゲオルギー・クルチコフの《飛行都市》（一九二八年）などが挙げられる。とりわけレオニドフとほぼ同時期にヴフテマスに在籍し、やはり当初は画家志望であったクルチコフは、飛行する建築の可能性を応用物理学の観点からかなり具体的に研究していた。その彼によって、ヴフテマスの卒業制作として提出されたのが、《飛行都市》と題された都市計画案[3-16-1][3-16-2]だった。同案の中では、垂直に伸びるシャフトの上方に居住スペースが確保され、住人はこの空中のドム・コムーナで暮らすことになっていた。中でもドム・コムーナ内に格納された、水・陸・空を走行できるコンパクトな流線型の乗り物＝住居は、彼の、そして特に非都市派を中心とする当時の左派建築家たちの新しい住宅の理念を、極端にまで推し進めたものであった(68)。すなわちそれが指し示すのは、一切の重荷を投げ捨てた、不断の移動（運動）からなる生活である。

けれどもレオニドフが目指したのは、未来の浮遊都市の姿を描いたり、その実現を理論的に追求したりすることではなかった。それよりも彼が選んだのは、現在の時制において〝建てること〟つまりは新しい方法で〝見る〟ことだった。言い換えれば、彼の作品を眺める人びとが、飛行や浮遊がもたらす異化された視点に意識的に自らの視線を重ね合わせ、経験的に知っているものとは全く異なる新たな世界‐身体感覚を主体的に発見するよう促すことであった。マグニトゴルスク都市計画とは、したがって、レオニドフ自身が建築家兼パイロット（飛行士＝水先案内人）となって、人びとの眼前にこの新しい世界のパースペクティヴを開示する試みとしても読解できるのである。

図 3-16-1
クルチコフによる《飛行都市》（1928 年），ドム・コムーナ全体像，*Хан-Магомедов С. О.* Георгий Крутиков. М., Издательский проект фонда «Русский авангард», 2008.

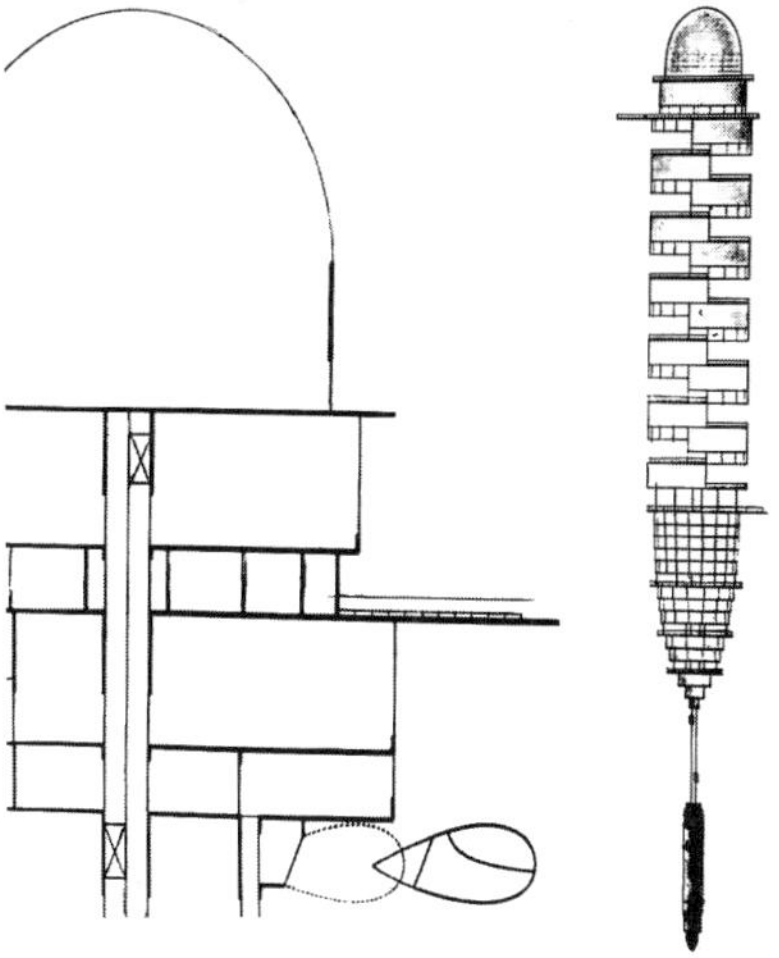

図 3-16-2
クルチコフによる《飛行都市》（1928 年），格納された乗り物兼住居，*Хан-Магомедов С. О.* Георгий Крутиков. М., Издательский проект фонда «Русский авангард», 2008.

どういうことか、もう少し具体的に見てみよう。レーニン研究所案同様、レオニドフ・チームのマグニトゴルスク案の模型写真やドローイングからも、航空写真への参照が読み取れる。一九三〇年の『現代建築』誌第三号では、真上から撮影された模型写真[3-5]とそれとほぼ同型の平面図[3-17]が見開きの両ページにわたって、並行する二本の帯のように上下に並べて示された。これらの写真・平面図と、都市のランドスケープに飛行船の写真をモンタージュしたドローイング[3-18]（飛行船開発への投資を呼びかける広告として『現代建築』誌一九三〇年第四号の扉絵に利用された）をモンタージュ的に読解することによって、雑誌読者はこの都市の設計に、はるか上空からの視点、つまり航空機に搭載されたカメラの視点が介在していることに気付く。

ここまではレーニン研究所と同様だが、しかしここでもう一度思い出したいのが、新しい社会タイプのクラブ案からレオニドフのドローイングの特徴となっていった、黒地に白の線で描くという技法である。この技法によって彼のドローイングは、新しい社会タイプのクラブ案の頃から、レーニン研究所案に見られるような単に上空から眺めた地上の光景というよりも、むしろ宇宙空間やそこを漂う天体を連想させるものへと変貌していった。マレーヴィチの無重力建築を触発したのは航空機のイメージであったわけだが、レオニドフの場合、一体いかなるヴィジョンがこのような表現を触発することになったのだろうか。

前章で言及した、新しい労働者クラブを設計する際に参照すべきもののひとつとしてレオニドフが掲げた一番目のタブロー[3-19]は、彼のコスミックな視点の意味を読み解く上で、重要な示唆を与えてくれるだろう。上方の二枚は、出典は不明だが、見ての通り月面写真である。そしてこれらの月面写真の中でレオニドフを最も惹きつけたと思われるのが、まるでコンパスでもって描いたかのような正確な円形の、無数のクレーターだ。たとえばマグニトゴルスク案の共同住宅部分の平面図[3-20]には、この月面写真のクレーターからの引用を思わせる、異なったサイズの円の反復を認めることができる。

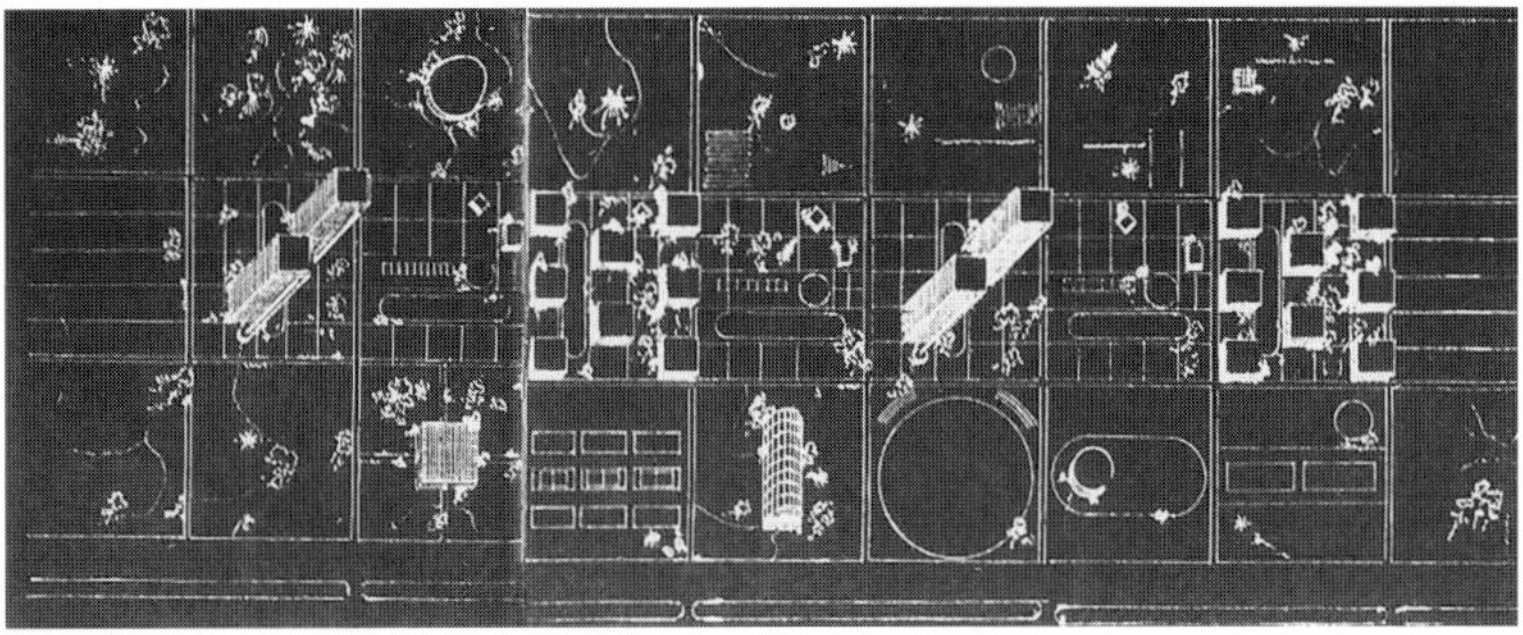

図 3-17
レオニドフ・チームによるマグニトゴルスクの平面図，Современная архитектура. 1930. № 3.

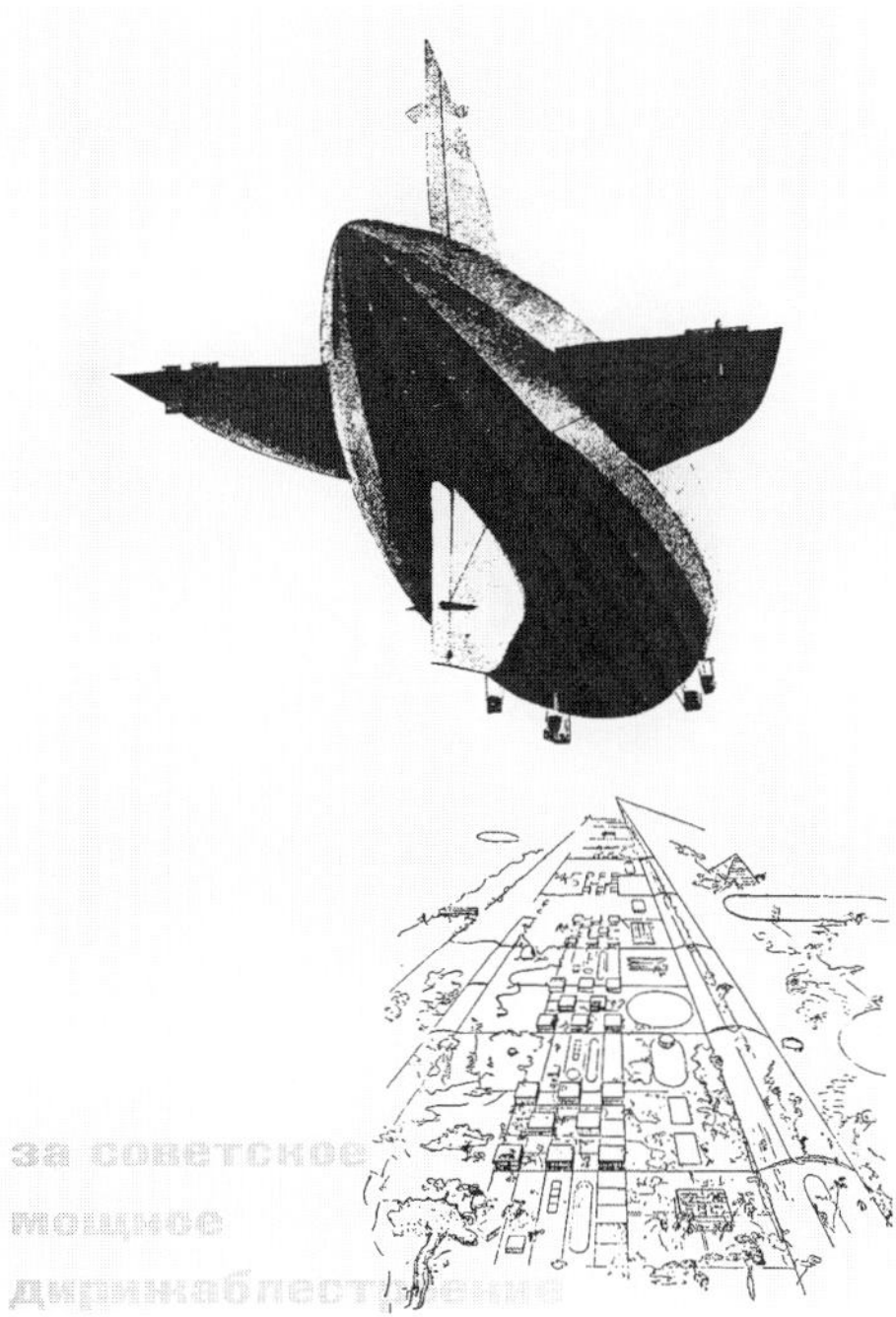

図 3-18
レオニドフ・チームによるマグニトゴルスクのランドスケープと飛行船，Современная архитектура. 1930. № 4.

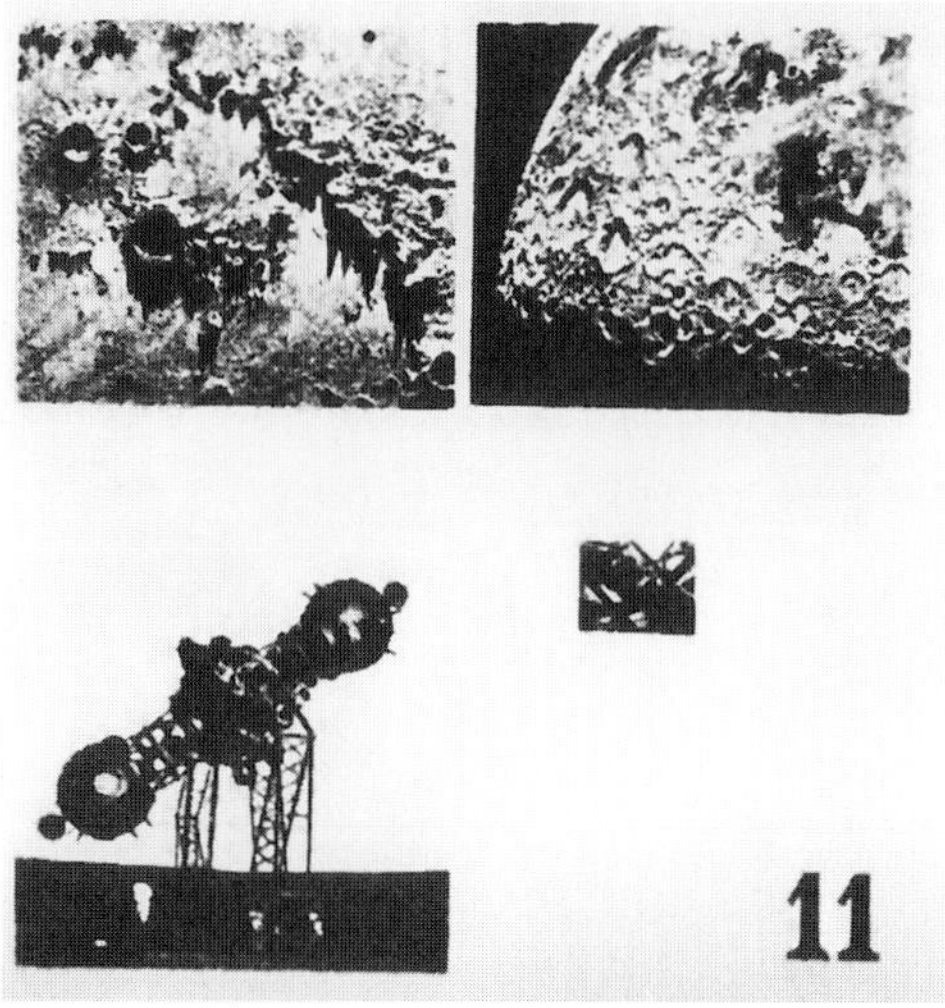

図 3-19
タブロー No. 11, Современная архитектура. 1929. № 3.

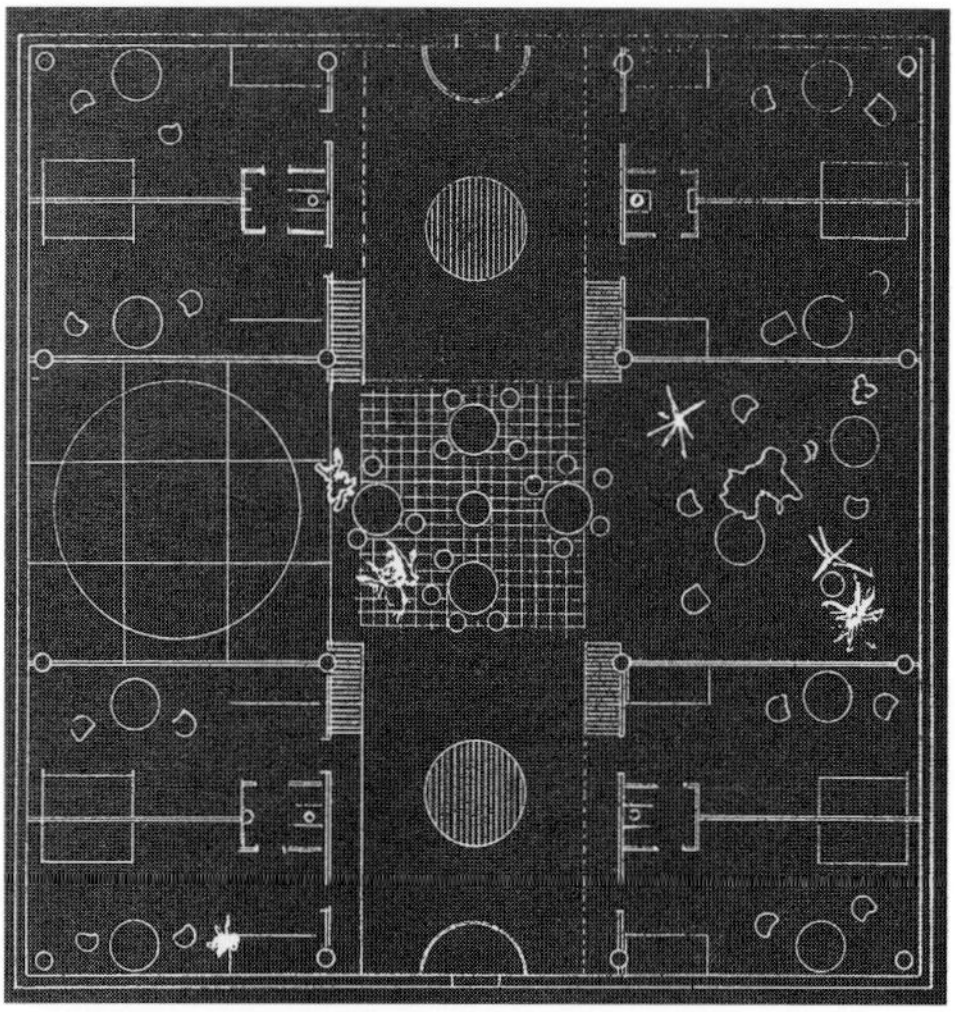

図 3-20
レオニドフ・チームによる共同住宅の平面図, Современная архитектура. 1930. № 3.

対して一一番目のタブロー[3-19]の左下の装置は、『現代建築』誌一九二七年第三号の巻頭に掲載された、プラネタリウムの映像投影装置の写真である。既に見てきたように、レオニドフはプラネタリウムを労働者クラブをはじめとする労働者向け文化施設にとって不可欠の要素とみなしていた。のみならず、文化宮殿案の集団行動のためのセクション（[2-16-3]参照）に端的に見られるように、彼はしばしば大人数のためのホールを、プラネタリウムを思わせるドーム型にデザインした。しかもドーム＝プラネタリウムを描き出した彼のドローイングそれ自体もまた、プラネタリウム内に投影された天体を思わせるものであった。

新たな技術によってもたらされた天体のヴィジョンへの言及の背後に透けて見えるもの、それは地上の既知のシステムではない、巨視的な、宇宙的な視点から見出される秩序に基づいて、建築や都市を、さらにはそこに住まう人びとまでをも組織しようとする建築家の意図である。とりわけクレーターのような幾何学的パターンは、有機的な完結した全体というものをもたず、ただ自己のみを参照しながら反復的に増殖していく。そこには、自然発生的な無秩序やヒエラルキーは存在しない。まさにこの純粋な幾何学的パターンにまで還元された天体の姿こそ、レオニドフにとっての社会主義都市の原型だったのではなかったか。そのような意味で、都市マグニトゴルスクの最小単位から最大単位までを規定するグリッドとは、地球の四角いクレーターと呼んでも差し支えないだろう。

大地の上に天上の光景を投影すること——それは当然ながら、天—地という、われわれがあまりにも当然のものとして意識することすらない基本的な空間概念を揺るがせる。そのような意味で、レオニドフがマグニトゴルスク計画を通して示した大地のプラネタリウム化とは、建築の足場としての大地の不動性＝明証性そのものを転倒させ解体する試みでもあった。この試みによって出現するのは、大地の底が抜けた状態、重力も空間の上下左右の軸も失われた、〝太陽の征服〟後の世界だ。第1章では、ギンズブルグの建築モデルは自動車の志向性をもった水平運動であり、レオニドフのそれは気球ないし飛行船の、無目的的な上昇運動であると述べた。だが、マグニトゴルスク案では建築物が上昇するのではなく、建築物を地上へと縛り付ける大地の固有の重力こそが、この地―図、そして天―地の反転投影によって、もはや解消されている。このような無重力＝無対象の一切の足場を欠いた世界こそが、レオニドフにとっての新しい社会主義的都市‐共同体の建設の前提だったのである。

ここまで来れば、レオニドフのマグニトゴルスク案と、同時期に提出された他の社会主義都市モデルとの相違――むしろそもそもの前提の違い、と言うべきか――は論を俟たないだろう。

革命という契機により、古い社会体制は解体され、人びとは帰属すべき土地や家を失い、あるいは慣習的な意味の体系から解放され、いわば無重力状態の中に放り出された。レオニドフが彼の天体建築の姿を通して再三試みているのは、人びとに自己を取り巻く状況をこのような無重力状態として認識させるとともに、過去の世界、つまり様々な重力＝対象へのノスタルジーを捨てて、意識的に無重力＝無対象状態に生きる、宇宙飛行士としての新しいアイデンティティを与えることではなかったか。宇宙飛行士とは、大地＝故郷の喪失という現状を肯定的に受け入れようとする存在、意識的な故郷喪失者に相違ない。レオニドフのソツゴロド案で目指されていたものとは、人びとが彼の月面都市を通して、自らの周囲を取り巻く対象を無対象の黒に還元し、新しい視力、宇宙飛行士としての視力を獲得することであったと考えられる。このヴィジョンによって、重力＝対象への郷愁から解放された、宇宙飛行士のように振る舞う新しい人間のブィト（生活様式）が築かれるのである。

＊＊＊

ソヴィエト文化史の研究家リチャード・スタイツは、非都市派による徹底した住宅のパターン化を取り上げ、「明らかに当時は誰も気づかなかったが、非都市派は専門的職業としての建築家の――あるいは少なくとも住宅設計というその主な職能の――終焉を告げていたように思われる」[69]と述べる。商品同様、大量生産可能となった家は、もはや建築家を必要としない。これは一見、芸術家のプロダクト・デザイナー化と同義であるようにも思われる。しかしながらそこには、既に第1章で述べたように、より巨大な射程が存在していた。すなわち、ソッツゴロド論争に参加した建築家たちが、個々の具体的な建築物のデザインを放棄する代わりに、これらの一連の都市計画を通して目指したのは、建築家の権能を本来のそれを超えて、象徴的な領域にまで拡張することではなかったか。つまり、社会主義都市という名の社会関係の全体的・包括的な設計を自らに任じることで、彼らはいわば新しい社会そのものの設計者として振る舞うことを目指していたとも解釈できるのだ。そしてまさにこの点において、彼らは強力な競合者に出会う。同じく新しい社会の建築家を自任していた、党である。

建築家たちの新しい都市‐共同体の提案に対する、党の側からの反応は素早く、かつ否定的であった。党中央委員会における決議「ブィトの改革に関する活動について」（一九三〇年）、「モスクワの都市経済およびソ連邦における都市の経済活動の発展について」（一九三一年）によって、党指導部は建築家たちの描くソッツゴロドの非現実性を非難し、彼らに現実的な都市計画へと向かうことを命じた。特にモスクワ市党委員会第一書記ラーザリ・カガノヴィチの建築家たちへの反応は、厳しかった。彼はモスクワの住宅不足やインフラ整備の遅滞などの喫緊の問題と、これらソッツゴロド論争の内容がいかにかけ離れたものであるかを指摘し、論争全般のユートピア的非現実性を非難した[70]。これを受け、都市派の論者のひとりであったチェルニャは、論争の舞台のひとつとなった雑誌『革命と文化』誌上に、党の代弁者として「大地へ！――オヒトヴィチへの回答、サブソヴィチへの批判」と題した論文を発表する。論文のタイトルが示すように、現実の状況、現実の都市建設の現場に目を向けた、地に足のついた都市計画の必要性という観点から、ソッツゴロド論争全体が断罪されたのである。

この強制的な着陸命令からは、建築家と党指導部との象徴的な領域における葛藤を読み取ることができる。世界を一個のプログラムに沿って総合的に改変することを目指したという点で両者は共通していたが、続く第4章で取り上げる社会主義リアリズムの規範に基づいた求心性や不変性、不動性からなる共同体像と、左派建築家たちの離散的運動や交通・通信技術に基づいた流動性の高い共同体像は、多くの点で対照的であった。そして何より建築家たちは、党の指導に基づいてではなく、自らの職業的知識や技術を拠り所に、これらの新しい都市の姿を自発的に提案した。これらの点で、左派建築家たちと党は競合する関係に置かれ、建築家たちからの提言は、党の指導に対する明らかな挑戦と受け止められたのである。

この社会主義都市像をめぐる軋轢の結果、社会主義都市論争に参加した理論家や建築家たちのほとんどは、実際の社会主義都市の建設の現場から排斥されていった。マグニトゴルスク計画も、その例外ではなかった。広く世間の注目を集めながら開始されたにもかかわらず、同都市の設計競技に優勝案が現れることはなかった。コンペはうやむやのままに幕を閉じ、最終的な統一プランをもたないまま、都市マグニトゴルスクの建設は一九三〇年五月に開始された。その後も、マグニトゴルスク都市計画コンペは主催や条件を変えながら複数回行われたが、コンペの結果が顧みられることはほとんどなく、また政府がフランクフルトより招聘したドイツ人建築家エルンスト・マイの線状都市案も却下され、はじめてプラントで鉄鋼が生産された一九三二年二月の時点でも、労働者用の住宅は計画全体のわずか一〇パーセント程度しか完成していなかった。その結果、大部分の労働者はテント暮らしを強いられ、冬場の凍死者は数千人にも上ったという[71]。都市計画と現実の都市建設は、それぞれ全く異なる次元において展開され、両者が交わることはなかった。こうして一九三〇年代初頭の都市マグニトゴルスクは、世界でも最大規模かつ最先端の製鉄コンビナートの周辺に、原始的なバラックからなる居住区が広がる、「巨大な工業プラント＋掘立小屋[72]」という奇妙な景観を呈することになったのである[3-21-1][3-21-2]。

図 3-21-1
マグニトゴルスクの景観，テントの都市（1930 年頃），Stephen Kotkin, *Magnetic Mountain: Stalinism as a Civilization*（Berkley, Los Angeles and London: University of California Press, 1995）.

図 3-21-2
マグニトゴルスクの景観，労働者用バラック外観（1930 年半ば），Stephen Kotkin, *Magnetic Mountain: Stalinism as a Civilization*（Berkley, Los Angeles and London: University of California Press, 1995）.

(1) Stephen Kotkin, *Magnetic Mountain: Stalinism as a Civilization* (Berkley, Los Angeles and London: University of California Press, 1995), p. 35.

(2) *Ibid.*

(3) グリゴリー・ジノヴィエフは、工業化とブィトの関係を次のように述べている。「工業化プラス集団化は、共産主義（最初は社会主義）的原理に根ざしたブィトの全面的な改変のための最重要課題である。しかし逆もまた然り。共産主義的ブィトの改変もまた、工業化と集団化の成功のための重要な前提のひとつなのである。この相互関係は弁証法的なのだ」。*Зиновьев Г.* От утопии к действительности// Революция и культура. 1930. № 1. С. 7.

(4) トロツキイ『文学と革命（上）』桑野隆訳、岩波書店、一九九三年、一二七頁。

(5) エンゲルス『住宅問題』大内兵衛訳、岩波書店、一九四九年、六九―七〇頁。

(6) *Милютин Н. А.* Соцгород. Проблема строительства социалистических городов: Основные вопросы рациональной планировки и строительства населенных мест СССР. М. и Л., Государственное издательство, 1930. С. 37.

(7) *Сабсович Л. М.* Города будущего и организация социалистического быта. М., Государственное техническое издательство, 1929. С. 21.; *Сабсович Л. М.* Новые пути в строительстве городов// Строительство Москвы, 1930. № 1. С. 3–4.

(8) *Сабсович Л.* Почему мы должны и можем строить социалистические города?// Революция и культура. 1930. № 1. С. 22.

(9) ドム・コムーナは工場とのアナロジーから住宅コンビナート（жилкомбинат）とも呼ばれ、単身者、夫婦、家族向けなどのタイプが開発された。一九二五年にモスソヴィエトの企画によって行われた労働者住宅コンペ（一九二八年に竣工）が先駆けとなり、労働者クラブとともに社会主義建設の両輪となった。特に有名なものとしては、モイセイ・ギンズブルグとイグナチー・ミリンスのストロイコム・チームの設計によって一九三〇年に建設された財務人民委員部職員向け住宅がある。

(10) *Сабсович Л. М.* Социалистические города. М., Госиздат «Московский рабочий», 1930. С. 46.

(11) *Сидорина Е.* Русский конструктивизм: истоки, идеи, практика. М., «Винити», 1995. С. 189.

(12) *Милютин,* Соцгород. С. 39.

(13) *Сабсович,* Социалистические города. С. 44.

（14） *Кузьмин Н.* Проблема научной организации быта// Современная архитектура. 1930. № 3. С. 14–15. 引用は『現代建築』誌に転載された記事による。なお共同寝室の定員数については公衆衛生学者タラセンコらの計算に基づいている。

（15） オヒトヴィチは、このような資本の過剰集積と交通・情報の流動性の増加という矛盾は徐々に先鋭化していき、最終的には都市の内側からの崩壊を招くと予測した。したがって彼の考えでは、非（脱）都市化とは経済活動が行き着く、必然的な結果でもあった。*Охитович М.* Социализм города// Революция и культура. 1930. № 3. С. 52.; *Охитович М.* Отчего гибнет город?// Строительство Москвы. 1930. № 1. С. 10–11.

（16） *Охитович,* Социализм города. С. 51.

（17） *Охитович М.* К проблеме города// Современная архитектура. 1929. № 4. С. 132.

（18） Там же. С. 134.

（19） Там же.

（20） Там же. С. 134. プロレトクリト運動の主導者であったアレクサンドル・ボグダーノフは一九〇八年にSF小説『赤い星』、一九一三年に『技師メンニ』を出版し、地球に先駆けて共産化された火星のコミューンを描き出した。この火星のコミューンには、当時対立関係にあったレーニンらの一党独裁モデルに対する、サンディカリズム的共同体像が投影されていた。

（21） *Охитович,* Социализм города. С. 54.

（22） *Охитович М.* Теории расселения// Современная архитектура. 1930. № 1–2. С. 15.

（23） *Милютин,* Соцгород. С. 39.

（24） エンゲルス『住宅問題』、三一頁。

（25） *Охитович,* Социализм города. С. 56.

（26） *Милютин,* Соцгород. С. 39.

（27） Там же.

（28） *Паперный В.* Культура два. М., Новое литературное обозрение, 2006. С. 65.

（29） *Гинзбург М. и Барщ М.* Зеленый город// Современная архитектура. 1930. № 1–2. С. 31.

（30） *Гинзбург и Барщ,* Зеленый город. С. 32.

(31) Там же. С. 31.

(32) Anatole Kopp, *Town and Revolution: Soviet Architecture and City Planning 1917–1935* (New York: George Braziller, 1970), p. 173.

(33) レオニドフのマグニトゴルスク・プロジェクトに関する紹介・先行研究としては、主として以下のものがある。*Александров П. А., Хан-Магомедов С. О.* Иван Леонидов. М., Издательство литературы по строительству, 1971.; *Хан-Магомедов С. О.* Архитектура советского авангарда: Социальные проблемы. Т. 2. М., Стройиздат, 2001. С. 226–228.; Andrei Gozak and Andrei Leonidov, *Ivan Leonidov: The Complete Works* (New York: Rizzoli, 1988), pp. 87–93.; Vieri Quilici and Selim Khan-Magomedov, *Ivan Leonidov* (New York: Rizzoli, 1981), pp. 68–79.; 八束はじめ『ロシア・アヴァンギャルド建築』ＩＮＡＸ出版、一九九三年、三一五―三三六頁。

(34) *Леонидов И.* Пояснение к социалистическом расселению при Магнитогорском химико-металлургическом комбинате// Современная архитектура. 1930. № 3. С. 1.

(35) Там же.

(36) Там же.

(37) Там же.

(38) Там же. С. 2–5.

(39) *Барщ М., Владимиров В., Охитович М., Соколов Н.* Пояснительная записка к проекту социалистического расселения Магнитогорья// Современная архитектура. 1930. № 3. С. 40–56.

(40) レム・コールハース『錯乱のニューヨーク』鈴木圭介訳、筑摩書房、一九九九年、二九頁。

(41) John Milner, *Kazimir Malevich and the Art of Geometry* (New Haven and London: Yale University Press, 1996), p. 197.

(42) *Родченко А.* Линия// Опыты для будущего. М., Издательство «ГРАНЬ», 1996. С. 74.

(43) 大石雅彦『マレーヴィチ考――ロシア・アヴァンギャルドからの解放にむけて』人文書院、二〇〇三年、一八四頁。

(44) 同右。

(45) *Крученых А.* Победа над солнцем// Драма первой половины XX века/ Под ред. Д. Лихачева и др. М., Слово, 2004. С. 334.

(46) Там же.

（47） *Крученых А.* Наш выход. М., Литературно-художественное агентство «RA», 1996. С. 71.

（48） El Lissitzky, “PROUN not World Visions, But World Reality,” in Helene Aldwinckle and Mary Whittall eds., *El Lissitzky: Life, Letters, Texts*（New York: Thames and Hudson, 1992）, p. 347.

（49） *Ibid.*

（50） *Хан-Магомедов,* Архитектура советского авангарда. Т. 1. С. 479.

（51） *Бобринская Е.* Русский авангард: Границы искусства. М., Новое литературное обозрение, 2006. С. 248.

（52） エンリコ・クリスポルティ、井関正昭著『未来派一九〇九—一九四四』鵜沢隆他訳、東京新聞、一九九二年、一六六頁。

（53） *Бобринская,* Русский авангард. С. 248.

（54） *Буренина О.* «Реющее» тело: Абсурд и визуальная репрезентация полета в русской культуре 1900–1930-х гг.// Абсурд и вокруг/ Под от. ред. О. Бурениной. М., Языки славянской культуры, 2004. С. 229.

（55） ロシアにおける動力飛行の実験は、一八九〇年代頃から本格的に開始される。一九〇九年には、それまでフランスをはじめとする諸外国に依存していた航空機の製造をライセンス化、国内航空産業が始まった。またコンスタンチン・ツィオルコフスキーによって、ロケット工学の基礎理論や、液体水素と液体酸素を燃料とする流線型ロケットの構想が練られていたのもこの頃である。一九一〇年代初頭になると、全ロシア航空週間や航空工学フェスティバル、モスクワ—ペテルブルグ間の航空レースの開催などを通して、航空工学に対する社会的関心は急速に高まった。内戦期には空軍も民間の航空産業もともに一時低迷するが、一九一八年にはニコライ・ジュコーフスキーを中心に、ソヴィエト・ロシアにおける航空・宇宙工学の基地となる中央航空流体力学研究所（ЦАГИ）がレーニンの参画の下発足し、ここからアンドレイ・トゥポレフ、アレクサンドル・ヤコヴレフ、セルゲイ・イリューシンなどの人材が輩出された。David R. Jones, “The Beginnings of Russian Air Power, 1907–1922,” in Robin Higham and Jacob W. Kipp eds., *Soviet Aviation and Air Power*（Boulder: Westview Press, 1977）, pp. 15–33.

（56） ニコライ・フョードロフ（一八二九—一九〇三年）。ロシアで最初の公共図書館であるチェルトコフ図書館およびその後身となるルミャンツェフ博物館（後のレーニン名称図書館、現ロシア国立図書館）の司書。彼の思想は、トルストイやドストエフスキー、哲学者ソロヴィヨフ、宇宙ロケットの考案者ツィオルコフスキーなど当時の知識人層に広範に受容された。

（57） *Федоров Н.* Сочинения. М., Мысль, 1982. С. 507–521, 569–570.; スヴェトラーナ・セミョーノヴァ『フョードロフ伝』安岡治子・亀山郁夫訳、水声社、一九九八年、二八六―二八七頁。

（58） マレーヴィチは『現代建築』誌宛の公開書簡において、「あらゆる文化領域において新しい芸術のすべての道は、建築という現代の芸術へと行き着く」と述べている。マレーヴィチは『現代建築』誌を技術のみならず芸術の無対象的性格から建築を考察するものとして評価し、構成主義への接近を試みていた。*Малевич К.* Письмо в редакцию// Казимир Малевич. Собрание сочинений в пяти томах. Т. 1. М., «Гилея», 1995. С. 310.; *Малевич К.* Живопись в проблеме архитектуры// Казимир Малевич. Собрание сочинений в пяти томах. Т. 2. М., «Гилея», 1998. С. 133.

（59） *Малевич К.* Архитектура как степень наибольшего освобождения человека от веса// Казимир Малевич. Собрание сочинений в пяти томах. Т. 4. М., «Гилея», 2003. С. 273.

（60） *Малевич К.* Мир как беспредметность（Идеология архитектуры）// Казимир Малевич. Собрание сочинений в пяти томах. Т. 4. М., «Гилея», 2003. С. 213.

（61） *Малевич,* Мир как беспредметность. С. 205.

（62） *Малевич,* Живопись в проблеме архитектуры. С. 132.

（63） *Коккинаки И.* Супрематическая архитектура Малевича и ее связи с реальным архитектурным процессом// Вопросы искусствознания. 1993. № 2–3. С. 120.

（64） *Малевич К.* Супрематизм. 34 рисунка// Казимир Малевич. Собрание сочинений в пяти томах. Т. 1. М., «Гилея», 1995. С. 186.

（65） Larissa Zhadova, *Malevich: Suprematism and Revolution in Russian Art 1910–1930*（London: Thames and Hudson, 1982）, p. 90.

（66） 大石雅彦『マレーヴィチ考』、六一六頁。

（67） *Акашев К.* Форма самолета и методы проектирования// Современная архитектура. 1926. № 3. С. 65–66.

（68） *Хан-Магомедов С. О.* Георгий Крутиков. М., Издательский проект фонда «Русский авангард», 2008. С. 78–96.

（69） Richard Stites, *Revolutionary Dreams: Utopian Vision and Experimental Life in the Russian Revolution*（New York and Oxford: Oxford University Press, 1989）, *Revolutionary Dreams,* p. 196.

（70） カガノヴィチは、新しい都市理念ではなく、住宅、給食施設、エネルギー、交通、水利供給の整備と拡大こそが議論されるべき都市計画の喫緊の問題であると主張した。特にモスクワに関しては、一九三〇年から三年以内に一〇〇万人分の住宅建設を行う目標を掲げていたが、三三年までに実現されたのは三〇パーセントに過ぎず、住人一人あたりの居住面積も一八年の五・九平方メートルからさらに下落し四・三平方メートルとなっていた。下斗米伸夫『スターリンと都市モスクワ』岩波書店、一九九四年、四七頁、二四三―二四四頁。

（71） Kotkin, *Magnetic Mountain*, p. 59.

（72） *Ibid*, p. 141.

第4章　レーニン建築プロジェクト
――社会主義リアリズムの誕生

一九三二年から三五年までのわずか数年の間に、ソヴィエト・ロシア建築界では一見したところほとんど極端な方向転換とも映る変動が生じる。すなわち新古典主義、プロレタリア・クラシカ、合理主義、構成主義といった各建築家集団間の論争の時代から、唯一の様式としての社会主義リアリズムへの移行、そして単一の建築家団体への統合である。この方向転換の結果、ソヴィエト建築は全体主義的な性格、すなわちその威容や壮麗さによって見るものに畏怖の念を呼び起こす、大衆支配の道具としての性格を明確にしていった。

この時期のソヴィエト建築の変遷を映し出すとともに、社会主義リアリズムという様式の規範、より正確にいえば規範自体の解読不可能性を生み出す契機となったのが、二つの建築設計競技だった。そのひとつは、一九三一年から三三年までの間に合計で四回もの競技を繰り返したソヴィエト宮殿コンペであり、もうひとつは一九三四年と三六年に実施された重工業人民委員部ビル建設コンペである。これらの建築プロジェクトは、規模の大きさやモスクワの中心部という位置、社会的・象徴的な機能などの点で比類のない意義を有していたにもかかわらず、実現されることのないペーパー・アーキテクチャー、紙上のプロジェクトに留まり続けた。一体なぜ、ソヴィエト・ロシア建築史上最も重要な二つの建築プロジェクトが、未完のままに終わることになったのだろうか。またこのような事態を、われわれはいかに理解すべきなのだろうか。

本章ではまず、建築家たちを取り巻く社会構造そのものの変化にも注目しながら、社会主義リアリズムと呼ばれる全体主義様式が、これらのコンペの審査結果や建築批評の言説によって、どのように形作られていくことになったのかを検証する。

さらに、これらのコンペを論じる上で看過することのできない問題が、レーニンの表象と建築との関係である。この指導者の死を契機に、絵画、彫像、写真などのメディアを通して、ソ連邦ではレーニン・イメージの大量流通が始まった。それはやがて彼の後継者によって党そのものの不滅性へと接続されていくわけだが、このレーニンの神格化の国家プロジェクトにおいて中心的な役割を果たしたのが、他ならぬ建築だった。とりわけレーニンの記念碑であることを要請されたソヴィエト宮殿、そしてレーニン廟と正対する位置に建設される予定であった重工業ビルのそれぞれにおいては、レーニンというテーマをいかに解釈するかが重要な問題となった。しかしながら、ボリス・イオファン(1)によるソヴィエト宮殿案、そしてレオニドフの重工業ビル案は、ともにレーニン・イメージないしレーニン廟との関係を設計の軸としつつも、全く異なったフォルムや構造、ひいては全く異なったレーニンという主題の解釈に行き着いた。一体なぜ、このような乖離が生じることになったのか。本章後半部では、レオニドフの重工業ビル案、およびそこに潜められた、レーニン廟からソヴィエト宮殿へと至るモスクワの新たなスカイラインに対する、彼の見解を読み解いていく。

1　二方向からの集団化

ソヴィエト建築の全体主義化は、主として二つの側面から観察できる。すなわち、建築家同盟に象徴される、それまで各創作理念に従って複数のグループに分裂していた集団の一元化と、社会主義リアリズムへの様式・言説の一元化である。

前者の集団化の直接の原因となったのが、カロ・アラビヤン、アルカジー・モルドヴィノフ、アレクサンドル・ヴラソフらに率いられた左派建築家集団ヴォプラ（ВОПРА 全ロシア・プロレタリア建築家同盟）によって、一九三一年から翌三二年にかけて引き起こされた、建築家グループ間における大規模な論争だった。一九二九年に発足したヴォプラは、自らのグループをプロレタリア階級に則った唯一の真正な集団であるとし、他のあらゆる建築家集団、とりわけオサとアスノヴァに対して、攻撃を開始した。けれどもこれらの先行者に対するヴォプラの攻撃は、近親憎悪めいた側面を有していた。というのも、ヴォプラの掲げた創作理念には、構成主義（オサ）や合理主義（アスノヴァ）に対してとりたててユニークな点はなく、むしろ両者からの引用の継ぎ接ぎめいた様相を呈していたからである。わけても、建築の合理化と経済化、建築への最新の科学技術の導入の主張など[2]に見られるように、構成主義とは多くの共通点を有していた。

創作理念に本質的な相違が存在しない以上、必然的にこれら新旧グループ間の論争は、専門的な議論以上に、ソヴィエト建築界の主導権をめぐるパワーゲーム的傾向を強めていった。特にヴォプラとそれまでの左派建築家集団とを区別するとともに、先行者たちに対する彼らの優越性の根拠となったのが、党との直接的な結びつきであった。生産主義‐構成主義者たちが技術決定論を強調し、建築の規格化を推し進めようとする一方で、建築家としての主導的地位を手放さなかった——それどころか逆に絶対的なまでにその地位を高めようとした——のとは対照的に、ヴォプラは自らの創作方針を党の政策に準じて決定し、いわば党の建築家として振る舞った。たとえばその一例が、社会主義競争や突撃労働[3]といった概念の、建築設計への導入である[4]（当然ながらこのような概念を建築家の仕事に適用するのは、現実には困難だった）。これらのヴォプラのメンバーから、後の建築家同盟や建築アカデミーの幹部の多くが輩出されることになったわけだが、ここからは将来の党と建築家の関係を予見することができるだろう。

そしてこの時期に、ヴォプラの最も激しい批判の矢面に立たされたのが、レオニドフとコンスタンチン・メーリニコフの二人だった。レオニドフに対しては、一九三〇年に発表されたモスクワのプロレタリア地区のための文化宮殿プロジェクト案を直接の引き金として、「抽象の真空の中での仕事」[5]、自己目的で自閉した「建築のための建築」[6]であるといった非難が相次いで浴びせられた。モルドヴィノフの主導により、ヴォプラに所属する学生やレオニドフと同年代の若手建築家を中心とする、反〝レオニドフ主義(Леонидовщина)〟キャンペーンが開始されたのである。[7]しかしモルドヴィノフらの弾劾の中では、革命後に建築教育を受けたレオニドフの失敗は、建築家個人の資質以上に、「建築分野におけるプロレタリア的教育力の欠如」に原因していることが強調された。彼らの真の目的は、ヴェスニン兄弟、モイセイ・ギンズブルグ、ニコライ・ラドフスキーら、ヴフテインなどの教育機関で教鞭を執っていた左派建築家グループの指導者たちを、間接的に糾弾することにあったのである。こうした攻撃の結果、ヴフテインは閉鎖に追い込まれ、そこに自身のスタジオを構えていたレオニドフも、教師としての職を失うことになった。

一方、一九三〇年には建設労働者同盟によって、各流派間の抗争が続く建築界の状況が批判された。これを受けて、旧オサから改称したサッス(САСС)、アスノヴァ、マオ、アル(АРУ)、ヴォプラ、ヴォギ(ВОГИ)等の左派建築家グループが集結し設立されたのが、ヴァノ(ВАНО 全連邦科学的建築技術同盟)だった。[8]このような連携の背景には、アカデミストのウラジーミル・シチューコーとウラジーミル・ゲリフレイフによる新古典主義風のレーニン図書館など、政府の大規模建築プロジェクトにおいて新古典主義建築家たちが指名され、二〇年代後半には彼らの作品が続々と実現されていたことに対する、左派建築家たちの危機感もあったと考えられる。[9]

しかしながら、これを建築家たちによる自発的集団化と捉えることはできない。ヴァノの出現はむしろこの時期の非党員専門家や知識人に対する弾圧という社会的背景を反映した、〝非党員エリート〟＝建築家に対する、建設労働者同盟＝〝党に忠実な労働者〟からの圧力の結果としての集団化だった。実際、このような外圧による集団化に対して、各グループの抵抗は強かった。ヴァノ結成後も独自の活動を続けていたヴォプラを筆頭に、それぞれのグループはヴァノ内部に独立したセクションを有し、依然としてそのセクション内での活動が、組織全体の指針や活動に優先された。この各建築家集団の解体と再編によって、硬直化したイデオロギー論争の克服と、古典主義や折衷主義に対抗するための統一戦線の結成が実現されることはなかった。

このような〝下からの〟集団化の失敗に対して、一九三二年四月二三日に党中央委員会で採択され、翌日プラウダ紙上に発表された布告「文学・芸術組織の再編について」は、〝上からの〟集団化に他ならなかった。この布告によってあらゆる既存の芸術組織の解散が宣告され、連邦のすべての建築家が参加する単一の建築家団体、全ソヴィエト建築家同盟が組織されたのである[10]。

当初各グループは、ヴァノ内と同じく、建築家同盟内でも旧団体ごとに活動を続けようとしていた。しかしアラビャンは元ヴォプラの同僚を説き伏せ、同盟内に彼ら党員建築家による独裁体制を確立しようと、各グループの一元化に向けた活動を開始する。旧ヴォプラのメンバーは、コンペの結果への介入や教育現場からの非党員建築家の追放、未だ影響力を有する旧構成主義者、とりわけギンズブルグ周辺の人物（ミハイル・オヒトヴィチ、ソロモン・リサゴール）の逮捕などを通して非党員建築家たちに圧力をかけ、勢力の拡大を図った。しかしヴェスニン兄弟やギンズブルグ、レオニドフら旧オサ首脳部の連携は建築家同盟内でも保たれており、若手建築家たちも彼らを支持し続けていた。結果これらテロルによる脅迫をもってしても、一九三七年の第一回全ソ建築家同盟大会の開催にこぎ着けるには、五年もの準備期間が必要だった[11]。また党や指導者たちも、特定の建築家や建築家グループに肩入れすることに消極的であった。アラビャンやソヴィエト宮殿競技で優勝するイオファンが、ヒットラーがアルベルト・シュペーアに与えたような、あるいはムッソリーニがマルチェッロ・ピアチェンティーニに与えたような権力を得ることはなかった。ソ連邦においては、社会全体の建築者である指導者と建築家との間の非対称性は、より際立っていたといえる。

対して、ソヴィエト建築界の構造転換により大きな影響を与えたのが、次に論じる一連の建築コンペだった。中でもソヴィエト宮殿設計競技は、幾度にもわたる審査と再設計の過程を通して様式上の一元化を実現するとともに、建築家をめぐる社会的文脈そのものを再構築していった。ソヴィエト宮殿は、スターリン文化下における共同体の理想像を体現したモニュメント＝建築であると同時に、新しい共同体を形成するための実際的な求心力としても機能したのである。

2　イオファンとソヴィエト宮殿設計競技

プレ・コンペ

スターリンによるソヴィエト宮殿建設の決定は、一九三〇年末から三一年初頭の時期にかけて下されたとされている。これを受けて、一九三一年四月には国内の有力建築家および建築家グループ[12]に対し、競技の基本条件を研究するための予備コンペへの参加が呼びかけられた。

この参加呼びかけの時点では、ソヴィエト宮殿は党大会、各種会議、集団討論会、デモンストレーションなどに必要とされる機能を十分に果すものであり、「社会主義建設への労働者の意志を体現し、時代を特徴付ける、ソ連邦の首都の飛び抜けた芸術的‐建築的記念碑としてのモニュメンタルな施設[13]」であることという、大まかな方針しか示されてはいなかった。プレ・コンペという性質上、この段階のデザインは建築家の大幅な自由裁量に任されていたものと思われる。また当初は敷地も明確に決定されてはいなかった。しかしながら、プランの提出期限直前の七月二日に行われた八人のロシア人建築家とハンネス・マイヤー、ヴャチェスラフ・モロトフ、ラーザリ・カガノヴィチ、クリメント・ヴォロシーロフ、そしてスターリンによる協議は、一転して救世主キリスト大聖堂[14]の地所を正式な敷地に選定する。単に間に合わなかったのか、それとも恣意的にか、同月提出された一五案のうち、六つのプランがこれ以外の場所を提案していた[15]。

このプレ・コンペの一五のプランには、「われわれのモニュメンタルな建築の問題を解決する特筆すべき成功例は見られなかった[16]」という公式の評価が残されている。しかし非公式ながらこの段階で最も高い評価を受けたプランがあった。それが、ゲンリフ・リュドヴィグのプロジェクト案[4-1]である[17]。ソヴィエト宮殿最終案から遡ってこのリュドヴィグ案を眺めてみると、同案がこの後のコンペの中でソヴィエト宮殿に必要とされていくモニュメンタリティと象徴性を先取りするものであったことが分かる。中でもドミトリー・フメリニツキーが注目しているのが、同案の階段型ピラミッド構造とレーニン廟[4-2]との外観上の類似である。第三期のレーニン廟の竣工（一九三〇年）は、ソヴィエト宮殿の建設が正式に検討され始めた時期と一致していた。フメリニツキーがいみじくも「小さな墓廟から、世界最大の記念碑へ[18]」と表現したように、そこから浮かび上がるのは、建築を介してレーニン・イメージの書き換えを行おうとする党指導部の意図である。

このプレ・コンペの結果は七月中旬から国立歴史博物館において展示されたほか、『ソヴィエト建築』誌上にも掲載された。この段階では、アスノヴァ案[4-3-1][4-3-2]やアル案[4-4]、ヴォプラ案[4-5]は、未だ構成主義および合理主義の方法論に基づいて制作されており、特にアラビャン、モルドヴィノフ、ワシリー・シンビルツェフらによるヴォプラ案は、機能の分散化、無装飾の幾何学的な形態の利用、メイン・ホールにシンプルなドーム構造を採用するなどの点で、彼らの批判するレオニドフのスタイルやサッス案[4-6]と、さほどかけ離れたものではなかった。

またプログラムで示された、マス・デモンストレーションのための場という条件は、宮殿のデザインを決定する上で、最も重要な要素となった。ほぼすべての設計案が、メーデーや革命記念日の際のパレードないしデモンストレー

図 4-1
リュドヴィグによるソヴィエト宮殿プロジェクト案，第 1 フェーズ（1931 年），*Астафьева-Длугач М. И., Волчок Ю. П.* О конкурсе на Дворец советов// Зодчество 1989. № 3（22）.

図 4-2
シチューセフによる第 3 期のレーニン廟（1930 年），2013 年筆者撮影.

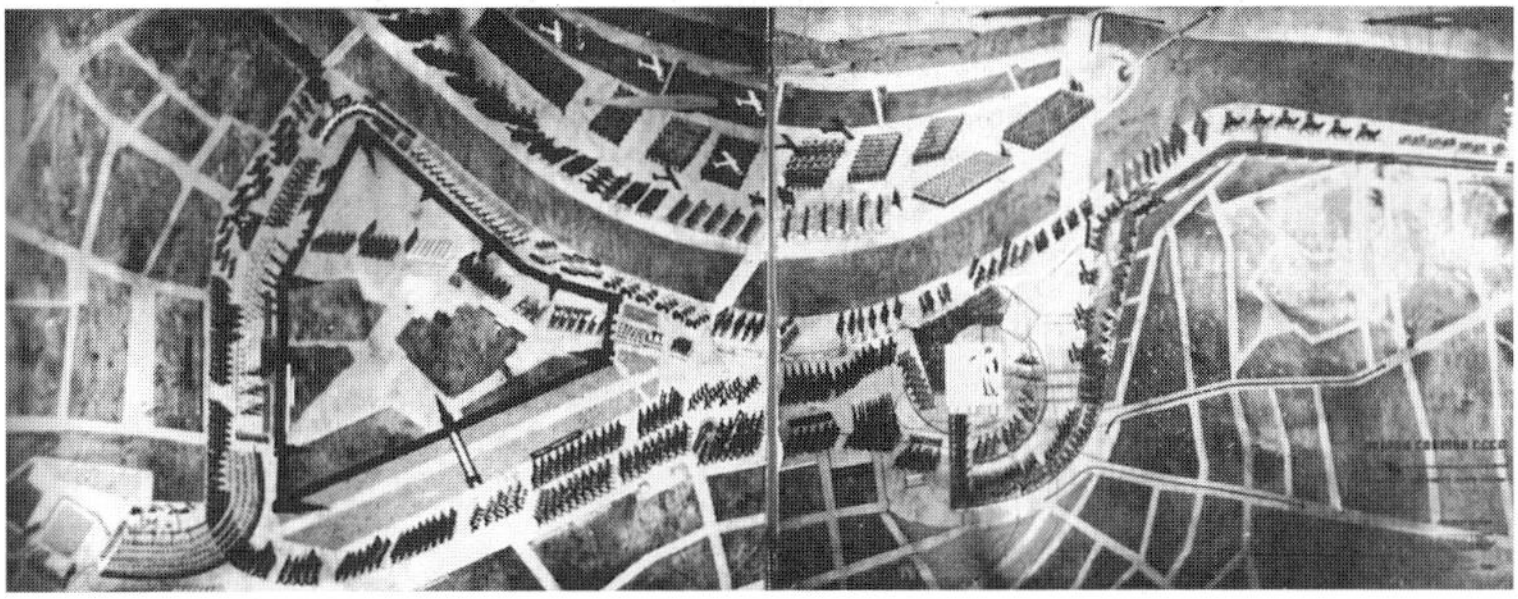

図 4-3-1
アスノヴァによるソヴィエト宮殿プロジェクト案，第 1 フェーズ（1931 年），宮殿をめぐるパレード，Советская архитектура. 1931. № 4.

図 4-3-2
アスノヴァによるソヴィエト宮殿プロジェクト案，第 1 フェーズ（1931 年），レーニンの壁画の描かれたメイン・ホール外観，Советская архитектура. 1931. № 4.

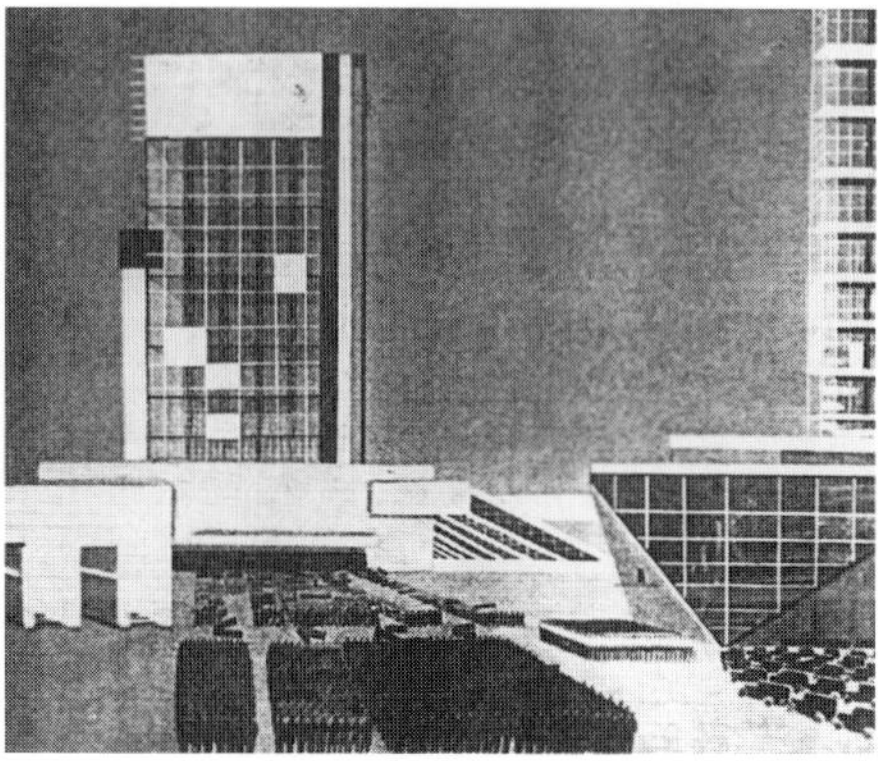

図 4-4
アルによるソヴィエト宮殿プロジェクト案, 第 1 フェーズ (1931 年), Советская архитектура. 1931. № 4.

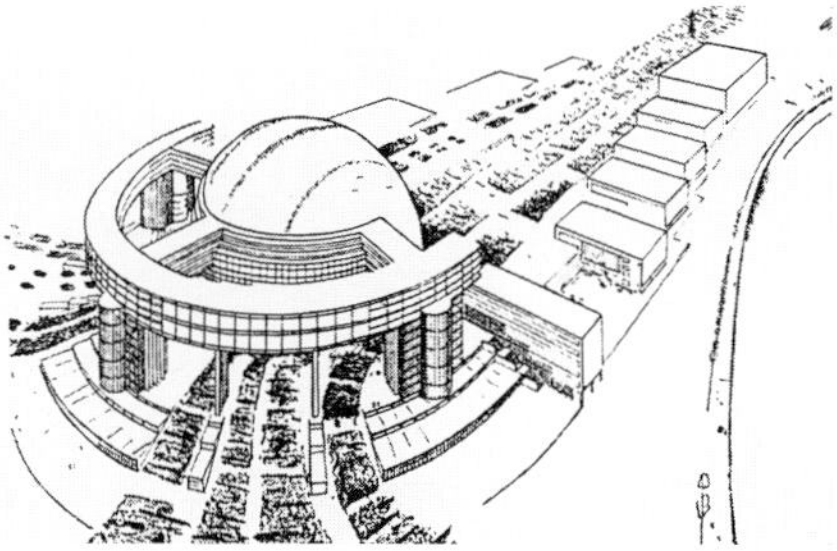

図 4-5
ヴォプラによるソヴィエト宮殿プロジェクト案, 第 1 フェーズ (1931 年), パレード時のパースペクティヴ, Советская архитектура. 1931. № 4.

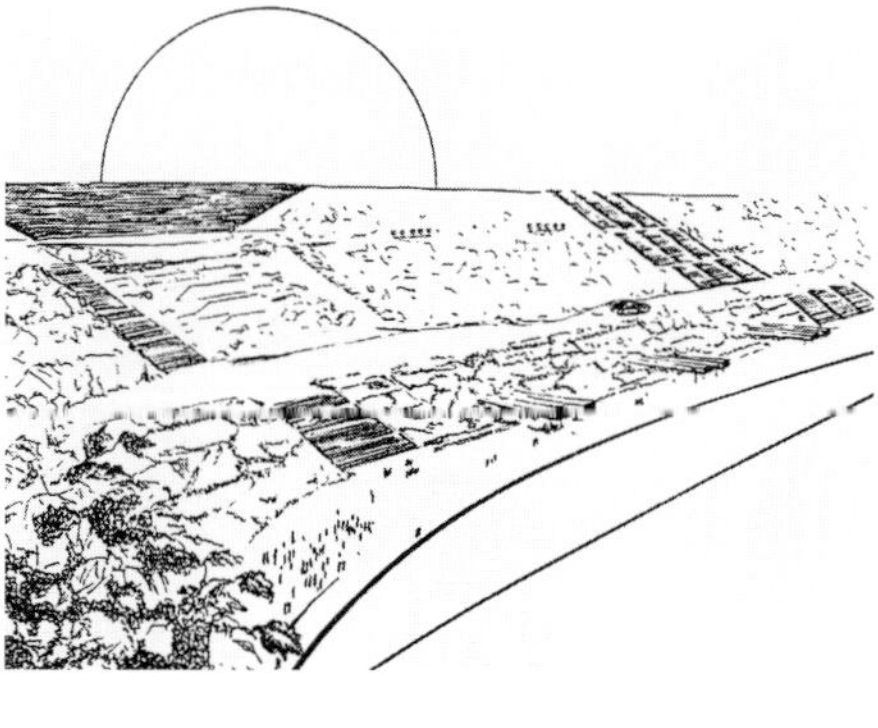

図 4 6
サッスによるソヴィエト宮殿プロジェクト案, 第 1 フェーズ (1931 年), Советская архитектура. 1931. № 4.

ションを設計に組み込んでおり、街頭の演劇の理論や労働者クラブの設計手法が、そのままこの宮殿の設計にも応用されていることが分かる。各案では、大規模な集団行動の動線と眺望を想定しながら広場、大ホール、テラス等が設計され、屋外プロジェクターや照明装置など多様な演出を可能にする設備の配置が検討されていた。この時点では、運動する集団の視点に基づいて設計されたヴェスニン兄弟の労働宮殿、集団の運動を最大限可能にするメーリニコフのクラブ、集団の動線を基準とするギンズブルグの空間構成理論といった、一九二〇年代のクラブの方法論の延長線上においてソヴィエト宮殿を考えることが、未だ許容されていたのである。(19)

公開コンペ

一九三一年七月一八日、前述の試験的な競技の結果を元に、国際公開コンペの開始が告げられた。

この実質上第二戦目に当たる公開コンペには二七二の応募があり、うち一一二案はアマチュアの手によるもの、二四案が国外からの応募であった。審査結果は翌年の二月に明らかにされ、一六の入選作品中、イオファン[4-7]、イワン・ジョルトフスキー[4-8]、アメリカ人建築家のヘクター・ハミルトン[4-9]の三者が特選を果たした。(20)けれども優勝はどの案にも与えられず、建築家たちにはこの結果を元にした再設計が命じられた。

この審査結果は、ソ連邦内外の建築家に少なからずショックを与えた。というのも、同コンペに参加していたル・コルビュジエ、ヴァルター・グロピウスといった世界的な知名度を有する建築家たちの案を抑えて選ばれたのは、(革命前から古典主義の大家として知られたジョルトフスキーは措くとしても)、イオファンやハミルトンといったほぼ無名に近い建築家たちの作品だったからである。彼らの案が選定された理由についても、説明はなかった。

これら三案に強いて共通点を挙げるとするならば、それはこれらの案が多かれ少なかれ折衷的(疑似的)な古典主義に基づいて設計されていたという点である。ジョルトフスキー案は、クレムリンの尖塔やコロッセオといったばら

図 4-7
イオファンによるソヴィエト宮殿プロジェクト案，第 2 フェーズ（1932 年），Дворец Советов СССР. М., Издательство всекохудожника, 1939.

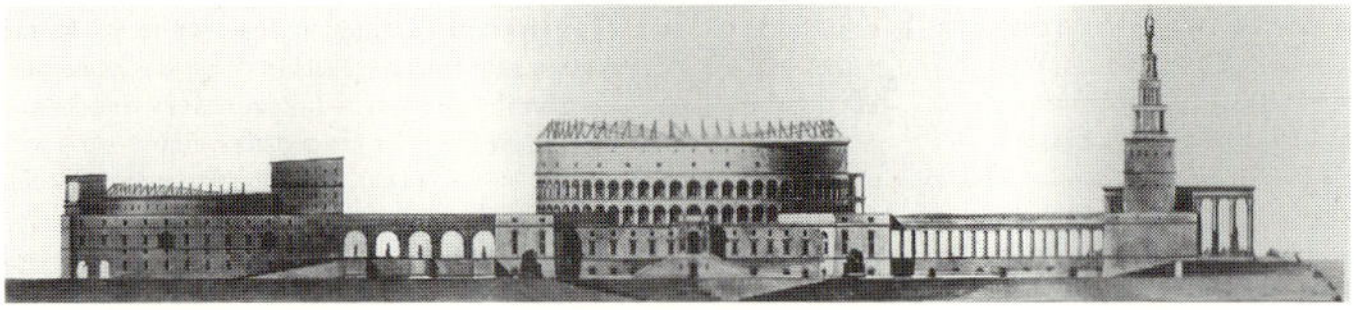

図 4-8
ジョルトフスキーによるソヴィエト宮殿プロジェクト案，第 2 フェーズ（1932 年），Дворец Советов СССР. М., Издательство всекохудожника, 1939.

図 4-9
ハミルトンによるソヴィエト宮殿プロジェクト案，第 2 フェーズ（1932 年），Дворец Советов СССР. М., Издательство всекохудожника, 1939.

ばらな様式のパッチワークのような様相を呈していた。イオファン案にもコロネードの多用など同様の傾向は見られるが、円形・半円形の二つのホールの簡潔な形態、タワーとこれらの低層部分とのコントラストなどはいかにもモダニズムの空間構成であり、ジョルトフスキー案に比べ、全体のプロポーションにも統一性が感じられる。ハミルトンの作品は、コロネードの代わりに大きさの異なるパイロンを反復的に用いており、古代のパンテオンのような重厚さとも、モダニズムの簡潔さともとれる印象を生み出すものであった。彼の案に見られるような厳密な左右対称構造や重々しい量塊の表現は、一九三〇年代後半にはソ連邦の政府庁舎や議事堂などのデザインの公準となっていった。

この審査結果発表により、前年のプログラム発表時点においては未だ強固であった、構成主義こそが公式のソヴィエト・スタイルであるという参加者たちの認識は、覆された。[21] そこでさらに追い打ちをかけたのが、同月公布されたソヴィエト宮殿建設評議会決議だった。次段階の競技のためのこのプログラムの文面こそ、ロシア・アヴァンギャルドに致命的な結果をもたらす、新たな規範の出現を示すものであった。すなわちそこでは、コロネードの利用、低層建築の否定（高層建築の推奨）、モニュメンタリティ、簡潔さ、統一性、優美さなどが必要条件として掲げられ、さらには「新しいものと同様に、古典建築の最上のもの[22]」の使用が奨励されたのである。これまでは、党が建築家たちにいかなるスタイルを用いるべきかを直接指示することはなかった。だがここに至って、党は明確にモダニズムを否定したのである。この党による宣告こそ、一九二〇年代のアヴァンギャルド建築と三〇年代のスターリン建築（ウラジーミル・パペールヌィの表現を借りれば「文化1」と「文化2」）を分ける分水嶺となった。[23]

第三回目の招待コンペは一九三二年二月末日に公布され、一二の個人・グループが参加した。奇妙なことに、ヴェスニン兄弟、ギンズブルグ、イリヤ・ゴロソフ、シチュコーとゲリフレイフは一、二回目のコンペには参加しておらず、この段階になってはじめて登場している。またアレクセイ・シチューセフが加わるのは、次の第四回目のコンペからである。彼らの多くはコンペの技術的諮問機関である建築‐技術協議会[24]に属していたために、これまでどちらかというと審査員側にいたということもあるが、いわばこの第三、四段階に至ってはじめて、当時のロシア建築界の主立った建築家が、審査員ではなく設計者として召集された観がある。このような参加者の顔ぶれの変化からは、コンペの性格の変質が窺われよう。というのも、この第三戦目以降の競技は、これらロシア建築界の巨匠たちが、大衆や他の多くの建築家たちの眼前で、それまでの独自のスタイルや思想を捨て、党の指導の下に正しい様式を学んでいく姿を示す、見世物裁判めいた舞台へと変わっていくのである。

先の第二回目の競技の結果は、この第三回目の競技で、早速いくつかの設計案に反映されることになった。

ギンズブルグはすべての機能をひとつの建築物に集中させるという新しいプログラムを無視し、要求される機能を半球のメイン・ホールと複数の低層棟に分散させており、依然として構成主義的な方法論の範疇で設計している。ヴェスニン兄弟とラドフスキーのデザインも、やはりそれぞれに二〇年代のスタイルの延長線上にあり（とはいえ、ヴェスニン案[4-10]ではタワーの上に巨大なレーニン像が現れている）、先の審査の影響は比較的小さいといえる。またヴォプラのアラビャン案も、コロネードの多用こそ見られるものの装飾性は抑制されており、空間の処理ではラドフスキー案とそれほどかけ離れてはいなかった。それに対して、ゴロソフ案[4-11]、ヴラソフの指揮する建築建設大学案[4-12]、イオファン・チーム案[4-13]は、それまでのデザインとは明らかに異質なものへと変貌している。これらの案では、巨大化されたパンテオンやコロッセオ、およびそれらの複合物が全面的に出現することになったのである。[25]

しかし七月の審査結果でも、優勝はどの案にも与えられなかった。さらなる再設計のために、続く八月にはさらに五つのグループに絞り込んで次の競技が設定された。第三戦目に比べても、この第四フェーズでは、作品間の相違は顕著に縮まっていた。第三フェーズとほぼ同じ（ただしレーニン像は取り去られている）ヴェスニン兄弟案[4-14]こそ未だ古典的モチーフや意匠の直接の引用を避けてはいるが、いずれのグループの案[4-15-1][4-15-2]も厳密な左右対称となり、ドームは廃され、巨大な人物像や長大なコロネードを有していた。[26][27]

図 4-10
ヴェスニン兄弟によるソヴィエト宮殿プロジェクト案，第 3 フェーズ（1932 年），Строительство Москвы. 1933. № 5-6.

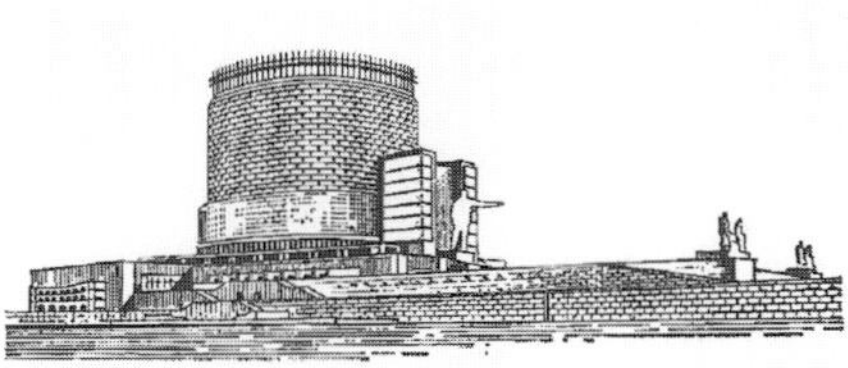

図 4-11
ゴロソフによるソヴィエト宮殿プロジェクト案，第 3 フェーズ（1932 年），Строительство Москвы. 1933. № 5-6.

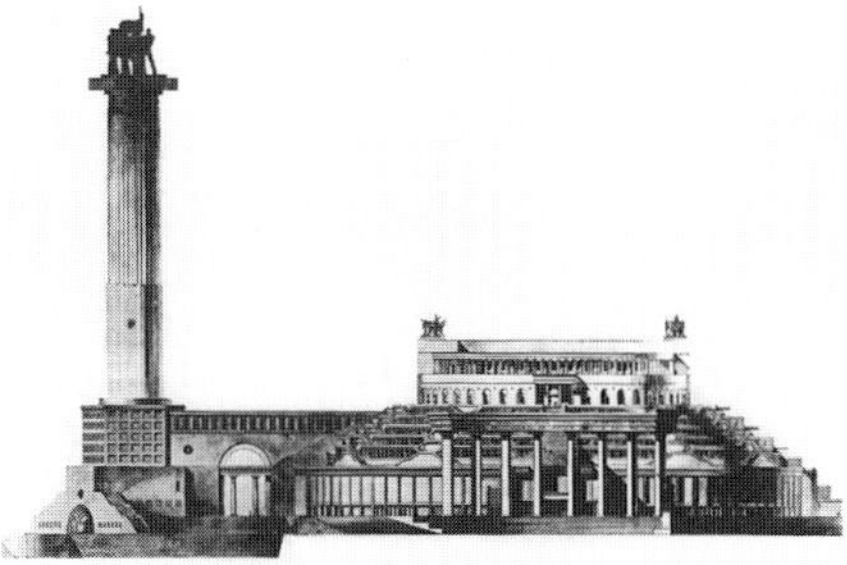

図 4-12
ヴラソフ指揮下建築建設大学チームによるソヴィエト宮殿プロジェクト案，第 3 フェーズ（1932 年），Строительство Москвы. 1933. № 5-6.

図 4-13
イオファン他によるソヴィエト宮殿プロジェクト案，第 3 フェーズ（1932 年），Строительство Москвы. 1933. № 5-6.

図 4-14
ヴェスニン兄弟によるソヴィエト宮殿プロジェクト案，第 4 フェーズ（1933 年），Строительство Москвы. 1933. № 5-6.

図 4-15-1
シチュコー＋ゲリフレイフによる，ソヴィエト宮殿プロジェクト案，第 4 フェーズ（1933 年），Строительство Москвы. 1933. № 5-6.

図 4-15-2
シチューセフ＋ジョルトフスキーによる，ソヴィエト宮殿プロジェクト案，第 4 フェーズ（1933 年），Строительство Москвы. 1933. № 5-6.

相互に似通ったこれらの作品には、各建築家の創作上の主義・信条の相違は、もはや反映されてはいない。プログラムに明文化されていないものも含めた党からの指示が、個々の建築家の創作原理に優先するようになったのである。このようなデザインの統一性は、あたかもソヴィエト宮殿のイデアにようやく建築家たちがたどり着いたかのように、唯一の真理としてのソヴィエト宮殿が存在することの証左とされた。そしてこれら第四戦目に提出された五つの計画案のうちから、一九三三年五月一〇日、ソヴィエト宮殿建設評議会によってイオファン案が採択された。

このイオファン案[4-16]は、列柱をもった二段の長方形の基壇部、その上のプロレタリア革命の歴史にまつわる彫刻が立ち並ぶ三段の円筒形のセットバック構造、さらにその頂上に立つ五〇―七五メートルの〝プロレタリアートの解放者〟の彫像（灯台としての役目も果たすことになっていた）の三つの部分からなる宮殿と、マス・デモンストレーションのための広場から構成されていた。宮殿の中心には球形の巨大な空間が設けられ、この部分が党大会や国際会議のための二万人収容可能なメイン・ホールとなった[4-17]。

この優勝案においても、集団がいかにして〝集団〟を見るかという労働者クラブの主題は引き継がれており、マスデモンストレーションの動線とそれに対する眺望の問題は、デザインの多くを規定していた。しかしこの問題をめぐる解釈には、プレ・コンペの段階からの微妙なずれを認めることができる。イオファン案では、宮殿本体基壇部の二階部分のバルコニーは内部のメイン・ホールと直接連結され、デモンストレーションの際の集団向けの入退場用通路となっていた。注目すべきは、『ソ連建築』誌一九三三年一月号の巻頭特集内で説明された、このバルコニーの役割である。

各フロア間のデモンストレーションの移動は、単にそれに人びとを参加できるようにするのみならず、同時にそれを観覧することも可能にする。大ホールに集まった人びとは帯状のバルコニーに出て、ソヴィエト宮殿の広

図 4-16
イオファン他によるソヴィエト宮殿プロジェクト案，第 4 フェーズ（1933 年），Строительство Москвы. 1933. № 5-6.

図 4-17
メイン・ホール（1932 年），Архитектура СССР. 1938. № 11.

場や、そこへ向かう大通り、あるいはモスクワ河上で繰り広げられるデモンストレーションを相当の高さから眺めることができるのである[28]。

メーリニコフのルサコフ・クラブやレオニドフの一連のクラブ案同様、イオファン案でも街路で展開される運動は宮殿内部へとシームレスに移動することが可能であり、このデモンストレーションを眺める主体も、未だこの運動に参加している集団内の一員に措定されている。だが注意すべきは、このテクストに描写された、見る主体と見られる対象の間の関係である。ここには空間の上下のヒエラルキーに繋がる一定の非対称性が、既に兆している。というのも、集団行動に参加することよりもそれを一定の「高さ」から眺めることの方に意味の重心は移されており、主客の隔たりは、空間的な距離だけでなく、高さの垂直的関係としても表出されているからだ。とりわけ一二メートルの高さをもつ宮殿の台座部分には、クレムリンおよびモスクワを見下ろす特権的な高さ、「クレムリンと周囲のモスクワの街を統べる位置[29]」という象徴的な意味が、解説者によって与えられた。次に続くソヴィエト宮殿最終案では、この視点は圧倒的な高みにまで上昇するとともに、まさにこの上昇によって、地上の対象とは決定的に絶縁されるのである。

最終案——スターリンによるレーニンの記念碑

第四フェーズの審査結果にはいくつかの付託条項があった。まず「ソヴィエト宮殿はレーニンの記念碑とみなされなければならない[30]」というスターリンの発言を受け、「ソヴィエト宮殿がレーニン像の台座に見えるよう、五〇メートルから七五メートルのレーニンの堂々たる彫像によって、ソヴィエト宮殿の頂をより高くすること[31]」が命じられた。またイオファンには、「この結果を元にソヴィエト宮殿計画のさらなる研究を続けること、それに際しては他の建築家たちのプロジェクトの最良の部分を利用すること」[32]が言い渡され、このプロジェクトに関わる今後の作業には「他の建築家たちの参加も可能であること」[33]が併記された。この最後の事項に基づいて、早速翌月には、古典主義建築家シチュコーとゲリフレイフの参加が決定された。これは後に、ソヴィエト宮殿がイオファン個人の手によるものから膨大な数の芸術家集団の創造物へと変貌していく、最初の徴候だった。

この二人の参加の下、まず頂上の労働者像は高さ約七五メートルのレーニン像（後一〇〇メートルにまで引き延ばされる）に置き換えられた。これによって、優勝後に制作された案では労働者像と宮殿部分との関係は逆転し、この巨大なレーニンの彫像に建築物が従属することになった。

内部のメイン・ホールも変更され、それはブレの球体建築を思わせる、いっそう巨大な球形の空洞となった。もちろん物理的には疑わしいが、天井には自然採光を可能にするための眼窓が設けられており、ホール内の会衆はこの窓を通して真上に位置するレーニン像を仰ぎ見ることが可能であるとされていた。天井部から差し込む光線がほとんど宗教的な効果を生み出しているイメージ画[4-17]は、この巨人の足元で、彼を見上げながら、あるいは彼に見下ろされながら（眼窓から注ぐ光は、まさしく指導者の眼差しの隠喩ではないか?）連邦の最も枢要な決定が行われるのだということを、象徴的に示している。さらに像の台座に当たる円筒形のセットバック部分は、縦に引き伸ばされて段が追加され、建物全体の高さも二五〇メートルから四二〇メートルにまで上昇した。[34]イオファンの優勝案と比較してみると、水平性から垂直性への転換は一目瞭然である。イオファンの優勝案では、全体のプロポーションは中心に向けて漸次的に上昇していくとはいえ、あくまで水平性が垂直性に勝っていた。だが、ここでは水平性は垂直性へと完全に置き換えられ、なおかつすべての構造は頂点を占めるレーニン像に従属している。建築は、レーニン像という彫刻のための台座となったのである。

中でも興味深いのが、この台座部分の中央にくり抜かれたメイン・ホールとレーニン像の関係である。このメイン・ホールは、スターリン期を通していかなる実権ももたない、有名無実な存在へと変えられていった、党大会のための空間だった。プレ・コンペ段階では、それは構造とほぼ一致したドーム状の形態を有していたのに対し、コンペの進展とともにホールの構造とは何ら関係のない階段状の量塊に覆われていき、最終的にはその構造の一切の表徴を奪われることになった。最終案では、外部からソヴィエト宮殿を眺める人間が、建造物の中心に隠された巨大な球形の空間に気付くことはまず不可能である。そして、固有のフォルムを喪失した党の空間を代わりに表象するもの、それがこの空間の真上に立つレーニン像に他ならない。党という集団のための非現実的な規模にまで膨張した空間は、指導者のやはり非現実的なスケールの巨像によって、固有の形態を奪われると同時に、代理 - 表象されもする関係に置かれたのである。これらの処置によって、レーニンの記念碑としての主題は最大限に明確化され、ソヴィエト宮殿案は一応の完成を見る[4-18]。もはやここには、プレ・コンペの時点における労働者クラブなどの公共建築の面影を見出すことは不可能である。

しかしなぜ、他でもないイオファン案が最終的に選出されたのだろうか。前述の通り、既に最終フェーズではどの建築家が選出されても本質的には大差のない状態が確立されていた。にもかかわらずイオファンが最終的に選ばれたのは、おそらく他のどの候補者にもまして、彼が独自のスタイルを欠いていたからだと考えられる。イタリア時代のイオファンは、バロック的な作風で知られるアルマンド・ブラジーニに師事していたが、二四年にロシアに帰国した後も、彼が特定の建築家グループに属することはなく、(35) ヴェスニンやラドフスキー、ジョルトフスキーのように確固たる思想やスタイルをもっていたわけではなかった。いわば彼の作風は、与えられる指示に従って自在に姿を変える、あるいは外部から望ましい意味を容易に付与できる、可塑的でニュートラルな性格を有していたのである。イオファンの第二回目のコンペ入賞作と最終案との間の大きな開きには、彼のこのスタイルの欠如が如実に反映されている。(36) 入賞案では各機能はタワー部分と二つのホールに分散されており、全体は円形のホールとタワーの〈ヒエラルキー的で

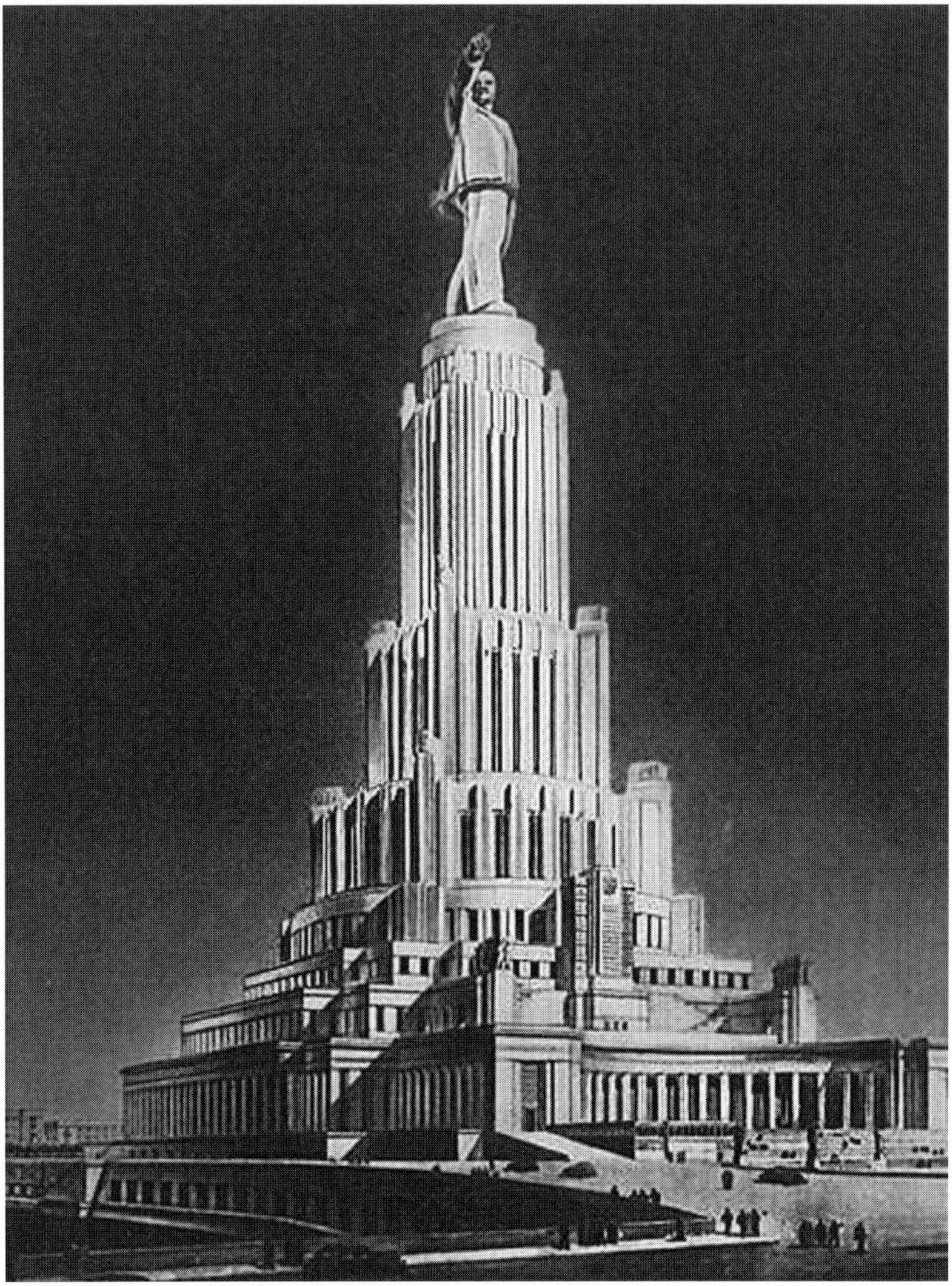

図 4-18
イオファン，シチュコー，ゲリフレイフによるソヴィエト宮殿案（1935 年頃），
Архитектура СССР. 1937. № 6.

はない）高低のコントラストによって構成されていた。これに対して最終案ではすべての構造はレーニン像とその足元のメイン・ホールに集約され、この垂直のヒエラルキーが空間全体を絶対的に統御している。その姿は公共建築というよりも、むしろ聖堂や神殿などの宗教建築を思わせる。このような変化からは、要求されるままに粘土のように姿を変える、彼のスタイル（没スタイル）が観察できるだろう。イオファン案はまさにこのようなスタイルの空虚さによって、社会主義リアリズムという中空の様式のモデルに選出されたのである。

けれどもソヴィエト宮殿の設計は、これで終わったわけではなかった。既に一九三一年の第二回目の建設委員会報告書内で、この建物の完成のためには、「建築、絵画、彫刻といったあらゆる種類の空間芸術が動員されねばならない」[37]と述べられていたわけだが、優勝案以降も「総合芸術の殿堂」としてのソヴィエト宮殿の実現のために、ますます多くの建築家や他領域の専門家が招集されていった。これによって宮殿のディテールは際限なく増殖し、空間は肥大し続けた。[38]そしてこの過程で、イオファン個人の名は完全に後景に退くことになった。一九三九年の『ソ連建築』誌上における約三〇ページにもわたるソヴィエト宮殿最終案の特集記事の中に、彼の名前が一度も現れないという事実は示唆的である。[39]ソヴィエト宮殿は「ソ連邦の数千もの建築家集団による作品として出来せねばならない」[40]という宣言は、こうして八年の間に言葉通りの意味で実現されたのである。

ソヴィエト宮殿の設計への芸術家たちの集団的参加は、まさにこの集団の多数性によって、彼らの個々の名を無意味なものに変えていった。ここにはスターリン文化下における集団性（коллектив）の新しい概念を見て取ることができる。連邦の象徴空間の頂点に位置するソヴィエト宮殿は、個別の建築家・芸術家の作品ではなく、膨大な数の名を失った芸術家集団の創作物とみなされたが、しかしそこでこれらの匿名の集団に対置されたのが、彼らをまとめあげ指針を与える「第一の建築家であり社会主義の建設者」[41]、スターリンだった。そこではイオファンは、たとえコンペの優勝者であっても、この匿名の集団の一員に過ぎず、代わりにその設計者としての地位は、「スターリンによるレーニンの記念碑」というソヴィエト宮殿の呼称が示すように、この指導者によって占められたのである。イーゴリ・ゴロムシトクはこの最終案の変質過程に、「数千もの名も無き芸術家」の集団と「スターリンその人」(42)との対比からなる、新たな共同体の出現を指摘している。党大会のためのメイン・ホールとレーニン像の関係のように、そこではこれらの建築家や芸術家からなる集団は、スターリンという唯一の名によって代理されることになったのである。

もうひとつ留意せねばならないのが、高さの重要性とその象徴的意味内容の変質だ。アメリカの摩天楼に典型的な高さを競う高層建築は、一九二〇年代のソ連邦では資本主義社会のヒエラルキー構造、無計画な開発の象徴とみなされていた。ゆえに一部の左派芸術家・建築家たちは、ソヴィエト・ロシアにおいては〝水平の〟スカイスクレイパーこそが目指されねばならないと考えた。モスクワ市街を水平のオフィスで覆おうとした、エル リシツキーの《雲の鐙》計画(一九二五年)は、その比較的早い時期の例である。そしてこの水平方向への運動を突き詰めることによって出現したのが、ギンズブルグやバルシチら非都市派の完全にフラットな線状都市プランだった。

これら二〇年代の水平性への志向を、ソヴィエト宮殿競技とそれをめぐる批評言説は、完全に覆すことになる。一九三一年に『モスクワ建設』誌に掲載されたプレ・コンペの講評では、エントリーされた作品は皆「高さの表現」において不十分であったために不適格であったと述べられた(43)。ここには高層化への最初の徴候を認めることができる。二年後の『ソ連建築』誌上におけるソヴィエト宮殿特集では、エッフェル塔をはじめとした当時の世界の様々な高層建築とイオファンの宮殿案が比較され、その高さの優越性が強調された[4-19]。しかしまだこの時点では、高さに対する文脈の転換は決定的ではなかった。たとえば同時期に発表された、ヴォプラのニコライ・ザプレーチンによるソヴィエト宮殿競技に対する講評は、このような高さにまつわる価値判断の過渡的な状態を示している。彼によれば、「他の建築群一般から抜き出た塔のダイナミックな浮遊において、新しい社会の建設のための闘争は解決される」(44)のであり、この高さとは「われわれの達成物に対する誇り」(45)の表れであった。ここには未だダイナミックな浮遊・飛行

図 4-19
『ソ連建築』誌上におけるソヴィエト宮殿と世界の高層建築の比較，Архитектура СССР. 1933. № 1.

の反重力的パラダイムが見られる一方で、高さと優越性との比例関係も読み取れる。高さの象徴的意味が確立されるのは、したがって優勝案以降であったと考えられる。

そこで注目したいのが、優勝案から最終案への高層化を決定づけた、レーニン像の存在だ。最終案では、文字通りの巨人としてのレーニン像が付け加えられることによって、ソヴィエト宮殿は当時の世界における最も高い建築物となるはずであった。しかしながらこの像の非現実的な高さは、単に建造を困難にするのみならず、街路から指導者の姿を眺めることまでをも不可能にしてしまった。そのあまりの高さゆえに上部は霞んでしまい、街路からは足元しか見えないという問題を、この巨像は抱えていたのである。レーニン像をスケール・ダウンし、台座の構造ないし彫像の配置箇所を変更することなしには、おそらく眺望の確保は不能であっただろう。しかしいずれの手段も取られることはなく、一九三九年の時点でも、レーニン像の眺望の問題は未解決のまま残されていた㊻。

このような不可視の像は、けれども、実のところソヴィエト宮殿に限られたものではなかった。一九三〇年代から五〇年代にかけての時期には、五芒星の形をした赤軍劇場[47]や路上からはほぼ見えない複数の彫像によって装飾された自動旋盤工場職員向けアパートメントなど、街路をゆく人間の視点からは限定的にしか捉えることのできない構造・ディテールを伴った建築物が、複数出現したのである。

なぜこのような、常識的には失敗とみなされるであろう設計が容認されていたのか。一九三四年の『ソ連建築』誌第二号において、ヴェスニン兄弟とギンズブルグは、建築の上部に付属した誰も見ることのできない彫刻について、「無意味」であり「建築における装飾的要素に過ぎないのであって、これを建築と彫刻の〝総合〟と呼ぶことはできない」[48]と、手厳しく批判している。しかし彼らの唱える正論に対して、パペールヌィはこのような不可視の像とは、社会主義リアリズム建築、とりわけスターリン建築の原則から照らせば、決して失敗ではなかったのだと主張する。パペールヌィによれば、逆説的に、まさにこの見えなさこそが重要であった。都市の日常＝街路からは不可視であるからこそ、このレーニン像は単に高いというだけではない、日常＝街路のレヴェルとは異なる、より高次の世界に属するものとみなされたのである。換言すれば、レーニン像はこの高さによってもたらされる見えなさ、不可視性によって、現実に対する超越性という象徴的意味を獲得しえたのだ。パペールヌィは、最終案において垂直に引き伸ばされ、さらに段を追加された階段部分は、このような質的に置換不可能・不可逆な「文化2のヒエラルキー構造[49]」を反映したものであると述べる。通常の高層建築があくまで一個のヴォリュームとして上方へ伸長していくのとは異なり、階段構造は、階層という象徴的な意味をもった高さ＝差異を作り出す。そしてその頂上部分は、「単に最も高い層であるのみならず、表象の別の次元への移行[50]」を表す場と位置づけられるのである。

一九三五年に採択されたモスクワ再開発のためのゲンプラン（総計画）では、ソヴィエト宮殿は同心円状に広がるこの都市の新たな物理的・象徴的中心として想定されていた。パペールヌィによれば、ソ連邦の中心モスクワの、さらにその中心に位置することになるこの建築物は、まさにその最高度の重要性により、現実の空間ではなくイデア界に属する存在であった。ゆえにソヴィエト宮殿は、現実の都市空間には翻訳不可能なまま、果てしなく膨張し続けるプランに留まるのであり、とりわけその最も高い層、連邦の頂点に位置するレーニンの姿は、人びとの目からは不可視でなければならなかったのである。[51] パペールヌィは、これこそがソヴィエト宮殿が未完のプロジェクトに留まり続けねばならなかった、あるいは解決不能な眺望の問題を孕みながらも、レーニン像がついに宮殿上から取り下げられることのなかった、真の原因であると主張する。[52]

ソヴィエト宮殿の戦前の最終案は一九三七年に受理され、開戦間際の三九年には基礎工事が終わり、鉄骨の組み立てが始まっていた。しかしドイツ軍がモスクワ周辺にまで迫ると、既に組み立ての終わっていた部分も解体され、軍需物資へと転用されることになる。以降建設作業はしばし停止するが、戦後再びソヴィエト宮殿の建設が議題となったとき、スターリンは規模を縮小した形での再設計を命じた。これを受けて、イオファンは一九四七年から一九五六年にかけて、六つのヴァリアントを作成している。一九四七年から四八年にかけて制作された案では、宮殿の高さは三二〇メートルまで低下し、空間の規模は三〇パーセント近く削減され、レーニン像も六五メートル程度まで縮小された。スターリンの死の直前の五二年には、戦後復興の一段落による経済的余裕から、宮殿の高さは再び四一一メートルまで上昇した。[53] けれどもこれらのどの案も、結局実現されることはなかった。

このソヴィエト宮殿に代わるように、戦後モスクワ中心部を取り囲む形で建設されたのが、モスクワ大学校舎をはじめとした、〝スターリンの七姉妹〟とも呼ばれる高層建築である。[54] これらのビルの建設は一九四七年一月に承認されると、公式のコンペが開催されることも、また選考の過程が明らかにされることもなく、八組の建築家に設計が委託された。工事期間は記録的に短く、ソヴィエト宮殿とは対照的に、一九五七年までにはザリャージエ・ビル以外の七つの高層建築すべてが竣工を見ることになった。ソヴィエト宮殿建設のために用意されていた資材は、これらの高層建築に転用された――あるいは（おそらくこちらの方がより実情に近いのではないかと思われるが）、これらの高層建築の実現のためにソヴィエト宮殿の建設は実質的に中止されたのだと考えられる。もはや戦後の、祖国を勝利へと導いた大元帥としてのイメージを獲得したスターリンには、ソヴィエト宮殿というレーニンの記念碑を築くこと、すなわちレーニンという媒介物を経ることによって彼自身の権威を裏付ける必要が、なくなっていたのである。

3 レオニドフと重工業人民委員部ビル・プロジェクト

ソヴィエト宮殿設計競技から一九三五年にかけての時期には、二〇年代の単純化された合理的・幾何学的構造に、古典主義のモチーフを表面的に添加した建築物が次々に実現されていった。この移行期に出現した作品を、ハン＝マゴメドフはポスト構成主義建築、フメリニツキーは初期スターリン建築と名付けている。一九二四年にはル・コルビュジエの設計によるツェントロソユーズ[4-20]およびジョルトフスキーの設計によるマホーヴァヤ通りのアパートメント[4-21]が竣工したが、五月に開催された建築家間の討論会では、前者はコルビュジエニズム－構成主義の「牢獄のような無味乾燥さ」の点で、後者はパラッツォ風の「豪奢絢爛さ」の点で、それぞれに批判を浴びた(55)。これらの言説は、構成主義も新古典主義も既に過去の様式となりつつあったことを示している。と同時に、この五月の議論は、事前の検閲などの審級を経ない、最後の自由な討論の場として記憶されることになった。同年八月に開催された第一回作家同盟大会を模範として、その三カ月後には三五名の建築家からなる建築家同盟組織委員会が組織され、文学、美術、演劇といった分野と並んで、建築においても党の主導による集団化が開始されたのである。

このような時期に、モスクワ再建計画のさらなる一環として、ソヴィエト宮殿に次ぐ重要性を有する建築プロジェクトとして発表されたのが、赤の広場を挟んでクレムリンおよびレーニン廟と向き合う、重工業人民委員部ビルの設計競技だった。この競技も連邦内の主要建築家を集め、二度にわたって開催された。しかし一九三六年の二回目の競

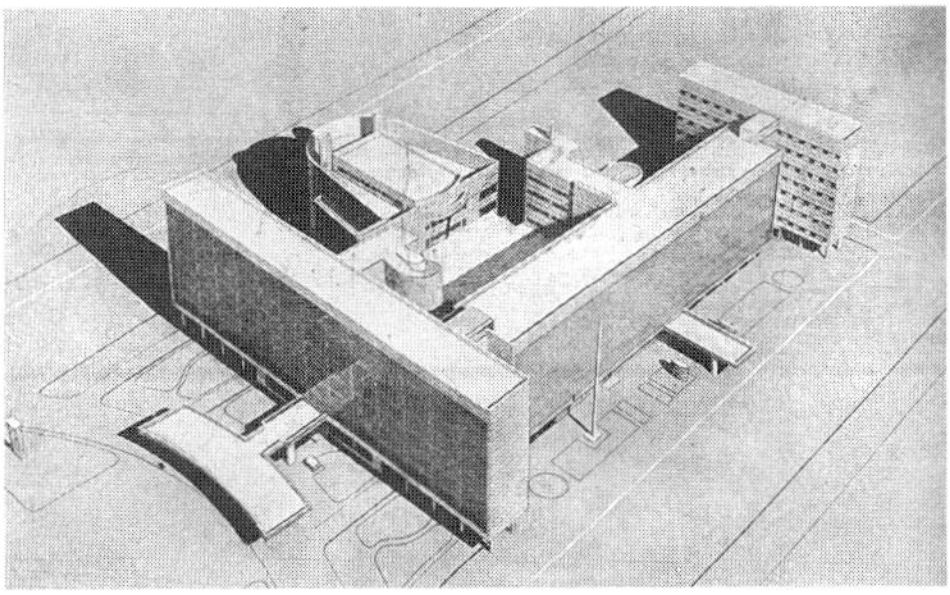

図 4-20
ル・コルビュジエによるツェントロソユーズ，Современная архитектура. 1929. № 4.

図 4-21
ジョルトフスキーによるマホーヴァヤ通りのアパートメント（1934 年），Архитектура СССР. 1934. № 6.

技でも優勝者は現れず、実際の建設に至ることはなかった[56]。

同コンペの第一回目の競技は指名制で行われ、その大部分はアヴァンギャルドの建築家たち、ヴェスニン兄弟のグループ、ギンズブルグ、メーリニコフ、ゴロソフ、フィンドマンらによって占められていた。またアカデミストのフォミーン、シチューセフ、シチュコーとゲリフレイフのソヴィエト宮殿コンビ、ヴォプラからはモルドヴィノフが参加していた。

一九三四年の『ソ連建築』誌一〇月号に発表された概要によれば、競技の主題として公式に打ち出されたのは、このビルの周囲をめぐる、聖ワシリー大聖堂、クレムリン、ボリショイ劇場、歴史博物館などの名だたる歴史的建造物との「調和的アンサンブル[57]」であった。アンサンブルとは、ソヴィエト宮殿競技以降、頻繁に建築批評の中で強調されるようになる概念であり、一般的には周囲の建築物やモニュメント（将来出現するはずのソヴィエト宮殿も含む）などとの調和を意味していた。だが実際には、多くの場合、革命前の「ブルジョワ古典主義」とほとんど変わらないデザインを用いるための口実として利用された。ハン＝マゴメドフは、この公式プログラムの狙いを、重工業ビルを通してこれら「過去の栄光を、革命の神話体系に編入する[58]」ことにあったと述べている。しかし同時にこの建築物は、ソヴィエト・ロシアの重工業と科学の発展を内外に示威するものでもあらねばならなかった。いわばコンペのテーマは、過去のモニュメントと工業・科学技術のシンボルという二方向に分裂していたのである。

この重工業ビル競技の入賞案の中で多数を占めたのが、直方体を積み上げたセットバックするタワーを中心とするデザインだった。装飾性の抑制されたアメリカの摩天楼を思わせるダニール・フリードマン案[4-22]や、二つのビルディングを連結し多数の彫像（ここでも地上からは不可視の彫刻群が出現している）を配してよりモニュメンタリティを強めたアブラム・ザスラフスキー案[4-23]などがこれにあたる。これらのデザインからは、正対するレーニン廟の構造を垂直に引き伸ばし、より巨大な規模で再現することで、墓廟と重工業ビルの両者の間に共鳴関係――アンサンブ

図 4-22
フリードマンによる重工業ビル案，第 1 フェーズ（1934 年），Архитектура СССР. 1934. № 10.

図 4-23
ザスラフスキーによる重工業ビル案，第 1 フェーズ（1934 年），Архитектура СССР. 1934. № 10.

図 4-24
ヴェスニン兄弟（+ギンズブルグ）による重工業ビル案，第1フェーズ（1934年），Архитектура СССР. 1934. № 10.

図 4-25
ギンズブルグ，リサゴール（+ヴェスニン兄弟）による重工業ビル案，第1フェーズ（1934年），Архитектура СССР. 1934. № 10.

ルを作り出そうとした設計者の意図が窺える。

他方、ヴェスニン兄弟案（＋ギンズブルグ）[4-24]とギンズブルグ・リサゴール案（＋ヴェスニン兄弟）[4-25]は、どちらも四棟からなる高層ビルを巨大な列柱に見立てた、構成主義とも古典主義とも呼ぶことのできない異様な外観を呈していた。ギンズブルグ案のキャプションでは、未だ「軽く、大気のように上方へ伸張するコンポジションの印象」⑸⑼が強調されているが、これらのデザインにおける軽さの表現は、二〇年代に見られたダイナミズムとは既に異質なものになりつつある。

またソヴィエト宮殿との関係、とりわけ両者の高さの問題も建築家たちの注目を集めた。ボリス・コルシューノフとアレクサンドル・ズービンのペアの案では、重工業ビルの高さは一五〇メートルに設定され、「ソヴィエト宮殿と調和していなければならないが、それと高さを競い合うべきではない」⑹⑽と明記されていた。結局各入賞案は、ソ連邦の技術力を誇示するためのモニュメンタルな高さの意義を強調しながらも、一五〇メートルを超えることはなかった。

隣接する赤の広場のレーニン廟とどのような関係を結ぶかも、デザイン上の重要な問題であった。たとえばザスラフスキーは、重工業ビルを都市モスクワとレーニン廟を結びつけるものと定義し、自身の作品のキャプションにおいて、重工業ビルからレーニン廟とその背後に聳立するソヴィエト宮殿までを含んだ、未来の首都のアンサンブルを描き出した⑹⑴。フォミーンのグループの意図は一層はっきりしていた。彼らの言葉によれば、重工業ビル・プロジェクトとは、「やや偶然的な状況のために現在の広場に位置しているレーニン廟を、全体的な計画のシステムへ取り込むこと」⑹⑵を目指すものであった。

入賞案の大部分を、構成主義から離れ、古典主義の要素を何らかの形で取り込もうとする移行的なデザインが占める中で、メーリニコフ案[4-26-1][4-26-2]とレオニドフ案[4-27]は、その独特な形態・構造の追求において、他の作品とは明らかに傾向を異にしていた。

図 4-26-1
メーリニコフによる重工業ビル案，第 1 フェーズ（1934 年），上空からのパースペクティヴ，Архитектура СССР. 1934. № 10.

図 4-26-2
メーリニコフによる重工業ビル案，第 1 フェーズ（1934 年），テラス階段からのパースペクティヴ，Архитектура СССР. 1934. № 10.

図 4-27
レオニドフによる重工業ビル案，第 1 フェーズ（1934 年），紙・インク，182.0×120.0 cm，ロシア国立建築博物館（MA）所蔵，PIa 3724.

メーリニコフ案は、レーニン廟を中心軸として左右対称に交差する、二つのVの字でもって構成されていた。これら二つのVによって切り取られた中央の菱形の空間は、この建物全体の空虚な中心軸とでも呼ぶべきものになっており、オフィスとして機能するW状の四二階建ての高層棟に対し、この中心軸を囲むように、地下にも一六階分のスペースが確保され、図書館や展示用ホール、各種公共機関が配置される予定であった。建物の中心に穿たれたこの縦穴は、地下階に自然光を通す機能とともに、地上階の威容を強調する役目も担っていた[63]。

これまでのメーリニコフの設計には見られなかった圧倒的な量塊の表現の一方で、しかし同案のダイナミックな鋭角構造には、一九二四—二五年のパリ万博のソ連パヴィリオンなど、メーリニコフの二〇年代の作品との明らかな連続性を見て取ることができる。また他の応募案と何より対照的であるのは、メーリニコフ案では高さの象徴的階梯を表現する階層構造は採用されず、物理的にも象徴的にも最も高い位置を占めなければならないはずの建築物の中心が、縦長のヴォイドとして空洞化され、天上ではなく逆に地下へと下降している点である。

巨大な外部階段も、同様に二〇年代の作品との連続性を感じさせる。正面入口の両脇から伸びる二本の長大なテラス階段は、ルサコフ・クラブのエントランスと同じく、街路から建築物内部へ向かう集団のための通路となる予定だった。そしてわけても特筆すべきは、この階段の手前からの眺望である。テラス階段の入口には、歯車を思わせる巨大な円形の構造が設置され、施設を訪れた人びとの眼前に、この円が奥の高層棟上の二体の彫刻を、まるで絵画のフレームのように切り取って、ドラマティックに示すことになっていた。ここからは、メーリニコフもギンズブルクやヴェスニンのように、街路からの眺望を顧慮しない建築物上の彫刻に対し、批判を抱いていたことが窺われる。

メーリニコフ同様、ソヴィエト宮殿競技には参加しなかったレオニドフは、反レオニドフ・キャンペーン、そしてソヴィエト宮殿競技の審査を通して表明された構成主義に対する批判への回答として、少なくとも外見上は、それまでとは一変したデザインでこの重工業ビル設計コンペに臨んだ。

レオニドフのプロジェクト案を構成するのは、三つのタワーである。最も高い第一のタワーは、地上から三分の二まではは石のフレームにガラスがはめ込まれており、残りの部分はガラスのカーテンウォールで覆われ、最上階はレストランになっていた。その外観は、二〇年代に彼が設計してきた矩形の高層ビルとさほど大きく異なってはいない。これまで抽象的に描かれてきた対象を、細部まで描き込むことによって、よりリアリスティックに表現しただけのようにも見える。しかし他の二つのタワーは、この第一のタワーとは対照的な姿となった。

第二のタワーは、黒い光沢のあるガラスのブロックで覆われ、中央のやや窪んだ円筒形の輪郭を描いていた。夜間には照明が内部からこの建築物を照らし出し、あたかも巨大なランタンのような輝きを見せることになっていた。また規則的な間隔で張り出しているキノコ状のベランダ部分は内部のラウンジに連結されており、職員に休憩と娯楽の場、赤の広場を眺める観覧席を提供する予定であった。なおこの独特の円筒形は、ほぼ同時期にモスクワのピオネールとオクチャブリャートの家の円柱型プランターに応用されている[4-28]。最後のY字型をした第三のタワーは、花崗岩の壁面をもち、第二のタワーと空中回廊で繋がれていた。この第二、第三のタワーにおける曲線の用いられ方、無色のガラスではなく赤、緑、黄など色彩豊かな素材の利用は、これまでのレオニドフ作品には見られなかった特徴である。

図 4-28
レオニドフのデザインによると思われる，ピオネールとオクチャブリャートの家の円柱形プランター（1936 年），Строительство Москвы. 1936. № 17.

タワーの足元の低層棟部分には、ソヴィエト宮殿コンペからの影響であろうか、レオニドフの作品中はじめて、コロネードが採用された。ただしそこで用いられたのは、ソヴィエト宮殿最終案におけるような巨大な円柱ではなく、細い無装飾の柱であったが。また、タワーからやや離れた場所には、職員のための労働者クラブとして、背の低いドラム状の建物が配置された。この建物の壁面の、赤や緑など鮮やかな色彩で描かれた不定型な模様も、これまでのデザインには存在しなかった要素である。これらの施設に加えて、重工業ビル周囲のキタイ・ゴロドやザリャージエなどの一帯は全面的に整備され、第2章で論じた彼の二つの労働者クラブ案を彷彿とさせるような、競技場やスポーツ施設などを含む広大な公園が建設されることになっていた。もしもこの計画が実現していたならば、モスクワの中心部は、広々とした緑地に離散的に建築物が配置された、新しいタイプの公園都市（ガーデン・シティ）へと変貌していただろう。

さて、レオニドフ自身はこのコンペのテーマを次のように解釈している。

赤の広場とクレムリンの建築は、繊細かつ偉大な音楽である。このシンフォニーに新たな、強大で力強い響きをもつ楽器を導入するためには、それ自身が自らの建築的特質において周囲をリードし、残りの建築物に優越することができなければならない。すなわち、派手な装飾や形態ではなく、単純で緊密、調和的でダイナミックな内容が、重工業ビルという複合体の基盤とならねばならない。さらに歴史的モチーフは芸術的コントラストの原則に基づいて、この主導的構造に構成要素として従属せねばならない[64]。

このレオニドフの解釈の中で注目したいのが、周囲の歴史的建造物への彼の目配りである。既存の地形を黒＝闇によって中性的なスクリーンへと還元したマグニトゴルスク案からすれば、一八〇度の方針転換といっても過言ではない。

キャサリン・クックは、レオニドフのそれぞれのタワーと周囲の歴史的建造物（および建設予定のソヴィエト宮殿）

の位置を表にまとめている[4-29]。この表からは、重工業ビルが（聖ワシリー大聖堂を除いて）一九世紀中に建設されたロシアを代表する新古典主義建築に取り囲まれていたことが分かる。ここで古典主義に則して重工業ビルを設計してしまえば、これら周囲の建築物と重工業ビルの関係は、外観上の類似によって曖昧なものになりかねない。そのような、つまり通常のアンサンブルの手法では、重工業ビルの新しさや主導性を打ち出すことはできないとレオニドフは考えた。そこで彼が採用したのが、コントラストという手法だった。彼は色彩や素材のテクスチャーなどによって、重工業ビルとこれら周囲の建築物との共通点を部分的に作り出しながらも、形態全体の単純さや高さ、軽さの表現によって、自らの建築物と周囲の文脈との間に、明確な対比関係を築こうとした。このレオニドフ案は、一般的な社会主義リアリズム建築におけるように新旧の構造を混同されたりすることなく、むしろ双方の存在をコントラストによって際立たせることで「歴史的対話[65]」の実現を目指すものであったといえよう。特にクックは、彼の三本のタワーからなる三幅対構造に注目し、これを古代ロシアの教会建築に見られる、複数の異なった形態の塔を束ねた、ポゴストと呼ばれる形式の翻案であるとしている[66]。この塔を束ねた構造や、色彩のヴァリエーションといった共通点によって、周囲の建造物の中でもとりわけレオニドフの三本のタワーと印象的な対照を成しているのが、聖ワシリー大聖堂[67]である。

彼の素描のうちの一枚[4-30]は、両者の関係を端的に示している。ここでは重工業ビルが高さとスケールによって大聖堂を圧倒しているものの、まるで聖堂の小塔やクーポラの間から、これらのビルが生え出してきたかのような印象を受ける。ポゴストという古い宗教建築の手法を参照しつつ、しかし巨大なスケールや新しい形態へとそれを移しかえることによって、レオニドフはワシリー大聖堂との間にコントラストをつくり出そうとしているのだ。このような試みから読み取れるのは、ワシリー大聖堂の構造を参照しながらも、社会主義に相応しい新たな聖堂、いわばさかしまの聖堂を建設しようという建築家の意図である。すなわち、救世主大聖堂を同様にシンボリックな引力を有する

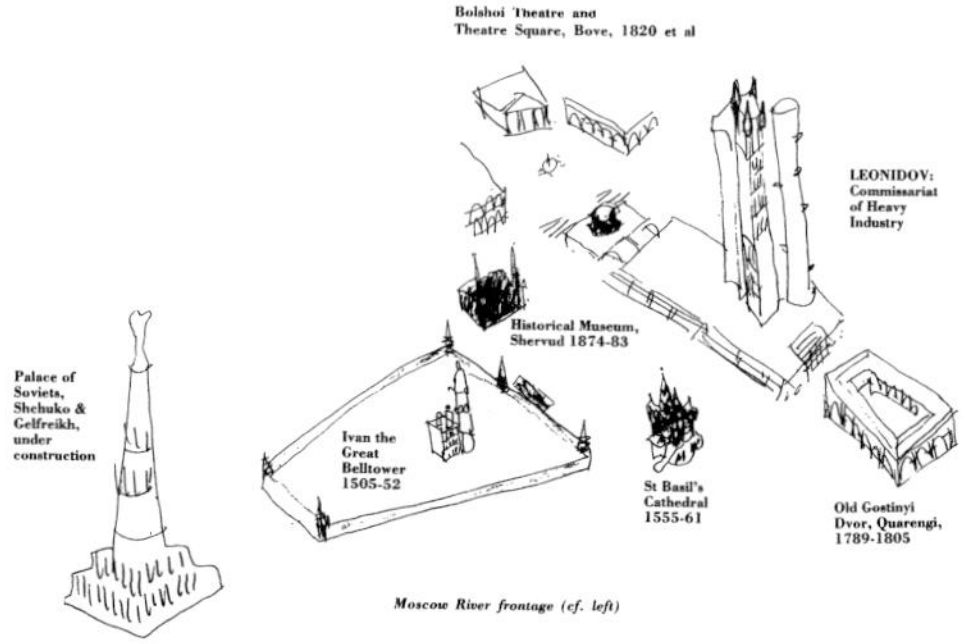

図 4-29
キャサリン・クックによるレオニドフの重工業ビルと周囲の建築物の対比関係図, Catherine Cooke, "Ivan Leonidov: Vision and Historicism," in *Architectural Design,* 1983, 53(5-6).

図 4-30
重工業ビルと聖ワシリー大聖堂との対比，紙・インク，50. 0×50. 0 cm，ロシア国立建築博物館（MA）所蔵，PIa 4676/3.

ソヴィエト宮殿で置き換えようとする試みとは対照的に、レオニドフは労働宮殿案でヴェスニン兄弟が示したような、聖堂をオフィスへと置き換える、いわば聖なるものと俗なるものの転倒を行おうとしていたのである。ただそうは言っても、彼のデザインを二〇年代のオフィス・ビルの類型とみなすことも難しい。それは既に構成主義と社会主義リアリズムが複雑に交錯する、新しい領域に差し掛かりつつあったといえよう。

第一回目のコンペに提出されたほとんどの案が、レーニン廟以外の周囲の主たる歴史的モニュメントを設計に反映していなかったのに対し、レオニドフ案は周囲の建築物との関係を、愚直なまでに真剣に考察していた。『ソ連建築』誌に同コンペの総評を掲載したリシツキーによれば、重工業ビルのデザインでは、クレムリン、聖ワシリー大聖堂、レーニン廟（「生きたソヴィエトの演説台」(68)）、そしてソヴィエト宮殿からなる「社会主義の中心地」(69)という象徴的地政学が十分に考慮されていなければならなかった。まさしくこのような観点から、「クレムリンと聖ワシリー大聖堂、そして現代建築の新たな複合体を探求する試みが見られる」(70)唯一の作品として、彼はレオニドフ案を絶賛した。なお、リシツキーは次点でメーリニコフ案も評価している(71)。

しかし何にもましてレオニドフの構成主義からの転換を認めることができるのが、彼のドローイングである。これまでのスプレマチズム的構図からなる平面図、平行投影による立面図、ディテールの廃棄、宇宙空間を想起させる黒地に白線で対象を描き出す手法から、彼はよりリアリスティックな空間表現、細部の重視、大胆な色彩の多用といった手法へとスタイルを変化させている。この変化の原因となったのもまた、周囲の建築物との関係への配慮だった。たとえば彼によって残されたスケッチの中には、既存の都市の景観に新しい形態をどのように挿入すべきかを検証するために、クレムリン周辺の様々な場所からの眺望に新しいビルディングを描き込んだものが、多数見受けられる。中でも一九世紀のクレムリンを描いたイラストに、自身の重工業ビルを描き加えたパースペクティヴ[4-31]は、新しい建築物がこれらクレムリンのタワー群に対し、スケール、高さ、形態などの点で占めるべき主導性を具体的に示している。これらのアプローチからは、球体建築によって大地を無重力化し、グリッドによって既存のトポグラフィーを無化するというこれまでの彼の方法論は、完全に影を潜めてしまったかのように見える。レオニドフは二〇年代に展開した彼の天体建築の構想を、弾圧の中で完全に放棄してしまったのだろうか。

けれども意図的な路線変更の一方で、依然としてレオニドフのスタイルは、ソヴィエト宮殿に見たような新しい時代の規範からはほど遠いものであったことも、認めねばならない。まるで質量を文字通りそぎ落とすかのように注んだタワーの輪郭やガラスのカーテンウォール、脚元のピロティなどの構造は、高層化の要請に応えながらも、重量と葛藤しながら立つ（建つ）という、モニュメンタルな重々しさをもち合わせていない。とりわけレオニドフ案の階梯構造を全く欠いたタワーには、ソヴィエト宮殿最終案にパペールヌィが見出したような、物理的高さが象徴的高さへと転換する契機は存在しない。ソヴィエト宮殿における明確かつ不可逆な階層の区分に対して、レオニドフのタワーでは地階から頂上までエレベーターによる上下の移動は自由であり、タワーの頂上から赤の広場で開催されるマス・ページェントを見下ろす視点は、レーニン（像）という超人的な存在のためのものではなく、あらゆる市民に開放されることになっていた。これらの点からは、重量との葛藤の中で建築の威容を表現するのではなく、反対に建築を通して重力そのものを解体しようとする、構成主義時代と同様のレオニドフの天体建築の理念が読み取れよう。

わけてもカラーの平面図[4-32 口絵1]は、一九二〇年代の建築思想との連続性を考察する上で、とりわけ重要な示唆を与えてくれる。他のドローイングに対して、この平面図は明らかに異質だ。ここで示されているのは、[4-33]の詳細な平面図とも、はたまた奥行きのあるパースペクティヴとも、全く異なった世界である。この平面図では白・黒・赤というスプレマチズムの基本的色彩が用いられており、はるか上空からの視点によって、タワーの高度や質量は完全な平面に、リアリスティックな細部は無装飾の基本的形態にまで還元されている。

ソヴィエト宮殿における上方から下方への視点は、レーニン像というイデア的存在によって独占されていた。だが、

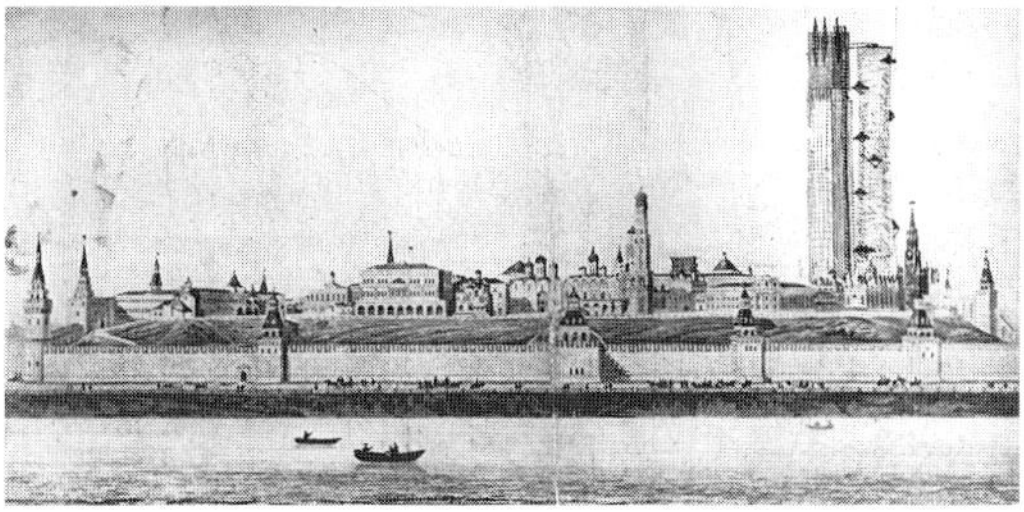

図 4-31
クレムリンと重工業ビルのモンタージュ（モスクワ河岸からの眺め），Архитектура СССР. 1934. № 10.

図 4-32（口絵 1）
重工業ビル案，彩色された平面図，パラフィン紙・インク・顔料・グアッシュ，50.0×100.0 cm，ロシア国立建築博物館（MA）所蔵，PIa 3722.

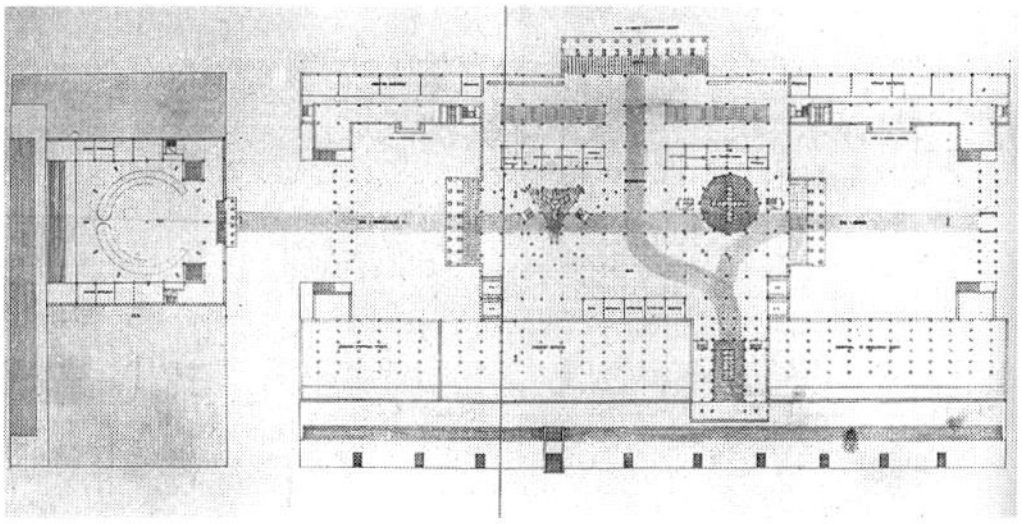

図 4-33
重工業ビル案平面図，紙・インク，100.0×120.0 cm，ロシア国立建築博物館（MA）所蔵，PIa 3727.

この平面図における上空からの視点は、反対に象徴的ヒエラルキーの基礎となるような空間の上下関係を解体してしまう。結果としてそこに出現するのは、物質としての質量や距離感覚を喪失した、これ以上なく平坦な世界だ。各タワーの形態は、圧倒的な高さから眺められることによって、絶対平面としての自ら以外いかなる対象も指し示すことのない、無対象絵画の構図へと近づいていく。いわばこの平面図は、はるか上空から眼差さねばそれと認めることのできない、無対象建築としてのタワーの本質を示しているのである。

またソヴィエト宮殿案に見られる部分と全体、ないし構造と大地の強固な結合は、レオニドフのデザインとは無縁であった。彼の重工業ビルを構成する各タワーは互いに独立しており、形態間にヒエラルキー的関係は存在しない。さらにこれらの形態は、極端なアングルから描かれることで、大地との安定的な関係を欠いていた。これはレオニドフがプロジェクトのイメージ画を描く際に、しばしば写真に特有の構図を参照していたことに起因している。ロトチェンコの仰瞰のパースペクティヴを思わせるドローイング[4-34 口絵2]は、その一例である。メーリニコフ案にもいえることだが、両者ともにこのような写真のダイナミックな構図を利用することによって、社会主義リアリズムの要求する巨大な構造を描き出しながらも、この量塊を地面へ定着させるのではなく、反対に運動へと解消させている。

全体像を一望に把握することが不可能な、近代建築の巨大なスケールを捉える上で、運動するカメラの視点は不可欠のものであった。たとえばジークフリート・ギーディオンは、彼の近代都市論の中で、レオニドフがこのドローイングの作成の際にトレースしたのと同じエーリヒ・メンデルゾーンの『アメリカ——ある建築家の写真集』(一九二六年)に掲載されたニューヨークの摩天楼の写真[4-35]を取り上げ、「ロックフェラー・センターのような新しい都市のスケールの表現は、時・空間のうちに力強く表出されていて、単一の視界のうちには包含されえないものである。それらの相互関係を感じ取るためには、眼はエッジャートンの高速度写真のような働きをしなければならない」[72]と述べている。ギーディオンによれば、カメラのような機械の眼においてのみ、「われわれは量と面の壮大な演技を理解し、

図 4-35
ニューヨークの摩天楼の写真，Erich Mendelsohn, *Amerika: Bilderbuch eines Architekten*（New York: Da Capo Press, 1976）.

図 4-34（口絵 2）
重工業ビル案，仰瞰のパースペクティヴ，紙・インク・水彩，166.0×50.0 cm，ロシア国立建築博物館（MA）所蔵，PIa 3725.

図 4-36（口絵 3）
第 3 タワーからのレーニン廟の眺望，紙・鉛筆・パステル，58. 0×37. 0 cm，ロシア国立建築博物館（MA）所蔵，Pla 4475.

その多面的な意味を感知すること」[73]ができる。言い換えれば、高速で移動しつつあらゆる角度から対象を自在に捉える視点こそが、そしてこの機械の眼によって切り取られた無数の断片的な像こそが、新たな都市のスケールの等価物となるのである。

このようなギーディオンの発言を踏まえながらレオニドフのドローイングと他の案を比較してみれば、それらが質的に異なった文脈に属していたことがはっきりするだろう。断片化と極端な仰瞰によるデフォルメを経たレオニドフのタワーの姿には、その周囲をめぐる建築家のキノ・グラース（カメラ・アイ）の運動と、それによってもたらされる視界の偶然性・限定性が反映されている。レオニドフのドローイングの構図は、まさにその偶然性・限定性によって、「単一の視界のうちには包含されえない」このタワーの上空へと伸張する軽やかなダイナミズムや、物質の重々しさを伴わないスケール感を、換喩的に示しているのである。

ところで、他の多くの案がレーニン廟とのアンサンブルを意識しているのに対して、レオニドフの重工業ビル案からは、レーニン廟との直接的関係を読み取ることはできない。しかしながらレオニドフのドローイングの中には、一枚の奇妙なカラーのスケッチが残されている。そこに描かれているのは、第三のタワーのエントランスから伸びるスロープと、広場で繰り広げられるデモンストレーション、そしてその先にある「夜であってもわずかに開いており、（レーニンの―本田）間もなくの復活を示唆するような」(74)レーニン廟の姿である[4-36 口絵3]。

このパースペクティヴはレーニン廟に正対する重工業ビルの足元にテラス階段を築き、レーニン廟へのドラマティックな眺望を可能にするという、レオニドフの計画を表現したものとして解釈できよう。(75)だがこの奇妙な表現と構図、主題の選択は、それ以上のものを仄めかしているように映りはしまいか。まず不可解に思われるのは、画面の中央を占めるのはレーニン廟であって、重工業ビルそのものではないという点だ。ここでは画面の四辺を取り囲む重工業ビルは、あたかもレーニン廟を切り取るフレームのごとく機能している。一体なぜ、このような構図が選ばれたのか。しかもなぜ昼間ではなく、夜の光景でなければならなかったのか。そして何より、レーニン廟とクレムリンの尖塔の背後を占める、光の柱と球からなる異様な光景は、一体何を意味しているのか。

これらの疑問に答え、この素描が示すところを理解するためには、一九二〇年代から三〇年代にかけて生じた、レーニン廟の象徴的機能の変化を検討する必要がある。

4 レーニン廟とレーニンの象徴化

ソヴィエト宮殿と重工業ビルという実現されることなく終わったプロジェクトに対して、周知のようにレーニン廟は実際に建設されている。しかし現実には、この建築物もまた、二度の建替えを経る中でその象徴的意味を変じていった過渡的存在であり、ビルトとアンビルトの境界線上に位置する建築でもあった。

シチューセフの設計による最初の木造のレーニン廟[4-37]は、着工からわずか三日後の一九二四年一月二五日に完成された。地上二メートル、地下三メートル、幅三メートルほどの四段の階段状になっており、表面には石のテクス

図 4-37
シチューセフによる最初のレーニン廟（1924 年）, Nina Tumarkin, *Lenin Lives!: The Lenin Cult in Soviet Russia*（Cambridge: Harvard University Press, 1983）.

図 4-38
シチューセフによる最初のレーニン廟の設計図（1924 年）, *Хан-Магомедов С. О.* Мавзолей Ленина: История создания и архитектура. М., Просвещение, 1972.

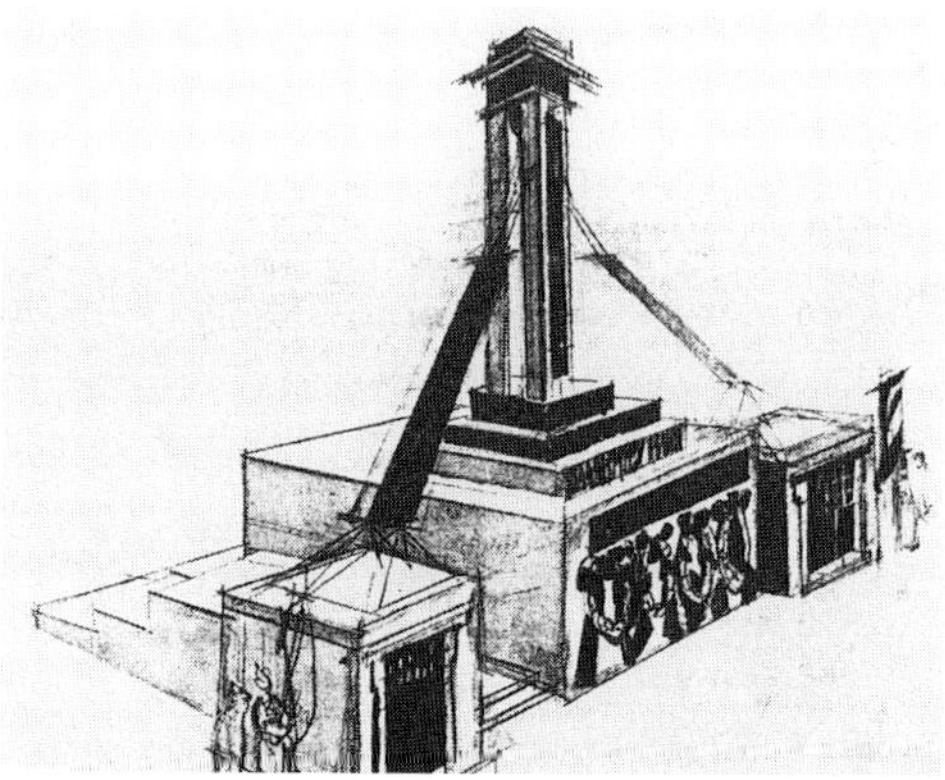

チャーに似た濃灰色の塗装が施され、正面部分には大文字の黒いシンプルな書体で「レーニン（ЛЕНИН）」とのみ記されていた。設計の段階では、この場所が革命の犠牲者たちの共同墓所兼演説台の敷地に指定されていたこともあり、レーニン及び赤の広場に埋葬された無名戦士たちを記念する、束になった四本の四角の柱からなる記念碑が段上に乗せられる予定であった[4-38]。けれども、工期の短さとマイナス三〇度の猛吹雪という厳しい気象条件のために、モニュメントの設置は断念される。この点では、仮設のレーニン廟もまた未完の建築の一種であったといえよう。またもしこのモニュメントが存在していたならば、ソヴィエト宮殿計画においてレーニン像が付け足されたことにより、建造物がその足場に変質したのと同様に、レーニンの銘が記された階段部分も、柱状モニュメントを支える台座としての意味を担うことになっていただろう[76]。

このモニュメントの欠如により、無装飾の立方体を中心に構成された霊廟の輪郭は、マレーヴィチの無対象建築との類縁性を感じさせるものになった[77]。この仮設のレーニン廟の建設指揮に当たったウラジーミル・ボンチ－ブルエヴィチは、一月二三日に建築家ら専門家を招聘した会議における、シチューセフの次のような発言を書き留めている。

> ウラジーミル・イリイチ（＝レーニン――本田）は不滅であります。彼の名は永遠にロシアの、そして人類の歴史の一部となりました。（…）われわれはどのように彼の記憶に敬意を表するべきでしょうか？　どのように墓銘を刻むべきでしょうか？　建築において不滅のものとは、立方体です。立方体からあらゆるものが、あらゆる多様な建築作品が現れるのです。われわれが現在ウラジーミル・イリイチの記念のために建てようとしている霊廟も、この立方体から生み出されたものとして制作されることを願います[78]。

当のマレーヴィチも、この仮設の霊廟に非常な関心を寄せていた。彼にとって立方体とは、イメージの運動の終着点であり（それはイコンの置かれる「聖なる一隅」でもある[79]）、完全性のシンボルだった。したがって、「立方体とは幾何学的な観念にすぎ」ず、「物質界には立方体は存在しない[80]」。そのような意味で「立方体とは、論理的につくり上げられたねずみ取りの罠であり、絵画は無対象に向かうことで、はじめてそこから解放される[81]」。生きたレーニンとは常に完成されることなき過程、すなわち無対象のダイナミズムであり、このような停止したシンボル＝立方体の完全性に対立するものであった。しかし死と同時にレーニンの運動は停止し、彼を象徴化したレーニン主義が始まる。そこにおいて「立方体というシンボルがレーニンに対して永遠のシンボルとして用いられたのは、決して偶然ではなかった。（立方体によって表象される―本田）レーニンとは、完成である。（…）レーニンはシンボルとして存在し、現実ではない[82]」。こうしてマレーヴィチは、「レーニンの死は死ではなく、彼は生きていて、永遠であるとする観点[83]」、すなわちレーニン主義と、立方体という停止した完全性のシンボルを結びつけた。マレーヴィチにとっての立方体の霊廟とは、シンボルとして不滅化されたレーニン（大文字の「レーニン」）、新たなイエス、新たな宗教の開祖となったレーニンの姿と一致したのである。

このマレーヴィチの予言のごとく、レーニン廟の構造はプレ・コンペのリュドヴィグ案を経て、スターリンその人の指示によりレーニン像が付け加えられ、レーニン主義の殿堂たるソヴィエト宮殿へと至ることになった。しかしながら、空間へと翻案された無対象の不断の運動、つまりマレーヴィチの建築的試みアルヒテクトンとソヴィエト宮殿の関係は、相反するとともに非常に接近していたともいえるのではないか。実はマレーヴィチの死後、弟子のニコライ・スエチンによって制作されたパリ万博のソ連邦館（一九三六―三七年）のインテリアにおいて、アルヒテクトンとソヴィエト宮殿は直接出会う運命にあった[4-39]。マレーヴィチ自身もまた、柱状アルヒテクトンの上に抽象的な人間像を配した「公園および広場の中の建築的モニュメントのテーマと柱」（一九三二―三三年）[4-40]という、あたかもソヴィエト宮殿のデザインを先取りするかのような作品を残している。これらスプレマチストの疑似建築作品とスターリン建築の関係を分析することは本書の目的ではないが、プロポーションの長短によりピラミッドやジッグラトからニューヨークの摩天楼までを連想させる、この合理的で単純な階段構造が、むしろその合理性の超越の象徴となっていくのは興味深い。マレーヴィチの重力そのものを解体する超合理的建築アルヒテクトンと、やはり合理性を超越したイデア的空間に属するソヴィエト宮殿——階段構造とはまさに、イメージ一般を廃棄する無対象建築と、巨大な求心力を発生させるシンボル建築の境界上、二つの相対する解釈がせめぎ合う場所に位置していたのである。

さて、第一期の仮設の霊廟の完成時より開始された、第二期の霊廟のデザインの検討で争点となったのが、レーニン像（彫像）と霊廟（建築物）との関係性だった。彫刻家セルゲイ・メルクーロフの提案などに見られるように、レーニン廟にレーニン像を設置するという案は、霊廟建設の当初から存在していた(84)。イズヴェスチヤ紙上に「レーニンの建築による不滅化」と題した論文を発表し、この議論に先鞭をつけたのが、レーニンの葬儀委員会の一員であり、彼の遺体の保存の指揮を執っていたレオニード・クラシンである。彼はボリシェヴィキの中でもフョードロフ思想の強い影響を受けた、プロレタリアの集合的身体の神格化を目指す建神主義を支持していた。そのクラシンによれば、霊廟は何よりもまず、印象的かつ簡潔でなくてはならなかった。それゆえメルクーロフらの提案とは反対に、彫像を欠いた第一期のレーニン廟は「質量‐空間的な構成の簡潔さと芸術的装飾の質素さ(85)」によって、むしろ美的に高く評価されるべきものであった。このクラシンの言葉からは、彫像と建築がそれぞれ異なる機能を担うべきであると考えられていたことが窺える。また彼は霊廟の造形に関しても、赤の広場との調和を損なうような高層化を否定した。その代わりに彼が提案したのが、レーニンの棺の真上に「人民のための演説台(86)」を設けることだった。

このような議論を背景に、第二の同じく木造のレーニン廟[4-4]は、第一の仮設のレーニン廟の構造を最大限利用して建設されることが決定され、中央執行委員会より二月一四日付けで再度シチューセフに設計が委任された。半月ほどで仕上げられた設計図では、結局レーニン像が付け加えられることはなく、代わりにレリーフなどの装飾や演説

図 4-39
スエチンによるパリ万博のソ連邦館正面階段模型（1936-37 年），*Ракитин В.* Николай Суетин. М., «RA», 1998.

図 4-40
マレーヴィチによる「公園および広場の中の建築的モニュメントのテーマと柱」（1932-33 年），Rainer Crone and David Moss, *Kazimir Malevich: The Climax of Disclosure*（London: Reaktion Books, 1991）.

図 4-41
シチューセフによる第 2 期のレーニン廟（1925 年），*Хан-Магомедов С. О.* Мавзолей Ленина: История создания и архитектура. М., Просвещение, 1972.

台が加えられ、パンテオン風のコロネードが階段部分の上方に出現した。また第一期のデザインに比べると装飾性と水平性が強まり、幾可学的構造は古典主義的モチーフによって覆い隠されることになった。ちなみに廟内に納められるレーニンの棺のコンペも並行して行われ、こちらではメーリニコフ案のガラスの棺が優勝している。この第二のレーニン廟は五年間保存されるが、一九二九年、五カ年計画の批准の三カ月後より、第三の、現在のレーニン廟にまで至る石の霊廟[4-2]の建設が着工された。

この石造のレーニン廟は、同時進行していた赤の広場の改修とともに一九三〇年一〇月に完成する。だがその完成の告知は、一一月一日付けのプラウダに小さな記事が掲載されただけに留まった。着工・竣工に際しても、一期や二期のような大規模なセレモニーや新聞紙上における宣伝は行われなかった。デザイン面では、建築物の主以外は「何物も、たとえ彫像や肖像画であっても、人びとの注意を引き寄せてはならない」(87)という指針の下、第二期に見られたレリーフなどの装飾は再度取り去られ、シンプルな直方体の階段状構造への回帰が見られた。付帯的な要素は、ここで再び墓廟としての一義性へと回収されたのである。

しかし疑問に思われるのは、なぜこのようなさらなる変化が必要とされたのかという点である。

レーニン廟内に収められた、防腐処理され、文字通り不朽化されたレーニンの身体は、「レーニンは生きている!」という当時のスローガンを通じて、共同体、端的には党の不滅性へと結びつけられていた。だが他方でその地中に横たえられたレーニンの身体は、当然ながら常に死体へと裏返る可能性をも有していた。いわばこの朽ちることのない身体は、不滅のレーニン＝共同体イメージの根拠でありながら、同時にそのイメージの根拠を掘り崩し脅かすものでもあるという、極端に両義的な場だったのではあるまいか。そしてそれゆえに、この喪の対象たる横たわる死体としてのレーニンその人の身体から、社会主義の不死・不滅性と偉大さを体現する、巨大な、直立したレーニン・イメージを切り離す必要があったのではなかったか。クラシン他の人びとによる、霊廟とレーニン像は互いに異った機能を担うべきだという主旨の発言は、このような観点からなされたものと考えるべきであろう。レーニンの固有の身体から切り離された、不滅のレーニン・イメージを中心とするモニュメントとは、当然ながら、ソヴィエト宮殿に他ならない。すなわちレーニン廟の社会的重要性の低下と、墓という機能への限定を促したのは、同時期に持ち上がったソヴィエト宮殿構想だったと考えられるのである。

＊＊＊

レーニン像をもたない水平のレーニン廟、そしてその形態を反復しつつも、垂直化されかつ頂上に巨大なレーニン像を戴いたソヴィエト宮殿――レオニドフの重工業ビルからの夜の眺望には、この墓から神殿へと続く、ソ連邦の新たな神話の礎となる二つの建築物が描き出されねばならないはずであった。実際モルドヴィノフやシチューセフは未来のモスクワ河岸の眺望として、重工業ビルからソヴィエト宮殿に至るまでのパノラマを自らの重工業ビルの素描に描き出している。ヴェスニン兄弟ですら、一九四〇年の人民委員会議第二庁舎案では、一点透視図法の消失点をソヴィエト宮殿の足元に置き、当の庁舎ビルがあたかもソヴィエト宮殿から派生したかのような印象をもたらすドローイングを制作している。したがって、彼らのように新しい時代の規範に迎合する意図があったならば、レオニドフもレーニン廟の背後に、ソヴィエト宮殿の姿を描き入れたはずだ。しかし[4-36]のドローイングにおいて、レオニドフはレーニン廟の背後にそびえ立つはずの首都の新しい中心を、闇＝黒によって塗りつぶすことを選んだ。モスクワの主だった建築物が描かれた他の素描の中にも、ソヴィエト宮殿の姿は認められない。彼は自らの重工業ビルが竣工した未来世界から、（おそらくは意図的に）ソヴィエト宮殿を排除したのである。

当然ながら、このような闇＝黒による対象の塗りつぶしは、レオニドフの構成主義時代の対象の無（黒）への還元を想起させる。コロンブス・モニュメント案の背景の黒は、スクリーンとしても利用される夜空へと接続されていた。マグニトゴルスク案の黒は、地と図を反転させ、既存のトポスを映画のスクリーンのような潜勢的平面へと変容させるものであった。とすれば、この重工業ビルの背景に見られる夜空もまた、彼の構成主義時代のドローイングにおける黒の地、あの無対象の黒に、再度変換することができるのではないか。一見再現的に見えるこのドローイングもまた、一種の反転世界、すなわち無対象＝天体建築の系譜に密かに連なるものと考えることができるのではないか。

そこでさらに問題となるのが、レーニン廟の背後で地上から天上へと立ちのぼる、サーチライトによるものとおぼしき光の柱である。先に見たように、黒地に白線で対象を描く彼のドローイングは、闇のスクリーンに人工の光によって対象を投影する映画やプラネタリウムと、類比的な関係に置かれていた。この素描において暗闇の中に浮かび上がる光の柱は、彼の一九二〇年代のドローイングにおける白の輪郭線に直接の起源をもつものと判断しても、おそらく間違いないだろう。しかし、このレオニドフの他のドローイングと比しても異様な、ある種亡霊めいた輝きを見せる柱の表現は、それだけに終始するものだろうか。

前章で述べたように、二〇年代には、人工照明は社会主義の勝利した新しい世界のシンボルだった。スターリン建築にあっても、効果的な人工照明の利用や建築物のライトアップは重視されていた。けれどもその象徴的意味合いは、一九三〇年代を通じて徐々に一定の変容を被っていった。たとえば建築批評家ダヴィド・アルキンによって三三年に『ソ連建築』誌に発表された論文「建築と照明」の中では、パリのグラン・パレに典型的な、彫刻が建築物の上を飛翔しているかのようなイリュージョンを生み出すライトアップの「純粋に演劇的な効果[88]」は、避けるべきものとされた。照明の演出的効果は、「建築的複合体の一体性[89]」を損なうものであってはならなかったのである。じっさいレオニドフも、重工業ビルの第二のタワーでは、このような原則に忠実に照明を用いて、内部から建物全体を闇の中に浮かび上がらせることを予定していた。けれどもレーニン廟を臨むイラストレーションに見られる光線の柱は、そもそも建築物を演劇的に演出する補助的な手段としては機能していない。それはあたかも独立した構造物のように、クレムリンの背後に屹立している。

このレオニドフの光の柱に挟まれるようにして空中に浮いている白く発光した球に関しても、慎重な検討が必要であろう。重工業ビル案には、これまでレオニドフが頻繁に用いてきた、球ないし半球のモチーフは見あたらない。だが、あるいはこれらの光の球こそ、消えたはずの彼の球体建築だったのではあるまいか。彼の晩年の連作《太陽の都》では、都市の中心に同様の柱に係留された球体のモチーフ、人工の太陽が出現する。それればかりか、一九二九年から三〇年頃に制作された形態実験のスケッチの中には、既にマストかポールのようなものに挟まれた球体の構造が出現している[4-42]。

図 4-42
レオニドフによる形態実験の素描（1929-30 年頃），紙・鉛筆，14.5×18.2 cm，ロシア国立建築博物館（MA）所蔵，КПоф 5475/602.

そして何より重要であるのは、この光の柱と球からなる建築物が占める位置である。それは、レーニン廟とクレムリンの尖塔の背後に将来そびえ立つはずの、ソヴィエト宮殿の位置に置かれている。ソヴィエト宮殿は、その将来の不在を予見するかのように闇＝黒による塗りつぶしによって不可視化され、のみならず不在の記号のように、あるいは亡霊のように、それがあるべき場所には、社会主義リアリズムが要求する圧倒的な量塊とは正反対の、光による球と柱の非実体的な建築が現出しているのである。

奇妙な符合と言わざるをえないが、同じ一九三四年、きわめて似通った試みが、ドイツでも行われていた。他でもない《光のカテドラル》として知られる、シュペーアによるナチスのニュルンベルク党大会の演出である。党大会の行われたツェッペリン広場では、広場を取り囲む形で夜空に向けて一三〇もの高射砲用サーチライトが垂直に照射され、夜空を天蓋とし、これらの照明をそれを支える円柱とすることで、広場全体が巨大な大聖堂に見立てられた。レオニドフとシュペーアが互いの計画を知りえていたとは考えられない。したがって光の柱による建築計画は偶然の一致と思われる。だが全く異なるイデオロギー、全く異なる建築理念に基づきながらも、二人がともに光という非物質的な素材を用い、巨大な集団のための儀礼空間を構想していたことは、特筆に値しよう。

以上の条件を鑑みるに、レオニドフの重工業ビル案が、単にコントラストを通した周囲の建築物との対話のみを企図していたとは考えにくい。とりわけレーニン廟を描いたこの一葉は、既に公に発表することが危険になりつつあった彼の建築観を、隠喩的に示していたのではなかったか。すなわちレオニドフはここで、レーニンの墓所から不滅のソヴィエト宮殿へと至る新たな象徴体系の求心力（重力）を、密かに解体しようとしていたのではなかったか。背景の闇と、それとは対照的に、夜にもかかわらず真昼のように明るく照らし出されたレーニン廟および赤の広場、そしてその背後に立ち上がる光の柱。第三のタワーの足元にくり抜かれた、巨大な四角い開口部から臨むこの真夜中の異様なスペクタクルの光景、とりわけ光の柱と輝く天球からなる非物質的な構造は、重工業ビル設計案を通じて陰画のように浮かび上がるレオニドフのソヴィエト宮殿計画、より正確を期せば、否定形としての彼のソヴィエト宮殿を暗示しているように思われるのである。

重工業ビル設計競技の第二フェーズには、リシツキーの高い評価にもかかわらず、レオニドフもメーリニコフも参加指名されることはなかった。他の参加者たちが既に第一フェーズより平準化されつつあった公式のスタイルに則ってデザインしていたのに対し、レオニドフとメーリニコフは、一方では要求された規範に従いながらも、自らの探求を放棄することはなかった。しかしまさにその探求の独自性——ソヴィエト宮殿競技を通して建築界から駆逐された、最大の要素に他ならない——の点で、二人は新しいスタイルに要求される基本的な条件を読み違えていた。メーリニ

図4-43
ヴェスニン兄弟他による重工業ビル案，第2フェーズ（1936年），Архитектура СССР. 1936. № 6.

図4-44
モルドヴィノフ他による重工業ビル案，第2フェーズ（1936年），赤の広場におけるマス・デモンストレーションとのモンタージュ，Архитектура СССР. 1936. № 6.

図4-45
シチュコー，ミンスク他による重工業ビル案，第2フェーズ（1936年），Архитектура СССР. 1936. № 6.

図4-46
イオファン，タランスキーによる重工業ビル案，第2フェーズ（1936年），Архитектура СССР. 1936. № 6.

コフは、社会主義リアリズムのテーゼ〝語る建築〟を突き詰めた結果、ほとんどそのパロディとでもいうべき過剰な饒舌さ、映画のセットかテーマパークのような建築物に行き着き、レオニドフはコンペのプログラムを逐語訳的に解釈することによって、社会主義リアリズムのもうひとつのテーゼ〝過去の遺産の批判的受容〟の恣意性、つまり権威を誇示するために過去の建築様式を用いるという欺瞞を、図らずも暴露してしまったのである。

第二回目の設計競技に参加した建築家たちの作品は、ヴェスニン兄弟他案[4-43]からモルドヴィノフ案[4-44]、シチュコー・ミンスク案[4-45]、イオファン・タランスキー案[4-46]に至るまで、構造やモチーフのみならず、ドローイングの表現においても顕著な同質性を示している。構成主義、合理主義、プロレタリア建築、古典主義といった各人の信条や技能、個性の相違に左右されない様式の確立と、公式の建築界からのメーリニコフやレオニドフらの排除によって、社会主義リアリズム建築というシステムは完成されたのである。

（1）ボリス・イオファン。一八九一年、オデッサに生まれる。オデッサおよびペテルブルグで絵画・彫刻・建築などの初等教育を受けた後、一九一四年からイタリアに赴き、ローマの高等学校（Reigo Instituto Superiore di Belle Arti）で建築学を学んだ。同校卒業後もイタリアに滞在し、アルマンド・ブラジーニのスタジオで働きながら各種の建築コンペに参加、駐伊ソ連大使館の設計などを手掛けた。一九二四年には帰国し、二〇年代中盤から三〇年代にかけて、モスクワを中心に集合住宅、映画館、保養所の設計を行っていく。ソヴィエト宮殿競技での優勝後は、地下鉄のバウマンスカヤ駅（一九三九―四四年）、ワフタンゴフ劇場の再建プロジェクト（一九四三年）、スターリングラード開発計画（一九四三年）、モスクワ大学新校舎の設計（一九四八年）などに携わった。Архитектор Б. М. Иофан// Строительство Москвы. 1933. № 5–6. С. 34.; Мастера советской архитектуры об архитектуре. Под сос. М. Г. Бархина и Ю. С. Яралова, ред. М. Г. Бархина. М., «Искусство», 1975. С. 211–218.

(2) Декларация Всероссийского общества пролетарских архитекторов// Из истории советской архитектуры 1917–1925: Документы и материалы/ Под сос. В. Э. Хазановы. М., Идательство академии наук СССР, 1963. С. 138.

(3) 一九二〇年代には、プロレトクリトなどを中心に、競争を「不健康なブルジョワ的風習」とみなす傾向が強かった。しかし第一次五カ年計画の開始とともに、社会主義競争は資本主義社会における不公正な競争とは異なり、全社会的な生産性の向上を目指すものであるとして、イデオロギー的に正当化され始める。その際、マグニトゴルスクのような人力と原始的な道具に頼らざるをえなかった多くの労働現場で重視されたのが、構成主義者たちが夢想した機械と労働者集団の調和的協働ではなく、攻撃（удар）という名によって示される、生身の個人の闘争・葛藤を前提とした、突撃労働の理論だった。Toby Clark, "The 'New Man's Body: A Motif in Early Soviet Culture," in Matthew Cullerne Bown and Brandon Taylor eds., *Art of the Soviets: Painting, Sculpture and Architecture in a One-Party State, 1917–1992* (Manchester and New York: Manchester University Press, 1993), p. 42.

(4) Hugh Hudson Jr., *Blueprints and Blood: The Stalinization of Soviet Architecture, 1917–1937* (Princeton: Princeton University Press, 1994), pp. 132–133.

(5) *Щербаков В.* Культурный Днепрострой// Строительство Москвы. 1931. № 1–2. С. 30–31.

(6) *Мордовинов А.* Леонидовщина и ее вред// Искусство в массы. 1931. № 12. С. 15.

(7) Hudson Jr., *Blueprints and Blood*, p. 130.

(8) *Лапинский Я. Х.* За массовую архитектурную организацию// Строительство Москвы. 1930. № 7. С. 23–24.

(9) テレグラフ・ビル（イワン・レルベルグ、一九二五年）、国立銀行（イワン・ジョルトフスキー、一九二七年）、ディナモ・ビル（イワン・フォミーン、一九二八年）などがその代表的な例である。*Хмельницкий Д.* Архитектура Сталина. Психология и стиль. М., Прогресс-Традиция, 2007. С. 53.

(10) 一九三三年には月刊の機関誌『ソ連建築』がアラビャンを編集長に、ダヴィド・アルキンを副編集長に迎えて創刊される。同誌は連邦崩壊まで、ソ連における最も権威ある建築雑誌の座を占め続けた。

(11) 一九三七年の時点でも、モスクワにおける同盟所属の全建築家一一〇〇名のうち、党員建築家は一一四名、コムソモール員は三三名に過ぎなかった。党員建築家の比率は、レニングラードではさらに低かった。このためにヴォプラの建築家たちは、ライバルをトロツキストの名の下に同盟から追放するという強硬手段をしばしば必要とした。一九三四年一〇月に行われた建築家同盟大会準備委員会の委員選挙では、票獲得数の上位三名はジョルトフスキー、アレクセイ・シチューセフ、ヴィクトル・ヴェスニンによって占められ、アラビャンはギンズブルグに次ぐ第八位であった。建築家同盟組織委員会の幹部会選挙では、ヴィクトル・ヴェスニンがトップで当選したために、アラビャンは票の集計方法を変更することによって自身が代表に選出されるよう介入せねばならなかった。Hudson Jr., *Blueprints and Blood,* pp. 168–190.

(12) 参加したのはアル、アスノヴァ、ヴォプラ、サッス、ヴァノの各モスクワ支部、シチューセフ、ラドフスキー、イオファン、ドミトリー・イオファン（ボリス・イオファンの兄）、ゲンリフ・リュドヴィグ、ウラジーミル・フィドマン、クラシン、クツァーエフ、ロゼンブリューム。*Хмельницкий,* Архитектура Сталина. С. 81.

(13) Бюллетень Управления строительством Дворца Советов. М., 1931. № 2-3. С. 8.

(14) ナポレオン戦争の勝利を記念して、アレクサンドル一世の命により建設されたビザンツ様式の教会。当初は雀が丘を建設予定地としていたが、ニコライ一世の時代に現在のクレムリンの西端の位置に再計画された。建設は一八三九年より始まり、約一万人の人員が投じられ、一八八三年に竣工した。ロシアの民族的な目覚め、スラヴ主義の象徴として長らくモスクワの代表的建築物であったが、一九三一年にはマスコミを動員した救世主キリスト大聖堂に対する批判キャンペーンが行われ、結果ソヴィエト宮殿建設のために四週間のうちに解体された。二〇〇〇年には同敷地に再建された。Karl Schlögel, "The Shadow of an Imaginary Tower," in *Naum Gabo and the Competition for the Palace of Soviets Moscow 1931–1933*（Berlin: Berlinische Galerie, 1993）, pp. 180–181.

(15) *Хмельницкий,* Архитектура Сталина. С. 80.

(16) Дворец Советов// Советская архитектура. 1931. № 4. С. 45.

(17) *Астафьева-Длугач М. И., Волчок Ю. П.* О конкурсе на Дворец советов// Зодчество 1989. № 3（22）. С. 230.

(18) *Хмельницкий,* Архитектура Сталина. С. 83.

(19) ヴィグダリア・ハザノワはこのようなマス・ページェントの観点からアスノヴァ、アル、ヴォプラなどの設計案を詳細に分析している。*Хазанова В.* Из истории советского искусства: К истории проектирования Дворца Советов в Москве// Советское изобразительное искусство и архитектура 60–70-х годов. М., Издательство «Наука», 1979. С. 167–213.

（20）Дворец Советов СССР. М., Издательство всекохудожника, 1939. С. 8.

（21）とりわけＣＩＡＭ首脳部とル・コルビュジエの受けた衝撃は大きく、彼らはスターリン（その名はソヴィエト宮殿の建築に関わるいかなる公式文書にも登場していないにもかかわらず）に抗議の手紙を送っている。*Хмельницкий Д.* Зодчий Сталин. М., Новое литературное обозрение, 2007. С. 42.

（22）Постановление Совета строительства Дворца Советов при Президиуме ЦИК СССР. Об организации работ по окончательному составлению проекта Дворца Советов Союза СССР в гор. Москве// Дворец Советов СССР. С. 56.

（23）参加内訳は、アラビャンらヴォプラ・チーム、ヴェスニン兄弟のチーム、ヴラソフ率いる建築建設大学の学生チーム、ギンズブルグを代表とするチーム、ヤコフ・ドジッツァとアレクセイ・ドゥーシキンのペア、シチュコーとゲリフレイフのペア、アレクサンドル・ジューコフとドミトリー・チェチューリンのペア、単独での参加としてはイリア・ゴロソフ、ジョルトフスキー、イオファン、ラドフスキー、リュドヴィグ。

（24）ここにはヴィクトル・ヴェスニンやシチューセフ、ゲリフレイフ、モルドヴィノフ、イオファン、シチュコー、アラビャンらのほか、マクシム・ゴーリキーやアナトーリー・ルナチャルスキー、コンスタンチン・スタニスラフスキー、フセヴォロド・メイエルホリドら他分野の専門家も加わっていた。*Хмельницкий*, Архитектура Сталина. С. 78.; Karine N. Ter-Akopyan, “The Design and Construction of the Palace of Soviets of the USSR in Moscow,” in *Naum Gabo and the Competition for the Palace of Soviets Moscow 1931–1933*（Berlin: Berlinische Galerie, 1993）, p. 186.

（25）他の参加者はドミトリー・イオファン、バランスキー、ゲリフェリド、ツィペローヴィチ、ポポフ、ザプレーチン。

（26）参加者内訳は、ヴェスニン兄弟、イオファン、ジョルトフスキーとシチューセフのペア、シチュコーとゲリフレイフのペア、ドジッツァとドゥーシキン、アラビャンを中心とするヴォプラ・チーム。

（27）このような巨大な円柱への志向は、他の全体主義国家のモニュメンタルな建築とも共通していた。建築史家パオロ・ニコローゾは一九三〇年代にイタリアに出現したテルミニ駅舎（マッツォーニ設計）やドイツにおけるベルリン南駅の駅舎（シュペーア設計）を引き合いに出しながら、「全世界に冠たるモデルを示そうとしていた体制にとっては、円柱とはすなわち永続の象徴であり、また不変の記号でもあった。古代建築よりもさらに魁偉なスケールの円柱を採用することは、すなわち古代人を凌駕する、強力無比な新たな権力の登場を物語るものであった」と述べる。パオロ・ニコローゾ『建築家ムッソリーニ——独裁者が夢見たファシズムの都市』桑木野幸司訳、白水社、二〇一〇年、三四一頁。

（28） Дворец Советов// Архитектура СССР. 1933. № 1. С. 8–10.

（29） Там же. С. 10.

（30） *Атаров Н.* Дворец Советов. М., Рабочий, 1940. С. 43.

（31） Совет строительства Дворца Советов при Президиуме ЦИК СССР. О проекте Дворца Советов// Строительство Москвы. 1933. № 5–6. С. 2.

（32） Там же.

（33） Там же.

（34） ちなみに、ソヴィエト宮殿はこの引き伸ばしによって、同時期にドイツのシュペーアが新首都計画の一環として計画していたフォルクスハレ（国民会堂）の高さ（約三二〇メートル）を抜くことになった。パリ万博におけるソ連・ドイツ両館の競り合い同様に、これら自国の首都のシンボル建築においても、両国の指導者・建築家たちは互いの建築物の高さを意識していたと思われる。

（35） ただしイタリアからの帰国後、イオファンは構成主義への接近を見せ、セラフィーモヴィチ通りの集合住宅（一九三一年竣工）やモスクワ近郊バルビフのサナトリウム（一九三四年竣工）では、構成主義風のスタイルを用いている。

（36） イオファンにシチュコーとゲリフレイフが加わって制作された最終案には、イオファンの師ブラジーニ（ソヴィエト宮殿コンペへのイタリアからの唯一の参加者だった）が第二フェーズに提出した、頂上にレーニン像を戴いた塔を中心とするデザインからの影響が顕著に認められる。ちなみにブラジーニは、一九二五年にいち早くメガロマニアなローマ改造計画を提出し、ムッソリーニに重用された建築家のひとりだった。イデオロギーの如何を問わず、全体主義建築の範例を生み出した人物といえよう。*Седов В.* Итальянский Дворец Советов// Итальянский Дворец Советов. М., МУАР, 2007. С. 52–72.

（37） Бюллетень Управления строительством Дворца Советов. 1931. № 2–3. С. 1.

（38） Совет строительства Дворца Советов при Президиуме ЦИК СССР. С. 2.

（39） Дворец Советов–Памятник Ленину, памятник сталинской эпохи// Архитектура СССР. 1939. № 6. С. 3–27.

（40） Все на конкурс!// Строительство Москвы. 1931. № 7. С. 8.

(41) 一九三七年第一回建築家同盟大会開会の挨拶より。Hudson Jr., *Blueprints and Blood*, p. 172.

(42) Igor Golomstok, "Problems in the Study of Stalinist Culture," in Hans Günther ed., *The Culture of the Stalin Period* (London: The Macmillan Press, 1990), p. 118.

(43) Все на конкурс! С. 8.

(44) *Заплетин Н. П.* Магнитострой архитектуры// Строительство Москвы. 1933. № 5–6. С. 28.

(45) Там же.

(46) *Терновец Б.* Задачи скульптуры// Архитектура СССР. 1939. № 6. С. 22.

(47) このデザインの決定に関しては、カガノヴィチが建築家たちを前にして、ちょうど机の上にあった星形のインク瓶（フメリニツキーの説では灰皿）を示し、このように建てろと指示したところ、そのままその形が再現されたという伝説が残っている。いずれにせよ、この時期の建築家と指導者の関係を端的に示す逸話であるといえる。Matthew Cullerne Bown, *Art under the Stalin* (Oxford: Phaidon, 1991), p. 45.

(48) *Гинзбург М. Я., Веснин В. А., Веснин А. А.* Проблемы современной архитектуры// Архитектура СССР. 1934. № 2. С. 67.

(49) *Паперный В.* Культура Два. М., Новое литературное обозрение, 2006. С. 120.

(50) Там же. С. 124.

(51) *Там же.* С. 125.

(52) 一九三三年までには建設予定地の救世主キリスト大聖堂の取り壊しおよび瓦礫の撤去作業は完了していたものの、建設に際しての技術的な問題は未解決のまま残されていた。特にモスクワ河岸の土壌の脆弱さは、大きな問題だった。当時のロシアには高層建築の建設に関する経験がほとんどなく、定期的にアメリカに技術者が送り込まれ、これらの問題の研究が行われた。その一方で、ソヴィエト宮殿建設に特化された鉄骨や煉瓦などの資材の開発、建設機械やコンクリートのプラント、鉄道路線の整備などは、ソヴィエト宮殿建設委員会の監督下に優先的に進められていた。さらに一九三四年には、政府および労働国防会議の決定により、ソヴィエト宮殿の建設は突撃建設労働の対象にリストアップされ、建設現場への資材と労働力の集中的投入が決定された。しかしながら土台のコンクリートを打つ作業が完成した一九三九年には、最終案をそのまま実現するのは技術的に不可能であることが判明していた。*Атаров*, Дворец Советов. С. 69–101.; Ter-Akopyan, "The Design and

"Construction of the Palace of Soviets of the USSR in Moscow," pp. 192–195.

（53）*Хмельницкий*, Архитектура Сталина. С. 287–288.

（54）本来は八つが建設される予定であったが、チェチューリンのザリャージエ・ビルの建設のみ頓挫した（同敷地には一九七〇年に改めて彼の設計によるホテル・ロシアが建設された）。設計者と建築物は以下の通り。レフ・ルドネフのチームによる二六階建てのモスクワ大学（一八〇メートル）、モルドヴィノフとヴャチェスラフ・オルタルジェーフスキーによる二六階建てのホテル・ウクライナ（一七〇メートル）、ゲリフレイフとミハイル・ミンクスによる二〇階建ての外務省ビル（一二〇メートル）、レオニード・ポリャコフとアレクサンドル・ボレツキーによる一七階建てのレニングラード・ホテル（一三六メートル）、チェチューリンとアンドレイ・ロストコフスキーによる一七階建てのコチェーリニチェスカヤ河岸通りのアパートメント（一五七メートル）、ミハイル・ポソーヒンとアショート・ムドリャンツによる蜂起広場の一六階建てのアパートメント（一二〇メートル）、ドゥーシキンとボリス・メゼンツェフによる一六階建ての行政ビル兼アパートメント（一一〇メートル）、そしてクレムリンと対面する位置に建設予定であったチェチューリンによる三二階建ての政府ビル（二七五メートル）。

（55）Урок майской архитектурной выставки// Архитектура СССР. 1934. № 6. С. 4–17.

（56）フメリニツキーは、一九三〇年代の多くのコンペの本質的な狙いは、建設自体にではなく建築分野における社会主義リアリズム、ないし全体主義的な体制の確立にあったのであり、ソヴィエト宮殿という巨大プロジェクトに加えて、重工業ビルの建設によるさらなる経済負担を回避するため、スターリン自身がその建設を断念したのではないかと推測している。いずれにせよ重工業人民委員オルジョニキーゼの死後、重工業人民委員部自体が大粛清の主たる標的となり、それまでの重要性を失っていた。*Хмельницкий*, Архитектура Сталина. С. 197.

（57）Конкурс форпроектов дома Наркомтяжпрома в Москве// Архитектура СССР. 1934. № 10. С. 4.

（58）Vieri Quilici and Selim Khan-Magomedov, *Ivan Leonidov* (New York: Rizzoli, 1981), p. 86.

（59）*Гинзбург М. Я.* Дом Наркомтяжпрома на Красной площади// Архитектура СССР. 1934. № 10. С. 11.

（60）*Корнунов Б. А.*, *Зубина А. А.* Дом Наркомтяжпрома на Красной Площади// Архитектура СССР. 1934. № 10. С. 6.

（61）*Заславский А. М.*, *Файфель А. М.* Дом Наркомтяжпрома на Красной Площади// Архитектура СССР. 1934. № 10. С. 12.

(62) Конкурс форпроектов дома Наркомтяжпрома в Москве. С. 18.

(63) *Хан-Магомедов* С. О. Константин Мельников. М., Архитектура-С, 2006. С. 239–242.

(64) *Леонидов И. И.* Дом Наркомтяжпрома на Красной Площади// Архитектура СССР. 1934. № 10. С. 14–15.

(65) Catherine Cooke, "Ivan Leonidov: Vision and Historicism," in *Architectural Design*, 1983 (5–6), p. 18.

(66) *Ibid.*

(67) 正式名称は堀の生神女庇護大聖堂。一六世紀半ばにイワン四世（雷帝）によるカザン征服を記念して建設され、一七世紀から一九世紀にかけて現在見られるような鮮やかな彩色が施された。主聖堂と八つの小聖堂からなり、それぞれが異なった形と色のクーポラを有する。一六世紀後半に佯狂者ワシリーの小聖堂が加えられ、以来ワシリー大聖堂の通称で呼ばれるようになった。

(68) *Лисицкий Э.* Форум социалистической Москвы// Архитектура СССР. 1934. № 10. С. 5.

(69) Там же.

(70) Там же.

(71) しかしながら『ソ連建築』誌の同号の冒頭では、リシツキーの評価を修正しようとするかのように、レオニドフとメーリニコフのプランは、「ソヴィエト建築の発展の中で、同種のユートピア主義が素晴しいものであるかのように考えられていた時期、抽象的な建築物が〝進歩的〟な建築思考の表れであるかのようにみなされていた時期を思い起こさせる」として、非難された。Конкурс форпроектов дома Наркомтяжпрома в Москве// Архитектура СССР. 1934. № 10. С. 4.

(72) ジークフリート・ギーディオン『空間・時間・建築』太田実訳、丸善、一九五五年、八〇八頁。

(73) 同右、八〇七頁。

(74) Rem Koolhaas and Gerrit Oorthuys, "Ivan Leonidov's Dom Narkomtjazprom, Moscow," in *Oppositions* 2, January 1974, p. 100.

(75) *Леонидов*, Дом Наркомтяжпрома на Красной Площади. С. 15.

(76) *Хан-Магомедов* С. Мавзолей Ленина: история создания и архитектура. М. Просвещение, 1972. С. 49.

(77) とはいえ、この柱の設置が実現していたならば、霊廟全体のシルエットはより古典的なモニュメントに近づいていたと考えられ、シチューセフがマレーヴィチのスプレマチズムの思想を共有していたと単純に言い切ることはできない。

(78) *Бонч-Бруевич В. Д.* Воспоминания о Ленине. М., «Наука», 1969. С. 465.
(79) 革命前のロシアの一般的な住宅では、部屋の一隅にイコンを飾るためのスペースが設けられていた。レーニンの死後、そこにはこの指導者の肖像画が置かれるようになり、しばしば赤いコーナー（隅）と呼ばれた。Nina Tumarkin, *Lenin Lives!: The Lenin Cult in Soviet Russia* (Cambridge: Harvard University Press, 1983), pp. 126–127.
(80) *Малевич К.* Из книги беспредметности// Russian Literature. 1989（XXV-III）. С. 434. 邦訳は、カジミール・マレーヴィチ「無対象に関する著作より」『零の形態——スプレマチズム芸術論集』宇佐美多佳子訳、水声社、二〇〇〇年、三一七頁。マレーヴィチによるレーニン廟についてのこのテクストは、レーニンの死の四日後に書かれたものとされている。
(81) Там же. С. 433. 同右、三一六頁。
(82) Там же. С. 434. 同右、三一七頁。
(83) Там же. С. 425. 同右、二九五頁。
(84) *Афанасьев К.* Ленинский Мавзолей// Строительство и архитектура Москвы. 1970. № 8. С. 7.
(85) *Красин Л.* Архитектурное увековечение Ленина// Известия. 7 Февраля 1924.
(86) Там же.
(87) *Афанасьев,* Ленинский Мавзолей. С. 7.
(88) *Аркин Д.* Архитектура и свет// Архитектура СССР. 1933. № 5. С. 18.
(89) Там же. С. 20.

第5章　幾何学とファクトゥーラの庭園
――クリミア半島南岸開発計画

既に見てきたように、一九二〇年代には生産機械とのアナロジーに基づいた集団的人間像が台頭し、「技術がすべてを解決する」というテクノロジー万能論がイデオロギー論争を席巻した。しかし一九三〇年代を通して、こうした信念は、健全な身体と英雄的な意志をもった個人、そして「党がすべてを解決する」というスローガンによって取って代わられていく。それに伴って、構成主義は「機械的」で「無機的」な、さらには「死んだ」建築として糾弾されることになった(1)。より正確にいえば、社会主義リアリズムは構成主義を機械の建築とみなし、自らをそれに対する〝有機的建築〟と位置づけることによって、構成主義に対する己の優越性を示そうとしたのである。

三〇年代後半のレオニドフは、このような批判を一面では受け入れ、特にコンペに提出する作品に関しては、イズヴェスチヤ・ビル案（一九三九―四〇年）のような古典主義風の妥協的デザインを取り入れていった。が、他方では社会主義リアリズムと彼自身のスタイルが入り組んだ、奇妙な複合的作品も生み出していった。重工業人民委員部ビル設計案では、鮮やかな色彩を用いた具象的な描写や、既存のトポスが有する歴史的・象徴的文脈を積極的に包含した設計など、構成主義時代のスタイルから抜け出そうとする志向が既に認められたが、この変化が一層明確になったのが、一九三〇年代後半に彼によって描かれた、クリミア半島南岸の一連のリゾート施設の建設計画、およびそれに関するドローイングである。

有機性や自然、〝語る建築〟といった理念を取り込んだ結果、この時期の彼の作品には二つの傾向が顕著になっていった。そのひとつが、有機物の形態を参照した建築形態の探求であり、もうひとつが、古典というよりはプリミティヴな表現への傾斜である。ロシア正教の聖像画を喚起させる色遣いや構図、古代エジプトの壁画や象形文字を思わせる難解な形態、そして素材の物質性に依拠した表現などが、レオニドフのドローイングに新たに現れ始める。この結果彼の建築イメージは、当時の社会主義リアリズム建築の主流はもちろん、モイセイ・ギンズブルグら元構成主義者の同時期の作品からも大きくかけ離れた、独自の表現を見せるようになる。

しかしなぜ社会主義リアリズムの理念に基づきながら、レオニドフはこのような逸脱した結果にたどり着いてしまったのか。彼の天体建築の着陸の〝失敗〟は何に原因し、そこには建築家のどのような意図が働いていたのか。重工業ビル以降のレオニドフの作品は、欠落や損傷が多く見られ、構想の全体像を摑むのは難しい。そのために、とかくこれらの作品はソヴィエト建築界から放逐された建築家の、いわば手慰み的なファンタジーに過ぎないとして、これまで真剣に取り上げられることはなかった。だが本章では、社会主義リアリズムの自然観やギンズブルグのポスト構成主義理論からの影響の分析を通して、レオニドフが社会主義リアリズムの有機性というテーマに対し、どのような応答を行っていったのかを探っていく。

1　建築と有機性

マシニズムの克服

構成主義のスポークスマンであったギンズブルグは、レオニドフを含め構成主義全体に言い渡されたマシニズム、ないし機械へのフェティシズムという非難に対し、一九三九年、『ソ連建築』誌第三号に論文「建築と自然における有機性」を発表することで、回答しようとした。そこでこれまでの生産機械や自動車といった構成主義の建築モデルに代わって示されたのが、有機性というテーマであり、それを実現するための三つのモデル――ナロード（народ 民衆・民族）、古典古代の芸術および自然の形態――であった。

この三つのモデルは社会主義リアリズムの三大理念と呼ぶべきものであり、ギンズブルグは、いわばこのあらかじめ与えられた解答を鸚鵡返しに繰り返しただけとも思える。しかしこれらのモデルを詳細に見ていけば、与えられた理念を構成主義の理念と矛盾しない形で解釈しようとする、ギンズブルグの試みを読み取ることができる。また同時期のレオニドフの脱構成主義の試みを検証する上でも、この論文は重要な手がかりを与えてくれる。ヴフテインの閉鎖によりそれまでの職を失ったレオニドフは、一九三四年から重工業人民委員部内のギンズブルグ・スタジオに入り、このかつての師の庇護下で、彼とともに新しい建築思想、新しい建築形態を模索していた。両者は一九三〇年代後半に入っても緊密に連携しながら活動を続けており、とりわけこのギンズブルグの「建築と自然における有機性」で示された、エルンスト・ヘッケルの形態論を下敷きとする自然観は、同時期のレオニドフの設計からも読み取ることができる。

さてそのギンズブルグの議論は、まず「ナロード」から始まる。彼によれば日常的な道具も含む民衆の作品の形態とは、世代から世代へと受け継がれていく中で「自然淘汰」を経つつ形成されたものであり、その特質は「典型性、複数性、反復性」[2]にある。これらの特質によって、民衆の創作物はある種の普遍的形態を有する。建築においては、周柱式オーダーや列柱廊などの手法がこれにあたる。[3]また民衆芸術は、特定の芸術家ではなく「すべての民衆に属する」[4]ものであり、作家の固有名は重要性をもたず、彼ら彼女らは連綿と蓄積された集団的経験知を表現する者に過ぎない。この民衆の反復可能で非人称的な生産物に、ユニークな作家性と一回性を体現するものとして対置されたのが、次の古典と呼ばれるカテゴリーである。けれども、両者は決して接点がないわけではない。一回性の概念が反復性の概念を前提とするのと同様に、民衆の手による無数の匿名的な作品を前提とすることによって、「古典」と呼ばれる作品が出現するのである。また、反対に民衆の創作物であっても、高度に完成されていくほどに、それは反復不可能な古典作品へと接近していく。彼の説によれば、古代ギリシアにおいては古典と民衆の作品は完全に一致していたが、社会階層間のヒエラルキーが固定化・絶対化されていくほどに、両者の関係は疎遠なものになっていった。[5]もちろんこのテクストの言外では、無階級社会であるソヴィエト・ロシアにおいて、古典建築は再び民衆的な建築と完全な一致を見るようになったことが示唆されているのである。

有機性というテーマを追求する上で、これら民衆性と古典に並ぶもうひとつの重要なモデルとして挙げられたのが、「自然」(природа)[6]だった。たとえばスターリン時代を代表する建築家レフ・ルドネフは、人間や動植物の「有機的フォルム」を反映した彫刻が、建築と強固に一体化される必要性を説いている。[7]これら動植物を象ったモチーフに着目したウラジーミル・パペールヌィは、その役割を、社会主義リアリズム建築に特有の圧倒的な量塊の不動性や厳格なオーダーを被覆し軽減することにあったと主張する。[8]じっさい一九三〇年代後半から一九五〇年代にかけて建設された公共建築や地下鉄駅、また次章で論じる全連邦農業博覧会のパヴィリオンなどでは、古典古代からアール・ヌーヴォーに至るまでのあらゆる様式における自然の意匠が、大量に動員された。

スターリン建築の中でも、とりわけ一九三五年から運行の始まったモスクワ地下鉄(メトロ)の駅構内は、社会主義リアリズムにおける〝自然〟をめぐる象徴的語彙が最も華々しくちりばめられていたことで知られている。三五年に開通した第一期の地下鉄のプラットフォームのデザインが禁欲的な古典主義ないしモダニズムに則っていたのに対して、第二期(一九三七—三八年)、第三期(一九四三—四四年)、環状線によって既存の路線を繋ぎ合わせた第四期(一九五〇—五四年)と、時間の経過とともに地下鉄構内の装飾は豪奢なものになっていき、地下宮殿とまで称された。

各駅の装飾はそれぞれ異なったテーマ（その場所にまつわる歴史や出来事、あるいは革命に寄与した偉人など）をもっていたが、その中でも特に一般的であったのが、咲き乱れる花々やたわわに実った果実、穀物などの植物のモチーフである。ここではその一例として、最もポピュラーであった小麦の装飾の用いられ方を見てみたい。

小麦の意匠は、端的にいえば社会主義によってもたらされた豊穣、とりわけコルホーズの豊かさの記号としてしばしば用いられた。第一期のソコリニーチェスカヤ線コムソモーリスカヤ駅の柱[5-1]には、既にこのようなイデオロギー化された小麦の装飾を認めることができる。本来のコリント式円柱の柱頭ではアカンサスの葉が用いられるはずの部分に、ここでは意匠化された小麦の穂が出現している。

しかしこの事例では、古典主義の改変は未だ一部分に留まっている。対して、三八年に開設されたソコル駅の円柱[5-2]には、柱という人工物を植物のモチーフによって有機化しようとするより多面的な試みが認められる。台座部分の装飾には古典的な花綱のレリーフが用いられ、柱身には束ねられた小麦の茎を思わせる、アール・ヌーヴォー風のやや抽象化された装飾が施されている。その上の柱頭にかけては、リアリスティックな麦の穂が出現する。さらにこの柱全体のプロポーションも、空に向かって穂や枝を広げる巨大な植物のような、末広がりの形をとっている。

戦後開設された環状線のキエフスカヤ駅（一九四五年）では、小麦はキエフ＝ウクライナの象徴として、レリーフや壁画の縁飾り[5-3]など至るところに利用された。同じく環状線のベラルースカヤ駅でも、ベラルーシの人びとを描いた天井画[5-4]の中に、コルホーズの豊かな実りを表す、小麦を手にした娘たちの姿が含まれている。

このような植物を象った装飾の頻用による空間の有機化は、実のところパペールヌィの述べる空間の重々しさや冷たさを緩和するという目的だけに終始するものではなかった。ここで参照したいのが、カテリーナ・クラークによる、社会主義リアリズム小説に描かれた自然の象徴的役割の分析である。彼女はスターリン期に制作された社会主義小説における自然についての描写を、人間の意志によって征服すべき場所、すなわち「自然の諸力と戦うためのアリー

図 5-1
コムソモーリスカヤ駅（第 1 期，1935 年開設）プラットフォームの柱の柱頭飾り，2013 年筆者撮影．

図 5-2
ソコル駅（第 2 期，1938 年開設）プラットフォームへ続くホールの柱，2013 年筆者撮影．

図 5-3
環状線キエフスカヤ駅（第 4 期，1954 年開設）壁画の縁飾り，2012 年筆者撮影.

図 5-4
環状線ベラルースカヤ駅（第 4 期，1952 年開設）天井画《豊作》，2012 年筆者撮影.

ナ」と、既に征服され人為的に統御された「調和の庭園」[9]の二つに大別している。自らのメカニズムにのみ従う機械的自然と、人為的にコントロールされた有機的自然――この〝自然〟の二元化の図式は、同時期の建築における自然のモチーフを理解する上でも有効である。

たとえば現代ロシアの建築史家アンナ・クツェレワは、この分類を地下鉄の建築空間に応用しながら、「地下鉄は自然を征服し、世界を完成させるというパトスによって貫かれている」[10]と指摘する。クツェレワによれば、地下鉄建設とは、この時期に過熱化していた航空機による空の征服や極地探検、運河建設による大河の征服などと同様に、人間の自然に対する闘争の一環として位置づけられていた。それは、地下という従来死者の空間と考えられてきた場所を征服＝有機化し、生命の圏域である〝庭〟へと作りかえることを意味していたのである。

しかし注意したいのは、このような自然と、それを征服するための技術の関係である。『ソ連建築』誌上に掲載された、第二期の地下鉄駅のデザインに関するソスフェノフの評論の中では、地下鉄建築の構造上の厳しい制約が述べられ、技術的条件によって決定されるこれら構造ではなく、もっぱらその表面、つまり内装（インテリア）の中に「主たる芸術的表現力を引き出す」[11]ことの重要性が強調された。この内装に課された使命こそ、剝き出しの構造が有する無機質さの中和だった。すなわち、「トンネルの分厚い被覆部分を眺めるたびに自然と想起される、地中深部の圧倒的な重量は、軽さや自由をもたらす形態の調和的な力の中に、その十分な対抗物を探し出さねばならない」[12]のである。

この批評の中では、克服すべき自然を象徴するもの、つまり「重量」が、建築物の物理的・技術的に決定された構造に二重化されている。これは一見、混乱した見解のように映るかもしれない。というのも、技術とはまさに自然を征服するための手段であるのだから。しかし、そうではない。ニコライ・コリの地下鉄建築についての批評にも、やはり同様の記述が見られる。彼によれば、「円天井にかかる膨大な大地の重みは、非常に巨大で嵩張った、そしてプラットフォーム内を塞ぎつくしてしまうほどのおびただしい量の柱の使用を強いる」[13]。あたかも柱が重量を克服するのではなく、大地の重量そのものが、「おびただしい数の柱」として現出しているかのようである。さらにコリは続けて、「したがって、ここでは芸術的表現手段によって圧迫感や重苦しさ、地底にいる不安を克服するという問題が、特に鋭く立ち現れる」[14]と述べる。自然の力（重量）はそれを支える柱という構造によって克服されるのではなく、この構造を覆い隠す「芸術的手段」によって克服されるのである。自然の力によって自動的に、すなわち機械的に決定された構造は、人間の恣意の介在していない自然同様、「芸術的表現力」によって克服＝有機化されねばならない対象なのだ。ここには第1章で見たギンズブルグの装飾＝重量を克服するものとしての構造という概念や、意味＝重量を解体するものとしてのマレーヴィチやレオニドフの無対象・無重力建築とはおよそ対照的な、新しい建築観の出現を認めることができる。この社会主義リアリズムの世界では、自然と技術（機械）という一見相反する概念は、没意味なメカニズムという点で一致するのだ。

人間の意思とは関わりのない、自然の、あるいは構造それ自体のメカニズムによって支配された場から、イデオロギー的記号としての自然の装飾からなる、生命の庭へ。まさにこの自然の二元化と葛藤という物語を支えるために、メトロの地下空間はモダニズムの技術決定論、ないし無対象建築の純粋言語の沈黙の空間ではなく、テクストのように可読的で明確な意味を担う、自然の形象で満たされていなければならなかったのである。このトポスのゼロ地点に創造された空間は、自然そのものよりもよりよい自然、人の手によって完成された植物からなる庭園とでも呼ぶべきものであった。自然を象りながらもまさに同時にそれを否定する、大理石に刻まれ、時間と共に移ろうことないたわな自然の形象は、まさにその半永久的な豊かさによって、実存的（一回的）ないし主観的な時間や、計量可能な客観的時間に優越する、社会主義リアリズムのより高次の現実を示していたのである[15]。

けれども見逃すわけにいかないのは、このメトロ空間が、ソヴィエト宮殿のレーニン像のように直接眺めることのできない超越的な場所にではなく、人びとのすぐ目と鼻の先に出現したということだ。というのも、地下空間の各所を装飾する豊穣な自然のイメージは、現実世界において進行しつつある社会主義建設の最終的な理想を表すと同時に、この社会主義版アルカディアが、文字通り既に眼前まで到来していることを、人びとに具体的に示すものでもあらねばならなかったからである。[16] ある意味でその光景は、資本主義諸国のプラットフォームの壁面が、最新の家電や自動車、食欲をそそる食卓の光景などからなる、理想化された生活のイメージによって覆われているのに、似ていなくもない。事実これらモスクワの地下鉄構内を満たすイメージは、このイデア的世界の素晴らしさを伝えるだけではなく、人びとに何を欲するべきかを教える、いわば集団の欲望に形を与える装置としても期待されていた。[17]

このような超越性と裏腹の直接性からは、スターリン建築の新しい側面、スターリン流ポピュリズムを読み取ることができよう。つまりそこには、圧倒的な高さから人びとを一方的に威圧するだけではない、逆に水平の関係の中でより近しく彼らに語りかけ、魅了し、その無意識ないし欲望を望ましい方向へと統御しようとする意図がこめられていたと考えられる。これら自然の意匠は、かつて正教会の聖堂内で至聖所と内陣を区切っていたイコノスタシス（聖障）のように、形而上・形而下の二つの世界を切り離しつつ接合する、あるいは接合しつつも切り離す役割を果たしていたのである。

社会主義リアリズムのこのような自然の解釈に対して、ギンズブルグは自然というテーマをいかにして自らのポスト構成主義理論に取り入れていったのだろうか。「建築と自然における有機性」の冒頭で、彼はまず、「有機性（органичность）は自然の内に最もはっきりとその姿を現す」と、社会主義リアリズムのドグマを繰り返す。しかしその後ですぐさま、「あらゆる自然物の形態は、非常に完全に、鮮やかに、その有機体（организм）の合理的構造を示している」と述べ、有機体の形態は、「自然物の生存能力を条件付ける、合目的的な原理を自己の内に有している点」[18] でとりわけ優れていると主張する。反構成主義の論者たちが、自然の有機性を賛美することで構成主義の〝機械的〃合理性を否定しようとしたのに対し、ギンズブルグは逆に有機体の形態そのものに含まれた合理的構造を指摘してみせるのである。

やはり同様の観点から、彼は建築家が自然に学ばねばならない要素として、「形態と内容の、機械的ではない、最高度に有機的な結びつき[19]」を挙げる。これもまた、社会主義リアリズム批評の中で陳腐化された表現のひとつである。が、注意せねばならないのは、その反対物として措定されている、形態と内容の「機械的」結びつきに対するギンズブルグの解釈だ。社会主義リアリストたちとは異なり、彼はそれを合理化・合目的化の不十分さに起因するとみなすのである。さらにギンズブルグは、自然の有機性の特徴を、形態の「全体性（цельность）と単一性（единство）[20]」にあると指摘し、発生から成長、老化に至るまでの有機体の内的法則のすべては、その形態の「驚異的な簡素さ[21]」の中に表されていると述べる。ここで彼が示唆しているのは、有機体の形態には、構造に対する装飾のような、具体的な機能をもたない器官は存在しないという、実のところ構成主義時代以来の機能＝形態論の繰り返しである。

ギンズブルグによれば、このように自然物の有機性は形態全体の簡潔さとして現出するのだが、植物の葉や蝶の羽根などの表面を子細に観察してみれば、われわれはそれが葉脈や鱗片など、「微小なファクトゥーラの要素へと分割されている[22]」ことに気付く。ファクトゥーラとは、通常事物の表面の肌理、テクスチャーを示す言葉だが、場合によってはある対象の構成要素の性質一般や、構成の手法までをも含意する。ギンズブルグはこのファクトゥーラという言葉を、ここでは有機体の表面を構成する、テクスチャーの微細な単位を指すために用いている。彼によれば、有機的形態には、これら「膨大な量の完成されたファクトゥーラ[23]」もまた不可欠なのである。先のマクロな総体に対して、こちらはミクロな単位への言及がなされているといえよう。

そしてさらに重要であるのが、最大値としての全体像と最小値としてのファクトゥーラの中間に当たる、相互に異なった形態・機能を有する器官同士の、「コントラストの法則[24]」である。ミクロな単位に分割するほど、構成分子の数は増加し、構造は単純になり、相互に似通っていく。対して、より大きな単位に移行するほどに、構成分子の数は減じ、それぞれの部分（器官）は独立性を強め、相違は大きくなる。そして、この後者のそれぞれに異なった器官同士のコントラストに基づく連携こそが、より複雑な運動や機能を可能にするのである。これはひとつの個体についていえるだけでなく、最も単純な原生生物から最も複雑な人間の身体に至るまでの系統発生にも当てはまるとギンズブルグは主張する。ここには、個体発生における変化は系統発生における変化の反復であるという、ヘッケルの進化論からの影響が認められる。

この単純で反復的なファクトゥーラによる構造から、より複雑な独立した複数の器官の組み合わせからなる構造への発展を、ギンズブルグは建築史にも当てはめようと試みた。彼はメンヒルからピラミッド、ゴシック教会、ハギア・ソフィア大聖堂、サン・ピエトロ大聖堂へと、建築構造が次第に複雑化し、各部分の機能が独立していく様子を、系統発生的に叙述していく。しかしルネサンスまで到達した瞬間に、彼は突然奇妙なUターンを行う。すなわち、「最も優れた形態の配置と、最も複雑な組織構造を特徴付けるのに相応しい例とは、アテネのアクロポリスである」[25]と述べることになるのだ。この時期アクロポリスは古典的美の最たる規範として掲げられており、ヘッケル流の進化の系統樹の当てはめは、この公式の言説の前にねじ曲げられたのだと考えられる。こうしてギンズブルグはルネサンスから古典古代へと再び帰還し、アクロポリスではプロピュライア、パルテノン神殿、エレクテイオン神殿、パラス像などの独自の各要素が理想的な「コントラストの法則[26]」によって配置されている、と結論する。

このような明らかなイデオロギー的圧力を別とすれば、ギンズブルグの自然論からは、かつて彼が機械や工場生産のシステム、あるいは端的に自動車のメカニズムに託した形態と機能の究極的一致、無駄（＝装飾）のない諸要素の合目的協働という理念が、ほとんどそのまま自然の構造の上に置き換えられていることが分かる。ただし注意を要するのは、『様式と時代』の自動車モデルにおける、外部に措定された目標地点に向かって半永久的に進み続けるよ

図 5-5
サナトリウム《空中の神殿》全体の眺望，*Гинзбург М. Я.* Архитектура санатория НКТП в Кисловодске. М., Издательство академии архитектуры СССР, 1940.

うな志向性のある運動の概念は、ここでは運動の終点を含むエントロピーの法則に取って代わられているという点だ。彼によれば、われわれは一個の植物の姿に「その始まりと、現在のそれ自体と、その終わり(27)」を見ることができる。言い換えれば、植物は成長し複雑化していくほどに、自身の内に解体、つまり死というモメントをも含み込んでいくのである。このような運動観は、終わりのない動的メカニズムをモデルとしていた構成主義時代の建築論とは、明らかに異なっている。

自然の中の建築

ギンズブルグと多くの元構成主義建築家を含む彼のスタジオにとって、前述のようなポスト構成主義の新しい形態理論の実践の場となったのが、一九三〇年代中盤から後半にかけて進められたキスロヴォツクのサナトリウム計画と、クリミア半島の開発計画だった。

中でもまず目を向けるべきは、黒海に面したグルジア方面のリゾート地キスロヴォツクの、重工業人民委員部職員向け保養施設であろう。ギンズブルグが直接指揮した、通称《空中の神殿》（一九三五—三七年）[5-5]と呼ばれるサナトリウムの設計には、レオニドフもスタジオの一員として参加していた。このサナトリウムの詳細に関しては、一九四〇年に建築アカデミーによって出版された、『キスロヴォツクにおける重工業人民委員部サナトリウム建築』で、ギンズブルグ自身が詳細な解説を残している。

この冊子によれば、治療棟と二つの宿泊棟によって構成されたサナトリウムの本館部分では、贅沢さではなく滞在者の実際的なニーズに基づいた、「快適な」[28]空間作りが第一に目指された。二つの宿泊棟[5-6-1][5-6-2]は矩形、治療棟[5-7]はエントランスから扇型に広がる形で、内部・外部ともに、スターリン建築につきものの彫刻やレリーフ、壁画などの装飾は非常に抑制されていた。宿泊棟のコロネードには極端なサイズの引き伸ばしや柱頭装飾などは行われておらず、コーニスは建築物全体との一体感を損なわないよう、いたって簡素なフォルムとなった[29][5-8]。とりわけギンズブルグ自身が設計を手がけた治療棟の、中庭に面した巨大なガラス壁の開放的な空間[5-9]には、彼の線状都市におけるガラス住宅計画の余韻を聞き取ることができるだろう。

この『キスロヴォツクにおける重工業人民委員部サナトリウム建築』は、建築物の単なる解説書という以上に、作品への批判をあらかじめ牽制するための、建築家の自己批判と呼んでも差し支えない面をもっていた。わけてもギンズブルグは、社会主義リアリズムの時代に濫用された内容空疎な概念、「誠実さ（искренность）」「真正さ（правдивость）[30]」を「形態と内容の一致[31]」と解釈し、これらの実現のために、「われわれはできる限り深くその（サナトリウムの――本田）有機体の内的生に耳を傾け、建築へ反映しようと努めた[32]」ことを強調している。かつて素材の性質や機能といった用語が占めていた場所に出現した、「有機体の内的生」という表現からは、彼があたかもこの建築物を社会主義リアリズムの規範に回収しようとしているかのような印象を受ける。しかし実際のサナトリウム空間は、古典主義を基本としつつも、構成主義時代のデザインともさほど大きな乖離のない、むしろ幾何学に基づいた空間構造という両者の共通点を強く感じさせるものとなった。

『ソ連建築』誌上に発表されたリュボーフィ・ザレススカヤの同作品に対する批評は、それがモスクワ地下鉄建築の自然ないし有機性の概念とは全く異なった文脈に属していたことを示している。彼女は各棟のバルコニーや柱の配

図 5-6-1
サナトリウム《空中の神殿》第 1 宿泊棟，*Гинзбург М. Я.* Архитектура санатория НКТП в Кисловодске. М., Издательство академии архитектуры СССР, 1940.

図 5-6-2
サナトリウム《空中の神殿》第 2 宿泊棟，*Гинзбург М. Я.* Архитектура санатория НКТП в Кисловодске. М., Издательство академии архитектуры СССР, 1940.

図 5-7
サナトリウム《空中の神殿》治療棟，*Гинзбург М. Я.* Архитектура санатория НКТП в Кисловодске. М., Издательство академии архитектуры СССР, 1940.

図 5-8
サナトリウム《空中の神殿》宿泊棟の円柱，*Гинзбург М. Я.* Архитектура санатория НКТП в Кисловодске. М., Издательство академии архитектуры СССР, 1940.

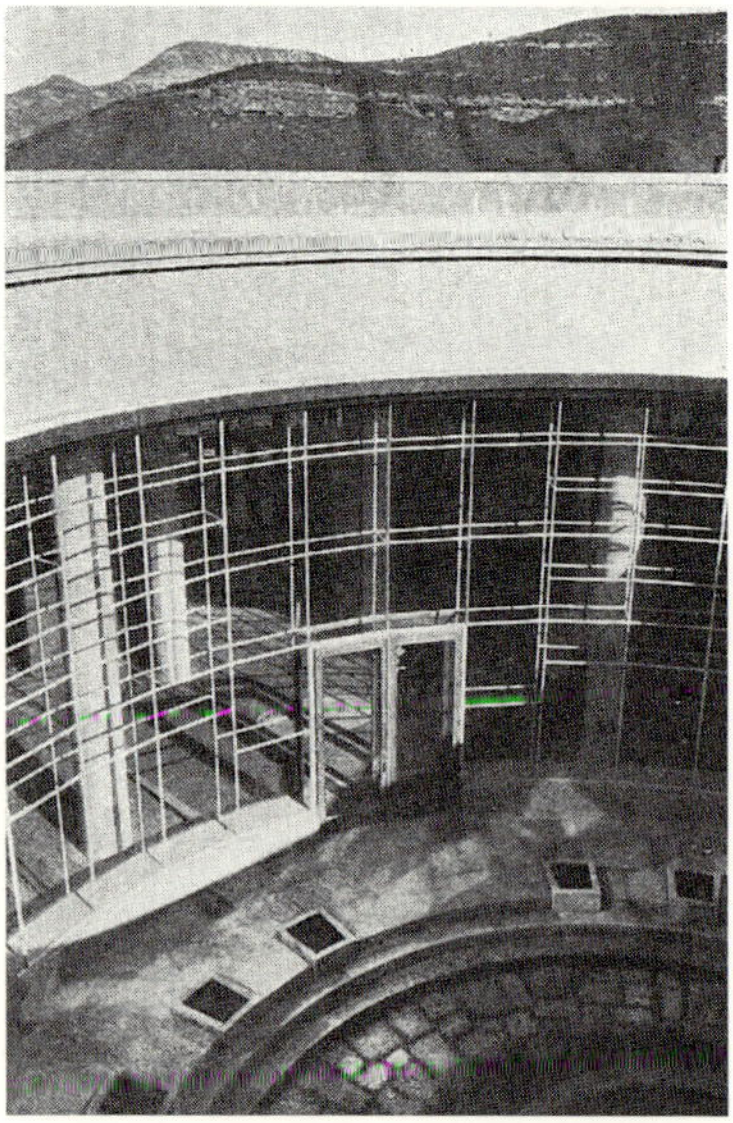

図 5-9
サナトリウム《空中の神殿》治療棟の中庭，*Гинзбург М. Я.* Архитектура санатория НКТП в Кисловодске. М., Издательство академии архитектуры СССР, 1940.

置の反復的な「リズム」[33]に着目し、それこそが「壁面に飛び抜けて表現豊かな質感を与えている[34]」と賞賛した。ザレスカヤの表現によれば、このような反復的なリズムを通して「建築家は（…）ファサードに生命を与えている[35]」。つまりここで建築物に「有機性」や「生命」を与えているのは、自然を象った彫像、レリーフ、壁画などの装飾ではないわけだ。単純かつ反復的で、それ自体としては意味をもたないこれら細部こそが、構造を有機化しているのである。実際サナトリウムの内外空間では、食堂入り口の天井の花を象ったレリーフや、治療棟の近海の海洋生物を表現したモザイク[5-10]を除けば、このような自然の意匠は極度に抑制されていた。地下鉄駅で見たような、空間全体を〝自然〟という装飾＝意味によって満たすことで有機化しようとする意図は、ここには認められない。

そこで自然の形象に代わって導入されたのが、黒海地方の自然そのものである。すべての客室は周囲の天然のレリーフ（**рельеф** 地形）を堪能できるよう配置されており、各棟には屋上庭園が設けられ、宿泊棟の玄関ホールに植えられた芝生には、外部の自然から「訪問者をそれと気付かせることなく[36]」建築の内部へと導く役割が与えられていた。ザレスカヤの批評の中には、モスクワの地下鉄駅をめぐる言説に見てきたような、機械的自然と有機的自然の対立の図式は見られない。幾何学によって構成された建築空間と本物の自然とは互いにコントラストを成しながら共存しており、イデオロギー的意味の介在する余地は残されてはいない。

図 5-10
サナトリウム《空中の神殿》治療棟の床のモザイク，*Гинзбург М. Я.* Архитектура санатория НКТП в Кисловодске. М., Издательство академии архитектуры СССР, 1940.

これらギンズブルグの試みに対して、ポスト構成主義における有機性というテーマを考察する上でより特異な例を示すのが、治療棟のエントランスから斜面下方へと続く階段部分である。このテラス階段の設計を担当したのが、他でもないレオニドフだった。

レオニドフは元々キスロヴォツクのサナトリウムの設計には関わっておらず、当の階段部分に関しても、既にギンズブルグ・スタジオの建築家カリーニンが設計を済ませていた。レオニドフがこの計画に携わるのは、彼ら建築家たちのスタジオを統括する重工業人民委員グリゴリー・オルジョニキーゼによって、突如このサナトリウムの内装の全面的な変更が指示されてからである。当初は内装の再設計だけに関わる予定であったにもかかわらず、現地を訪れたレオニドフはこの階段部分に興味をもち、自己流の新しい設計をギンズブルグに提案した。ギンズブルグはカリーニン案とレオニドフ案の両者を検討した結果、レオニドフ案を選び、彼のプランがカリーニン案を覆して実現を見たのである[37]。しかしギンズブルグのこのような支持にもかかわらず、ギンズブルグの担当した本館部分に対して、レオニドフの担当した階段部分、とりわけその下部の歩道部分は、明らかに異質な印象を与える仕上がりとなった。

このテラス階段は、三本の放射状の階段、それらを連結する斜面中段の小さな広場、そこから下方へと伸びる歩道の三つの部分から構成されている。階段上部の側面は、サナトリウム本館の地階部分と同じルスティカ様式風の礎石積みによって仕上げられ、扇形に広がる階段とその下の広場は、古代ギリシアの半円形劇場を模した外観になっていた[5-11-1][5-11-2]。対してこの中段部の広場から下の歩道部分は、上部の古典主義に基づいた厳格な形態とは異なり、一本の軸から分岐した左右対称の複雑な形を描いている。歩道は斜面に沿って下るほどに細くなり、最後にはまるでフェードアウトするかのように周囲の灌木の中へと消えていく[5-12]。ちなみに、斜面の傾斜を利用し、天然の地形というファクトゥーラの上に多様な建築形態を描きこんでいくこのような方法は、以降レオニドフの作品の中で繰り返し利用されることになる。

図 5-11-1
レオニドフによる階段部分のデザイン上部（正面），*Гинзбург М. Я.* Архитектура санатория НКТП в Кисловодске. М., Издательство академии архитектуры СССР, 1940.

図 5-11-2
レオニドフによる階段部分のデザイン上部（側面），Andrei Gozak and Andrei Leonidov, *Ivan Leonidov: The Complete Works*（New York: Rizzoli, 1988）.

図 5-12
レオニドフによる階段部分のデザイン下部，*Гинзбург М. Я.* Архитектура санатория НКТП в Кисловодске. М., Издательство академии архитектуры СССР, 1940.

サナトリウム本館や階段上部の半円形劇場を模した部分では、古典的‐幾何学的な輪郭が周囲の自然とコントラストを成しているのに対し、一本の軸線から派生するこれらの形態と周囲の自然との関係は、より曖昧である。とりわけ、この下るほどに細くなり消失していく歩道は、自然のランドスケープへの建築（人工物）の漸次的な移行を表しているともとれる。既に見たように、構成主義時代のレオニドフは建築物の質量を極限まで削いでいき、コロンブス・モニュメント案ではとうとう壁を空気に溶解させるまでに至った。この階段部分のグラデーションには、物質としての建築をゼロへと還元しようとする、一九二〇年代のレオニドフの建築思想との連続性が認められよう。だがその一方で、ここには彼の新たな有機的フォルムの探求も読み取ることができる。

レオニドフの設計案では、以前より建築物の内部あるいは周囲に、本物の植物が積極的に取り入れられてきた。たとえば一九二九年に発表された工業ビル案[5–13–1][5–13–2]では、各フロア内には空間を仕切る壁は無く、代わりに観葉植物がパーティションの役割を果たすことになっていた[38]。各クラブ案では公園は必須の要素であり、マグニトゴルスク案では工場や道路の汚染された空気から住居部分を保護し、住民たちに自然の中でのレクリエーションの場を提供するためのグリーン・ベルトが、都市の全長にわたって導入された。

他方、一九二〇年代のドローイングにおいては、樹木などの自然物の不定形な形態と建築物の幾何学的な形態は、対照的な関係に置かれていた。フリーハンドで描かれた、筆圧を直に反映した波打つ植物の輪郭線と、定規やコンパスなどの道具を介して引かれ、人間の手のもつ抑揚を完全に欠いた人工物の輪郭線では、線の質自体も大きく異なっていた。自然と人工物（建築）の区別は画然としており、両者は相互に他者として振る舞っていたのである。また自然と人工物の関係も、対等ではなかった。マグニトゴルスク案においてグリッドの作り出す秩序が本来の地形に優先されたように、幾何学の中にこれら不定形な自然が閉じ込められる場合が多く見られた。

このサナトリウムの階段下の歩道＝軸線は、レーニン研究所からマグニトゴルスク・プロジェクトまでレオニドフ

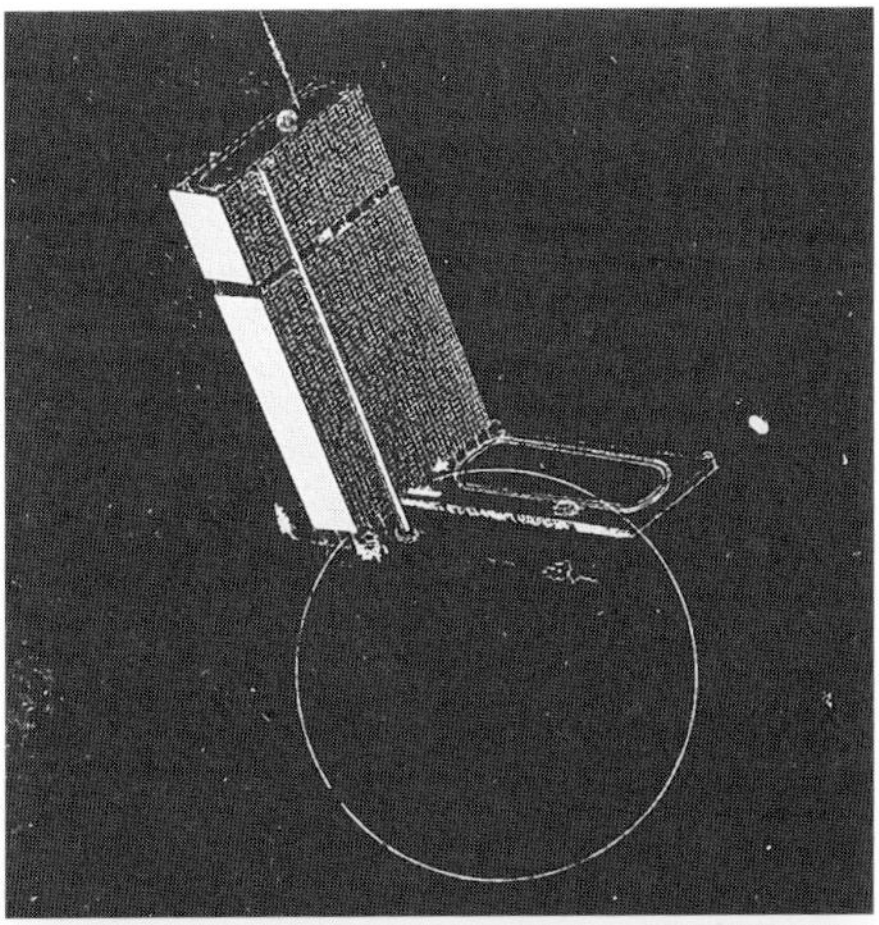

図 5-13-1
レオニドフによる工業ビル案（1929 年）軸測投影図，Современная архитектура. 1930. № 4.

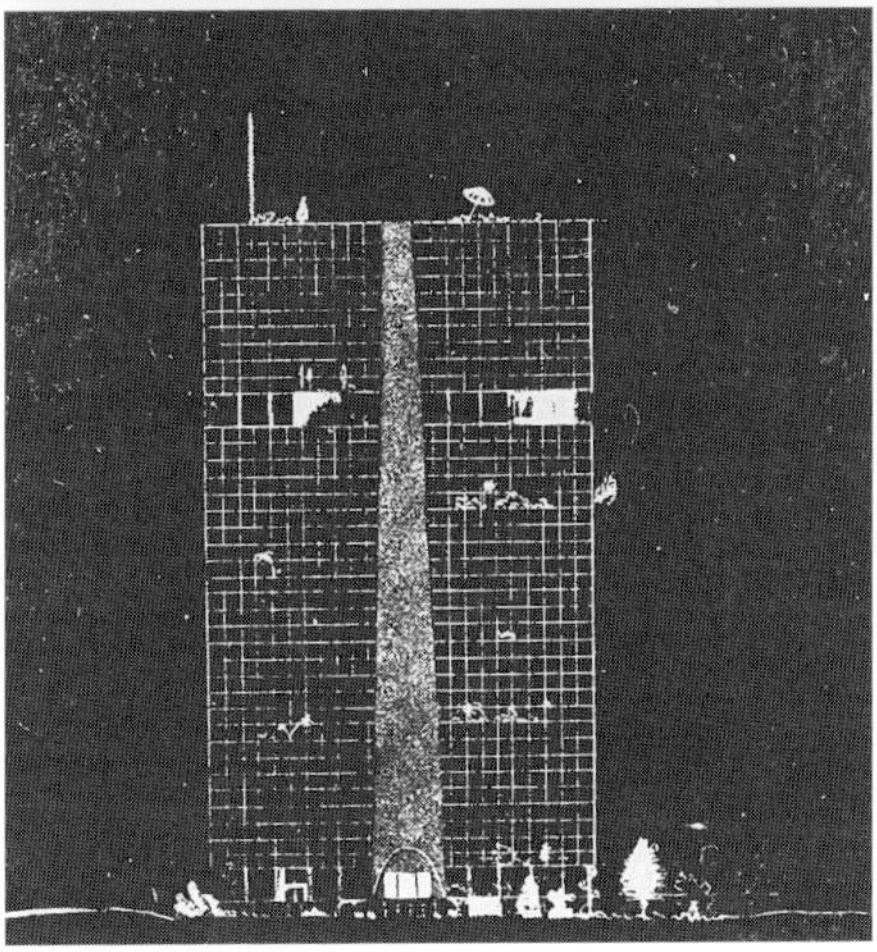

図 5-13-2
レオニドフによる工業ビル案（1929 年）立面図，Современная архитектура. 1930. № 4.

の作品を構成してきた、果てしなく伸張し続ける直線に由来するものと考えられよう。それは既に見てきたように、真空の中を突き進む光にも喩えられる、抽象的な、非物質的な直線であった。しかしながらここでは、自らの直進する法則にのみ依拠し、いかなる変化の契機ももたないはずのその直線から、複数の形態が生まれている。軸線から左右対称に出現する形態は、あたかも軸線を茎ないし幹として、そこから派生したものであるかのような印象をもたらす。いわばこの直進する軸線こそが、新しい形態の母胎となっているのである。

不思議に思われるのは、一体レオニドフがどこからこのような新しい線の着想を得たのかだ。一九三〇年代後半のレオニドフは、ヘッケルの『自然の芸術造形』を愛読書として持ち歩き、しばしばそこに描かれた植物のイラストの模写を行っていたという[39]。当時の批評家ニコライ・ブィリンキンは、重工業ビル設計コンペ以降のレオニドフの仕事を「生物学と建築の表面的かつ卑俗なアナロジー[40]」としてこき下ろしたが、それまでの単純・図式的という批判を回避すべく、レオニドフもギンズブルグと同様に、ヘッケルの有機体のイラストレーションの中に新たな形態の手がかりを探っていたのではなかったか。

周知のように『自然の芸術造形』は、自然の動植物の多様な形態を基本的形態に基づいて分類するという、生物学上の目的をもっていた。その中でヘッケルは、有機体の実際の形態から直接普遍的形態を求めるのではなく、まず対象を左右対称構造としてとらえ、次にその構造の中心となる軸線を基本に、そこから補助線を延ばして立体的な幾何学形態を導き出し、対象をいくつかのカテゴリーに分類するという手法を用いた[41]。実際に彼の『自然の芸術造形』に収められたイラストレーションでは、様々な有機体の左右対称構造が意識的に強調されている。レオニドフのテラス階段に出現した、複雑な、しかし厳密に左右対称な形態を派生させる胚としての軸線の概念は、ヘッケルのこのような有機物の分類法に由来していたと考えられるのである。

やはり同時期（一九三五―三八年）に制作された、クリミア南岸に位置するリゾート地アルテク[42]のピオネール・キャ

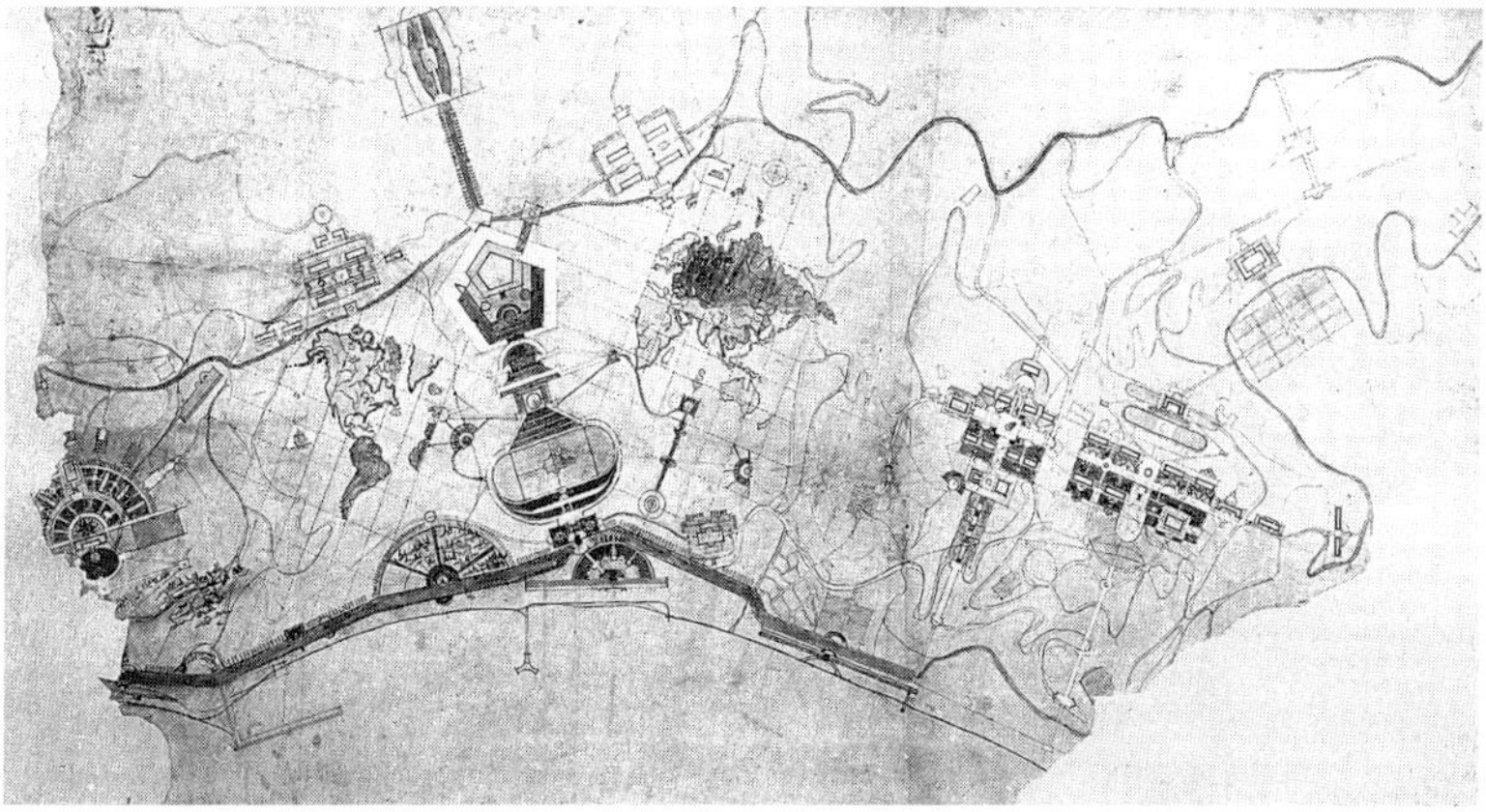

図 5–14
レオニドフによる大アルテク計画（1936 年）鳥瞰図，トレーシングペーパー・インク・鉛筆，58.5×124.0 cm，ロシア国立建築博物館（MA）所蔵，PIa 11568/1.

ンプの整備計画、大アルテク・プロジェクト[43][5–14]にも、様々な形態を派生させる直線（軸線）を認めることができる。グルズファからアユーダグ山まで東西全長四・五キロメートルにわたる海岸沿いの一帯に、アウトドアを主体とする巨大なレクリエーション・教育複合施設を建設するというこの計画に、レオニドフはギンズブルグ、チャールィ、ボグダーノフらとともに関わっていた。

彼らの計画では、それぞれのキャンプ場には、宿泊棟、食堂、ピオネールの家、治療棟、海水浴用の浜辺、運動場、公園などの施設が備わっており、一番奥まったところに配されたピオネールの家から伸びる直線＝テラス兼歩道が、海岸線までの間に左右対称に配されたこれらの施設を繋ぐ中心軸の役割を果たしていた。

さらにこれら五つのキャンプ全体は、入れ子構造のように、もうひとつの大きな公園の中に包含されていた。この公園の中心となるのがピオネール宮殿で、そこから海岸までの間に、植物園、ラジオ放送の中継点、博物館、デモンストレーション用のスタジアムなどが立ち並ぶ。丘の上のピオネール宮殿からは、やはり直線状のテラス階段＝軸線が伸びており、異なった機能を有するこれらの施設を連結する役割を果たしていた。なお、このテラス階段の擁壁部分には、人類史や科学技術、革命に関わる歴史が描き出されており、子どもたちの上り下りの運動に合わせて、彼らの眼前にこれらの歴史絵物語が逐次的に現れる仕組みになっていた。

もう一点、キスロヴォックのサナトリウムには、レオニドフがヘッケルから受けた影響を物語る興味深いディテールがある。階段部分の中途に配置される予定であった、十二角形の噴水の計画[5-15]がそれだ。同案では、鏡面ガラスで構成された十二角形の核の部分から噴射される水でもって、この核の周囲に幾何学的な水の図形が描き出されることになっていた。さらに中心部分には風琴が仕込まれており、鏡と水による光の反射に風琴の音色が加わって、噴水は自然が奏でる「光と音の楽器」(44)となる予定であった。この計画は現実的というよりは概念的なものであって、噴水が実現されることはなかった。だがこの着想からは、本来不可視である光や風といった自然の要素、いわば自然のファクトゥーラを、建築という人為を介して可視化・主題化し、かつこれらの本来不定形な要素を幾何学的形態に当てはめようとする、レオニドフの新たな試みを読み取ることができる。

ヘッケルからの影響を論じる上で見逃せないのが、この多面体の噴水の形態と、ヘッケルの図鑑内に描かれた濃彩類（ファエオダレア類）[5-16]との類似である。この両者の構造の類似は、アンドレイ・ゴザックが指摘するように、ヘッケルの描く有機物の形態を利用して建築を有機化しようとする、レオニドフの意図の証左となるだろう(45)。ただし留意せねばならないのは、レオニドフがここでヘッケルのイラストレーションの中でも特に濃彩類を選んでいるという点だ。[5-16]を一見して分かるように、濃彩類はどちらかというと有機物よりも結晶を思わせる、きわめて幾何学的な形態を有している。その幾何学的な自然の姿は、およそ人工物に生命の仮象を吹き込むことはない。むしろこの極端なモデルの選択から読み取るべきは、無機物・有機物に共通する、普遍的な幾何学的原形を見出そうとする建築家の姿勢ではないか。濃彩類への参照は、構成主義時代の幾何学形態の美学を否定するものではなく、それと矛盾しない、いや、むしろ自然物と人工物の両者に通底するより普遍的な建築形態へのレオニドフの志向を物語っているのではないか。

このような有機物・無機物、あるいは自然物・人工物に共通する原形の探求は、しかしもちろんレオニドフに独自のものであったわけではない。というのもその端緒は、結晶学をもとに有機体の複雑多様な形態を分類しようとした、ヘッケルその人の根本形態の理念に認めることができるからである。ヘッケルは、有機体の形態も無機物と同じ物理法則に基づいて決定されるという一元論的な前提に立ち、左右対称の原則により所与の結晶の根本形態を導き出す結晶学の手法を、様々な生物の形態分析に適用していった。そこで彼によって導き出された有機体の根本形態が、球、多面体、紡錘形（楕円）、円錐体、半球、ピラミッド、左右対称の放射形といった、レオニドフの構成主義時代の建築形態のパレットともほぼ一致する、一連の幾何学形態に他ならなかった。

さらにヘッケルは、自身の分類体系を生物の形態だけではなく、無機物、人工物も含む世界のすべての形態に当てはめることのできる「一般形態系」にまで敷衍しようと企てていた[46]。この彼の試みは、学術的には認められずに失敗に終わったが、一方で彼の描き出した動植物の形態は、多くのユーゲントシュティールの芸術家たちに応用されていった。建築もその例外ではなく、ルネ・ビネはヘッケルの描いた放散虫を参考に、一九〇〇年のパリ万博の入場門を設計している[5-17]。いわば根本形態は、科学的な蓋然性とは別に、人工物と自然物との境界を解体する、両者にとって共有可能な形態として、芸術家や建築家たちの創作原理に取り入れられたのである。

根本形態に基づく有機物・無機物の別のない一元論を提唱したヘッケルは、エルンスト・マッハやドイツの化学者でエネルギー一元論者のフリードリッヒ・オストワルトらとともに、ボリシェヴィズムの一元論的世界観の形成に影響したひとりでもあった。したがって、「有機性」「自然」というテーマを追求するにあたり、ヘッケルの『自然の芸術造形』を参考にしたレオニドフやギンズブルグの行動は、この原点への回帰であったといえるのである。じっさいレオニドフが修復を手掛けた故郷トヴェリのピオネール宮殿（一九四一年）のデザインには、ユーゲントシュティー

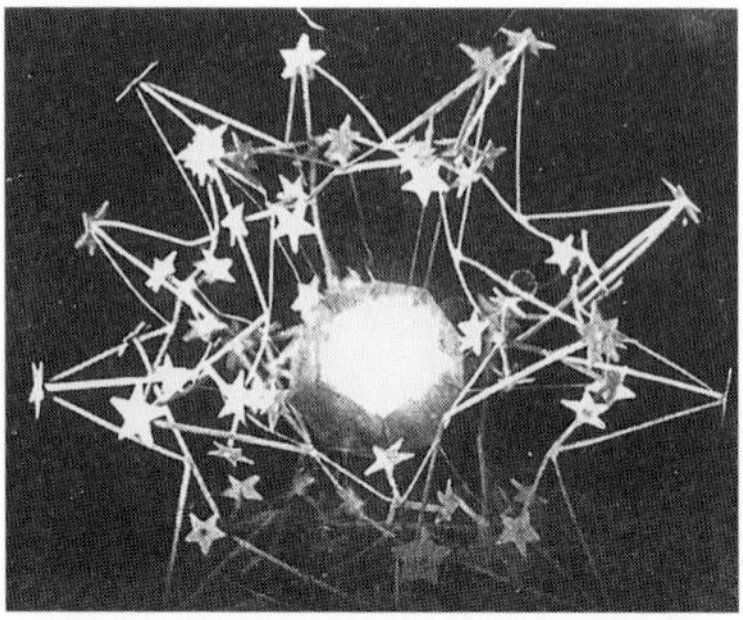

図 5–15
レオニドフによる噴水の模型，Andrei Gozak and Andrei Leonidov, *Ivan Leonidov: The Complete Works*（New York: Rizzoli, 1988）.

図 5–16
ヘッケル『自然の芸術造形』（1899 年）より，濃彩類（ファエオダレア類）の挿絵.

図 5–17
ルネ・ビネによるパリ万博の入場門のデザイン（1900 年），エルンスト・ヘッケル『生物の驚異的な形』小畠郁生訳，河出書房新社，2009 年.

図 5-18
レオニドフによるトヴェリのピオネール宮殿の内装（1941 年），Архитектура СССР. 1941. № 2.

図 5-19
ソヴィエト宮殿駅（第 1 期，1935 年開設）プラットフォームの柱，2012 年筆者撮影.

ルとの親近性を認めることができる。特にエントランスと正対する正面階段では、天に向けて広がろうとする植物を思わせるモチーフが、円柱や階段の手すりの飾り柱などにおいて反復的に用いられ、空間にひとつのリズムを作り出している(47)[5-18]。ちなみにこの柱のデザイン自体は、一九三五年に開設されたモスクワ地下鉄のソヴィエト宮殿駅(現クロポトキンスカヤ駅)のプラットフォームの柱[5-19]に触発されたものと思われる。このソヴィエト宮殿駅の設計者のひとりであるアレクセイ・ドゥーシキンは、同駅のデザインを含め、四〇年代に三度のスターリン賞を受賞したいわばスターリン時代を代表する建築家であり、レオニドフとドゥーシキンの柱のデザインの相似は、異なった自然観、世界観に基づきながらも、ポスト構成主義とスターリン建築が形態においては一致しうることを示しているともとれよう(ただしソヴィエト宮殿駅のデザインは、その洗練された簡潔さの点で、一般的なスターリン建築とはかなり異なっているのだが)。

2　ファクトゥーラ

グリッドからの追放

これまでは建築の有機化というテーマにレオニドフがいかに取り組んできたかを、主に建築形態の探求において考察してきた。しかしながらこの強制的に課された新しい主題は、必然的に彼の表現手法にも影響した。そこで新たに浮かび上がってきたのが、ドローイングの支持体が有する肌理、ファクトゥーラという問題だった。

けれどもなぜ、ファクトゥーラなのか。絵画ではない建築ドローイングにおいて、ファクトゥーラが問題になることは通常ありえない。一九三〇年代後半にはロシア画壇においても既にファクトゥーラの重要性は大きく後退しており、四〇年代には印象主義風のタッチすら批判に晒され、写真のようになめらかなマチエールが主流となっていった(48)。

なぜレオニドフは、このいわば時代遅れの問題を自身の作品に取り込むことになったのか。

まず考えられる原因は、建築雑誌からのレオニドフの撤退である。一九三〇年をもって、それまでレオニドフが主たる活躍の場としていた『現代建築』誌は廃刊になる。彼の建築思想は、第1章で詳述したように、雑誌というメディアの性質と深く結びつきながら形成された。レオニドフの設計手法は構成主義のブック・デザインと多くの点で共通しており、特に彼の作品の模型写真やドローイングは、『現代建築』の誌面レイアウトと完全に融合していた。そして何より、同一平面上に複数のイメージを配することのできる建築雑誌の誌面とは、様々なイメージ断片の編集から立ち（建ち）上がるレオニドフの作品の、本来的な生成の場に他ならなかった。だが、マスメディアの平面を拠点とする彼の創作活動も、この時期には不可能になる。新たに発刊された建築家同盟の機関誌『ソ連建築』では、これまでの特権的な扱いから一転、レオニドフには作品掲載の機会さえほとんど与えられなかった。

『現代建築』誌上に掲載された作品では、色彩は基本的にモノトーンに限られ、また作品の支持体のファクトゥーラは、問題たりえなかった。というのも、雑誌の誌面、すなわちマスメディアの普遍的・中性的平面こそが、これらのイメージの支持体となっていたからである。しかし建築雑誌というメディアから離れることで、レオニドフは印刷という前提にとらわれることなく、色彩とファクトゥーラをより自由に選択する可能性を手に入れた。言い換えれば、この変化こそが、イメージの媒体の物質性や質感という問題を彼に新たに突きつけたのである。

さらにもうひとつの大きな要因が、他ならぬ有機性というテーマである。先に取り上げたギンズブルグの論文「建築と自然における有機性」では、植物の表面を覆う葉脈や蝶の羽根の鱗片といった表面のファクトゥーラは、形態と内容の有機的結びつきにおける不可欠な要素のひとつ、動植物から建築作品までに通底する最小単位と考えられていた。おそらく同様のファクトゥーラ観が、レオニドフのこの時期の制作活動の背後にはあったと考えられる。

ファクトゥーラに対するレオニドフのこのような意識が顕在化していくのが、一九三〇年代後半に彼によって描か

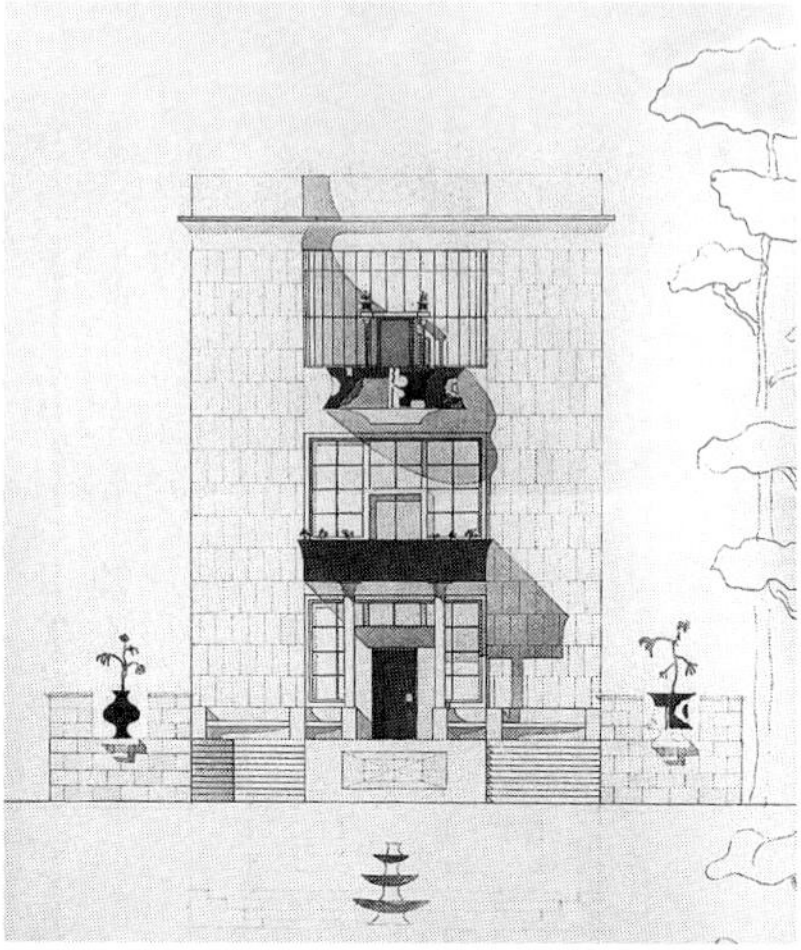

図 5–20（口絵 4）
レオニドフによるクリューチキ・プロジェクト案（1936 年），住宅のファサード，紙・インク・水彩，71.0×61.0 cm，ロシア国立建築博物館（MA）所蔵，PIa 4151.

れた、一連のリゾート施設――レオニドフ流社会主義リアリズムの庭園世界――のドローイングである。重工業ビル競技とほぼ同時期の一九三五年から翌三六年にかけて、レオニドフはニージニィ・タギルの湖畔の高級別荘地の開発計画、クリューチキ・プロジェクト案の作成に携わっている。二〇年代にレオニドフや他の構成主義建築家たちの手がけてきた集団化・共同化された住宅プランとは反対に、このプロジェクトで要求されたのは、党のエリートのための、家族を基本単位とした、快適性の高い住まいであった。そのため各別荘の外観は、それまでの構成主義の住宅の規格化と経済化の方針からは一転、機械的反復に陥ることのないよう、ヴァリエーションに富んだデザインとなった。

［5–20 口絵 4］は、ファサードのデザインの一例である。ここではルネサンス風の外観が取り入れられている一方で、壁面には未だ無彩色のグリッド・パターンが残存している。このグリッドと著しい対比を成しているのが、重工業ビルのドラム状の建物のモチーフをそのまま転用した、三階のエルケル（張り出し窓）部分の鮮やかな色彩と不定形な模様だ。これらの色彩や模様は未だグリッドの内側に閉じ込められているものの、やがてレオニドフのドローイングを全面的に覆うことになる。

クリューチキ案におけるこれら各家屋のファサードのデザインは、ティヴォリのエステ家のヴィラやカプラローラのファルネーゼ家のヴィラなどから引用されたものと考えられる。[49] しかし、ルネサンス風であると同時に未だ構成主義の幾何学的な描線にも支配されたファサードに対して、敷地全体の鳥瞰図[5-21]は全く異なった相貌を見せている。クリューチキ案では、現地の地形に左右されない均質・均等で抽象的なグリッドのパターンではなく、湖の所与の輪郭が敷地全体の基準となり、すべての住宅がこの湖に正対する形で配置された。やはり機械的な反復という批判を避けるためであろう、すべての住宅の敷地もそれぞれ異なった形にデザインされている。これらの奇妙な形態の連なりもまた、これまでのレオニドフの語彙にはなかったものだ。それらはおよそルネサンス風のファサードと同一の建築物とは思えない。むしろその姿は、古代の謎めいた象形文字を思わせよう。また鳥瞰図からは、敷地全体が放射状に広がる半円形の巨大な庭園となっており、同じ半円形をそのまま縮小した各住宅の敷地は、この全体とさながら庭園内庭園のような関係に置かれていたことが分かる。

ベニヤ板の上に描かれた住宅の平面図[5-22]も、鳥瞰図同様、建築物の平面図とは思えない、異様な姿を呈している。ファサードの左右対称な構造に対して、ここでは全体はやや非対称であり、ファサードではエルケルに限定されていた色彩が全面的に用いられ、輪郭線も定規で引いたような直線から、建築家の手の抑揚が感じられるものへと変わっている。とりわけ見逃せないのが、板の表面の、非常にはっきりした凹凸をもつ、規則的な縞の木目である。この木目の上には、カーボン紙の上に定規でもって引かれたファサードの輪郭線のような、均質・均等な線を引くことはそもそも不可能だ。畢竟、描き手はこのあらかじめ与えられた表面に対してどのように振る舞うか、選択を迫られる。地下鉄駅のデザインに見たように、自然の没意味なファクトゥーラを装飾＝意味でもって覆い隠すか、それともこの肌理を何らかの形で利用するか。レオニドフが選んだのは、後者だった。

たとえばこの住宅の平面図では、地の部分にはほとんど着色は行われず、固有の色合いや木目がそのまま背景として利用されている。彩色された部分でも、置かれた色彩の下から木目が透けて見える。マグニトゴルスク案をはじめとするかつてのドローイングでは、地の固有性は無対象の黒の中に失われ、その中性化されたスクリーン上に新たな

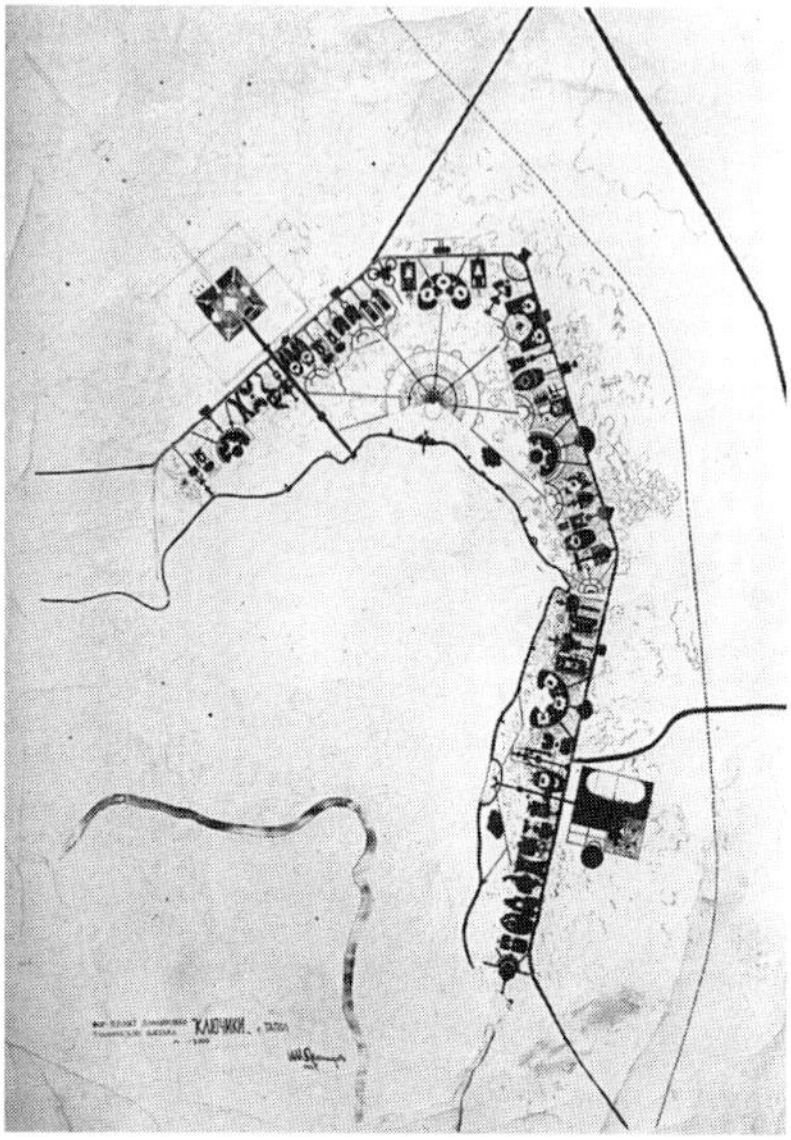

図 5-21
レオニドフによるクリューチキ・プロジェクト案鳥瞰図，Andrei Gozak and Andrei Leonidov, *Ivan Leonidov: The Complete Works*（New York: Rizzoli, 1988）.

図 5-22
レオニドフによるクリューチキ・プロジェクト案，住宅の平面図，Andrei Gozak and Andrei Leonidov, *Ivan Leonidov: The Complete Works*（New York: Rizzoli, 1988）.

都市のイメージが投影された。だがこのクリューチキ案では、ファクトゥーラ上に対象が直に投影され、支持体の本来の地とその上に描かれた図が直接混ざり合い、相互浸透を起こしている。板に対象を描く方法自体はイコン画の制作を思わせるが（じっさいレオニドフは幼少時、聖像画家の下に弟子入りしていた）、ここではイコン画のように下地で支持体の肌理を塗りつぶし、なめらかな平面を作り出すことは行われていない。

また、敷地全体の配置を規定する中央と左右の三本の軸線が、縦の木目に沿うように引かれていることにも注意したい。ここでは形態とファクトゥーラの間に、一種の共鳴関係が生まれている。かつてのグリッドに代わって、所与の条件であり、直接操作不可能な素材の無意識としてのファクトゥーラが、形態を規定していると言ってもいいだろう。これらの技法からは、支持体のファクトゥーラの特性を塗りつぶし抑圧するのではなく、それらを直接己の建築イメージに取り込もうとする、レオニドフの意図が読み取れる。

一九三五年から三八年にかけてレオニドフが参加したギンズブルグ・スタジオのプロジェクト、クリミア南岸開発計画のドローイングの中にも、ファクトゥーラを利用した例を見ることができる。ヤルタ、ミスホル、アルプカ各地区にわたる同開発計画の中で、レオニドフによるものとしては、海岸沿いのパースペクティヴ［5-23-1］［5-23-2］や海岸東部・西部の立面図［5-24-1 口絵5-1］［5-24-2 口絵5-2］［5-25-1 口絵6-1］［5-25-2 口絵6-2］［5-25-3 口絵6-3］、ダルサン丘周辺の開発計画に関する平面図［5-26 口絵7］などが現存している。細密画のように繊細な線で木々の一本一本まで描き込まれたパースペクティヴでは、おとぎ話の世界のような海岸沿いの光景が展開されており、後にキスロヴォツクで実現されることになる半円形劇場や何層にも重なった噴水、多角形のクリスタルのモニュメントなどのモチーフが既に現れている。また敷地内のパヴィリオンでは、社会主義リアリズムの規範「過去の遺産の批判的利用」のレオニドフ流解釈とでもいうべきか、エジプト（ピラミッド）や古典古代（半円形劇場、コロネード）からルネサンス（ヴィラ、四阿）、イスラム建築（モスク）まで、古今東西の建築様式からの引用が行われている。一切の統一性を欠い

図 5-23-1
レオニドフによるクリミア南岸開発計画案（1935-38 年），ヤルタ側のパースペクティヴ，Архитектура СССР. 1938. № 8.

図 5-23-2
レオニドフによるクリミア南岸開発計画案（1935-38 年），ミスホル側のパースペクティヴ，Архитектура СССР. 1938. № 8.

図 5-24-1（口絵 5-1）
レオニドフによるクリミア南岸開発計画案，海岸東部の立面図，ベニヤ板・顔料・テンペラ・ニス・銀泥，40. 0×203. 0 cm，ロシア国立建築博物館（MA）所蔵，PIV-1155.

図 5-24-2（口絵 5-2）
レオニドフによるクリミア南岸開発計画案，海岸東部の立面図（部分）.

図 5-25-1（口絵 6-1）
レオニドフによるクリミア南岸開発計画案，海岸西部の立面図，ベニヤ板・顔料・テンペラ・ニス，40.0×203.0 cm，ロシア国立建築博物館（MA）所蔵，PIV-1156.

図 5-25-2（口絵 6-2）
レオニドフによるクリミア南岸開発計画案，多角形のモニュメント部分.

図 5-25-3（口絵 6-3）
レオニドフによるクリミア南岸開発計画案，ピラミッド部分.

た、クリシェめいた建築物の離散的配置と異種混交ぶりには、ある種の遊戯性すら感じられよう。その景観はまるで建築博物館か、あるいはテーマパークのように映る。

中でも特に慎重な検討を要するのが、帯状に横に長く伸びた海岸沿いの一連の立面図と、ダルサン丘周辺の平面図である。これらの図面では、パースペクティヴとして描き出された光景とは対照的に、各建築物は極端に簡略化され、相互の空間的・意味論的結びつきを喪失して、多様な形態のコンポジション（並列配置）めいた様相を呈している。このような相互に没交渉な形態の配置は、文化宮殿プロジェクト案などとの直接的な繋がりを感じさせよう。

図 5-26（口絵 7）
レオニドフによるクリミア南岸開発計画案，ダルサン丘周辺の平面図，木・下地・テンペラ，49. 5×49. 5 cm, Andrei Gozak and Andrei Leonidov, *Ivan Leonidov: The Complete Works*（New York: Rizzoli, 1988）.

これらのドローイングは、社会主義リアリズムの明るく快活な色遣いからなる風景画とも、前述のレオニドフ自身の精緻なパースペクティヴとも、著しく異なっている。暗い背景に所々で浮かび上がる鮮やかな赤や緑といった色遣い、簡略化された形態、二〇年代のドローイングの白の輪郭線を想起させるハイライトのような白線の使用、そしてファサードの絶対的な正面性・不動性は、中世のイコンか、古代エジプトの壁画を連想させる。重工業ビル案やクリューチキ案同様、やはりここでも、平面図や正面図（立面図）などの奥行きや距離感を喪失した平面において、レオニドフのドローイングはその平面的な本質を露わにするかのようだ。さらに、奥行きのあるパースペクティヴがなめらかな画用紙の上に描かれていたのとは反対に、これらのイメージは木目の浮き出したベニヤ板の上に描かれていたという点にも、注目せねばならないだろう。

絵画におけるファクトゥーラの問題は、一九一二年に出版されたロシア・アヴァンギャルドの代表的詩人ダヴィド・ブルリュークによる一連のテクストを皮切りに、一九一〇年代の絵画実験から構成主義運動に至るまでの中で、既に何度となく論じられてきた。未来派論文集『社会の趣味への平手打ち』に寄稿した小論文「ファクトゥーラ」の中で、ブルリュークは原始的な絵画と、セザンヌからプリミティヴィズムに至る近代絵画におけるファクトゥーラの意義に着目した。そして彼はこれら近代絵画の物質的な表面＝ファクトゥーラに対する意識的表現を、絵画の「岩石学（петрография）」[50]と名付け、絵画平面を質感や光沢などによって分類することを提起した。現代の美術史家マグダレナ・ダブロウスキーは、彼のこのようなファクトゥーラの定義にショーペンハウアーの影響を読み取り、それを悟性による対象の把握・解釈に先立つ、視覚刺激の最初の瞬間を再構築しようとする試みとして位置づけている[51]。言ってみれば、ブルリュークにとってファクトゥーラとは、絵画平面上に主題やイメージが立ち上がる前の瞬間、絵画の即自的状態を意味していたのである。

もうひとり、ブルリュークと同時期にファクトゥーラの理論化に取り組んでいたウラジーミル・マルコフは、絵画における主題や対象に対して、ファクトゥーラを素材そのものや創作のプロセスが不可避的に孕む「ノイズ（шум）」と規定した[52]。ルネサンス以降のヨーロッパ絵画は、特定の主題ないし対象を描き出すという目的の下、このファクトゥーラ＝ノイズという無意識をいわば馴致し抑圧することで成立してきた。しかし一九一〇年代当時、イリュージョニズムとしてのヨーロッパ近代絵画の廃絶を目指していたロシアの前衛芸術家たち、ミハイル・ラリオーノフ、オリガ・ローザノワ、アレクサンドル・ロトチェンコ、カジミール・マレーヴィチらにとっては、まさにこのファクトゥーラの描かれた意味内容を攪乱する物質性こそが、新しい武器となった。これらの芸術家たちは、絵画の主題が絵画それ自体の外部から持ち込まれたものであるのに対し、ファクトゥーラは絵画が絵画であるために不可欠な内在的条件であると考えた。すなわち、人物や静物、風景などではなく、絵画固有の物質性としてのファクトゥーラ、色彩、形態を、いわば自己言及的に主題化することを、彼らは唱えたのである。たとえばローザノワは、「絵画的形態とは（…）色彩の物質性によって表面上の色彩を実体化する性質のこと」[53]であり、この色彩の物質的条件と結びつくことによって、描かれた形態は外部世界から画布の上に投げかけられた影（何かの再現）であることを止め、それ自体となるのだと主張した。ファクトゥーラの前景化は、それまで主題や対象によって抑圧されてきた絵画の無意識を解放する試みであったともいえよう。レオニドフのドローイング中でも、特に平面図や立面図でファクトゥーラが意図的に用いられるのは、遠近法の規則に縛られないこれらの表現形式において、空間の再現ではなく絵画平面そのものであろうとした無対象絵画と同根の、彼の建築の無対象性が発現するからだと考えられる。

このように素材の物質性への意識は、主題や対象からの絵画の解放（無対象主義）に始まり、一九二〇年代前半には、物そのものの性質＝ファクトゥーラに依拠した新しい世界の構築、すなわち構成主義運動へと芸術家たちを導いた。しかしながら、とりわけ鉄やコンクリート、ガラス等のモダニズム建築に不可欠とされた素材が極端に不足していた当時のロシアでは、これらの物質の具体的な特質に根ざした受容よりも、むしろ観念的な受容が先行した。その最も極端な例のひとつが、他でもないレオニドフのガラス建築である。前述のように彼はガラスという素材の物質性を無視し、その透明性を物質性の否定へと読みかえることを試みた。このようなユートピア的なプロジェクトは、まさにそれがガラスという物質と向き合うことのない、紙上／誌上の計画だったからこそ可能であったといえよう。けれども、木片という素材をドローイングの支持体に選んだことによって、レオニドフは否応なくファクトゥーラに、真の意味で直面し始める。この不均質・不透明な厚みとしての表面、いかなる観念にも還元不可能なファクトゥーラとの出会いが、社会主義リアリズムへの表面的な同化よりもいっそう根源的に彼の建築思想を揺るがし、変容させることになったのである。

根本形態とファクトゥーラ

レオニドフは建築雑誌というマスメディアの平面、あるいはグリッドの秩序を禁止されて以来、それに代わる新たなイメージの支持体を探っていた。そこで彼が構成主義の理念に従って見出したのがファクトゥーラ、素材の触覚的な物質性であったと考えられる。だが、ノイズあるいは絵画の無意識としてのファクトゥーラに、果たしてイメージの新たな基盤となることができたのだろうか。

レオニドフは既に一九二〇年代から、たとえば工業ビル案[5-13-1][5-13-2]におけるように、軸測投影図法で描かれたビル部分と真上から描かれた円形のトラックを接合するなど、異なった視点からばらばらに切り取られた複数の像を同一平面上で直接接合するという、キュビスム絵画に近い手法を用いていた。マグニトゴルスク案の平面図や鳥瞰図では、グリッドがフレームの役割を果たすことによって、これら異なった視点から得られる様々な像はそれぞれのグリッドの枠内に収められ、混乱に陥ることなく、相互に均等な関係を築くことが可能だった（[3-7]参照）。

しかしグリッドという超越的な枠組みを禁じられることで、これらの形態は無秩序に散乱し始める。たとえばニージニィ・タギルのクリューチキ・プロジェクト案のドローイング[5-27]は、その顕著な例である。ここでは建築物のファサードの立面図と、その前面に広がるはずの庭園部分の平面図が直接接続されているほか、建物周囲の円柱のある四阿や樹木も、平面図上に挿入された立面図のように直立した姿で描き込まれている。

南クリミアのダルサン丘周辺の鳥瞰図[5-26、口絵7]では、さらに混乱の度合いは高まっている。ここでは風景や建築物（橋）の一部が立面図で、他の建築物の一部は軸測投影図で、公園やトラックなどの平坦な部分は平面図として、それぞれ異なった視点・秩序に従って描かれていながら、直接接続されている。また自然物や風景は記号的な形へと変形される一方で、建築物は単純な幾何学的形態からより複雑な形態へと変化しており、両者の相違の縮まる傾

図 5-27
レオニドフによるクリューチキ・プロジェクト案，立面図と平面図の複合的ドローイング，Andrei Gozak and Andrei Leonidov, *Ivan Leonidov: The Complete Works*（New York: Rizzoli, 1988）.

図 5-28
レオニドフによる《太陽の都》シリーズ中のアロギズム的素描，紙・鉛筆，23.5×14.5 cm，ロシア国立建築博物館（MA）所蔵，КПоф 5475/6.

向が認められる。このような手法はレオニドフの晩年まで続き、最終的には立面図と平面図のみならず様々な建築意匠や彫像、風景までもが、まるでアロギズム絵画のように同一画面上で切断／接合されるまでに至る[5-28]。

ベニヤ板の木目をそれと分かる形で残しながら彩色したこれらクリューチキ計画やクリミア南岸開発プロジェクト案のドローイングには、彼の構成主義時代から継承された素材観が反映されていると見ていいだろう。一九三四年に『ソ連建築』誌上に掲載された論文「建築家のパレット」の中で、レオニドフは素材そのものの可塑性や表現性を利用することの意義について言及している。彼の言葉によれば、「建築家は、一般に言われるところの建築素材の特質や適性を熟慮せねばならない。それらを正しく組み合わせ、新しいものを探求することで、彼ははじめてあらゆる素材と構造の可能性を開示することができる」[54]。また、レオニドフも建築における色彩の重要性を否定することはなかったが、そこでもあくまで素材のファクトゥーラが色彩に優先された。すなわち彼によれば、色彩とは「素材を塗りつぶして被覆してしまうものであってはならず、素材の最大限の表現性が発揮されるようにその特性を際立たせるもの」[55]であらねばならなかった。

しかし他方で、レオニドフの作品においてはラリオーノフやローザノフワが理想としたような、それまでの絵画の主題や対象に代わる、形態・色彩・ファクトゥーラの調和的一体化は、実現されなかった。彼のドローイングでは、彼の建築-色彩観を反映して、下地を作る作業はほとんど行われず、彩色も素材の色彩や肌理を塗りつぶさない程度に留められている。結果、ヘッケルの根本形態に基づく幾何学的な形態は素材の不定形なファクトゥーラと調和せず、両者はしばしば緊張関係に置かれた。中には厚塗りをした際に、絵の具の層が剥離を起こしているものもある[5-29 口絵8]。それはあたかも、ファクトゥーラが自らを覆い隠そうとする形態をふるい落としてしまったかのようだ。

このようにレオニドフのドローイングでは、支持体の木目や地の色が描かれた対象の表面にまで現れ、直線を歪ませ、形態に亀裂を入れていった。そこでは、描かれた形態、つまり地に対する図を読み取ろうとする鑑賞者の視線は、

図 5-29（口絵 8）
レオニドフによる大アルテク計画，公園の中のピオネール宮殿，ベニヤ板にカンバス地・下塗・テンペラ・顔料・銀泥，49. 8×49. 5 cm，ロシア国立建築博物館（MA）所蔵，PIV-1159.

作品の表面上に浮かび上がってくるこのベニヤ板のざらついた肌理に不断に搔き乱され、しかもこのノイズと描かれた形態を明瞭に弁別して受け取ることは、不可能なのだ。固有の地から超越的であろうとする形態とそれを打ち消し続けるものそのものの葛藤、それこそが、有機性というテーマを選んだ時レオニドフが直面することになった、新たな問題だったのである。

同時にこの形態とファクトゥーラの葛藤は、素材のファクトゥーラに基づくことで完全に合理的な構成が実現されるという構成主義の主張の疑わしさをも、図らずも露わにすることになった。レオニドフのドローイングが示すのは、建築家の意志による統御を撥ねつける、理性によって馴致することの不可能なその物質性である。彼の作品では、ファクトゥーラは構成主義者たちが夢想したような合理的建築の基礎となるどころか、まさにその不可能性を示していた。レオニドフのこれらのドローイングにおける天然のファクトゥーラと、自然物の構造を参照した幾何学形態との関係は、調和的一致からは程遠い。そこでは自然物と人工物を通底するはずの根源的な形態と、理性による統御を受け付けない素材の無意識としてのファクトゥーラは、しばしば衝突しあうことになったのである。

＊＊＊

レオニドフは一九三〇年代後半を通して、ヘッケルのイラストレーションを手がかりに有機体の形態を建築へと引用することで、そして天然の木片や、ひいては所与の土地のファクトゥーラを作品に取り込むことで、「有機的」形態を実現しようと試行錯誤を重ねた。しかしクリューチキ計画案から大アルテク計画案までに見られるレオニドフの庭園像は、社会主義リアリズム建築の理想的庭園とは根本的に異なる世界観に基づいていた。

　それを端的に示すのが、大アルテク計画の一部であった広大な公園の構想である。ピオネール宮殿の左右に広がるこの公園は、それぞれ地球の西半球と東半球を象っていた[5-30]。この世界地図を模した公園の内部では、世界の当該地域の植生がミニチュア的に再現されることになっており、「世界」各所に配されたパヴィリオンには、それぞれの地域に特徴的な産業や伝統などが展示される予定であった。レオニドフ自身は、このアイディアを「公園＝地図（парк-карта）[56]」と名付けている。この公園＝地図では、子どもたちは自らを著名な冒険家になぞらえながら自分の足でもって「世界」を探検することができた。さらには、様々な時代、様々な地域の様式に従って、自らの手でパヴィリオンを建設することも可能であった。[57]

　人為的に箱庭世界を作り出そうとする意図において、彼の庭園はモスクワ地下鉄の庭園と同じ欲望を共有しているように見える。だが子どもたちがこのレオニドフの公園＝地図の中で触れるのは、彫像やフレスコ画の中の理想化された自然ではない、世界

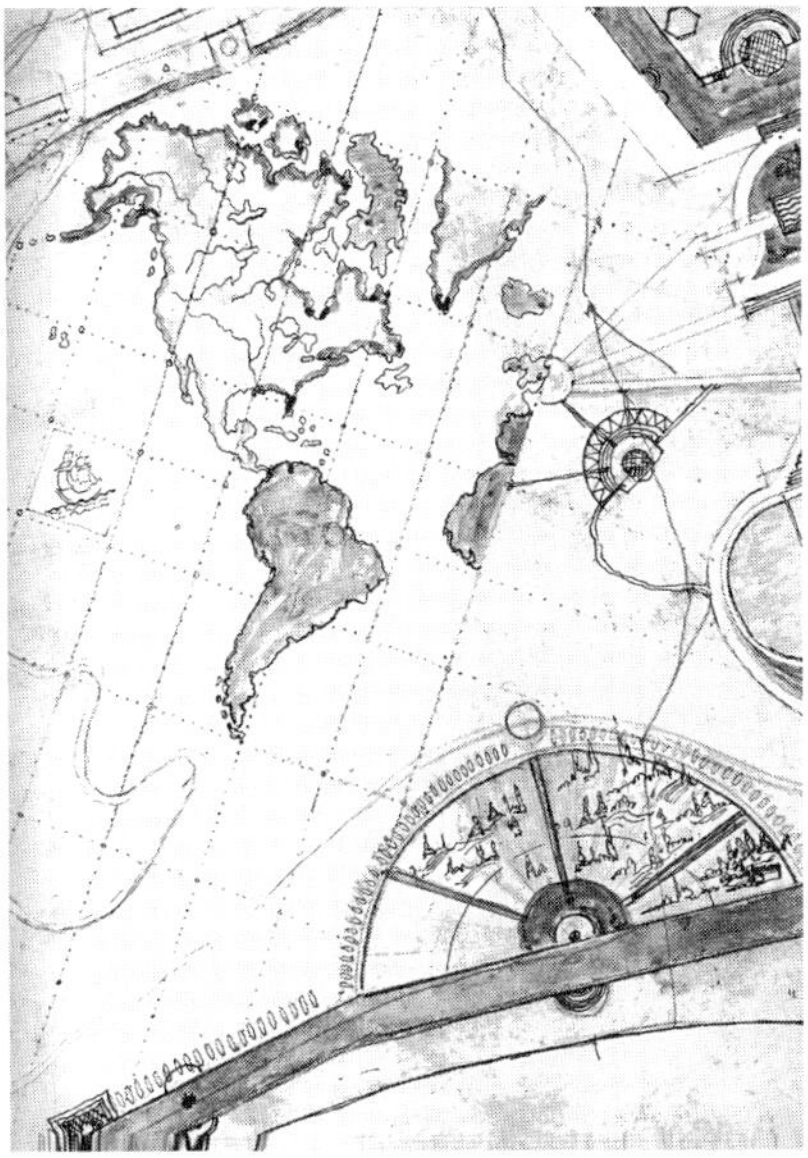

図 5-30
大アルテク計画における「公園＝地図」部分.

各地から集められた本物の動植物、諸断片として引用された外なる世界そのものだった。レオニドフの公園＝地図には、全体的な世界を創造することへの欲望を読み取ることはできるが、そこにメトロの庭園世界のような象徴的二重化の契機はない。公園部分は外の世界を入れ子状にミニチュア化したものであって、外部世界に優越する理想的モデルとして示されたわけではなかった。レオニドフが南クリミアの大地の上に描き出した公園世界においては、征服すべき自然と、既に征服され、人為的に完成されたよりよい自然という二分法の理論は、機能していなかったといえる。

これらのレオニドフの作品において、世界を象徴的に二重化する社会主義リアリズムの二元論的世界観に対立したものこそ、抽象の極致としての幾何学的根本形態と、いかなる抽象性ももたない触覚的ファクトゥーラだった。モスクワ地下鉄の、社会主義がもたらす豊穣さの記号と化した自然の形象とは反対に、根本形態は己のみを指し示す純粋記号であり、ファクトゥーラはノイズという没意味な記号であることによって、外部の意味を呼び込むことはない。だが他方で、根本形態とファクトゥーラの両者はともに有機体にその起源をもちながらも、その両極端ともいえる性格によって、決して調和的関係に到達することはなかった。

一九二〇年代の天体建築に対して発せられた、「大地へ！」というかけ声にもかかわらず、レオニドフに見出された大地ないしドローイングの地とは、このように意図すれば戻れるような自明の場所では決してなかった。作品の支持体の肌理、あるいは敷地の所与の条件を意識的に作品へ取り込むことで、レオニドフが彼なりに〝着陸〟を試みていたことは疑いない。その結果彼の描く形態は、脱重力化＝脱身体化されたヴィジョンに基づく抽象的な幾何学から、建築家の手指の運動やファクトゥーラ自体を反映したものへと変わっていった。しかしこれらの変化によって、彼の描くイメージがモスクワの地下鉄駅の光景のように明白な、可読的な庭園世界へと変じることはなかった。むしろそれはファクトゥーラ＝ノイズと描かれた形態の間、あるいはこれら二つの層の間で揺れ続ける視線の振幅によって、一層読み解きがたいものへと変じていった。レオニドフの有機的建築は、有機性というテーマに基づくことで、かえって有機性というイデオロギー的意味を担うことのできない、幾何学とファクトゥーラの庭園へと行きついたのである。

（1） *Паперный В.* Культура Два. М., Новое литературное обозрение, 2006. С. 158–159.
（2） *Гинзбург М.* Органическое в архитектуре и природе// Архитектура СССР. 1939. № 3. С. 77.
（3） Там же. С. 76.
（4） Там же. С. 77.
（5） Там же.
（6） Там же. С. 78.
（7） *Руднев Л. В.* Архитектор и скульптор// Архитектура СССР. 1941. № 1. С. 46.
（8） *Паперный,* Культура Два. С. 158–180.
（9） Katerina Clark, *The Soviet Novel: History as Ritual* (Bloomington and Indianapolis: Indiana University Press, 2000), p. 105.
（10） *Куцелева А. А.* Место московского метрополитена в советском культурном пространстве// Архитектура сталинской эпохи: Опыт исторического осмысления/ Под сос. Ю. Л. Косенковы. М., НИИТИАГ РААСН, 2010. С. 177.
（11） *Сосфенов И.* Станции метро горьковского радиуса// Архитектура СССР. 1938. № 8. С. 25.
（12） Там же.
（13） *Колли Н. Я.* Архитектура Московского метро// Архитектура СССР. 1935. № 4. С. 21.
（14） Там же.
（15） *Балина М.* Дискурс времени в соцреализме// Соцреалистический канон/ Под общей ред. Х. Гюнтер и Е. Добренко. «Академический проект», 2000. С. 588–589.
（16） *Куцелева,* Место московского метрополитена в советском культурном пространстве. С. 177.

(17) *Колбин В.* Проекты станций московского метро третьей очереди// Архитектура СССР. 1938. № 6. С. 30.
(18) *Гинзбург,* Органическое в архитектуре и природе. С. 78.
(19) Там же.
(20) Там же.
(21) Там же.
(22) Там же.
(23) Там же.
(24) Там же. С. 79.
(25) Там же.
(26) Там же.
(27) Там же. С. 78.
(28) *Гинзбург М. Я.* Архитектура санатория НКТП в Кисловодске. М., Издательство академии архитектуры СССР, 1940. С. 10.
(29) Там же.
(30) Там же. С. 27.
(31) Там же.
(32) Там же.
(33) *Залесская Л.* Санаторий Наркомтяжпрома в Кисловодске// Архитектура СССР. 1938. № 1. С. 57.
(34) Там же.
(35) Там же.
(36) Там же. С. 62.
(37) *Хан-Магомедов С. О.* Кумиры авангарда. Иван Леонидов. М., Фонд «Русский авангард», 2010. С. 207–208.
(38) 同建築プロジェクトに関しては、一九二九年にオサ、アル、アスノヴァ、ヴォプラ等の八つのグループ・教育機関単位による招待コンペが行われ、レオニドフはオサの代表として同コンペに参加した。しかし彼の案はプログラムの条件を満たしていなかったために、選外とされた。*Леонидов И. И.* Дом промышленности// Современная архитектура. 1930. № 4. С. 1–2.

(39) Andrei Gozak, “Ivan Leonidov: Artist, Dreamer & Poet,” in *Ivan Leonidov: The Complete Works* (New York: Rizzoli, 1988), p. 19.

(40) *Былинкин Н.* О положении в архитектурной науке// Советское искусство. 18 сентября 1948.

(41) 佐藤恵子「ヘッケルの根本形態学と形態の美」『モルフォロギア』第二二号、二〇〇〇年、二六頁。

(42) アルテクには一九二五年よりピオネールたちのためのキャンプ地が開設され、自然の中で夏休みを過ごす子どもたちを描いた社会主義リアリズム絵画やポスター、映画の舞台としてもしばしば利用された。アルテクで撮影された有名な子ども向け映画としては、世界各国から集まった子どもたちのピオネール・キャンプでの共同生活を描いたマルク・ドンスコイ監督の『こんにちは、子どもたち!』(一九六二年)のようなキャンプそのものを主題とした作品や、一五〇〇体もの人形を用いて撮影されたアレクサンドル・プトゥシュコ監督の人形アニメーション『新ガリバー』(一九三五年)などがある。

(43) 大アルテク計画に関しては以下を参照。*Леонидов И.* Проект «Большого Артека»// Архитектура СССР. 1938. № 10. С. 61–63.

(44) *Хан-Магомедов,* Кумиры авангарда. Иван Леонидов. С. 208.

(45) Gozak, “Ivan Leonidov: Artist, Dreamer & Poet,” p. 19.

(46) 佐藤恵子「ヘッケルの根本形態学と形態の美」、二八頁。

(47) なお同施設は戦中にドイツ軍に占拠され、また戦後もリフォームが繰り返されたことによって、レオニドフの手による内装はかなり損なわれているものの、現在もトヴェリの文化・スポーツ活動のための場として利用されている。

(48) Matthew Cullerne Brown, *Socialist Realist Painting* (New Haven and London: Yale University Press, 1998), p. 279.

(49) Gozak, “Ivan Leonidov: Artist, Dreamer & Poet,” p. 19.

(50) *Бурлюкъ Д.* Фактура// Пощечина общественному вкусу. М., 1912. С. 105.

(51) マグダレナ・ダブロウスキー「造形の革命――ロシア・アヴァンギャルドにおける形態、内容、空間、そして素材の新しい概念」、ステファニー・バロン、モーリス・タックマン編『ロシア・アヴァンギャルド 一九一〇―一九三〇』五十殿利治訳、リブロポート、一九八二年、七〇頁。

(52) 江村公『ロシア・アヴァンギャルドの世紀――構成×事実×記録』水声社、二〇一〇年、三一―三二頁。

(53) *Розанова О. В.* Кубизм. Футуризм. Супрематизм// Неизвестный Русский авангард: В музеях и частных собраниях. М.,

«Советский художник», 1992. С. 336.

(54) *Леонидов И. И.* Палитра архитектора// Архитектура СССР. 1934. № 4. С. 33.

(55) Там же.

(56) *Леонидов*, Проект «Большого Артека». С. 63.

(57) アルテク計画案の発表された一九三八年の『ソ連建築』誌第一〇号に併せて掲載されたズヴェリンツェフの批評では、レオニドフの公園＝地図というアイディアは、眼前に本物の海や山があるにもかかわらず、それらを人工的に再現しようとする全くナンセンスな試みと評された。レオニドフが公園＝地図で目指そうとしたところの、世界のミニチュアを通して世界を知るという意図は、ズヴェリンツェフの批評では完全に無視された。*Зверинцев* С. Реконструкция пионерского лагеря «Артек»// Архитектура СССР. 1938. № 10. С. 66.

第6章　二つの太陽の都

一九三五年、党中央委員会および人民委員会議において、モスクワ再開発計画通称ゲンプランが採択された。戦前戦後の時期にモスクワの建築家たちに課された最大の使命が、このゲンプランに従って首都を新たな象徴的秩序の下に再構成することであった。この新首都の姿は、太陽から光が放射されるがごとく、レーニン像を頂上に戴くソヴィエト宮殿から主要幹線道路が放射状に広がるというものであり、じっさい新たな首都は、しばしば太陽に喩えられた。

その一方で、この首都再開発計画はより巨大な太陽系を自らの内に胚胎してもいた。それが一九三九年に開催された全連邦農業博覧会（Всесоюзная сельско-хозяйственная выставка, ВСХВ）である。というのも、同博覧会にはソ連邦を構成する各民族共和国・自治共和国がそれぞれのパヴィリオンを出展し、その会場はソ連邦の縮図というべきものになっていたからである。そしてこのミニチュアソ連邦の中心を占めたのが、他ならぬ指導者スターリンの巨大な彫像だった。農業博覧会とは、多民族共同体としてのソ連邦の理想像、すなわち革命後ばらばらに分裂していた旧ロシア帝国内諸民族が、スターリンという新たな指導者＝太陽を中心として再統合された姿をアピールする、いわば建築化された民族政策だったのである。(1)

これらレーニン－スターリンの太陽系に対して、オルタナティヴというべきもうひとつの太陽を中心とする博覧会

－都市計画が存在した。当時の人びとにはほとんど知られることのなかったこの計画こそ、レオニドフの《太陽の都》と名付けられた一連のドローイング作品に他ならない。この連作はレオニドフがこれまで用いてきた建築イメージの集大成、いわば彼の個人的な博覧会兼都市計画とみなすことができる。前章で言及した大アルテク計画の頃から、彼も複数の建築物の集合からなる博覧会という形式に、一個の世界を総体的に表現する可能性を見出していた。この《太陽の都》計画こそ、その彼の世界像が最も鮮明に反映された作品といっても過言ではない。モスクワ再開発計画および農業博覧会の新たな太陽に対して、このレオニドフの新しい太陽はいかに位置づけられるべきか。本章ではスターリンを中心とした太陽系＝農業博覧会を、主として民族建築の社会主義リアリズムへの取り込みと生の総合芸術化という観点から検証するとともに、新しい太陽を中心とした秩序を創造するという同じ前提に立ちながらも、レオニドフの《太陽の都》がこのスターリンの太陽系に対していかなるねじれを孕んでいたのかを考察していく。

1　スターリンの太陽系

『太陽の都』とモニュメンタル・プロパガンダ政策

一九三〇年代後半に入ると、その姿は未だ巨大な土台穴に過ぎなかったにもかかわらず、ソヴィエト宮殿は首都の新たな物理的・象徴的中心としてその求心力を徐々に発揮し始める。すなわちそれは、道路や街区の整備の基準、さらにはその周囲に新たに建設される建築物のモデルとされていったのである。そしてこのような求心性を正当化する際に重要な役割を果たしたのが、第4章でも言及した、アンサンブルの概念だった。『ソ連建築』誌に掲載されたヤコフ・コルンフェリドの論文「都市のアンサンブルにおける社会的課題」は、それを端的に表している。彼によれば、「大通りのみならずソヴィエト宮殿に向かうあらゆる通りを空間的に組織すること、ソヴィエト宮殿に随伴するような建築（архитектурные спутники）を作り出し、これら周囲の建築物のアンサンブルを宮殿へと結びつけること」(2)を、新首都の設計に関わるすべての建築家たちは意識せねばならなかった。ここで描き出されているのは、ソヴィエト宮殿＝太陽の周囲を他の官庁等のビルディングが惑星ないし衛星（спутник）のように取り囲む、都市空間に具現化された太陽系の姿だ。

たとえばスターリン時代を代表する建築家レフ・ルドネフの設計手法は、典型的なアンサンブルの例を示している。彼の手による都市モスクワの新しいパースペクティヴは、空間の中心を占めるソヴィエト宮殿に周囲の様々な建築物が呼応するというものだった。[6-1]では、建築物上のレーニン像のポーズを反復する彫像群や、あたかもソヴィエト宮殿から連続しているかのごとき長大なコロネードの利用に、このアンサンブルの概念が具現化されている(3)。モスクワ大学校舎をはじめとする彼のスターリン期のモニュメンタルな建築においては、建築物の機能とは無関係に、彫刻作品のようにまず建築物の外形が決定され、その後機能に沿った内部空間の分節が行われた。

このように放射‐円環状の新モスクワは、しばしば太陽（系）に喩えられた。しかもそれは一般的な意味での太陽というだけではなく、一七世紀にカンパネッラによって著された『太陽の都』のユートピア都市をしばしば下敷きにしていた。じっさい帝政時代からモスクワ再開発計画に携わり、ゲンプランの作成にもセルゲイ・チェルヌィショフとともに関わっていた建築家ウラジーミル・セミョーノフは、自身の新しいモスクワ像を描き出す際、カンパネッラの太陽の都を直接の

図 6-1
ルドネフによるモスクワの街並みとソヴィエト宮殿のイメージ図，Alexei Tarkhanov and Sergei Kavtaradze, *Stalinist Architecture*（London: Laurence King, 1992）.

モデルとしていた。のみならず、これらいわば〝主流派〟からは遠く隔たっていたはずのレオニドフまでも、カンパネッラの理想都市を参照しながら、彼自身の太陽の都を描いていくのである。

では、二〇世紀初頭のロシアにおいて、カンパネッラの『太陽の都』はどのように受容されていたのだろうか。ソヴィエト建築史家アナトーリー・ストリガリョフは、それは純粋な文学作品としてではなく、ロシアを投影する「鏡」[4]として機能したと述べている。そこで描かれた都市の姿は、ボリシェヴィキやプロレトクリトの理論家によって、新しい共同体の理念やイメージを宣伝するためのプロパガンダの素材とされたのである。

同作品に対する社会的関心が高まったきっかけは、一九二〇年の象徴派詩人アンドレイ・ベールイによる『太陽の都』出版記念会だった。とはいえベールイ自身の興味は、あくまでこのユートピアの哲学的・宗教的・象徴的・建築的側面に向けられており、物語内の独裁的な政治体制に関しては批判的であった[5]。それに対して、ボリシェヴィキやプロレトクリトの内部には、この作品を自らの社会理念の宣伝により大胆に取り込もうとする動きがあった。その代表的な例が、同じ一九二〇年にアナトーリー・ルナチャルスキーによって執筆された戯曲三部作『フォマー・カンパネッラ』(「人民」「公爵」「太陽」の三部からなるが、「太陽」は未完のままに終わった)である。彼はカンパネッラ自身を自らの戯曲の主人公に据え、「神の国は暴力的に訪れる」というスローガンの下、地上にこの太陽の都を打ち建てるためにスペインおよびイエズス会と戦うカンパネッラの姿を、「武器を手にしたユートピア主義者[6]」として描写した。カンパネッラの姿は、抑圧的体制に暴力でもって抵抗する革命の闘士へと読み替えられ、武力闘争の正当化に利用されたのである。

一方レーニンが注目したのは、『太陽の都』のより即物的な部分、すなわちこの都市の内部に配された壁画や彫像が有する、人民に対する視覚的な教育効果だった。彼は『太陽の都』を参考に、モスクワという都市を、国民のための「新しい巨大な革命の学校[7]」へと作りかえようと考えたのである。ルナチャルスキーは、一九一八年の三月から四月頃にレーニンが発した、次のような言葉を書き残している。

カンパネッラの『太陽の都』の、幻想的な社会主義都市の城壁には、視覚を通じて自然科学や歴史を若者たちに教え、彼らの市民感情を呼び覚ます、新しい世代の教育や養成のためのフレスコ画が描かれていたと語られている。私にはこれは単純どころか、一定の操作を加えれば、われわれによっても学び実行されうるもののように思われた。私はこのアイディアを、モニュメンタル・プロパガンダと名付けた。[8]

このようなアイディアに基づき、レーニン自身の陣頭指揮の下、ボリシェヴィキ政権はモスクワやペテルブルグに残る帝政時代のモニュメントを破壊し、代わりに革命ないし社会主義建設にまつわる新たな彫刻や記念碑を設置していった。これこそが建築‐都市空間のイメージ操作を通したボリシェヴィキによる統治の、最初の一歩となった。このモニュメンタル・プロパガンダ政策によって、革命は物質的な、目に見える形で都市空間に書き込まれ、さらにはそれに基づいて、プロレタリア階級を中心とした歴史のパースペクティヴが事後的に見出されていった。いわばそこでは、都市の空間的パースペクティヴに社会主義をめぐる歴史的パースペクティヴを結び付け、常に一方が他方の根拠となりうるような、空間と歴史の相互関係を築くことが目指されたのである。

モスクワの中のソ連邦——全連邦農業博覧会

「太陽の光が広がるように、クレムリンから首都の主要幹線道路が伸びる」[9]新首都モスクワの中で、「全連邦農業博覧会は、首都の南北（オスタンキノとセルプホフスキー）を結び合わせる幹線道路を完成させるもの」[10]と位置づけられていた。のみならず、それはモスクワに包含されながらもモスクワよりもはるかに巨大なソ連邦そのものの表象として機能することになっていた。しかもこのミニチュア連邦統べるは、レーニンではなくスターリンを中心とする秩序だった。

当初の計画では、同博覧会は農業集団化の成功をソ連邦内に示威し、一九三七年の革命二〇周年を祝う場になるはずであった。[11]しかし博覧会の開催は二度にわたって延期され、この二年間の延期の間に、パヴィリオンのデザインには大幅な変更が加えられた。構成主義から社会主義リアリズムへの移行だけでなく、新しい共同体理念の出現を告げる契機となったのが、この二度目の変更だった。

博覧会の主席建築家ヴャチェスラフ・オルタルジェーフスキーと彼のチーム[12]によって作成された最初の計画では、同じ敷地で一九一八年から一九二三年にかけて企画・開催された全ロシア農業手工業博覧会が多くの点で参考にされた。[13]この先行した農業手工業博でとりわけ注目すべき点が、アヴァンギャルドのデザイナーや建築家によって手がけられた各種のパヴィリオンである[6-2-1][6-2-2]。彼らはそこで建築物の博覧会性、つまり一時的・非日常的な時空間を演出するものとしてのパヴィリオン建築の特性を追求した。[14]それから一〇年後、構成主義は既に衰退へと追いやられていたが、通常の公共建築あるいはモニュメント建築とは異なり、博覧会という流動性の高いテーマのためであろう、この農業博覧会の第一期（一九三六―三七年）の全体計画やパヴィリオンの設計には、二〇年代の博覧会性に基づくデザインの面影が未だ色濃く残っていた。

しかしこの第一期の工事は、当初の予定には間に合わず、開催は一年後へと延期される。ここにはソヴィエト宮殿と同じく、合理性を度外視した敷地の肥大化が原因していたと思われる。[15]とはいえこの時点では、キルギスなど七つの新しい民族共和国パヴィリオンが編入されたことを除けば、大きな変更はなかった。

だが、第二期（一九三七―三八年）の建設計画もまた、大幅な遅れを見せた。この遅延を口実に、党は博覧会に対する介入へと乗り出す。時代は大粛清のただなかにあり、二度目の遅延は博覧会委員会のサボタージュに起因するもの

図 6-2-1
全ロシア農業手工業博覧会のパヴィリオン（1923 年），グラトコフ，エクステル，ムーヒナによるイズヴェスチヤ・パヴィリオン，Выставочные ансамбли СССР 1920–1930-е годы. Материалы и документы. М., Галарт, 2006.

図 6-2-2
全ロシア農業手工業博覧会のパヴィリオン（1923 年），メーリニコフのマホルカ・パヴィリオン，Выставочные ансамбли СССР 1920–1930-е годы. Материалы и документы. М., Галарт, 2006.

とみなされた。結果、博覧会委員会の代表で農業人民委員を務めていたミハイル・チェルノフと主席建築家のオルタルジェーフスキーは逮捕され、オルタルジェーフスキーの指導下で既に完成されていたパヴィリオンも、取り壊しや部分的・全面的改装が命じられた。[16] そして博覧会の開催は、再び一年後へと延期された。

博覧会の性格に根本的な変化を呼び込むことになったのが、次の第三期（一九三八―三九年）の全面的な改装だった。中でも最大の変更は、敷地の中心を占める機械化パヴィリオンに加えられた。農業の工業化というこの博覧会のテーマを体現するはずであった、オルタルジェーフスキー設計によるタワー状の構造[6-3]は、ほぼ完成していたにもかかわらず、景観を邪魔しスケールの印象を破壊する、形状の選択が正しくない、などの非難を受けて破壊された。代わりに新しく建設された機械化パヴィリオンは、後景のパースペクティヴを邪魔することのないトンネル状のアーケードとなった。[17] そしてこのアーケードを飾り縁にするかのようにその手前の機械化広場の中央に設置されたのが、セルゲイ・メルクーロフの手による、全長二五メートルの巨大なスターリン像だった[6-4]。旧機械化パヴィリオンはスターリン像へと置き換えられ、新しいパヴィリオンはこの彫像に従属する枠となったのである。

さらにオルタルジェーフスキーの設計によるメイン・エントランス[6-5]も、格子状の装飾が機械的だ、高さが十分ではない、といった非難によって撤去された。代わりに建設されたのが、レオニード・ポリャコフの設計に基づく、レリーフによって装飾された巨大なアーチ[6-6]である。このような巨大な門は、同じ頃モスクワの中心部に建設されたゴーリキー記念文化と休息公園など、スターリン期に建設されたモニュメンタルな公共建築にしばしば出現している。ソヴィエト宮殿では高層化が都市の日常空間と建築物とを切り離す機能を果たしていたわけだが、農業博覧会ではこの巨大な門が日常と非日常の境界を画定する役目を果たしたと考えられる。

他方、各民族パヴィリオンに関しても、建築物の高さや外観に統一性が見られず、ばらばらな印象をもたらす、[18] といった非難が相次いだ。たとえば次席建築家に新たに任命されたアレクサンドル・ジューコフは、モスクワ・パヴィ

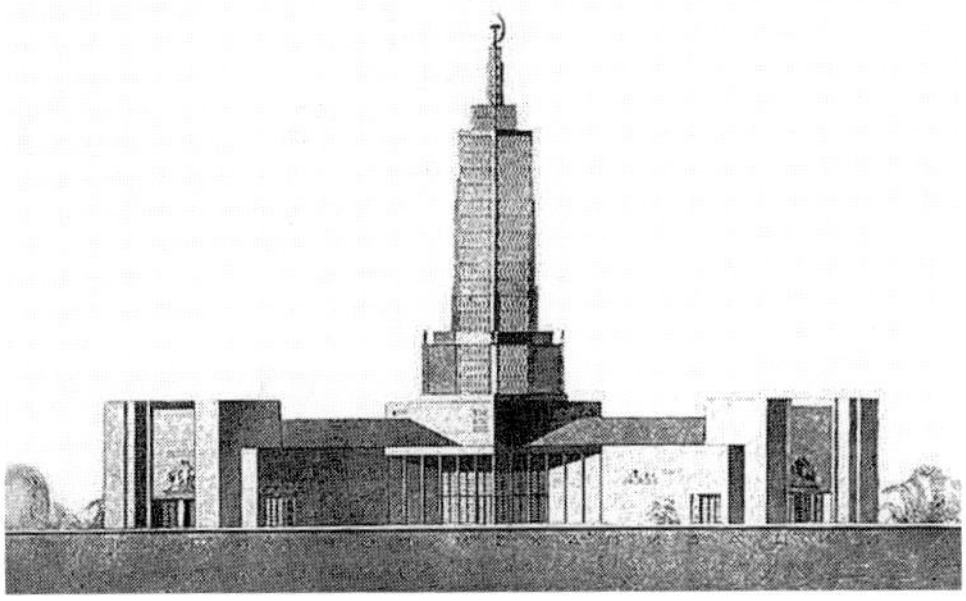

図 6-3
オルタルジェーフスキーによる機械化パヴィリオンのデザイン（1937 年），Архитектура СССР. 1937. № 2.

図 6-4
建て替え後の機械化パヴィリオン（奥）とスターリン像（1939 年）， Строительство Москвы. 1940. № 16.

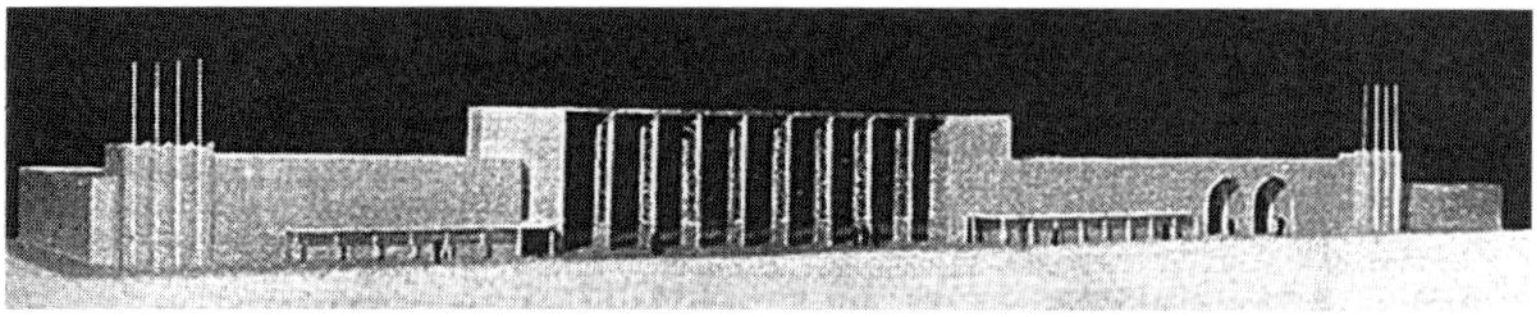

図 6-5
オルタルジェーフスキーによるメイン・エントランスの模型（1937 年），Архитектура СССР. 1937. № 2.

図 6-6
ポリャコフによるメイン・エントランス（1939 年），Архитектура СССР. 1939. № 9.

リオンの外観が安っぽい砂糖菓子のように見える、ベラルーシ・パヴィリオン[6-7-1][6-7-2]の姿が納屋を思わせる、極東パヴィリオンが日本－モンゴル風の不適切な様式で建設されている、ウクライナ・パヴィリオン[6-8-1][6-8-2]が瓦葺の馬小屋めいた姿になっているなどとして、それまでのパヴィリオンのデザインを立て続けに攻撃した[19]。さらに装飾、壁画、彫刻などの付帯的な部分の「表現力の弱さ[20]」も、憂慮すべき問題とされた。

こうした非難の結果、建設・撤去が容易で看板広告を思わせる、木造の構成主義風のファサードは姿を消した。代わって現れたのが、この時期の公共建築と同様に、大理石や花崗岩などの素材をふんだんに用いた、擬古典様式の石造建築である。壁画や彫刻、レリーフなども、パヴィリオンの外観を飾るために多用された[21]。一九二〇年代に追求された博覧会性は、こうして否定されたのである。

そこでとりわけ大きな変化を被ることになったのが、各民族共和国パヴィリオンにおける、民族建築の概念だった。既に第5章で論じたように、〝民衆性〟ないし〝民族性〟と訳されるナロードノスチ（народность）も、〝自然〟の主題同様、有機的建築というイデオロギーの主要な根拠とみなされていた。

一九三〇年代には、構成主義は「技術＝社会主義」の名の下に民族の個性や伝統を度外視するものとして、党の批評家たちによって抑圧的なインターナショナル・スタイルの烙印を押されたわけだが、このような構成主義の評価に対して、ちょうど裏腹の関係に置かれたのが民族建築だった。すなわちそれは、構成主義と比べて「常に民衆に近く、わかりやすい」「その本質的特徴とは、建築－空間的イメージの直接性（непосредственность）・真正さ（правдивость）・明晰さ（ясность）、自然や社会環境との調和である[22]」と評されたのである。けれども注意深くあらねばならないのは、この一見肯定的な評価に隠された否定的なニュアンスだ。構成主義と民族建築の関係には第三の項、つまり以下で見ていくように、古典主義という項目が隠されていたのである。

民族建築に対するこのような高い評価を決定づけたのが、他でもない農業博覧会における非ロシア系民族共和国パ

図 6-7-1
ベラルーシ・パヴィリオン，建て替え前（1937 年，建設途中），Выставочные ансамбли СССР 1920–1930-е годы. Материалы и документы. М., Галарт, 2006.

図 6-7-2
ベラルーシ・パヴィリオン，新しいベラルーシ・パヴィリオン（1939 年），Архитектура СССР. 1939. № 9.

図 6-8-1
ウクライナ・パヴィリオン，建て替え前のデザイン（1937 年），Архитектура СССР. 1937. № 3.

図 6-8-2
ウクライナ・パヴィリオン，新しいウクライナ・パヴィリオン（1939 年），Архитектура СССР. 1939. № 9.

ヴィリオンをめぐる批評だった。たとえばステファン・ポルパノフが担当したウズベク館[6-9]は博覧会における最良のパヴィリオンとして激賞され、[23]アルチール・クルジアニとゲオルギー・レジャワが担当したグルジア館[6-10]は一九四一年にこれらの建築家たちにスターリン賞をもたらした。またアゼルバイジャン館（サディフ・ダダシェフ、ミカイル・ウセイノフ）[6-11]、アルメニア館（カロ・アラビャン、サムヴェル・サファリャン）も同様に高く評価された。

しかしこれを単なる地域主義の表われ、ないしインターナショナル・スタイルやコスモポリタニズムからナショナリズムへの反動的移行を意味するものと理解することはできない。そこで実際に要請されたのは、「古典的なものの中で民族的なものが発展する」[24]という文言に従って、連邦の共通言語である社会主義を体現した古典主義の構造に、民族的モチーフを選択的に接ぎ木することだった。たとえばアゼルバイジャン館やウズベキスタン館のファサードのデザインは、その顕著な例である。これらの地域に見られるイーワーンと呼ばれる陸屋根を円柱で支えた伝統的なテラスは、ここでは古典主義と混ぜ合わされ、ミナレットのような宗教的要素は拭い去られ、パンテオン風のモニュメントへと変貌している。[25]民族性の表出は、あくまでこの共通の枠組み〝古典主義＝社会主義〟に調和する範囲においてのみ、許容された。したがって多くの場合、民族性の表現は古典主義の構造に対して文字通り表面的な意匠に留まるか、あるいは大幅な改変を余儀なくされたのである。

この古典主義＝社会主義と民族建築の極度に恣意的な結合の結果実現されたのが、超民族的な民族建築様式だった。各民族共和国パヴィリオンは、共通の古典主義＝社会主義という秩序でもって通分されることにより、ひとつのイデアの多様な表れとして空間的‐視覚的に提示され、民族の個性は正当化された。機械化広場から伸びる博覧会の中心軸に沿って出現したパヴィリオンの連なり[6-12]は、「内容においてプロレタリア的、形式において民族的」[26]というスターリンの社会主義リアリズムの定義を、余すところなく示している。そこでは民族建築の歴史的正確さ・真正さは二義的な問題に過ぎなかった。それよりも、パヴィリオンをこの共通の規範に則って博覧会場内に建設するという

図 6-9
ポルパノフによるウズベク・パヴィリオンのデザイン（1939 年），Архитектура СССР. 1937. № 3.

図 6-10
クルジアニとレジャワによるグルジア・パヴィリオン（1939 年），Архитектура СССР. 1939. № 9.

図 6-11
ダダシェフとウセイノフによるアゼルバイジャン・パヴィリオン（1939 年），Архитектура СССР. 1939. № 9.

図 6-12
（手前より）グルジア，アルメニア，アゼルバイジャン・パヴィリオン，
Выставочные ансамбли СССР 1920−1930-е годы. Материалы и документы. М., Галарт, 2006.

行為こそが、ソ連邦の一員として相応しい文化を有していることの証左となったのだ(27)。モニュメントの制作と設置を通して社会主義の歴史を形成するというレーニンのモニュメンタル・プロパガンダ政策は、一個の都市という規模をはるかに超え、ソ連邦という共同体のイメージの創造にまで援用されたのである。

こうして農業博覧会は、機械化広場のスターリン像から伸びる歩道が各民族パヴィリオンを接続するという配置[6-13]をもって、完成する(28)。けれども、農業博覧会は太陽、すなわち指導者の求心力によって実現された諸民族の融和という、単なる連邦のイデアを示すことに終始していたわけではなかった。というのも、民族建築の理想的モデルと位置付けられた以上、農業博覧会の民族パヴィリオンは、博覧会会場の外部にも己のコピーを生み出すことを建築家たちに要求したのである。じっさい各民族共和国出身の建築家たちは、モスクワの批評言説によって権威付けられたこれらのパヴィリオン様式を、それ

図 6-13
1939 年オープン時の農業博覧会全体敷地図, Архитектура СССР.1939. № 9.

図 6-14
レジャワ他によるグルジア共和国国会議事堂（1939–54 年），http:/dic.academic.ru/dic.nsf/bse/138528/%D0%A2%D0%B1%D0%B8%D0%BB%D0%B8%D1%81%D0%B8.

ぞれの故郷に逆輸入した。たとえばグルジア館を担当したグルジア人建築家レジャワは、このパヴィリオン・モデルに基づいて、トビリシのグルジア共和国国会議事堂（一九三九―五四年）[6-14]を設計している。これら各共和国の公共建築が、「内容において社会主義的、形式において民族的」の具体例として、再び中央（モスクワ）で評価され、かくして中心－周辺の循環構造は繰り返し補強される関係に置かれた。このように、理想と現実の混淆を引き起こす装置として、全連邦農業博覧会はイメージによる連邦統治システムの縮図であるとともに、まさにその力の発動する現場でもあったのである。

総合芸術化する生

農業博覧会のパヴィリオンには、民族個性の表現であると同時に、この時代のモニュメント建築一般と同じく、諸芸術の総合であること、あらゆる芸術家集団による労働の成果であることが求められた。この場合の総合芸術とは、建築・絵画・彫刻そして展示物の各々が、自己目的（самоцель）の内に閉じこもることなく相互連関していること、様々な領域の芸術家が集団的・調和的にひとつの物語、すなわち理想的農村の再現という主題に奉仕することを意味していた。これが農業博覧会の大幅な建て替えにおいて実現された、第二の点である。

異なる媒体、異なる次元にわたる作品を単一のプロット内に総合するというこの問題に対し、「最も望ましい展示形式のひとつ」(29)と評価されたのが、ジオラマという方法だった。各民族共和国パヴィリオン内にも、その応用例を見ることができる。たとえば、壁画によってあたかも農家の窓からその地方の風景を眺めているかのようなイリュージョンが作り出されたウズベク館[6-15-1]や、本物の綿花と等身大の彫像を用いてスターリンと少女の出会いを描いたタジク館[6-15-2]などでは、ジオラマ的手法によって臨場感を高める工夫が凝らされていた。ゲオルギー・ルブリョフは、ジオラマのような形式においては、多様なジャンルの芸術家たちがひとつのテーマに基づいて、より総合的な演出を行うことができると述べている(30)。ルブリョフはこのような総合をよりいっそう完成されたものにするために、光や匂い、音など、人間の様々な感覚を刺激する要素をジオラマの中に組み込むことも提案していた(31)。

このルブリョフの言葉が示唆する、人為的に一個の世界を創造することへの欲望は、民族衣装を身に付けた人びとがパヴィリオン内の彫像や絵画に入り混じってポーズをとることから、博覧会会場そのものを利用し、巨大なパノラマ空間を作り出すことにまで発展していった。前川修はこのようなパノラマというメディアの特質を、「枠を外された像(32)」、すなわち額縁の抹消された絵画と呼び、その機能の主眼は、タブロー内に描かれた対象と額縁の外の現実との比較を不可能にすることによって、イリュージョン効果を高める点にあると指摘している。そこではイメージは「現実の写しではなく、現実と全く等価な像(33)」なのであり、観客はこの「像のなかに完全に浸透しきった存在」となる(34)。周囲の観客までも「像」、つまり現実と等価なもうひとつの現実の中に取り込もうとするこのようなパノラマ世界を実現したのが、農業博覧会の総合芸術空間だった。作曲家、演出家、詩人なども動員し、パヴィリオンを背景に、民族衣装を纏った人びとによって演じられるコルホーズの理想的生活において、完全な人為のみからなる世界を作り

図 6-15-1
ウズベク・パヴィリオン内部，Искусство. 1940. № 2.

図 6-15-2
タジク・パヴィリオン内部，*Жуков А. Ф.* Архитектура всесоюзной сельскохозяйственной выставки 1939 года. М., Издательство всесоюзной академии архитектуры, 1939.

図 6-16
モスクワ・リャザン・トゥーラ州パヴィリオン内部の写真, Выставочные ансамбли СССР 1920–1930-е годы. Материалы и документы. М., Галарт, 2006.

出そうとする欲望は、頂点に達する。

さらにそこでは、現実のコルホーズ、ソフホーズの農業労働者を含む会場を訪れるすべての人びとの身体も、潜在的にこの舞台を形作る役者となった。たとえば、モスクワ・リャザン・トゥーラ各州合同パヴィリオン内を写した写真[6-16]はその端的な例である。手前のプラトークを被ったいかにも典型的な農村の娘たちは、背を向けて奥の絵を鑑賞するのではなく、不自然にも画中の人物同様にこちらを向き、遠方に焦点を定めた輝く目（間もなく到来する理想世界を見つめる、社会主義リアリズムの定型化された表現）でわれわれの背後を見つめている。この構図によって、パヴィリオン内の壁画に描かれた人びとと手前のレーニン像、それを眺める娘たちのポーズの間には照応関係が生まれ、壁画―彫刻―生きた人間という次元やメディアを超えた包括的な世界が現出している。

博覧会史研究の第一人者であるイーゴリ・リャザンツェフは、ソ連邦における博覧会の展示形式の歴史的変化を概観し、一九二〇年代から三〇年代初頭の展示は、「現実に存在している物質か、博覧会芸術の産物か[35]」に明確に区別されていたが、一九三九年の農業博覧会ではその両者の境界が曖昧になり、「描かれた現実（イメージ）[36]」が展示の主体になっていく、と指摘している。一九世紀の西欧社会において博物館や万博が制度化した、「対象の真正さと、コレクションのための科学的根拠に対する強迫観念[37]」は、もはやここには認められない。前世紀の博物館や動植物園ないし万博においては、展示物の第一義的な価値はサンプルとしての性格に置かれていた。対して農業博覧会では、民族意匠の例に見られるように、展示物自体の真正さや珍奇さではなく、建築空間全体を用いて演出された総合的な〝現実〟こそが、最大の目的となったのである。このようなあらゆる芸術、果ては生身の人間までもが渾然一体となって作り出す空間とは、けれども当然ながら、「現実のコルホーズとは何の接点もない(38)」ものであった。人びとは労働英雄の肖像や彫像を模倣した、いわば生きた芸術作品となることで、さらにはモデルとなった絵画や彫刻などの作品と入り交じった状態で展示されることで、彼らが本来属するはずの現実のコルホーズからは完全に切り離され、超越的な時空間を構成する一要素となったのである。

2　二つの太陽

レオニドフの《太陽の都》

農業博覧会では、各民族共和国のパヴィリオンの集合が、多民族共同体としてのソ連邦という理想像をミニチュア的に表現していたわけだが、このような複数の建築物の集合によって一個の世界を創造する博覧会という形式は、レオニドフをも惹きつけていた。前章でも見たように、クリミア南岸開発計画では古今東西の建築物を集めた異種混交的ユートピア世界が描き出され、大アルテク計画では世界地図を模した公園によって世界を再現することが試みられた。ただしこれらクリミアを舞台とした世界のミニチュアを作り出す野心的な計画は、独ソ戦の開戦によって、プランのまま立ち消えになった。

戦後のレオニドフは、スターリングラード復興計画に携わった後、モスクワでの活動を再開する。けれどもモスクワのプーシキン通り（現大ディミトロフカ通り）再開発計画およびそこにおけるピオネール宮殿計画（一九四五―四六年）

[6-17]以降、彼の建築ドローイングは再び概念的な色合いを強めていった。またこの時期には、フランス革命期の幻視的建築を思わせるサーカス劇場の設計図（一九五五年）など少数の例外を除けば新古典主義的な傾向はむしろ弱まっていくのに対して、エジプトやインド、オリエント建築への傾斜が顕著になっていく。中でも前述のピオネール宮殿のデザインは、同様のテーマに基づいたモスクワのピオネールとオクチャブリャートの家（一九三六年、ただしレオニドフの参加は一部のデザインのみ）[6-18-1][6-18-2]や、故郷トヴェリのピオネール宮殿（一九四一年）ともがらりと趣を変え、あたかもモスクワの大通りを古代エジプトの神殿ないし墓所へ変貌させようとするかのようだ。

既に述べたように、レオニドフは戦前には重工業人民委員部のギンズブルグ・スタジオの一員として働くほか、建築アカデミーでは建築と諸芸術の総合という問題に従事し、とりわけ絵画（壁画）とインテリアの研究に関わっていた。けれども旧ヴォプラ出身のアルカジー・モルドヴィノフが戦後も権力を掌握し続けた建築家同盟内においてレオニドフは孤立し、一九四六年には師ギンズブルグの死によって後ろ盾を失い、同盟からの脱退を余儀なくされる。ただし筆者が二〇一一年に行ったモスクワ建築大学のニコライ・パヴロフ教授からの聞き取り調査によれば、多くの建築家や建築科の学生たち――その中には、一九六〇年代に前衛的な建築家グループ〝新しい移住のエレメント（НЭР）〟のリーダーを務めたアレクセイ・グトノフも含まれていた――は、密かにレオニドフの下を訪れ続けていたという。

またこの頃になるとレオニドフの仕事の重心も、建築物の設計そのものよりも家具や照明などのデザイン、大学での建築模型の制作の指導などへと移行していた。博覧会に関連した仕事としては、全連邦農業博覧会の後に同敷地で催された全ソ国民経済達成博覧会（ВДНХ）や建設博覧会、一九五八年にブリュッセルで開催された万博のソ連邦館内の展示などに参加した記録が残されているが(39)、いずれも壁画やジオラマの制作など、限定された関与に留まった。

むしろ彼自身の世界内世界、ミニチュア世界としての博覧会への関心をより直接的かつ包括的な形で表現している

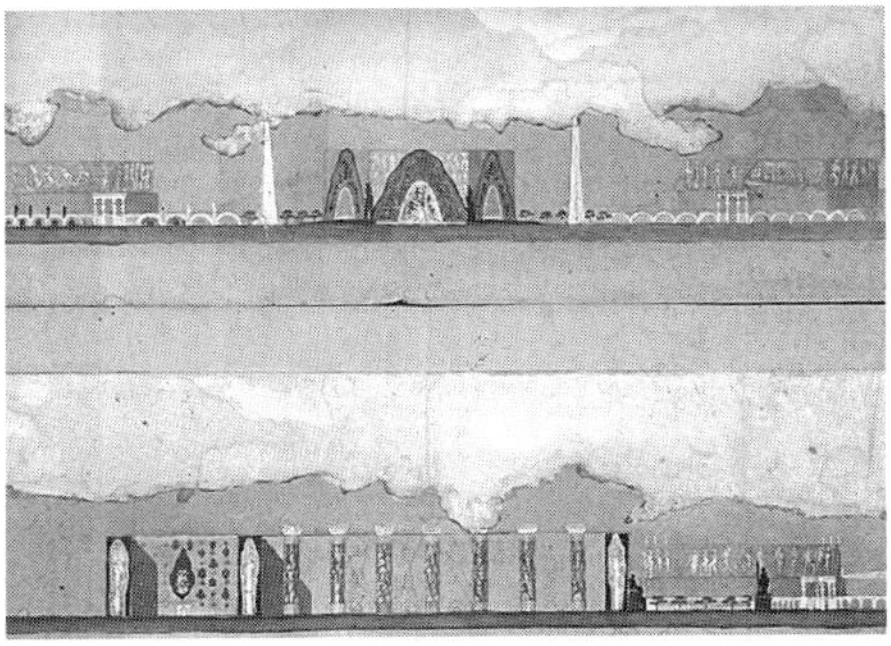

図 6-17
レオニドフによるプーシキン通りのピオネール宮殿計画案（1945-46 年），Andrei Gozak and Andrei Leonidov, *Ivan Leonidov: The Complete Works* (New York: Rizzoli, 1988).

図 6-18-1
ヴラソフ，アラビャン他によるピオネールとオクチャブリャートの家（1936 年），レオニドフのデザインと思われる椅子，Строительство Москвы. 1936. № 17.

図 6-18-2
ヴラソフ，アラビャン他によるピオネールとオクチャブリャートの家（1936 年），屋外の半円形劇場，Строительство Москвы. 1936. № 17.

のが、戦中から晩年にかけて制作された未発表プロジェクト《太陽の都》である。さらに同時期に制作された、キエフの《花の島》プロジェクト（一九四四—四五年）、国連本部プロジェクト（一九四七—四八年）、モスクワ万博プロジェクト（一九五七—五八年）は、個別の建築プロジェクトでありながら、《太陽の都》の一部でもあったと考えられている[40]。レオニドフのこの新たな創作の局面は、彼が工兵として赴いた先の戦地で負傷し、除隊となった直後から開始された。

レオニドフ自身によるこれらの作品の解説は存在していないが、ハン＝マゴメドフの調査によれば、レオニドフの《太陽の都》は、文化・社会的機能を有した施設と一般的な都市機能の複合体として構想されていた。そこではすべての都市は文化・科学・芸術の各領域に捧げられた広場を中心に組織され、中でもオベリスクや尖塔などによって囲まれた「太陽の広場」を中心に擁する首都が、「太陽の都」[41]と呼ばれることになっていた。これらの都市‐文化施設は全国に配置され、幹線道路によって連結されることが想定されており、首都および各都市の関係は太陽と複数の惑星からなる太陽系のシステムになぞらえられていた。労働者クラブを拠点とする「文化組織の空間図」（[2-17]参照）に見られた、彼の構成主義時代の宇宙的なヴィジョンが、この《太陽の都》には再び出現しているといえよう。何より文化・科学・芸術の総合を目指す都市とは、労働者クラブと都市の融合、あるいは都市の規模まで拡大された労働者クラブに他なるまい。

最初に述べたように、レオニドフもまたカンパネッラの『太陽の都』や、それに対するレーニンの評価を強く意識していったものと思われる。レオニドフの同僚や生徒たちに取材したハン＝マゴメドフは、レオニドフが再三カンパネッラのユートピアに言及し、科学技術・文化の振興と子どもたちへの教育を柱としたこの都市の人文主義的性格を高く評価していたという証言を得ている[42]。じっさいアルテク計画の階段の擁壁を利用した人類史の展示や、世界地理を教えるための公園＝地図、ピオネールの家やピオネール宮殿の教育的な壁画などのアイディアは、カンパネッラ‐

レーニンの教育・プロパガンダ戦略を直接参照したものと考えられる。しかし同時にレオニドフは、カンパネッラの『太陽の都』を、自分の建築思想に合わせて自由に読み替えてもいた。

彼の解釈の独自性がとりわけ際立つのが、〝太陽〟そのものの意味づけである。ハン＝マゴメドフの調査から推察するならば、レオニドフにとっての光源としての太陽は、そこから連邦全土に向かって情報を発信する放送局のような、一種の情報の発信基地に喩えることができる。すなわちそれは、彼の二〇年代のレーニン研究所や労働者クラブ、あるいはコロンブス・モニュメントのように、マス・コミュニケーションのネットワークの基点であったと考えられるのだ。したがってその理念は、壁によって閉ざされ完結したカンパネッラの城砦都市や、象徴的門によって外部の日常とは遮断された農業博覧会、あるいは中央‐周辺のヒエラルキーに貫かれた新モスクワとは、鋭く対立するものであった。レオニドフの《太陽の都》では、都市とは名ばかりの超低密度な敷地にタワーやオベリスク、彫刻などが散在している。物理的・象徴的境界をもたない、むしろ反対に情報の発信と結節という機能によってばらばらに孤立した要素同士を繋ぐ、どこまでも開かれたフラットな都市＝コミュニケーション・システム――それこそが、レオニドフにとっての太陽の都であったと考えられるのである。

また《太陽の都》のヴァリアントとして描かれた国連本部プロジェクト[6-19-1][6-19-2]では、国連に加盟する各国が、国連ビル（中央の矩形の高層建築）の周囲にそれぞれの伝統的・民族的建築様式に則った独自のパヴィリオンを建設するという、いわば世界のミニチュア化というべきアイディアが描かれた。それはある意味、ソ連邦を表現した農業博覧会よりもさらに巨大なスケールの建築表象、世界そのものの建築化の試みであったともいえよう。コンセプトの点では、万国博覧会にも近い。この作品の制作は、実際の国連本部ビルの設計開始（一九四七年）に触発されたものと思われるが、ニューヨークやモスクワ、ないしジュネーヴなどの他の候補地ではなく、インド洋上の島が敷地に想定されていたことも興味深い。

図 6-19-1
レオニドフによる国連本部プロジェクト案（1947-48 年）立面図，Andrei Gozak and Andrei Leonidov, *Ivan Leonidov: The Complete Works*（New York: Rizzoli, 1988）.

図 6-19-2
レオニドフによる国連本部プロジェクト案（1947-48 年），仰瞰のパースペクティヴ，Andrei Gozak and Andrei Leonidov, *Ivan Leonidov: The Complete Works*（New York: Rizzoli, 1988）.

このドローイングでまず目に付くのは、構成主義時代の作品を思わせる黒の背景と、幾何学的なフォルムへの回帰だ。クリミア南岸計画の立面図に見られた古今東西の建築物の集合とも異なり、これら立面図上の各国パヴィリオンは、むしろそれまでのレオニドフの建築作品が一堂に会したかのような様相を呈している。晩年の作品には初期の創作理念が発展的に継承されているという息子アンドレイの言葉を裏付けるように[43]、幾何学的な球やマスト、立方体など構成主義時代を彷彿とさせる建築形態が復活しているほか、重工業ビルのデザインを思わせる三つの異なった輪郭のタワーの束、キスロヴォツクのサナトリウムで計画された多角形の噴水までもが出現している。これらの形態の集合は、自己引用からなるレオニドフの私的な博覧会ないし建築博物館を思わせよう。

けれども、オフィス・ビルの複合体というよりは万博に近いテーマにもかかわらず、このレオニドフのデザインに、農業博覧会の第三期のデザインに見たような各国の民族性の表現を認めることは、明らかに不可能だ。その一因は、装飾的ディテールに対する建築家の無関心にある。農業博覧会においてそれぞれの建築物を〝民族的〟たらしめたのは、建築形態の科学的正確さよりも、古典主義＝社会主義に適合するよう操作された民族意匠だった。レオニドフの描き出したパヴィリオンにも、部分的にではあるが、壁画や彫像などのモチーフが認められる。だがこれらのディテールが特定の民族性と結びついて能弁に語り出すことはない。同時代の民族建築の称揚にもかかわらず、レオニドフは建築を通して民族的アイデンティティを表現することに、意義を見出してはいなかったのだろうか。あるいは、球や直方体、ピラミッド、三角錐といった純粋形態こそが、民族建築の根底に見出されるべき原型であると考えていたのだろうか。いずれにせよ、彼が自らの建築を民族という意味のための記号として利用することは、一貫してなかった。

また国連本部プロジェクト案では、回帰的なモチーフゆえに、かえっていくつかの点で彼の過去の作品との相違が目立っている。その第一が、絵具のファクトゥーラの利用である。黄金の球体や多面体のモチーフには金・銀の顔料

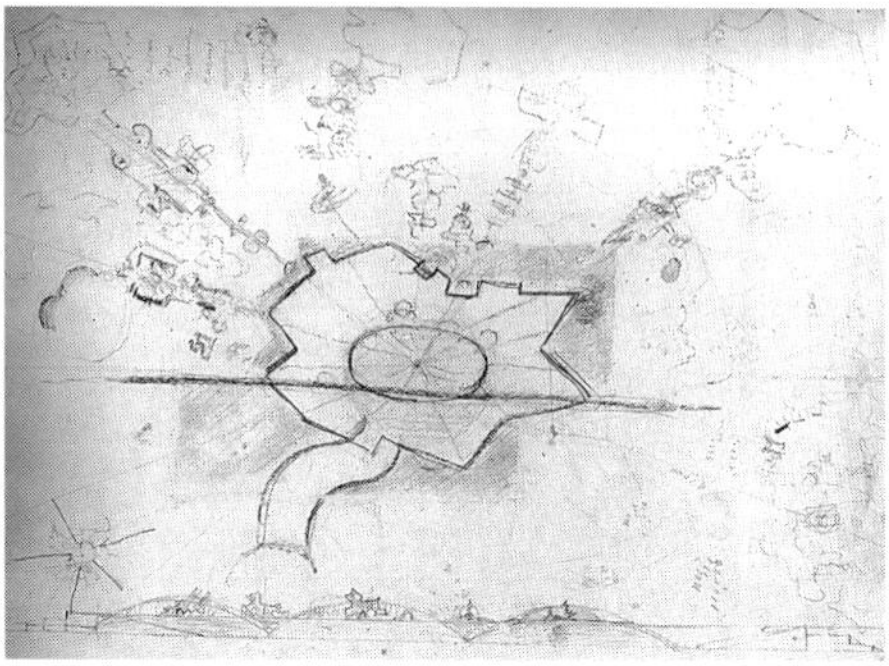

図 6-20
レオニドフによるモスクワ万博計画（1959年）全体図，紙・鉛筆・色鉛筆，8. 1×16. 8 cm，ロシア国立建築博物館（MA）所蔵，КПоф 5475/1.

が用いられており、これらの形態そのものが輝きを発している。特に暗い地に仄明るく輝く黄金の円は、イコン画で聖人の頭部に現れるニンブス（円光）を連想させよう。一九二〇年代の光線のごとく非物質的であった輪郭線は、これら晩年のドローイングにおいては、まさにその物質性によって文字通り光を放つようになったのである。

同様に大きな変化が認められるのが、線自体の性質である。かつて定規でもって引かれていた均質な線は、手指の抑揚を直接反映した不均等な線に取って代わられている。二〇年代には幾何学という超越的な規則によって抑圧されていたものが、あたかもこれらのドローイングの輪郭線から滲み出しているかのようだ。描かれたフォルムは相変わらず根源的な幾何学形態を志向しているものの、その輪郭線は、人間の手が否応なく伴う震えなどの不随意な運動（レオニドフは晩年ロシアの宿痾というべきアルコール中毒に苦しんでいたという）をも、反映している。いわばここには、理性によっては統御不可能な建築家の身体そのものが現出しているのである。

モスクワ万博計画[6-20]に関しては簡単な素描しか残されてはいないが、現存するスケッチは、このプロジェクトが一般的な意味での博覧会ではなく、驚くべきことに、モスクワという都市全体を博覧会場に見立てた再開発計画、一種の都市計画として構想されていたことを示している。あるいは、レオニドフによるゲンプランと呼ぶことができるかもしれない。全体図では水平の直線としてモスクワ河が、楕円によって環状線が描かれ、キスロヴォツクのサナトリウムの階段で見たような、左右対称の複数の形態を生み出す軸線が、中心から周辺に向けて放射状に伸びている。

アンドレイ・レオニドフによれば、新しい都市モスクワ＝博覧会は、国際的な研究施設＝パヴィリオンの複合体によって囲まれることになっていたという(44)。

わけても興味深いのは、パヴィリオンという一過性のものであるはずの存在が、通常の建築物同様、都市の日常空間へと組み込まれている点だ。農業博覧会のパヴィリオンは、周囲の都市とは象徴的に分断された会場内に設置されていた。それに対してモスクワ万博計画のパヴィリオン建築は、形態上は周囲の建築物と著しいコントラストを成しながらも、都市空間に直接挿入されている。このプロジェクトは、それまでインド洋の島やどこともつかぬ抽象的空間を漂っていた《太陽の都》を、モスクワという現実の都市へ二重投影する試みとみなせるのである。

このモスクワ万博計画からは、建築家が自らの《太陽の都》計画に託していた意図を、よりはっきりと読みとることができるのではないだろうか。かつて自らの重工業ビル案のドローイングを通して、レーニン廟からソヴィエト宮殿へと続くモスクワの新しい象徴体系を自身の天体建築へ置き換えようとしたように、レオニドフはそこにもはや直接表現するには危険すぎるものになっていた批判的オルタナティヴとしての都市像を仮託していたのではなかったか。すなわちレオニドフの博覧会－都市は、以下で論ずるように、現実の都市モスクワ、あるいはスターリンのシンボル都市モスクワを裏返しにしたものとして読み解くことができるのである。

生者のためのネクロポリス

既に述べたように、レオニドフの《太陽の都》シリーズには、それまで彼が利用してきた様々な建築形態が反復的に出現する。中でも特に頻出するのが、矩形の高層ビルディング、オベリスク状のタワー、ポール、球、円錐あるいはピラミッド、そしてこれは新しい要素であるが、巨大な人型の彫像である。

矩形の高層ビルは、レーニン研究所の高層棟から工業ビル案を経て、重工業ビルの第一のタワーまで使用され、一九三〇年代後半以降しばらく姿を消していたが、ここで再び姿を現している。ただし国連ビルのように比較的リアルに描かれているものがある一方で、ディテールの完全に省略された矩形の構造が三対幅を形作っているものもある。

とりわけ頻繁に用いられたのが、細いポールかマストのようなものによって支えられた金色の球体のモチーフ［6–21　口絵9］だった。宙吊りにされた、あるいは気球のように自ら空中に浮上したこの球体は、レーニン研究所の地上にワイヤーで固定された球体や、文化宮殿のマストに係留された飛行船、ないしモスクワのピオネールとオクチャブリャートの家の照明《高高度気球》［6–22］などを想起させよう。だが《太陽の都》においては、それは端的に太陽そのものの表現として解しうるだろう。特に国連本部プロジェクト案では、地上に設置された球体やピラミッドと球の複合体、聖ワシリー大聖堂を思わせる複数のクーポラなどと、このポールによって宙吊りにされた球の形態が呼応関係に置かれている。中でもラクルスで描かれたこれらの複数の球体のモチーフの集合では、空中に浮かぶ黄金の球体と金のクーポラは、判別不可能なほど互いに似通っており、黒の背景も相まって、宇宙空間を漂う天体の集合を思わせるものになっている。

この球体建築を支える、地上と天上を繋ぐかのような柱も、レオニドフの過去の作品の記憶を呼び寄せる。その原形は、コロンブス・モニュメントのラジオ放送のためのアンテナや、文化宮殿案の飛行船の係留用マストに見出せよう。重工業ビルのレーニン廟を臨むパースペクティヴの背後、ちょうどソヴィエト宮殿が占めるはずの場所に描かれていた上空へ向かうサーチライトの光も、この柱の同類とみなせるだろう。注意しなければならないのは、これらの柱によって支持または固定されている以上、レオニドフの太陽には日昇も日没もありえないということだ。未来派演劇『太陽の征服』において古い太陽に取って代わった人工照明のように、あるいは首都モスクワの光源たるソヴィエト宮殿上のレーニン像や、農業博覧会のスターリン像のように、この太陽を循環的時間における再生といった、伝統的な太陽像と同一視することはできない。人工の新しい太陽は、革命とともに到来した永遠の転倒世界こそを指し示

図 6-22
レオニドフによる照明《高高度気球》（1936 年），*Гозак А. П., Леонидов А. И.* Иван Леонидов. М., «Издательство Жираф», 1988.

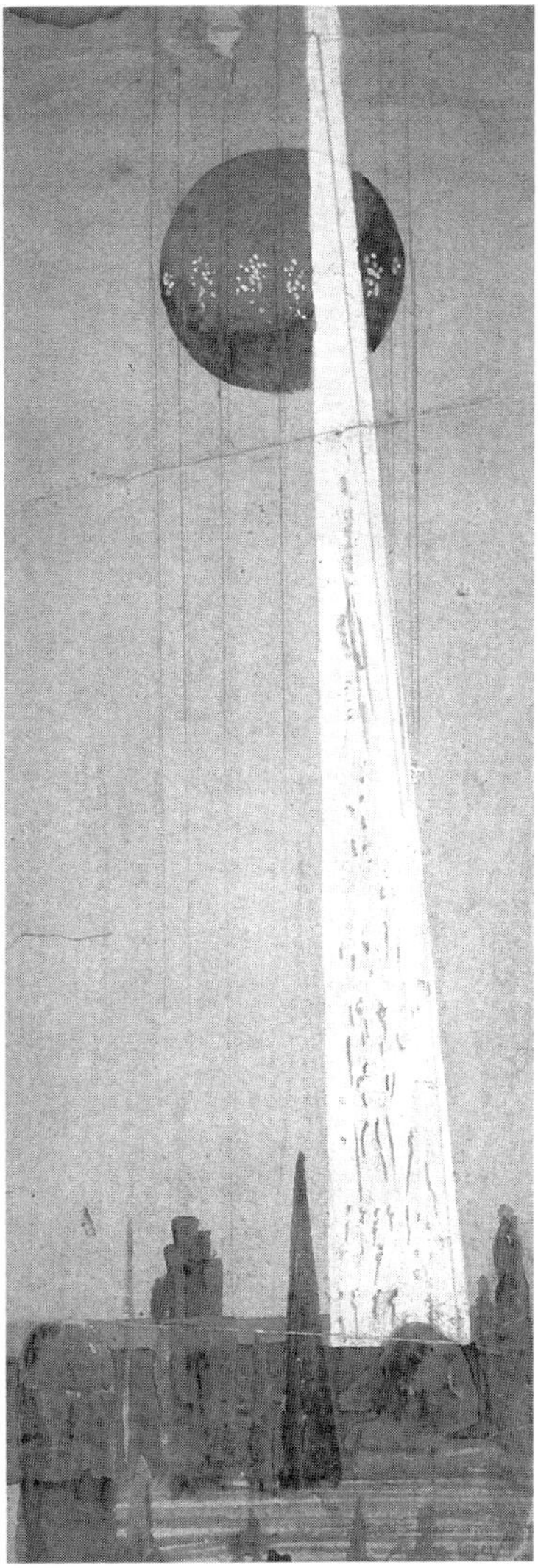

図 6-21（口絵 9）
レオニドフによる《太陽の都》，オベリスク状のタワー，紙・鉛筆・水彩・顔料・銅粉，42. 0×15. 2 cm，ロシア国立建築博物館（МА）所蔵，КПоф 5475/186.

すのである。

しかしながら、レオニドフの新しい太陽と、これら社会主義リアリズムの太陽との相違にももちろん注意を払う必要がある。ソヴィエト宮殿とそのレーニン像が、自らの周囲に無数の建築家や芸術家の集団、突撃労働者、膨大な資材、あるいは他の建築物までをも引き寄せる巨大な引力の中心であったのに対して、あるいは農業博覧会のスターリン像が、その周囲に各民族共和国のパヴィリオンを集合させる中心であったのに対して、レオニドフの太陽は、まさにそれが地上を離れ、宙に浮いていることによって、重力の存在を否定する。それはマス・コミュニケーションの非物質的な網の目によって物理的な隔たりを無効化し、人びとや事物を離散させ脱重力化する、いわば裏返しにされた太陽なのだ。じっさい《太陽の都》の素描を見る限り、この黄金の球の周囲の敷地に点在する建築物は、ソヴィエト宮殿とそれをアンサンブルの概念によって反復する周囲の建築物や、機械化広場のスターリン像とその周囲を囲む民族パヴィリオンのような、求心的な空間秩序を形作ってはいない。それどころか太陽の広場を取り巻く建築物は、相互に共通性を欠き、広大な敷地ないし空白の中に散在している。

ただし意味深長に映るのは、この太陽とマストからなる構造が、オベリスク状のタワー[6-21 口絵9]やパゴダ風の建築物[6-23 口絵10]との組み合わせで登場していることだ。

ギンズブルグはかつて建築の幾何学的原形をメンヒルやピラミッドなどの太古の墓、神殿といったものに見出し、レオニドフはそれらを本来の象徴的意味から絶縁しつつ、日常的機能を有する施設のデザインに利用してきた。特にピラミッド（四角錐）は、文化宮殿案からコロンブス・モニュメント案、マグニトゴルスク案、クリミア南岸開発計画に至るまでに登場し、集会用ホールやガラス張りのジム、ピオネールの家など、様々な機能が割り当てられてきた。しかし戦後に入ってレオニドフが再び幾何学形態へと回帰したとき、とりわけ描写の写実性が増すほどに強まっていったのが、これらの形態がもつ、かつて否定されたはずの象徴的な側面であった。

これら古代エジプトの墓廟ないし神殿を想起させる建築物が、レオニドフ自身も従軍した独ソ戦の戦中から戦後にかけて描かれたということは非常に示唆的だ。先述のモスクワ建築大学のパヴロフ教授がレオニドフの息子アンドレイから伝え聞いたところによると、レオニドフが《太陽の都》の構想を最初に思いついたのは、川を挟んでドイツ軍の陣地と向かい合う塹壕の中だったという。テクノロジーが全面的な破壊に人びとを駆り立てる戦場での経験が、最先端の科学技術に基づいた建築から古代の建築形態への転回を彼に促したのだろうか。

たとえば戦後すぐに制作されたピオネール宮殿のデザイン[6-17]は、あたかも現代のモスクワを古代エジプトの墓所に変貌させようとするかのような、異様なものだった。さらにクレムリン脇に計画された戦勝モニュメント案のデザインでは、レオニドフは要求された豪奢さや勇壮さ、喜びを全面に押し出すのではなく、手前のクレムリンの尖塔を圧倒して建つ、巨大なオベリスク状の柱[6-24 口絵11]を用いた。スターリン建築においても、古代エジプト建築は超時間的な永続性や太陽＝指導者を中心とする象徴体系を表現するものとして、しばしば引用されることがあった。[45] とりわけ壁画や彫刻と建築の一体化という点で、それは総合芸術のモデルのひとつとされていた。ただし実際の設計

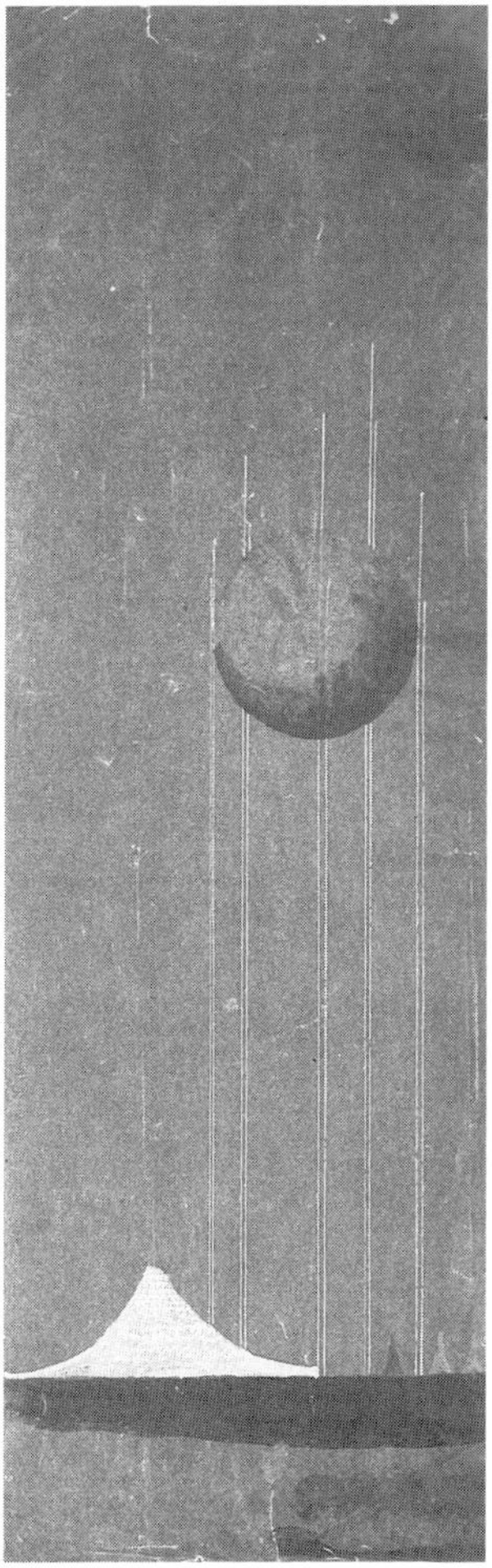

図 6-23（口絵 10）
レオニドフによる《太陽の都》，金色の球体と柱，トレーシングペーパー・鉛筆・水彩・顔料・銅粉，32. 3×10. 8 cm，ロシア国立建築博物館（MA）所蔵，КПоф 5475/185.

においては、これらエジプト的モチーフはごく隠微な形か、あるいはあくまで古典主義＝社会主義というオーダーに対する装飾としてのみ用いられた。対して戦後のレオニドフのドローイングでは、装飾という域を超えて、エジプト建築がほとんどそのまま引用されている。同様のアナクロニズムは、一九五七年から翌年にかけて制作されたスプートニクの記念碑[6-25 口絵12]にも見てとれる。ソ連邦の科学技術の結晶たる人工衛星の打ち上げを記念するモニュメントであるにもかかわらず、テント状のこのモニュメントの表面を飾るのは、古色蒼然としたギリシャ神話の星座たちだ。プラネタリウムや月面写真といった新しい視覚技術、新しいメディアに触発され誕生した彼の二〇年代の天体建築からすると、隔世の感がある。

もう一点、戦後のレオニドフの古代への遡行というべき試みを示しているのが、腕のない、プリミティヴな形態の人物像[6-26 口絵13]である。彼の構成主義時代のドローイングからは、人体やそれとの関係を思わせる形象は、ほぼ完全に排除されていた。とりわけ超鳥瞰的視点によって決定された幾何学形態やグリッド・パターンからなる都市には、通常の人間の視点の介在する余地はなかった。また労働者クラブ案の分析でも指摘したように、彼の建築には固有の生身の身体を、マスメディア上で複製された遍在的イメージによって置換しようとする傾向が見られた。彼のこのような傾向は、既に述べたように、一九三〇年代になると構成主義の非人間的側面として激しい攻撃に晒された。《太陽の都》シリーズの素描に現れるこれらの巨大な人物彫刻は、けれども社会主義リアリズムの有機的建築ないし「建築の人間化」の規範にも明らかに当てはまらない。社会主義リアリズム建築に用いられた彫像が、労働の現場や戦場における英雄、すなわち〝新しい人間〟を示すものであったのに対して、レオニドフのこれらの像が何を表現しているのかは定かではない。これらの人物像の印象は、彼の彫像を主題とした数少ない作品であり、かなり社会主義リアリズムを意識して描かれたと思われる、ペレコープ（内戦期のクリミアの主戦場）における英雄の記念碑（一九四一年）[6-27 口絵14]と比べても、異様としか言いようがない。

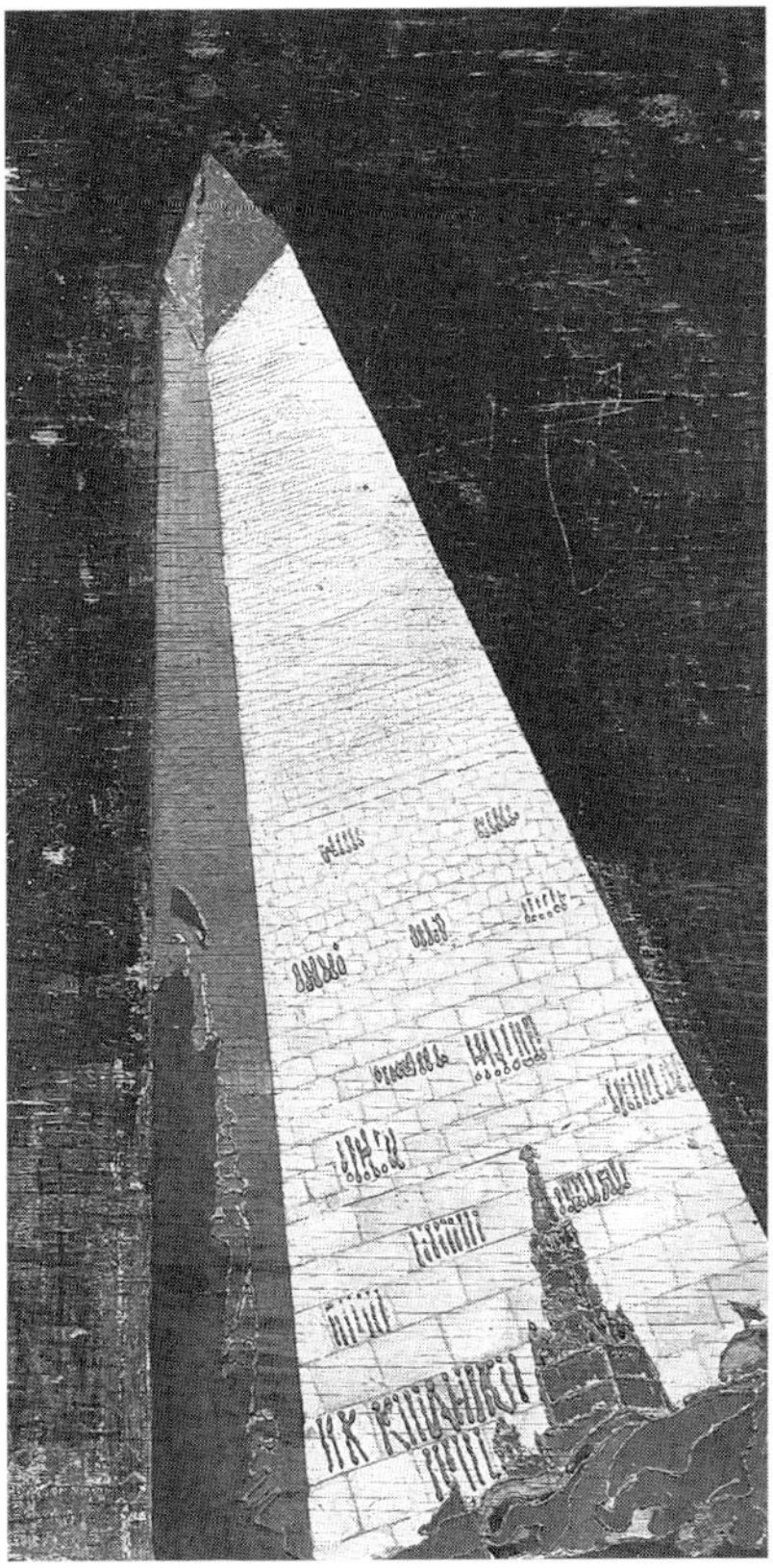

図 6-24（口絵 11）
レオニドフによる戦勝記念モニュメント案（1957-58 年），ベニヤ板・テンペラ・顔料・ブロンズ，50.0×27.0 cm，ロシア国立建築博物館（MA）所蔵，PIV-1166.

図 6-25（口絵 12）
レオニドフによるスプートニクの記念碑（1957-58 年），ベニヤ板・テンペラ・顔料・ニス，42.4×65.7 cm，ロシア国立建築博物館（MA）所蔵，PIV-1164.

《太陽の都》シリーズ中の一枚［6–26 口絵13］では、手前に置かれているので正確なスケールは分からないものの、おそらくはかなり巨大な女性像のシルエットが出現している。既に見たように、農業博覧会のパヴィリオンの建て替えの際には、建築に対する彫像の優越性を示す、オルタルジェーフスキーの機械化パヴィリオンのスターリン像への置き換えが行われた。しかしながら、これはレオニドフがラクルスで高層建築を描く際によく用いた手法だが、機械化パヴィリオンがスターリン像の枠となったのとは対照的に、ここでは像が奥の建築物を際立たせるためのフレーム代わりに利用されている。そのせいで像の足元と頭部は見切れ、身体の有機的全体性は損なわれてしまっている。

この彫像の頭部は彼のアロギズム絵画風の素描（［5–28］参照）でも用いられているが、いずれの作品でも容貌や表情は黒で塗りつぶされ、一切の個性はあらかじめ奪われている。巨大な頭部と乳房の記号化されたプリミティヴな表現や、影のように奥行きの感じられないプロフィル、人体のうちでも最も表現力に富む部位である腕を欠いている点などは、この像が生命をもたない像であることを意図的に強調するかのようだ。とりわけその姿は、社会主義リアリズム彫刻の頂点に君臨する、ソヴィエト宮殿上の片手を上げたダイナミックなレーニン像とは、対照的である。ペレコープの像を見る限り、レオニドフも描くべき人物像の規範を知っていたわけであるから、彼はここでは意識的に規範から逸脱したのだと考えられよう。これらの人物像は建築物に対する彫刻の優越性を示すどころか、可読的な意味を欠き、影のように質感すら欠いて沈黙している。巨大な円柱やオベリスクのように直立したその姿は、社会主義リアリズムの彫像から有機性や生命の仮象を剥ぎ取った後の残余そのものだ。

これらのアナクロニズムの例の中でも特に目を引くのが、古代の太陽信仰にまつわる建築モチーフである。たとえばオベリスクのデザインでは、十字架や天使などの彫刻を載せたキリスト教化されたオベリスクではなく、太陽光を反射するために先端に金属の取り付けられた古代エジプトのオベリスクを[46]、レオニドフは忠実に再現している。古代エジプトにおいて、オベリスクはしばしば神殿などの入口に設置され、日昇や日没といった太陽の動きを表示する日

図 6-27（口絵 14）
レオニドフによるペレコープの英雄の記念碑（1941 年），紙・鉛筆・インク・金泥・銀泥・水彩，94. 5×96. 5 cm，ロシア国立建築博物館（MA）所蔵，PIa 5691/3.

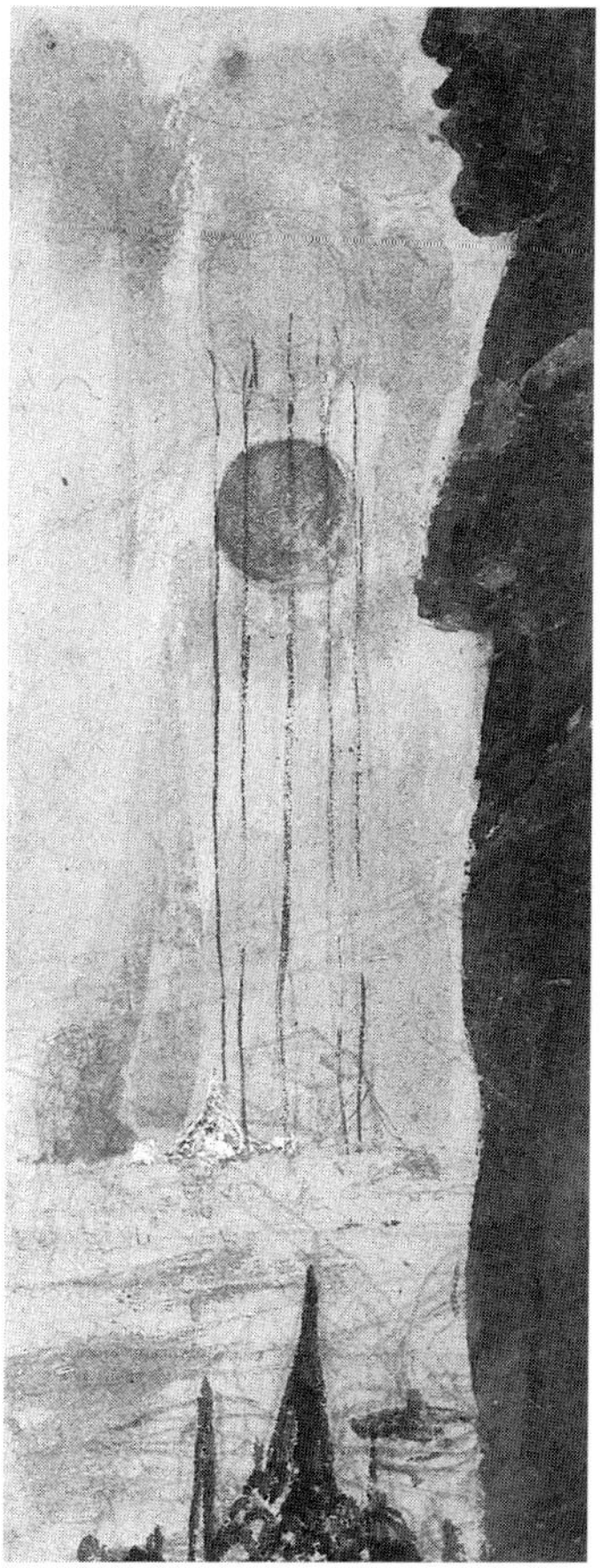

図 6-26（口絵 13）
レオニドフによる《太陽の都》，巨大な人物像と球体建築，紙・鉛筆・水彩・顔料・銅粉，20. 3×8. 4 cm，ロシア国立建築博物館（MA）所蔵，КПоф 5475/574.

時計としても機能し、太陽信仰の一端を担っていた。パゴダ状のモチーフでも、おそらくはオベリスクと同様の目的だろう、先端は黄色や金色に塗られている。

とりわけ戦勝記念のモニュメントとして用いられた巨大なオベリスク[6-24]は、挑発的な、もっと言えば危険な表現であったと考えられる。現存している戦勝モニュメントの二枚のドローイングは、いずれも手前にクレムリンの尖塔を置き、その背後にオベリスクがそびえ立つ構図でもって描かれている。モスクワの中心をなす歴史的建造物を新しい構造が凌駕しながらコントラストを成すこの図式は、重工業ビルと聖ワシリー寺院のそれを彷彿とさせよう。だがオベリスクの手前に描かれたクレムリンの尖塔とは、戦後建設された七つのスターリン高層建築の頂上を飾ったモチーフであり、スターリン自身の建築的表象に他ならなかった。したがって尖塔の形態を反復しながらも、むしろ自らこそがクレムリンの尖塔も含めた塔一般の神話的原型であるかのようにそびえ立つオベリスクは、この権威への挑戦と受け止められかねなかっただろう。その姿は戦勝を記念するためのモニュメントというよりも、指導者の居城――実質上建設を放棄されたソヴィエト宮殿に代わる、戦後のモスクワの中心――すら見下ろす、太陽信仰のためのモニュメントのように映る。それはあたかも、指導者を太陽に喩える個人崇拝に古代の太陽信仰を対置し、太陽を祭る根源形態をモスクワの中心に復活させようとするかのようだ。

しかしこれらの古代の神殿や墓廟を思わせるモチーフを読解する上で見過ごすことができないのが、レオニドフが前線で書き残した、兵士と建築家の対話からなる次の一編の詩である。

兵士にして建築家、芸術家よ、教えてくれ、お前はどんな記念碑を、人びとの幸福のために死につつある俺に建ててくれるのか？

人びとの幸福だけが、お前の記念碑となるだろう。死と恐怖をもたらすお前のライフルをこの戦闘で最後のも

図 6-28（口絵 15）
レオニドフによる農村のクラブ案（1950-54 年），紙・グアッシュ・顔料・銅粉・水彩・鉛筆，15.2×29.7 cm，ロシア国立建築博物館（MA）所蔵，КПоф 5475/23.

のとし、お前の闘争と憎しみの衝動を人生の幸福な開花の原動力とするのだ。(47)

ここから分かるのは、一般的な意味での墓碑やモニュメントに対する、レオニドフの一貫した否定的な態度である。したがって、ピラミッドやオベリスクなど彼の《太陽の都》に出現するこれらの形態を、単に戦死者のための墓あるいは記念碑とみなすことは、やはり不適切であると思われる。墓碑やモニュメントではなく、都市に暮らす人びとの生こそが死者たちを顕彰する——それこそが、レオニドフが自身の《太陽の都》に託した理念であったと受け止めるべきだろう。人びとの生活が営まれる都市であると同時に死者のための墓標や記念碑でもある場、それこそが彼の太陽の都、新たな社会主義都市なのだ。そのような文脈において、墓や墳墓を思わせる形態は、クラブ[6-28 口絵15]やピオネールの家などの日常的な機能を担う建築となるのである。

けれども一方で、それ自体が死者のモニュメントとなった人びとの生が切り開くのは、生と死の境界線上にあるような非常に両義的な領域ではなかろうか。建築の原型を思わせる幾何学的構造や原始的な像からなる、新しい遺跡とでもいうべきアナクロニスティックな空間で営まれる人びとの日常とは、一体どのようなものと想定されていたのか。このような都市空間に住まう人びととは、つまり太古の墓や墓廟を象った建築物を日常的なそれとして用いる存在とは、自身もまた生と死、実存的な時間と超越的な時間の境界線上に位置することになった人びとではなかったか。

スターリンの農業博覧会は、表面的には「生き生きとした」「有機的な」イメージを纏いながら、その実変化や運動、偶発性といったものを徹底的に排除した空間だった。わけても一九五四年に再建された戦後の農業博覧会のパヴィリオンは、展示期間が設けられなくなったことによって博覧会に特有の一過的な性格を完全に失い、永続的な祝祭空間へと変質した。そこにおける永続性とは、単に長時間の持続を意味するものではない。むしろそれは日常的な時間の流れやそれのもたらす変化から隔絶した、死もなければ再生もない無時間的な現在、自律的で自足した時空間を意味する。けれども、そのようなモニュメントとして凍結され永続化された生は、それが己の内から締め出そうとしていた死と、もはや見分けがつかないのではなかろうか。社会主義リアリズムの生や有機性への志向は、エントロピーへの抵抗の極点において、それが否定するはずであった死と不分明になっていく。自らの空間に属する人びとまでをも、このような不動の像、生ける死者へと変じようとする欲望に対し、レオニドフの《太陽の都》は裏返しの視点から、ネクロポリスのごとき太陽の都を映し出していたのではなかったか。

＊＊＊

レオニドフの《太陽の都》も、農業博覧会同様、そこから連邦全土を新たな太陽系へと作り変える欲望をもっていたことは明らかだ。レオニドフは当時の建築界の主流からは既に遠く隔たっていたが、彼の《太陽の都》とスターリンという光源を中心とする農業博覧会、ないしソヴィエト宮殿のレーニン像を中心とする首都モスクワとは、新しい太陽系を描くという点では共通していた。けれどもレオニドフは、彼自身の周囲を取り巻く太陽の都＝首都モスクワと同じ名を自らの作品に冠しながらも、いや、まさしく同じ名を冠することで、メトロの地下空間までをも隈なく照らし出そうとする光に満ちたモスクワから締め出された、対抗的な太陽系の姿を描き出すことになった。仄暗い、あるいは闇に包まれた太陽の広場の光景とは、連邦の光源であるレーニン廟とその背後にそびえるソヴィエト宮殿を、ピラミッドないしパゴダと球体建築に置き換えた、つまりはレオニドフによって翻案された、もうひとつの赤の広場の眺望に他ならないのである。

そして何よりもこの二つの太陽の都の相違を際立たせているのが、〝太陽〟それ自体に仮託された意味だ。革命によって分裂した旧ロシア帝国を、スターリンという新しい太陽の求心力によって再統合しようとした農業博覧会に対して、レオニドフの《太陽の都》の中心に置かれたのは、その浮遊によって重力の解体を宣言する、反求心的な太陽だった。赤の広場に代わる太陽の広場の周囲に、巨大な人物像やオベリスク、ピラミッドなどの原型的形態が点々と散らばるレオニドフの首都の光景は、まさにこの引力の解体によって建築物相互の空間的・意味論的結びつきが失われてしまった、古代都市の廃墟を思わせる。マス・コミュニケーション都市という現代を先取りするかのようなアイディアとは裏腹に、その姿はこれから建設されるべき未来の都市というよりも、はるか過去に失われ、用途も目的も分からなくなってしまった建築物の寄せ集めに近い。さらに言うならば、レオニドフの《太陽の都》とは、実現される前に失われてしまった彼のこれまでの建築プロジェクトの遺構、存在しなかったものの廃墟なのである。まさにこの「いまだ‐なく」「すでに‐ない」という二重の非在によって、それは農業博覧会の永続性とも異なる、時間による変化を超え出た無時間性を有しているのだ。

レオニドフは有機的全体としての建築・都市という概念が決定的に失われた地点に立ちながら、断片化されたイメージを断片のまま、全体性という仮象を生じさせることなく接合するための秩序を、様々な場所に探し求めてきた。

だが建築雑誌の誌面やグリッドの秩序という超越的な枠組みを失ってから、彼の描く建築や都市の姿は、破砕された対象が可読的な意味をもつことなく寄せ集められた、アロギズム絵画に近づいていく。そして晩年の《太陽の都》に至っては、これらの断片を繋ぎ合わせる超鳥瞰的な視点すら、もはや存在してはいない。球体やピラミッドなどの反復されるいくつかのモチーフを通して、われわれは辛うじてこれらのドローイングがひとつの都市を描いたものであることを推察しうるのみである。いわばレオニドフの《太陽の都》とは、それ自体もイメージの廃墟なのだ。しかしまさにそれゆえに、彼の都市は、民族様式の発明によって中央と周辺が、あるいは総合芸術によってあらゆる細部と全体が破綻なくなめらかに結びつけられた、スターリンの新たな太陽系の反転像たりえたともいえるのではないか。それこそは、都市 - 建築空間を余すところなく照らし出し、意味によって覆いつくそうとするスターリンの太陽系に取り憑いた、亡霊的な陰画だったのである。

（1） スターリン期の視覚・言語芸術において、スターリンを太陽ないし光に喩えた表現の分析については、以下を参照。Jan Plamper, "The Spatial Poetics of the Personality Cult: Circles around Stalin," in Evgeny Dobrenko and Eric Naiman eds., *The Landscape of Stalinism: The Art and Ideology of Soviet Space* (Seattle: University of Washington Press, 2003), pp. 25–27.

（2） *Корнфельд Я.* Общественные здания в ансамбле города// Архитектура СССР. 1940. № 4. С. 57.

（3） Alexei Tarkhanov and Sergei Kavtaradze, *Stalinist Archiecture* (London: Laurence King, 1992), p. 136.

（4） *Стригалев А.* К истории возникновения ленинского плана монументальной пропаганды (март-апрель 1918 года)// Вопросы советского изобразительного искусства и архитектуры/ Под отв. ред. И. М. Шмит. М., Издательство «Советский художник», 1976. С. 142.

（5） Там же. С. 147.

（6） Там же. С. 133–135.

（7） Richard Stites, *Revolutionary Dreams: Utopian Vision and Experimental Life in the Russian Revolution*（New York and Oxford: Oxford University Press, 1989）, p. 89.

（8） 初出は一九三三年の『文学新聞』（第四―五号）。二人の会話は一九一八年三月一五日から四月八日までの間に交わされたものと推測される。*Луначарский А. В.* Воспоминания и впечатления. М., «Советская Россия», 1968. С. 197.

（9） *Жуков А. Ф.* Архитектура всесоюзной сельскохозяйственной выставки 1939 года. М., Издательство всесоюзной академии архитектуры, 1939. С. 8.

（10） Там же.

（11） *Карра А. Я., Уманский Н. Г., Лунц Л. Б.* Планировка сельскохозяйственной выставки 1937 г.// Строительство Москвы. 1936. № 2. С. 3.

（12） オルタルジェーフスキー以外のメンバーは、建築家ポドリスキー、ニコライ・アレクセーエフおよび学生のアレクサンドル・ボレツキー、ドミトリー・オルタルジェーフスキー（ヴャチェスラフ・オルタルジェーフスキーの甥）。ちなみにオルタルジェーフスキーは、革命前にはウィーンでオットー・ワーグナーに師事、その後アメリカ合衆国で高層建築の設計を学ぶという、当時のロシア建築界としては異例のキャリアの持ち主だった。*Олтаржевский В. К.* ВСХВ. Форпроект（генпланы）// Архитектура СССР. 1936. № 1. С. 22–29.

（13） この農業手工業博覧会は、ロシア、ウクライナ、白ロシア、ザカフカース、中央アジアの各パヴィリオンに、それぞれの地域で生産された手工業製品や農産物が展示されるという、大筋では帝政時代と同様の形式を踏んでいた。全体計画の作成はイワン・ジョルトフスキーが担当した。Деятели Всесоюзной сельскохозяйственной выставки// Красная Нива. 1923. № 33. С. 16.

（14） *Рязанцев И.* Искусство советского выставочного ансамбля 1917–1970. М., Советский художник, 1976. С. 16.

（15） 農業博覧会の敷地面積は、一九三七年時点では九〇ヘクタール、一九三九年時点では約一三六ヘクタールにまで拡張されていた。Выставочные ансамбли СССР. С. 168.; *Жуков А. Ф.* Всесоюзная сельскохозяйственная выставка// Строительство Москвы. 1936. № 15. С. 3–12.

(16) ちなみにこの後チェルノフは銃殺されるが、オルタルジェーフスキーは数年間シベリアのラーゲリに収容されたのち、一九四三年には自由の身となり、戦後は再びモスクワの主要な建築物の設計に携わった。オルタルジェーフスキー逮捕後の博覧会の主席建築家にはセミョーノフとともにゲンプランの作成にも関わっていたセルゲイ・チェルヌィショフが任命され、次席にはアレクサンドル・ジューコフ、主席芸術家にはミハイル・チガリョフが新たに就任した。Выставочные ансамбли СССР. С. 176.

(17) *Хигер Р.* Архитектура павильонов// Архитектура СССР. 1939. № 2. С. 5–6.

(18) Там же. С. 7.

(19) *Белинцева И. В.* Национальная тема в архитектуре павильонов ВСХВ 1939 г. в Москве// Проблемы истории советской архитектуры（концепции, конкурсы, выставки）/ Под ред. Т. Н. Котровской. М., ЦНИИП градостроительство, 1983. С. 83.

(20) *Хигер*, Архитектура повильонов. С. 6.

(21) 最終的に博覧会全体で使用された彫像の数はおよそ一六〇〇体、絵画とマジョリカ焼きの延べ面積は二〇〇〇平方メートルに及んだ。На строительстве ВСХВ// Строительство Москвы. 1939. № 11. С. 31.

(22) *Пащенко Ф.* К вопросу о национальной форме в социалистической архитектуре// Архитектура СССР. 1939. № 7. С. 4.

(23) たとえば『ソ連建築』誌には、ウズベク館に対するアンドレイ・エルショフの次のような批評が掲載された。「総体として、幾分の構成的な問題はこのパヴィリオンからもたらされる素晴らしい印象全体を損なうものではなく、あらゆる意味において、博覧会における最も優れたパヴィリオンのひとつと呼ぶことができる。すべての重要な建築的細部（柱頭、基礎、コーニス）は民族の巨匠により素晴らしい技巧でもって彫刻を施されており、この作品に比類のない価値と魅力を与え、一方パヴィリオン全体には特別な重要性を与えている。ここで用いられた民族的モチーフは、今日の〝パヴィリオン〟建築と完全に調和することに成功している」。ここでは、建築物の構造よりもその表面を装飾する彫刻の方が民族性の表れとして高く評価されていることに注目しておきたい。*Ершов А.* Два павильона// Архитектура СССР. 1939. № 2. С. 15–16.

(24) *Белинцева И. В.* Ансамбль всесоюзной сельскохозяйственной выставки в контексте истории советской архитектуры 1930-х гг. М., Всесоюзный научно-исследовательский институт искусствознания МК СССР, 1989. С. 16.

(25) *Белинцева*, Национальная тема в архитектуре павильонов ВСХВ 1939 г. в Москве. С. 85.

(26) 社会主義と民族の関係を定義したこの表現は、一九二五年五月にスターリンによって行われた次のような演説の文言に基づいている。「内容において社会主義的であるプロレタリア文化は、社会主義建設に参加する様々な民族ごとに、異なった言語や生活様式などに根ざした、異なった表現形式・表現方法を有している。内容においてプロレタリア的、形式において民族的——そのような状態こそが、社会主義の向かう全人的な文化なのである。プロレタリア文化は民族文化を否定するのではなく、それに内容を与えるのであり、民族文化は逆にプロレタリア文化を否定するのではなく、それに形式を与えるのである」。Советское искусство за 15 лет: материалы и документация/ Под. ред. И. Маца. М., ОГИЗ-ИЗОГИЗ, 1933. С. 476.

(27) 遊牧民族を主体とするタタールやバシキールのような、もともとモニュメンタルな建築文化をもたない地域のパヴィリオンは、特に顕著な例だった。これらのパヴィリオンの民族様式は、民芸品などの装飾パターンを流用することで、全くのゼロから創造された。*Корнфельд Я.* Архитектура выставки// Архитектура СССР. 1939. № 9. С. 19.

(28) 敷地の総面積は一三六ヘクタール、博覧会内の主要パヴィリオンの総数は五二に上り、そのうち二二を連邦内共和国と自治共和国のパヴィリオンが占め、残りを穀物、機械化、畜産などテーマ別パヴィリオンが占めた。一九三九年八月の開園と同時に、連邦全土のコルホーズとソフホーズは、五カ年計画と農業集団化の成功を学ばせるという名目で、大量の農業労働者たちを博覧会へ送り込んだ。その結果、博覧会は開場からわずか二カ月で約三五〇万人もの来訪者を記録したといわれている。*Корнфельд,* Архитектура выставки. С. 4–13; *Зиновьева О. А.* Символы сталинской Москвы. М., Издательский Дом ТОНЧУ, 2009. С. 145.

(29) *Рублев Г.* Об экспозиции выставки// Искусство. 1940. № 2. С. 104.

(30) Там же.

(31) Там же. С. 105.

(32) 前川修『痕跡の光学——ヴァルター・ベンヤミンの「視覚的無意識」について』晃洋書房、二〇〇四年、一一四頁。

(33) 同右。

(34) 同右。

(35) *Рязанцев,* Искусство советского выставочного ансамбля 1917–1970. С. 114.

(36) Там же.

(37) Paul Greenhalgh, *Ephemeral Vistas: The Expositions Universelles, Great Exhibitions and World's Fairs, 1851–1939* (Manchester: Manchester University Press, 1988), p. 88.

(38) *Белинцева,* Ансамбль всесоюзной сельскохозяйственной выставки. С. 23.

(39) *Макаревич В.* Мастерство экспозиции// Архитектура СССР. 1958. № 12. С. 17.; *Рождественский К.* Выставочные интерьеры Брюсселя// Архитектура СССР. 1958. № 12. С. 10.

(40) なお最初の《太陽の都》と名付けられた素描は、一九四三年に制作されている。*Гозак А. П., Леонидов А. И.* Иван Леонидов. М., «Издательство Жираф», 2002. С. 186.; *Хан-Магомедов С. О.* Кумиры авангарда. Иван Леонидов. М., Фонд «Русский авангард», 2010. С. 232.

(41) *Хан-Магомедов,* Кумиры авангарда. С. 252.

(42) Там же. С. 257.

(43) Научная конференция, посвященная И. И. Леонидову// Проблемы истории советской архитектуры (концепции, конкурсы, выставки)/ Под ред. Т. Н. Котровской. М., ЦНИИП градостроительство, 1982. С. 104.

(44) *Гозак и Леонидов,* Иван Леонидов. С. 182.

(45) たとえばモスクワ大学校舎(一九五三年竣工)では、カルナック神殿を模した円柱やオベリスクなどが多用されている。多くの伝説をもつモスクワ大学校舎だが、ロシア語のアルファベットЖを模した校舎の形は、エジプトの聖なる昆虫スカラベを象ったものであり、クレムリンという太陽の方向を向いているという説もある。*Зиновьева,* Символы сталинской Москвы. С. 223–225.

(46) プルタルコスの編纂したエジプト神話によれば、エジプトの王にして不死のオシリスは、弟セトの計略によって身体を切り刻まれ、その断片は彼が復活することのないように、エジプト中にばらまかれた。オシリスの妻イシスは、夫を復活させるためにこれらの断片を探し集め、最終的にオシリスは蘇る。けれども彼の復活は完全ではなかった。というのも、セトによってナイル川に投げ込まれたオシリスのペニスは魚に食われてしまい、彼の妻はどうしてもそれを発見することができなかったからである。イシスはこの失われた男根の代わりに、魔法でもって代替物としてのペニスを夫に与え、それがオベリスクとして信仰の対象になったといわれている。この不完全さゆえにか、セトが斃された後、オシリスは現世の王座を息子に譲り、自らは冥界に留まって王として君臨することになる。なお、周知のようにオベリスクはフリーメイソンのシンボルでもあった。プルタルコス『エジプト神イシスとオシリスの伝説について』柳沼重剛訳、岩波書店、一九九六年、三三一四三頁。

（47）*Хан-Магомедов*, Кумиры авангарда. Иван Леонидов. С. 251.

終章　紙上建築の時代の終焉

公然とした変化は、スターリン建築の出現時と同じく、指導者自身のイニシアチブによってもたらされた。その舞台に選ばれたのは、スターリンの死の翌年、したがってスターリン批判からは二年先立つ一九五四年一一月に開催された、全連邦建築技師・建築家・建設素材生産者・建築および道路建設機器生産者・計画および研究機関従事者会議だった。

この長大な名前の会議には、建築アカデミーの長であるアルカジー・モルドヴィノフ、モスクワ市の主席建築家であるアレクサンドル・ヴラソフを筆頭に、当時のソヴィエト建築界を代表する八人の建築家に加えて、フルシチョフ自身が出席した。会議では既に指導者の方針転換を察知していたこれらの建築家たちの自己批判が相次いだが、決定的な一撃となったのは、最後に登場したフルシチョフその人の発言だった。第一書記自らが一九三〇年代から五〇年代にかけてのスターリン建築における「過剰さ（излишество）」を指摘し、居並ぶ出席者たちは名指しまたは匿名で批判されたのである。これらの建築家たちが自らの意思ではなく、象徴的な意味でも文字通りの意味でもスターリンの指導の下に設計していたこと、またモスクワ市の第一書記であったフルシチョフ自身がこれらの建設事業を指揮していたことも、周知の事実であった。にもかかわらず、フルシチョフは建築家たち、とりわけモルドヴィノフに、スターリン建築の非経済的な過剰装飾の罪を告白させた[1]。多くの見せしめ裁判同様、この会議もあらかじめ計画された「スペクタクル[2]」だったのである。

さらにフルシチョフの要請に基づいて、一九五五年一一月末には第二回全ソ建築家同盟大会が開催された。同盟大会の開催は、前回の第一回大会から実に一八年ぶりとなったが、ここからも建築家同盟が実質的な機関というよりは名目のみの象徴的な存在であったことがわかる。大会ではモルドヴィノフに代わる新たな建築アカデミー代表にヴラソフが就任したが、大会内の発言でも、スターリン建築の「欠陥」「失敗」の原因は、建築家による「党および政府の路線からの逸脱[3]」に帰せられた。そしてこの誤りを正す主体もまた「党と政府[4]」であって、建築家自身ではなかった。なお、第一回建築家同盟大会の開催がその準備に五年もの年月を必要としたのに対して、この第二回大会は準備に一年しか要さなかったことからも、第二回大会の開催が、第一回大会開催時におけるような既存の建築界の構造を再編成するものではなかったことが窺えよう。

これら一連の出来事によって、スターリン様式からの言説上の脱却は、構成主義から社会主義リアリズムへの移行に比べると、数カ月という驚くべき早さでもって完遂された。対してスタイル上の変化——スターリン様式からフルシチョフ様式へ——の契機となったのは、象徴的な符合であると言わざるをえないが、再度のソヴィエト宮殿設計競技であった。この頃には既にソヴィエト宮殿の建設は実質中止されていたのだが、フルシチョフは新たなデザインを選定するために、一九五六年八月、再びソヴィエト宮殿設計コンペの開催を告げた[5]。

当初のプログラムでは、「レーニンの記念碑としてのソヴィエト宮殿」というテーマ、建設予定地とレーニン像の設置という条件、ソ連邦最高会議や連邦・民族ソヴィエトの会議場および集団デモンストレーションのための空間という目的はそのまま残されており、かつて行われたコンペとの相違は、さほど明確ではなかった。しかし間もなくレーニン像はプログラムから取り去られることになる。宮殿自体の規模も、戦前の最終案から一〇分の一以下にまで縮小された。

中でも最大の変更となったのが、モスクワ市のユーゴザーパド（南西）地区に位置するレーニン丘（現雀が丘）への敷地の移転である。その背後には、フルシチョフによるクレムリンからユーゴザーパド地区への首都機能の移転計画があった。ユーゴザーパドはヴラソフを責任者とする新たな都市開発の対象地区であり、モスクワの「新しい中心」と目されていた。この予定地の変更は、したがってスターリン治下に形成された機能的・象徴的な中心の移転、すなわちフルシチョフによる、スターリンの居城クレムリンを中心とした秩序の解体としても読解できよう。(6)

さて、このコンペもやはり二度にわたって実施されることになった。第一フェーズでは、全連邦からの公募による公開コンペと、特定の建築スタジオへの依頼による招待コンペが並行して行われた。前者からは一一五案、後者からは二一案が寄せられたが、結果は二等入賞が二案、三等入賞が四案で、かつてのソヴィエト宮殿の公開コンペ同様、一等に当選したものはなかった。(7)

公開コンペでは、二等に入選したミハイル・バリヒン、三等に入賞したミハイル・バルシチ、イワン・フォミーン、奨励賞のアレクセイ・ドゥーシキンなど、一九二〇年代から活躍し、かつてのソヴィエト宮殿コンペにも参加していた建築家の名前が見られた。他方、招待コンペでは一九三〇年代とさほど顔ぶれに変化のないアカデミーの重鎮たち、アラビヤンやイワン・ジョルトフスキーなどが入選を果たした。また以前のソヴィエト宮殿コンペ優勝者ボリス・イオファンも、レーニン像を取り去って再び水平性を強めたデザイン[7-1]で、競技に加わった。

入選案の中でも傑出して印象深く、かつこれ以降の競技の結果に大きな影響を与えることになったのが、ヴラソフによって提出された三つの案のうちの第一のヴァリアント[7-2-1][7-2-2]である。彼は新しいソヴィエト宮殿を、シンプルなコロネードとガラス壁によって囲われた、低層のフラットな空間として描き出した。レーニン像も階段構造も廃され、かつてのような階層化された空間は完全に姿を消している。その一方で、宮殿＝工場という図式を打ち出

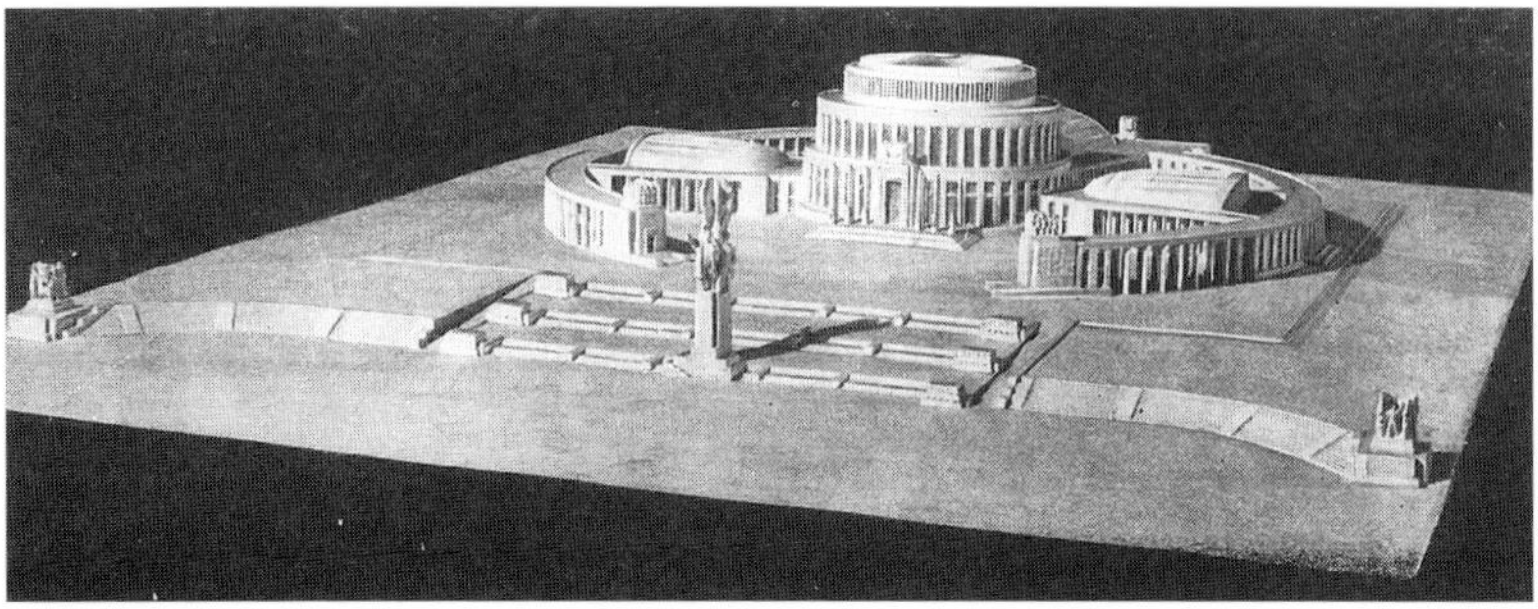

図 7-1
イオファン・チームによるソヴィエト宮殿プロジェクト案，第 1 フェーズ（1957 年），Архитектура СССР. 1958. № 11.

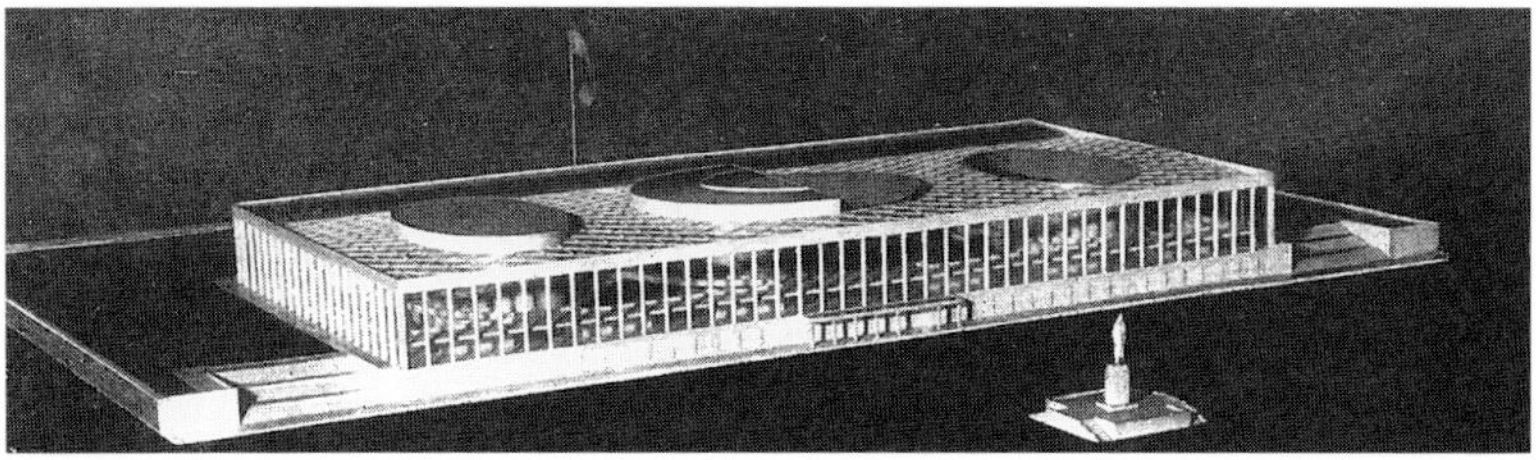

図 7-2-1
ヴラソフによるソヴィエト宮殿プロジェクト案，第 1 フェーズ，第 1 ヴァリアント（1957 年）平面図，Архитектура СССР. 1958. № 11.

図 7-2-2
ヴラソフによるソヴィエト宮殿プロジェクト案，第 1 フェーズ，第 1 ヴァリアント（1957 年）内部，Архитектура СССР. 1958. № 11.

した構成主義のマシニズムの美学も、ここにはもう見られない。これら戦前の建築に付随していたイデオロギー的メッセージは、この新しい宮殿からはほとんど一掃されている。中でも特に高い評価を受けたアイディアが、巨大な屋内庭園だった。ヴラソフは各ホールを繋ぐ内部空間を、モスクワ地下鉄や全連邦農業博覧会のパヴィリオンなどで多用された自然の意匠ないし〝人工の自然〟ではなく、本物の植物からなる温室としたのである。

競技の結果は一九五八年の『ソ連建築』誌第八号において大々的に報じられた。またこれに際し、一九三〇年代のソヴィエト宮殿計画ははじめて公式に批判の俎上に載せられた。曰く、かつてのソヴィエト宮殿計画は、「偽りのモニュメンタリティ[8]」に基づいたものであり、採光など基本的な条件を等閑視したその構造は、「ソヴィエト宮殿の意義にもその社会的役割にも応えるものではない[9]」。また「彫像の台座としての宮殿[10]」という解釈も、いたずらにレーニン像の眺望を妨げる、大きな過ちとされた。長大なコロネードや総合芸術の名の下に計画されていた彫刻、壁画、レリーフなどの装飾も、経済性や合目的性に反した、「表面的な演出効果と虚偽のパトス[11]」によるものと断罪された。

こうして当初から明らかであった旧デザインの欠陥は明文化され、スターリン様式はその誕生時と同じく、批評のテクストを通して葬られたのである。この第一フェーズの審査の結果、より優秀と認められた八つのグループによって、一九五八年に二回目の競技が行われた。しかし第二フェーズに寄せられた作品は、審査員の間に少なからず困惑を招いた。というのも、コンペに集まったプロジェクト案の大部分は、驚くほど相互に似通った、第一フェーズのヴラソフ案と大同小異の作品によって占められていたからである。ドミトリー・フメリニツキーは、過去のソヴィエト宮殿競技や重工業ビル競技の最終フェーズを思い起こさせる、この極端なまでのデザインの均一性に注目し、「フルシチョフはかつての指導部の意向に極端に迎合したスターリンの新古典主義様式を禁じはしたが、国家計画のシステム――〝ソヴィエト建築のメガマシン〟――に触れることはなかった[12]」と述べている。スターリン様式に代わって、水平性を強めモニュメンタリティを抑制した、しかし同じメカニズムの上に成り立つ、フルシチョフ様式が誕生したのである。

新時代における様式の統一はこうして完遂された。だがソヴィエト宮殿競技に優勝案が現れることは、ついになかった。審査員団からは、ヴラソフとヨシフ・ロヴェイコおよびジョルトフスキー・スタジオによるさらなる研究の必要性が説かれ、[13]ヴラソフは実際に一九六〇年にはソヴィエト宮殿建設委員会の責任者に就任するが、二年後に他界する。そしてこの彼の死とともに、ソヴィエト宮殿という三〇年の長きにわたった建設計画にも、終止符が打たれた。もっともソヴィエト宮殿設計競技を、新しいスタイルの探求の名の下に行われた、建築家たちに対する教育と統制の場とみなすならば、それは再び正しく己の役割を果たしたのだといえるだろう。

戦後のレオニドフはこの全体主義のメガマシンの中枢からは遠く隔てられていたが、それでも時代の変化を感じ取ったのか、この新たなソヴィエト宮殿設計競技に参加すべく、レーニン丘――一九二七年に発表された彼の卒業制作、レーニン研究所案の敷地でもあった――を前提とした複数の素描を制作している[7-3-1][7-3-2]。円盤状ないし卵形の形態と、細いマストかポールのようなものからなるこれらの素描も、もしかすると彼の《太陽の都》のどこかに位置づけられることになっていたのかもしれない。また、丘の斜面を利用し、そこにテラス階段や各種施設を配置する方法には、クリミア南岸開発計画からの連続性が認められる。平面図はモスクワ万博計画案（[6-20]参照）とよく似ており、やはり一個の建築物というよりは、都市計画の一環として構想されていたのではないかと思われる。けれども周囲の友人たちは、レオニドフが再び批判の矢面に立たされることを恐れ、彼にコンペへの応募を断念させた。そのためであろうか、結局レオニドフのソヴィエト宮殿構想がこれらのアイディア・スケッチの域を出ることはなかった。そして二度目のソヴィエト宮殿設計競技の結果発表と前後するように、レオニドフは一九五九年一一月六日、モスクワ中心部で電車事故に遭い、不慮の死を遂げる。彼の遺体は、モスクワ近郊のセレドニコヴォの墓地に埋葬された。「イワン・レオニドフ、建築家」とのみ刻まれた立方体の墓石の下に、今も彼は眠っている。

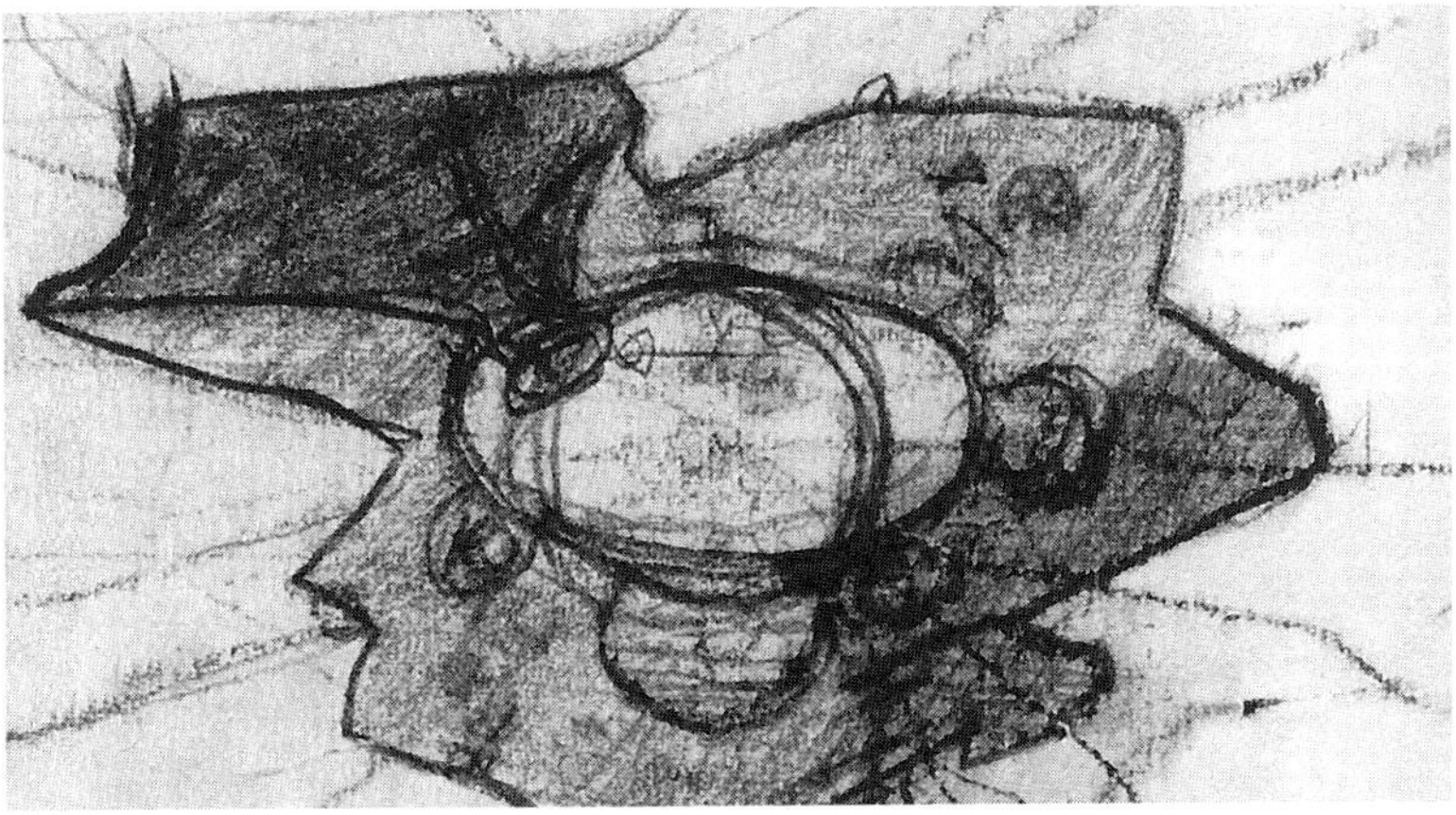

図 7-3-1
レオニドフによるソヴィエト宮殿案の素描（1957-58 年）平面図，紙・鉛筆，28.5×40.9 cm，ロシア国立建築博物館（MA）所蔵，КПоф 5475/368.

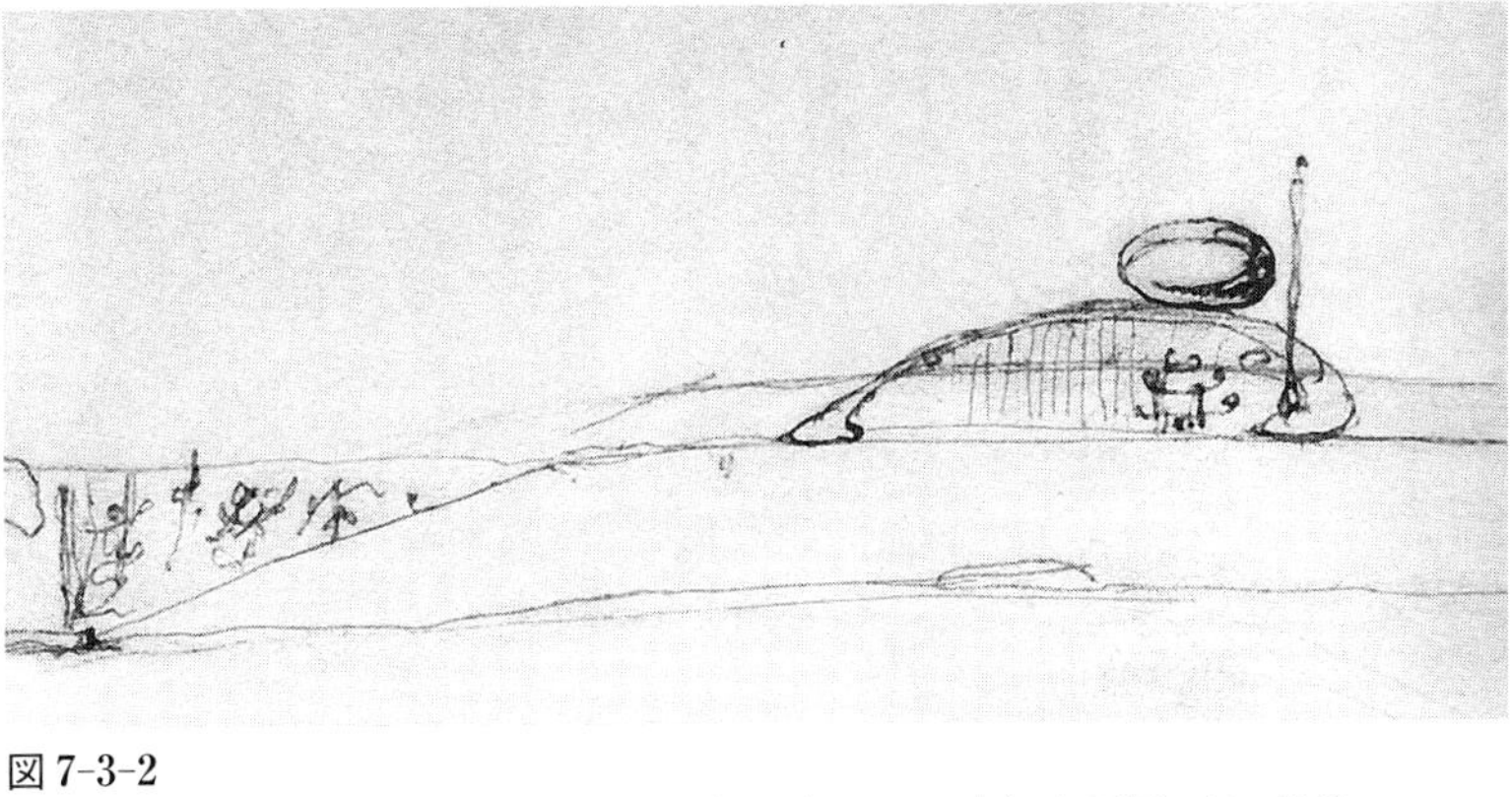

図 7-3-2
レオニドフによるソヴィエト宮殿案の素描（1957-58 年）立面図，紙・鉛筆，28.5×40.9 cm，ロシア国立建築博物館（MA）所蔵，КПоф 5475/368.

奇しくもこのレオニドフの死の時期は、二度目のソヴィエト宮殿設計競技のみならず、ソ連邦の建設〝計画〟の時代の終焉とも一致していた。六〇年代に入ると、パネル工法の全面的な普及とともに、規格化された高層住宅が連邦各地に粗製乱造されていくことになる。一九二〇年代から続いたソ連邦という共同体そのものの建設期、新しい建築物の建設がそのまま新しい社会の建設に重ねられ、建築設計図が新しい社会の設計図として受け止められていた時代は、この五〇年代の終わりとともに幕を閉じるのである（八〇年代、ソ連邦の崩壊を目前にした時期に、ペーパー・アーキテクチャーは徒花のように再びロシア建築界に戻ってくるが、それはまた別の話だ）。したがって、ソ連邦の紙上建築の時代と紙上建築家レオニドフの作品を相補的に読み解くことを試みてきた本書も、ここでいったん筆を擱くことにしたい。

レオニドフの創作活動において終生変わることがなかったのが、革命という契機によって、あるいは近代的な建設技術やマスメディアの出現によって、空間の有機的全体性という神話が決定的に解体された地点から、建築を思考することだった。他ならぬ彼自身が、革命によって本来属するはずであった土地や生業を離れ、モスクワで建築家としての教育を受けることになったわけだが、彼は他の人びとにも旧習という重力や大地へのノスタルジーに囚われることなく、世界を新しく建設することを提案した。とりわけ構成主義時代に彼が徹底して問い続けたのが、その前提としていかにして世界を新しく見る（見せる）かという問題だった。いわば彼にとって視覚と表象とは、新しい建築物－共同体を設計する上での前提たる、新しい世界の認識に直接関わっていたのである。

そこで彼が自らの新しい世界のパースペクティヴの拠りどころとしたのが、航空写真や天体写真の機械の眼であり、これらのイメージを不特定多数と共有するための建築雑誌の誌面、あるいは映画のスクリーンといった、マスメディアの平面に他ならなかった。構成主義建築運動の機関誌『現代建築』では、レオニドフは自らも編集者を務めていたが、戦後も彼の建築出版に対する関心は変わらず、一九四七年には「ソヴィエト建築書籍の三〇年」というタイトルの論文を『ソ連建築』誌に寄稿し、革命後に出版された建築・建築史に関わる書籍の紹介を行っている(14)。自身の作品を掲載する機会をほとんど奪われたのちも、彼はマスメディアに建築をめぐる知と経験の集団的な共有可能性を見出していたのだと考えられよう。

しかし反面で、レオニドフのマスメディアに依拠した構成主義時代の建築は、見方によっては抑圧的ともいえるものであった。たとえば、自由に対象を投影することが可能なグリッドのスクリーンへと大地を変貌させる彼の構成主義時代の試みは、建築家が自らの自由意思の領域を、グリッドの自動生成していくパターンに譲り渡すことに他ならなかった。さらにこの絶対的なまでに平坦なグリッド都市からは、人間の身体や事物の固有の重み、厚み、不可視性といった多くの要素が排除されてもいた。〝新しい人間〟に完全な自由を保障する彼の無重力の世界は、同時にこれらの要素を不可避的に包含する〝古い人間〟を根絶しかねない、危険な側面を秘めてもいたのである。

一九三〇年代に入ると、レオニドフのこのような無重力空間を漂う天体建築には、着陸が命じられた。党や指導者が建築家たちに望んだのは、革命によって解体されたアンシャン・レジームという重力に代わる、新たな求心力の源となる建築だったのである。そこで企画されたソヴィエト宮殿や重工業人民委員部ビルなどの国家的建築プロジェクトは、建築を通して絶対的な権威を可視化するだけではなく、建築家たちに〝唯一の、正しい〟様式を発見し、それに基づいて設計することを強いた。けれども社会主義リアリズムと呼ばれたこの新たな様式の、それまでの建築様式との最大の相違は、それが指導者の方針によって定義を自在に変化させる、いわば中心となる公理を欠いた虚ろなスタイルであった点にある。この公理の欠如ゆえに、形態と意味内容の結びつきは極端に恣意化され、建築家間の議論は空疎なものとなり、建築家はこの公理を独占する指導者への一方的な従属を余儀なくされた。そこではレオニドフのみならず、アラビャンやイオファン、ジョルトフスキーのような特権的建築家であっても、突然批判にさらされる危険を免れえなかった。ウラジーミル・パペールヌィの述べるところの、連邦の至高の中心であるがゆえに現前することなく、けれども己の周囲に磁石のように他の建築物を引き寄せ、新たなヒエラルキーを生じさせていくソヴィエト宮殿は、この社会主義リアリズムという核を欠いた様式そのものの寓意とも読めよう。

レオニドフも他の建築家たち同様、三〇年代になると社会主義リアリズムのテーマに基づきながら設計を行っていった。しかしながら、本書がソヴィエト宮殿やモスクワ地下鉄、農業博覧会などの主要な建築プロジェクトとの比較の中で見てきたように、レオニドフは社会主義リアリズムの最大の特性である形態と意味の関係の恣意化に適応することができなかった。あるいはそもそも、適応する意図をもってはいなかった。

たとえば「古典」や「過去の遺産の批判的受容」とは、実のところ歴史や伝統への帰還ではなく、むしろ建築を脱歴史化する試みであったわけだが、レオニドフの重工業ビル案は周囲の建築物とコントラストを築くことによって、権威の表出のために古典主義建築を用いる方便を暴露するものだった。また社会主義リアリズムの「自然」のモチーフは、まさに自然の否定の上に成り立つ「自然」の記号であったのだが、レオニドフのクリミア半島開発プロジェクトは、自然の形態を範としながらも、純粋形態とファクトゥーラという二つの没意味へと行き着くことになった。さらに彼の《太陽の都》計画は、「有機的な」「生き生きとした」建築という主題に潜む裏返しの欲望、すなわち生命に付随する一切の変化や偶有性を排除し、人びとまでも彫刻のように静止した存在へ変じようとする欲望を、太古の巨大な墓廟ないしネクロポリスともとれるその姿によって、剝き出しにするものであった。レオニドフはこのように、社会主義リアリズムのテクストを逐語的に読解することを通して、逆に社会主義リアリズムという様式が要求するものを誤読し続けたのである。

一方で、一九三〇年代後半にはレオニドフの構成主義時代の建築もまた、破綻をむかえた。建築雑誌の誌面からの追放、グリッドの禁止、そして有機的建築と過去の様式の批判的応用という新しい規範は、それまでの彼のスタイルを真っ向から否定するものであった。その結果、彼の建築形態はヘッケルらの一元論的な形態観を参照しつつ、合理性や機能主義といった二〇年代のアヴァンギャルドの枠組みを超えて、根源形態、すなわち建築の神話的原型というべきものへ遡行していった。そして戦後、皮肉にも建築家として活動する可能性を完全に奪われた中で、レオニドフは幾何学形態へと新たに回帰する。制作時期は定かではないが、おそらくは最晩年のものと思われる、自らの姿をスケッチする建築家の自画像[7-4]の脇には、三角形の定規か模型のような形態が描き込まれている。いわばこの一枚の紙の上で、レオニドフはその半世紀にわたる創作活動を通して彼が偏愛し続けていた幾何学形態と、隣合っているのである。

既存のソヴィエト建築史においては、これらレオニドフの戦後の作品、わけても晩年の《太陽の都》は、批判キャンペーンを受けて次第に自身の幻想的な建築プロジェクトの中へ自閉していった建築家の、夢想の産物と考えられてきた。しかしこれまで見てきたように、重工業ビル案から《太陽の都》プロジェクトに至るまでの彼の作品には、ある意図が潜められていたと考えられる。すなわちレーニン廟からクレムリン、そしてソヴィエト宮殿へと連なるソ連邦の象徴的中枢を、レオニドフは自身のもうひとつの、現代的であると同時に太古の根源形態でもある天体建築によって、繰り返し置き換えようとしていたのではなかったか。ほとんど幻想的なまでに巨大化された建築イメージを通して、それと等しい絶対的な権威を生み出そうとしたスターリンのモニュメンタル・プロパガンダ政策に対し、本来ソヴィエト宮殿が築かれるべき場所に出現した、まるで重量をもたないかのように宙に浮かんだ黄金の球――そこにわれわれ

図 7-4
自画像，ロシア国立建築博物館（MA）所蔵，КПоф 5475/245/1.

が読み取るべきは、イメージの領域における二つの紙上建築の相克である。ゲンプランに基づいて建設された太陽の都モスクワという理想都市に暮らしながら、レオニドフは実現されることなく失われた、様々な建築断片からなる廃墟のごときモスクワのイメージを、自らの周囲に投影していった。これら晩年の作品は一見浮世離れした夢幻の世界を描いたもののように映るが、現実の建築空間以上に建築的〝イメージ〟を統治の手段とした体制下において、紙上建築とは決して二義的なものではありえなかった。レオニドフにとっての紙上とは、モスクワを永続的な夢の世界に変じようとするスターリン建築に対して、潜勢的なもうひとつの夢の世界を描き出す、まさしくアリーナというべき場だったのである。

（1）Всесоюзное совещание строителей, архитекторов и работников промышленности строительных материалов, строительного и дорожного машиностроя, проектных и научно-исследовательских организаций. М., 1955. С. 124.
（2）*Хмельницкий Д.* Архитектура Сталина. Психология и стиль. М., Прогресс-Традиция, 2007. С. 315.
（3）Там же.
（4）Дневник съезда// Архитектура СССР. 1956. № 1. С. 5.
（5）В Совете Министров СССР// Архитектура СССР. 1956. № 8. С. 3.
（6）*Быков В., Хрипунов Ю.* К итогам общественного обсуждения конкурсных проектов Дворца Советов// Архитектура СССР. 1958. № 8. С. 11.
（7）Из сообщения государственного комитета совета министров СССР по делам строительства и союза архитекторов СССР// Архитектура СССР. 1958. № 8. С. 8.
（8）*Быков и Хрипунов*, К итогам общественного обсуждения конкурсных проектов Дворца Советов. С. 11.
（9）Там же.

(10) Там же.
(11) Там же.
(12) *Хмельницкий*, Архитектура Сталина. Психология и стиль. С. 337.
(13) Обсуждение конкурсных проектов Дворца Советов// Архитектура СССР. 1960. № 1. С. 33.
(14) *Леонидов И. И.* Советская архитектурная книга за 30 лет// Архитектура СССР. 1947. № 17–18. С. 97–104.

あとがき

レオニドフとの出会いは、一〇年以上前にさかのぼる。

実現を必ずしも意図してはいない建築には、以前より興味を持っていた。フランス革命期の幻視的建築家たちの紙上建築や、とりわけピラネージの眩暈を催すような過剰性からなる古代ローマの建築図絵は、当時まだ初心な大学生であった私には大変に刺激的で、一時期ピラネージ研究へ進もうと考えたことすらある。また私が学部学生時代を過ごした九〇年代末からゼロ年代にかけての時期には、Anyカンファレンスが世界各地で開催され、ポストモダニズムの建築思想からもアンビルトや紙上建築への注目が集まっていた。

そんななかで、教育学部教育学専攻にもかかわらず卒業論文のテーマに選んだのが、カジミール・マレーヴィチとエル・リシツキーの無対象建築の試みだった。単に建てることを前提としないのみならず、建築から機能性・合理性を取り去り無対象化する、建築のアイデンティティの二重の否定の実験に興味を抱いたわけである。幸いなことに、当時指導教授だった岡村遼司先生はこのような教育学とは何の接点もない卒論を面白がって下さり、なんとか無事に卒業することができた。

大学院進学後は、マレーヴィチやリシツキーの影響下から生まれた構成主義建築にも必然的に関心をもつようになり、間もなく出会ったのが、他でもないレオニドフだった。彼のドローイングは、他のロシア・アヴァンギャルド建築家たちの作品はもとより、西欧のモダニストたちの作品の中でもはっきりと異彩を放っていた。ごく局所的にしか色彩を用いない、黒字に白線で描かれた画面。質量や空間の奥行を感じさせない徹底した平面性。一切の装飾性やディテールを欠いた純粋形態。レオニドフは、しかしこれらの建築こそ合理的な建築であると宣言する。このような身振りによって、彼は建築の機能や目的が拠って立つ土台、人びとが無批判に受け入れている社会通念そのものを掘り崩そうとした。彼の建築は、そのような意味でいわゆるユートピアではなく、むしろ建築の姿を眺めることを通じて、文字通り新しい世界の見方を指し示すものだった。建築の機能ないし意義を、単なる物理的構造を超え、全く新しい共同体意識を組織するものと定義した時、レオニドフの設計ははじめて機能的ないし合理的な建築となるのである。

そんなわけでレオニドフ研究の発端は一目惚れだったわけだが、彼の歩いた道筋をたどることは、決して容易ではなかった。一九三〇年代の反構成主義運動によって、レオニドフの多くの作品が掲載された雑誌『現代建築』は禁書となり、特にモイセイ・ギンズブルグ周辺の人物は直接的な弾圧の対象となった。構成主義建築家のソロモン・リサゴール、非都市派の理論家ミハイル・オヒトヴィチらの逮捕と死がレオニドフに与えた衝撃は、いかほどのものであっただろう。その後、建築家としての作品発表の場を奪われたレオニドフは、建築大学で教鞭をとっていたが、彼が構成主義時代の自らの作品や、当時制作中であった《太陽の都》について、教え子たちに語ることはなかったという。大部分の学生にとって、彼は寡黙な模型制作のクラスの教師でしかなかった。まさにオーウェルの『一九八四年』の世界のごとく、わずか十数年のうちにレオニドフをめぐる記録は抹消され、彼の存在と作品は未だ建築家自身が生きているうちから、人為的に忘れ去られることになったのである。

しかし、そのような外的な圧力とは別に、何よりレオニドフの建築そのものが、社会主義リアリズムの〝語る建築〟の対極にある、自ら自身以外を指し示すことのない沈黙の建築だった。内容をもたないゼロ記号であることによって、それは新しい時代の指標であろうとしたとも言えるだろう。さらに後期の作品では、ファクトゥーラというノイズがこの純粋形態を侵食し始める。だがその結果出現した新たな形態は、外部から課されたイデオロギーを伝達することない、読解不可能な記号だった。モスクワの建築博物館を訪れた際に、年配の学芸員の方に、「レオニドフは私たちにとっても謎なのよ」と言われたことが、今でも印象に残っている。

このように、レオニドフの幾重にも沈黙に包まれた建築についてどのように語りうるかが、本書の課題であり最も困難な点であった。果たしてこの試みがどの程度成功したか、はなはだ心もとなく感じている。だが他ならぬ彼のこの沈黙こそが、私にレオニドフについて考え続けることを強い、最終的に本書の形に結実させることになった。そして何より、発表するあてもなく未だ見ぬ未来の世代に向けてただただ描き続けるほかなかったレオニドフや彼の同時代人たちからのシグナルを、まさにそれらの無意味ないし没意味（まさしく社会主義リアリズムが芸術や建築から最も執拗に排除しようとしたものである）ゆえに等閑視するようになったとき、われわれは彼らを圧殺した全体主義の暴力を容認し、反復することになるのではなかろうか。

なお、本書は東京大学出版会南原繁記念出版賞をいただいたことにより、出版の機会を得ることができた。審査員の方がたには厚く御礼申し上げたい。また、多くの方がたのご厚意や優れた先行研究との稀有な出会いが、本書を成り立たせている。

東京大学出版会の中山佳奈さん、山本徹さんには、このように多くの図版を含む非常に煩瑣な本書の編集を快く引き受けていただいた。お二人のプロフェッショナリズムに、何かと不安や気負いの多い初の単著を安心してお任せることができた。建築博物館館長のイリーナ・コロビナ氏には、本書のためにレオニドフの貴重なドローイングを提供していただいた。本書の口絵の美しいドローイングの数々は、建築博物館の職員の方々のご協力によるものである。またモスクワ建築大学のオリガ・スースロワ教授とニコライ・パヴロフ教授には、これまで出版物や公的な記録からは知り得なかったレオニドフの創作環境について多くの情報をいただいた。芝浦工業大学の八束はじめ教授の『ロシア・アヴァンギャルド建築』は、日本におけるアヴァンギャルド建築紹介の金字塔であり、八束先生のこの労作がなければ本書も存在していなかっただろう。早稲田大学の桑野隆先生は、就職活動もせずにふらふらしていた不良大学生の私をアヴァンギャルド研究へ導いて下さり、本書でもロシア語の翻訳や文献について多くのご助言をいただいた。そして最後に、指導教官として本書の元となった博士論文を著者である私よりも細やかに検討し、また折に触れ「浦バー」で歓待してモチベーションを上げて下さった東京大学の浦雅春先生には、感謝の言葉もない。残念ながらお世話になったすべての方がたについてここで触れることはできないが、この場をお借りして深く感謝を捧げたい。

二〇一四年二月

本田晃子

御園生涼子著　映画と国民国家　一九三〇年代松竹メロドラマ映画　A5　五〇〇〇円

初田亨著　繁華街の近代　都市・東京の消費空間　A5　三二〇〇円

速水清孝著　建築家と建築士　法と住宅をめぐる百年　A5　七八〇〇円

鈴木博之著　庭師　小川治兵衛とその時代　四六　二八〇〇円

田中純著　都市の詩学　場所の記憶と徴候　A5　三八〇〇円

ここに表示された価格は本体価格です．御購入の際には消費税が加算されますので御了承下さい．

著者紹介

本田晃子（ほんだ・あきこ）

2012年東京大学大学院総合文化研究科修了．博士（学術）．現在，北海道大学スラブ・ユーラシア研究センター共同研究員．専攻はロシア建築史，表象文化論．主な著書に，『ロシア文化の方舟―ソ連崩壊から二〇年』（共著，東洋書店，2011年）など．

天体建築論

レオニドフとソ連邦の紙上建築時代

2014年 3月14日 初 版
2014年11月14日 第2刷

［検印廃止］

著 者 本田晃子

発行所 一般財団法人 東京大学出版会

代表者 渡辺 浩

153-0041 東京都目黒区駒場4-5-29
http://www.utp.or.jp/
電話 03-6407-1069 Fax 03-6407-1991
振替 00160-6-59964

印刷所 株式会社三陽社
製本所 牧製本印刷株式会社

ISBN 978-4-13-066854-5 Printed in Japan

人名索引

あ 行

か 行

さ 行

た 行

な 行

は 行

ま　行

や　行

ら　行

事項索引

さ　行

た　行

な　行

は　行

参考文献

ロシア語文献

Акашев К. Форма самолета и методы проектирования// Современная архитектура. 1926. № 3. С. 65–66.

Александров П. А., Хан-Магомедов С. О. Иван Леонидов. М., Издательство литературы по строительству, 1971.

Арватов Б. И. Искусство и классы. М., Госиздат, 1923.

———. Театр как производство// О театре (Сб. статей). Тверь, 1922. С. 120.

Аркин Д. Архитектура и свет// Архитектура СССР. 1933. № 5. С. 16–21.

Архитектор Б. М. Иофан// Строительство Москвы. 1933. № 5–6. С. 34.

Архитектура Дворца Советов: Материалы у пленума правления Союза Советских Архитекторов 1–4 июля 1939 г. М., Издательство Академии архитектуры СССР, 1989.

Астафьева-Длугач М. И., Волчок Ю. П. О конкурсе на Дворец Советов// Зодчество. 1989. № 3(22). С. 222–238.

Атаров Н. Дворец Советов. М., Рабочий, 1940.

Афанасьев К. Ленинский Мавзолей// Строительство и архитектура Москвы. 1970. № 8. С. 6–9.

Барщ М., Владимиров В., Охитович М., Соколов Н. Пояснительная записка к проекту социалистического расселения Магнитогорья// Современная архитектура. 1930. № 3. С. 40–56.

Белинцева И. В. Ансамбль всесоюзной сельскохозяйственной выставки в контексте истории советской архитектуры 1930-х гг. М., Всесоюзный научно-исследовательский институт искусствознания МК СССР, 1989.

———. Национальная тема в архитектуре павильонов ВСХВ 1939 г. в Москве// Проблемы истории советской архитектуры (концепции, конкурсы, выставки) / Под ред. Т. Н. Котровской. М., ЦНИИП градостроительство, 1983. С. 81–88.

Бобринская Е. А. Русский авангард: Границы искусства. М., Новое литературное обозрение, 2006.

Бонч-Бруевич В. Д. Воспоминания о Ленине. М., «Наука», 1969.

Буренина О. «Реющее» тело: Абсурд и визуальная репрезентация полета в

русской культуре 1900–1930-х гг.// Абсурд и вокруг/ Под от. ред. О. Бурениной. М., Языки славянской культуры. 2004. С. 188–240.

Бурлюкъ Д. Фактура// Пощечина общественному вкусу. М., 1912.

Быков В., Хрипунов Ю. К итогам общественного обсуждения конкурсных проектов Дворца Советов// Архитектура СССР. 1958. № 8. С. 9–15.

Былинкин Н. О положении в архитектурной науке// Советское искусство. 18 сентября 1948.

Бюллетень Управления строительством Дворца Советов. М., 1931. № 2–3.

В Совете Министров СССР// Архитектура СССР. 1956. № 8. С. 3.

Веснины В. А. и В. В. Дом Наркомтяжпрома на Красной Площади// Архитектура СССР. 1934. № 10. С. 8–10.

———. Творческие ответы// Архитектура СССР. 1935. № 4. С. 40.

ВОПРА. Декларация Объединении пролетарских архитекторов// Строительство Москвы. 1929. № 8. С. 25–26.

Вопросы, заданные по докладу тов. Леонидова на 1 съезде ОСА, и ответы на них тов. Леонидова// Современная архитектура. 1929. № 3. С. 110–111.

Всесоюзное совещание строителей, архитекторов и работников промышленности строительных материалов, строительного и дорожного машинostроя, проектных и научно-исследовательских организаций. М., 1955.

Все на конкурс!// Строительство Москвы. 1931. № 7. С. 8–23.

Выставочные ансамбли СССР 1920–1930-е годы. Материалы и документы/ Под от. ред. В. П. Толстого. М., Галарт, 2006.

Гинзбург М. Я. Архитектура санатория НКТП в Кисловодске. М., Издательство академии архитектуры СССР, 1940.

———. Дом Наркомтяжпрома на Красной площади// Архитектура СССР. 1934. № 10. С. 11.

———. Итоги и перспективы// Современная архитектура. 1927. № 4–5. С. 112.

———. Конструктивизм как метод лабораторной и педагогической работы// Современная архитектура. 1927. № 6. С. 160–166.

———. Новые методы архитектурного мышления// Современная архитектура. 1926. № 1. С. 1–4.

———. Органическое в архитектуре и природе// Архитектура СССР. 1939. № 3. С. 76–80.

———. Стиль и эпоха: проблемы современной архитектуры. 1929. М., Государственное издательство, 1924.

———. Целевая установка в современной архитектуре// Современная архитектура. 1927. № 1. С. 4–10.

Гинзбург М. и Барщ М. Зеленый город// Современная архитектура. 1930. № 1-2. С. 17-36.
Гинзбург М. Я., Веснин В. А., Веснин А. А. Проблемы современной архитектуры// Архитектура СССР. 1934. № 2. С. 63-69.
Гройс Б. Утопия и обмен. М., Издательство «Знак», 1993. ボリス・グロイス『全体芸術様式スターリン』亀山郁夫・古賀義顕訳，現代思潮新社，2000 年.
Гозак А. П. Иван Леонидов. М., «Издательство Жираф», 2002.
Гозак А. П. и Леонидов А. И. Иван Леонидов. М., «Издательство Жираф», 1988.
Голомшток И. Тоталитарное искусство. М., Галарт, 1994. イーゴリ・ゴロムシトク『全体主義芸術』貝澤哉訳，水声社，2007 年.
Дворец Советов// Архитектура СССР. 1933. № 1. С. 3-10.
Дворец Советов-Памятник Ленину, памятник сталинской эпохи// Архитектура СССР. 1939. № 6. С. 3-27.
Дворец Советов СССР. М., Издательство всекохудожника, 1939.
Декларация Всероссийского общества пролетарских архитекторов// Из истории Советской архитектуры 1917-1925: Документы и материалы/ Под сос. В. Хазановы. М., Издательство академии наук СССР, 1963. С. 138.
Деятели Всесоюзной сельскохозяйственной выставки// Красная Нива. 1923. № 33. С. 16.
Дискуссия на Съезде// Архитектура СССР. 1937. № 7-8. С. 28-44.
Дневник съезда// Архитектура СССР. 1956. № 1. С. 4-6.
Ершов А. Два павильона// Архитектура СССР. 1939. № 2. С. 15-16.
Жилой дом на Моховой в Москве: новая работа И. В. Жолтовского// Архитектура СССР. № 6. С. 18-19.
Жуков А. Ф. Архитектура всесоюзной сельскохозяйственной выставки 1939 года. М., Издательство всесоюзной академии архитектуры, 1939.
———. Всесоюзная сельскохозяйственная выставка// Строительство Москвы. 1936. № 15. С. 3-12.
Залесская Л. Санаторий Наркомтяжпрома в Кисловодске// Архитектура СССР. 1938. № 1. С. 54-63.
Заплетин Н. Магнитострой архитектуры// Строительство Москвы. 1933. № 5-6. С. 10-33.
Заславский А. М., Файфель А. М. Дом Наркомтяжпрома на Красной Площади// Архитектура СССР. 1934. № 10. С. 12.
Зверинцев С. Реконструкция пионерского лагеря «Артек»// Архитектура СССР. 1938. № 10. С. 64-66.
Зиновьев Г. От утопии к действительности// Революция и культура. 1930.

№ 1. С. 4–10.
Зиновьева О. А. Символы сталинской Москвы. М., Издательский Дом ТОНЧУ, 2009.
Иванова-Веэн Л. Е. Пространство ВХУТЕМАСа. Архитектурные школы Москвы 1920–1930-х годов и их творческое наследие// От ВХУТЕМАСа к МАРХИ. 1920–1936: Архитектурные проекты из собрания Музея МАРХИ. М., А-Фонд, 2005. С. 9–19.
Из истории советской архитектуры 1917–1925: Документы и материалы/ Под сос. В. Э. Хазановы. М., Издательство академии наук СССР, 1963.
Из истории советской архитектуры 1926–1932 гг.: Документы и материалы. Творческие объединения/ Под. отв. ред. К. Н. Афанасьева, под. сос. В. Э. Хазановы. М., «Наука», 1970.
Из сообщения государственного комитета совета министров СССР по делам строительства и союза архитекторов СССР// Архитектура СССР. 1958. № 8. С. 8.
Карра А. Я. Определение архитектуры теачасти клуба// Строительство Москвы. 1930. № 10. С. 19–23.
Карра А., Симбирцев В. Форпост пролетарской культуры// Строительство Москвы. 1930. № 8–9. С. 20–24.
Карра А. Я., Уманский Н. Г., Лунц Л. Б. Планировка сельскохозяйственной выставки 1937 г.// Строительство Москвы. 1936. № 2. С. 3–22.
Коккинаки И. Супрематическая архитектура Малевича и ее связи с реальным архитектурным процессом// Вопросы искусствознания. 1993. № 2–3. С. 119–130.
Колбин В. Проекты станций московского метро третьей очереди// Архитектура СССР. 1938. № 6. С. 30–39.
Колли Н. Я. Архитектура московского метро// Архитектура СССР. 1935. № 4. С. 3–39.
Конкурс форпроектов дома Наркомтяжпрома в Москве// Архитектура СССР. 1934. № 10. С. 4–5.
Корнфельд Я. Архитектура выставки// Архитектура СССР. 1939. № 9. С. 4–29.
————. Общественные здания в ансамбле города// Архитектура СССР. 1940. № 4. С. 56–58.
Коршунов Б. А., Зубина А. А. Дом Наркомтяжпрома на Красной Площади// Архитектура СССР. 1934. № 10. С. 6.
Красин Л. Архитектурное увековечение Ленина// Известия. 7 Февраля 1924.
Крученых А. Наш выход. М., Литературно-художественное агентство «RA», 1996.

———. Победа над солнцем// Драма первой половины XX века/ Под ред. Д. Лихачева и др. М., Слово, 2004. С. 323–337.

Кузьмин Н. Проблема научной организации быта//Современная архитектура. 1930. № 3. С. 14–17.

Куцелева А. А. Место московского метрополитена в советском культурном пространстве// Архитектура сталинской эпохи: Опыт исторического осмысления/ Под сос. Ю. Л. Косенковы. М., НИИТИАГ РААСН, 2010. С. 174–182.

Лаврентьев А. Лаборатория конструктивизма: опыты графического моделирования. М., «Грантъ», 2000.

Лапинский Я. Х. За массовую архитектурную организацию// Строительство Москвы. 1930. № 7. С. 23–24.

Леонидов И. И. Дворец культуры// Современная архитектура. 1930. № 5. С. 1–6.

———. Дом промышленности// Современная архитектура. 1930. № 4. С. 1–2.

———. Пояснение к социалистическом расселению при Магнитогорском химико-металлургическом комбинате// Современная архитектура. 1930. № 3. С. 1–4.

———. Институт Ленина// Современная архитектура. 1927. № 4–5. С. 119–124.

———. Кинофабрика. Генеральная планировка// Современная архитектура. 1928. № 1. С. 5–8.

———. Конкурсный проект памятника Колумбу// Современная архитектура. 1929. № 4. С. 147–148.

———. Организация работы клуба нового социального типа// Современная архитектура. 1929. № 3. С. 106–107.

———. Палитра архитектора// Архитектура СССР. 1934. № 4. С. 32–33.

———. Проект «Большого Артека»// Архитектура СССР. 1938. № 10. С. 61–63.

———. Проект клуба нового социального типа// Современная архитектура. 1929. № 3. С. 108–109.

———. Советская архитектурная книга за 30 лет// Архитектура СССР. 1947. № 17–18. С. 97–104.

Лисицкий Э. Форум социалистической Москвы// Архитектура СССР. 1934. № 10. С. 4–5.

Луначарский А. В. Воспоминания и впечатления. М., «Советская Россия», 1968.

———. Статьи о театре и драматургий. М.-Л., «Искусство», 1938.

Макаревич В. Мастерство экспозиции// Декоративное искусство СССР. 1958. № 12. С. 17.

Малевич К. Из книги беспредметности// Russian Literature. 1989 (XXV-III). С. 399-442. カジミール・マレーヴィチ「無対象に関する著作より」『零の形態――スプレマチズム芸術論集』宇佐美多佳子訳，水声社，2000 年，235-324 頁.

――――. Казимир Малевич. Собрание сочинений в пяти томах. Т. 1. М., «Гилея», 1995.

――――. Казимир Малевич. Собрание сочинений в пяти томах. Т. 2. М., «Гилея», 1998.

――――. Казимир Малевич. Собрание сочинений в пяти томах. Т. 4. М., «Гилея», 2003.

Мастера советской архитектуры об архитектуре. Под сос. М. Г. Бархина и Ю. С. Яралова, ред. М. Г. Бархина. М., «Искусство», 1975.

Милинис И. Ф. Проблема рабочего клуба// Современная архитектура. 1929. № 3. С. 112-113.

Милютин Н. А. Соцгород. Проблема строительства социалистических городов: Основные вопросы рациональной планировки и строительства населенных мест СССР. М. и Л., Государственное издательство, 1930.

Мордовинов А. Леонидовщина и ее вред// Искусство в массы. 1931. № 12. С. 15.

На строительстве ВСХВ// Строительство Москвы. 1939. № 11. С. 31.

Научная конференция, посвященна И. И. Леонидову// Проблемы истории советской архитектуры (концепции, конкурсы, выставки)/ Под ред. Т. Н. Котровской. М., ЦНИИП градостроительство, 1982. С. 104-106.

Обсуждение конкурсных проектов Дворца Советов// Архитектура СССР. 1960. № 1. С. 32-38.

Олтаржевский В. К. ВСХВ. Форпроект (генпланы)// Архитектура СССР. 1936. № 1. С. 22-29.

Охитович М. К проблеме города// Современная архитектура. М., 1929. № 4. С. 133-134.

――――. Отчего гибнет город?// Строительство Москвы. 1930. № 1. С. 10-11.

――――. Социализм города// Революция и культура. 1930. № 3. С. 50-58.

――――. Теории расселения// Современная архитектура. 1930. № 1-2. С. 15.

Паперный В. Культура Два. М., Новое литературное обозрение, 2006.

Пащенко Ф. К вопросу о национальной форме в социалистической архитектуре// Архитектура СССР. 1939. № 7. С. 4.

Петров А. Народные клубы (рабочие и крестьянские). М., Издательство «Народный учитель», 1919.

Петровский М. В. Принципы и методы клубной работы. Опыт методологического руководства для работников гражданских и военных клубов. М., Государственное издательство, 1924.

Ракитин В. Николай Суетин. М., «RA», 1998.

Родченко А. Опыты для будущего. М., Издательство «ГРАНЬ», 1996.

Рождественский К. Выставочные интерьеры Брюсселя// Декоративное искусство СССР. 1958. № 12. С. 10.

Розанова О. В. Кубизм. Футуризм. Супрематизм// Неизвестный Русский авангард: В музеях и частных собраниях. М., «Советский художник», 1992. С. 334–336.

Рублев Г. Об экспозиции выставки// Искусство. 1940. № 2. С. 97–108.

Руднев Л. В. Архитектор и скульптор// Архитектура СССР. 1941. № 1. С. 46–48.

Рязанцев И. Искусство советского выставочного ансамбля 1917–1970. М., Советский художник, 1976.

Сабсович Л. М. Города будущего и организация социалистического быта. М., Государственное техническое издательство, 1929.

———. Новые пути в строительстве городов// Строительство Москвы, 1930. № 1. С. 3–5.

———. Почему мы должны и можем строить социалистические города?// Революция и культура. 1930. № 1. С. 17–28.

———. Социалистические города. М., Госиздат «Московский рабочий», 1930.

Седов В. Итальянский Дворец Советов// Итальянский Дворец Советов. М., МУАР, 2007. С. 52–72.

Сидорина Е. Русский конструктивизм: истоки, идеи, практика. М., «Винити», 1995.

Совет строительства Дворца Советов при Президиуме ЦИК СССР. О проекте Дворца Советов// Строительство Москвы. 1933. № 5–6. С. 2.

Совет строительства Дворца Советов при Президиуме ЦИК СССР. Об организации окончательной разработки проекта Дворца Советов// Строительство Москвы. 1933. № 5–6. С. 2.

Советское искусство за 15 лет: материалы и документация/ Под ред. И. Маца. М., ОГИЗ-ИЗОГИЗ, 1933.

Сосфенов И. Станции метро горьковского радиуса// Архитектура СССР. 1938. № 8. С. 25.

Стекло в современной архитектуре// Современная архитектура. 1926. № 3.

С. 63–64.
Стригалев А. К истории возникновения ленинского плана монументальной пропаганды (март–апрель 1918 года)// Вопросы советского изобразительного искусства и архитектуры/ Под отв. ред. И. М. Шмит. М., Издательство «Советский художник», 1976. С. 213–251.
Терновец Б. Задачи скульптуры// Архитектура СССР. 1939. № 6. С. 20–22.
Урок майской архитектурной выставки// Архитектура СССР. 1934. № 6. С. 4–17.
Федоров Н. Ф. Сочинения. М., Мысль, 1982.
Хазанова В. Э. Из истории советского искусства: К истории проектирования Дворца Советов в Москве// Советское изобразительное искусство и архитектура 60–70-х годов. М., Издательство «Наука», 1979. С. 167–213.
————. Клубная жизнь и архитектура клуба (1917–1932). М., Российский институт искусствознания, 1994.
————. Клубная жизнь и архитектура клуба. 1917–1941. М., Жираф, 2000.
Хан-Магомедов С. О. Александр Веснин и конструктивизм. М., Архитектура-С, 2007.
————. Архитектура советского авангарда: Проблемы формообразования. Мастера и течения. Т. 1. М., Стройиздат, 1996.
————. ВХУТЕМАС-ВХУТЕИН: Комплексная архитектурно-художественная школа, 1920–1930 гг. М., Знание, 1990.
————. Георгий Крутиков. М., Издательский проект фонда «Русский авангард», 2008.
————. К истории выбора места для Дворца Советов// Архитектура и строительство Москвы. 1988. № 1. С. 21–23.
————. Клубы Леонидова// Декоративное искусство СССР. 1967. № 11. С. 22.
————. Константин Мельников. М., Архитектура-С, 2006.
————. Кумиры авангарда. Иван Леонидов. М., Издательский проект фонда «Русский авангард», 2010.
————. Мавзолей Ленина: История создания и архитектура. М., Просвещение, 1972.
Хвойник И. Е. Внешнее оформление общественного быта. М., Долой неграмотность, 1927.
Хигер Р. Я. Архитектура павильонов// Архитектура СССР. 1939. № 2. С. 5–18.
Хмельницкий Д. Архитектура Сталина. Психология и стиль. М., Прогресс-Традиция, 2007.
————. Зодчий Сталин. М., Новое литературное обозрение, 2007.

Черня И. На землю! Ответ Охитовичу, критика Сабсовича// Революция и культура. 1930. № 7. С. 3–45.

Чиняков А. Г. Братья Веснины. М., Стройиздат, 1970.

Чужак Н. Искусство быта// Современная архитектура. 1927. № 1. С. 21–23.

Щербаков В. Культурный Днепрострой// Строительство Москвы. 1931. № 1–2. С. 30–31.

英語文献

Banham, Reyner. *Theory and Design in the First Machine Age* (London: Architectural Press, 1960). レイナー・バンハム『第一機械時代の理論とデザイン』石原達二・増成隆士訳，鹿島出版会，1976 年.

Bogdanov, Alexander. *Red Star: The First Bolshevik Utopia* (Bloomington and Indianapolis: Indiana University Press, 1984).

Buck-Morss, Susan. *Dreamworld and Catastrophe: The Passing of Mass Utopia in East and West* (Cambridge: The MIT Press, 2000). スーザン・バック＝モース『夢の世界とカタストロフィ――東西における大衆ユートピアの消滅』堀江則雄訳，岩波書店，2008 年.

Castillo, Greg. "Peoples at an Exhibition: Soviet Architecture and the National Question," in Thames Lahusen and Evgeny Dobrenko eds., *Socialist Realism without Shores* (Durham: Duke University Press, 1997), pp. 91–119.

Clark, Katerina. *The Soviet Novel: History as Ritual* (Bloomington and Indianapolis: Indiana University Press, 2000).

Clark, Toby. "The 'New Man's Body: A Motif in Early Soviet Culture," in Matthew Cullerne Bown and Brandon Taylor eds., *Art of the Soviets: Painting, Sculpture and Architecture in a One-Party State, 1917–1992* (Manchester and New York: Manchester University Press, 1993), pp. 33–50.

Colomina, Beatriz. *Privacy and Publicity: Modern Architecture as Mass Media* (Cambridge and Mass.: MIT Press, 1994). ビアトリス・コロミナ『マスメディアとしての近代建築――アドルフ・ロースとル・コルビュジエ』松畑強訳，鹿島出版会，1996 年.

Compton, Susan. *Russian Avant-Garde Books 1917–34* (Cambridge and Massachusetts: The MIT Press, 1993).

Cooke, Catherine. "Images in Context," in Janet R. Wilson ed., *Architectural Drawings of the Russian Avant-Garde* (New York: The Museum of Modern Art, 1990), pp. 9–48.

————. "Ivan Leonidov: Vision and Historicism," in *Architectural Design,* 1983 (5–6), pp. 12–19.

Crone, Rainer and Moss, David. *Kazimir Malevich: The Climax of Disclosure*

(London: Reaktion Books, 1991).
Cullerne Bown, Matthew. *Art under the Stalin* (Oxford: Phaidon, 1991).
———. *Socialist Realist Painting* (New Haven and London: Yale University Press, 1998).
Drutt, Matthew. *Kazimir Malevich: Suprematism* (New York: Guggenheim Museum Publications, 2003).
Golomstok, Igor. "Problems in the Study of Stalinist Culture," in Hans Günther ed., *The Culture of the Stalin Period* (London: The Macmillan Press, 1990), pp. 110-121.
Gozak, Andrei and Leonidov, Andrei. *Ivan Leonidov: The Complete Works* (New York: Rizzoli, 1988).
Greenhalgh, Paul. *Ephemeral Vistas: The Expositions Universelles, Great Exhibitions and World's Fairs, 1851-1939* (Manchester: Manchester University Press, 1988).
Groys, Boris. "The Birth of Socialist Realism from the Spirit of the Russian Avant-Garde," in Hans Günther ed., *The Culture of the Stalin Period* (London: The Macmillan Press, 1990), pp. 122-148.
Hudson Jr., Hugh. *Blueprints and Blood: The Stalinization of Soviet Architecture, 1917-1937* (Princeton: Princeton University Press, 1994).
Jones, David R. "The Beginnings of Russian Air Power, 1907-1922," in Robin Higham and Jacob W. Kipp eds., *Soviet Aviation and Air Power* (Boulder: Westview Press, 1977), pp. 15-33.
Khan-Magomedov, Selim O. *Pioneers of Soviet Architecture: The Search for New Solutions in the 1920s and 1930s* (New York: Thames and Hudson, 1983).
Koolhaas, Rem and Oorthuys, Gerrit. "Ivan Leonidov's Dom Narkomtjazprom, Moscow," in *Oppositions 2,* January 1974, pp. 95-103.
Kopp, Anatole. *Town and Revolution: Soviet Architecture and City Planning 1917-1935* (New York: George Braziller, 1970).
Kotkin, Stephen. *Magnetic Mountain: Stalinism as a Civilization* (Berkley, Los Angeles and London: University of California Press, 1995).
Lissitzky, El. "PROUN not World Visions, But World Reality," in Helene Aldwinckle and Mary Whittall eds., *El Lissitzky: Life, Letters, Texts* (New York: Thames and Hudson, 1992), p. 347.
Lodder, Christina. *Russian Constructivism* (New Haven and London: Yale University Press, 1983).
Lynn, Mally. *Revolutionary Acts: Amateur Theater and the Soviet State, 1917-1938* (Ithaca and London: Cornell University Press, 2000).
Mendelsohn, Erich. *Amerika: Bilderbuch eines Architekten* (New York: Da Capo Press, 1976).

Milner, John. *Kazimir Malevich and the Art of Geometry* (New Haven and London: Yale University Press, 1996).
Paperny, Vladimir. “The Emergence of a New City,” in Hans Günther ed., *The Culture of the Stalin Period* (London: The Macmillan Press, 1990), pp. 229–232.
Plamper, Jan. “The Spatial Poetics of the Personality Cult: Circles around Stalin,” in Evgeny Dobrenko and Eric Naiman eds., *The Landscape of Stalinism: The Art and Ideology of Soviet Space* (Seattle: University of Washington Press, 2003), pp. 19–50.
Quilici, Vieri and Khan-Magomedov, S. O. *Ivan Leonidov* (New York: Rizzoli, 1981).
Rudnitsky, Konstantin. *Russian and Soviet Theatre: Tradition and Avant-Garde* (London: Thames and Hudson, 2000).
Schlögel, Karl. “The Shadow of an Imaginary Tower,” in *Naum Gabo and the Competition for the Palace of Soviets Moscow 1931–1933* (Berlin: Berlinische Galerie, 1993), pp. 177–183.
Stites, Richard. *Revolutionary Dreams: Utopian Vision and Experimental Life in the Russian Revolution* (New York and Oxford: Oxford University Press, 1989).
Street Art of the Revolution: Festivals and Celebrations in Russia 1918–33, Vladimir Tolstoy, Irina Bibikova, Catherine Cook eds. (London: Thames and Hudson, 1990).
Ter-Akopyan, Karine N. “The Design and Construction of the Palace of Soviets of the USSR in Moscow,” in *Naum Gabo and the Competition for the Palace of Soviets Moscow 1931–1933* (Berlin: Berlinische Galerie, 1993), pp. 185–196.
Tarkhanov, Alexei and Kavtaradze, Sergei. *Stalinist Architecture* (London: Laurence King, 1992).
Tumarkin, Nina. *Lenin Lives!: The Lenin Cult in Soviet Russia* (Cambridge: Harvard University Press, 1983).
Zhadova, Larissa. *Malevich: Suprematism and Revolution in Russian Art 1910–1930* (London: Thames and Hudson, 1982).

日本語・日本語訳文献

五十嵐太郎「視覚的無意識としての近代都市」『10＋1』第7号，INAX出版，1996年．

ヴェルトフ，ジガ「キノキ，革命」大石雅彦訳，『ロシア・アヴァンギャルド7 レフ――芸術左翼戦線』松原明・大石雅彦編，国書刊行会，1990年．

エイゼンシュテイン，セルゲイ『エイゼンシュテイン全集第2部——芸術と科学第6巻　星のかなたに』キネマ旬報社，1980年.
江村公『ロシア・アヴァンギャルドの世紀——構成×事実×記録』水声社，2010年.
エンゲルス，フリードリヒ『住宅問題』大内兵衛訳，岩波書店，1949年.
大石雅彦『マレーヴィチ考——ロシア・アヴァンギャルドからの解放にむけて』人文書院，2003年.
ギーディオン，ジークフリート『空間・時間・建築』太田実訳，丸善，1955年.
クリスポルティ，エンリコ　井関正昭『未来派1909-1944』鵜沢隆他訳，東京新聞，1992年.
コールハース，レム『錯乱のニューヨーク』鈴木圭介訳，筑摩書房，1999年.
佐藤恵子「ヘッケルの根本形態学と形態の美」『モフォロギア』第22号，2000年，23-34頁.
佐藤正則『ボリシェヴィズムと〈新しい人間〉——20世紀ロシアの宇宙進化論』水声社，2000年.
下斗米伸夫『スターリンと都市モスクワ』岩波書店，1994年.
ゼードルマイヤー，ハンス『中心の喪失——危機に立つ近代芸術』石川公一・阿部公正共訳，美術出版社，1965年.
セミョーノヴァ，スヴェトラーナ『フョードロフ伝』安岡治子・亀山郁夫訳，水声社，1998年.
高橋康也『ノンセンス大全』晶文社，1977年.
ダブロウスキー，マグダレナ「造形の革命——ロシア・アヴァンギャルドにおける形態，内容，空間，そして素材の新しい概念」ステファニー・バロン，モーリス・タックマン編『ロシア・アヴァンギャルド：1910-1930』五十殿利治訳，リブロポート，1982年.
トロツキイ『文学と革命』桑野隆訳，岩波書店，1993年.
ニコローゾ，パオロ『建築家ムッソリーニ——独裁者が夢見たファシズムの都市』桑木野幸司訳，白水社，2010年.
プルタルコス『エジプト神イシスとオシリスの伝説について』柳沼重剛訳，岩波書店，1996年.
ヘッケル，エルンスト『生物の驚異的な形』小畠郁生訳，河出書房新社，2009年.
ペトロフ「群衆劇」武隈喜一訳，『ロシア・アヴァンギャルド2　テアトル——演劇の十月』浦雅春・武隈喜一・岩田貴編，国書刊行会，1988年.
前川修『痕跡の光学——ヴァルター・ベンヤミンの「視覚的無意識」について』晃洋書房，2004年.
マレーヴィチ，カジミール『無対象の世界』五十殿利治訳，中央公論美術出版，1992年.
———『零の形態——スプレマチズム芸術論集』宇佐美多佳子訳，水声社，2000年.

ムラギルディン，リシャット『コンスタンティン・メーリニコフの建築 1920s-1930s』ギャラリー・間，2002 年.
メイエルホリド「演劇の根源を目指して」『メイエルホリド・ベストセレクション』諫早勇一他訳，作品社，2001 年.
八束はじめ『批評としての建築——現代建築の読みかた』彰国社，1985 年.
———『ロシア・アヴァンギャルド建築』INAX 出版，1993 年.
リース，マルク「在不在 ここと自己」斉藤理訳，『10＋1』第 15 号，INAX 出版，1998 年，128-139 頁.